모듈형의 확장 가능한 서버 측 어플리케이션 제작을 위한
Node.js 최고의 지침서

Node.js 디자인패턴

Mario Casciaro, Luciano Mammino 저

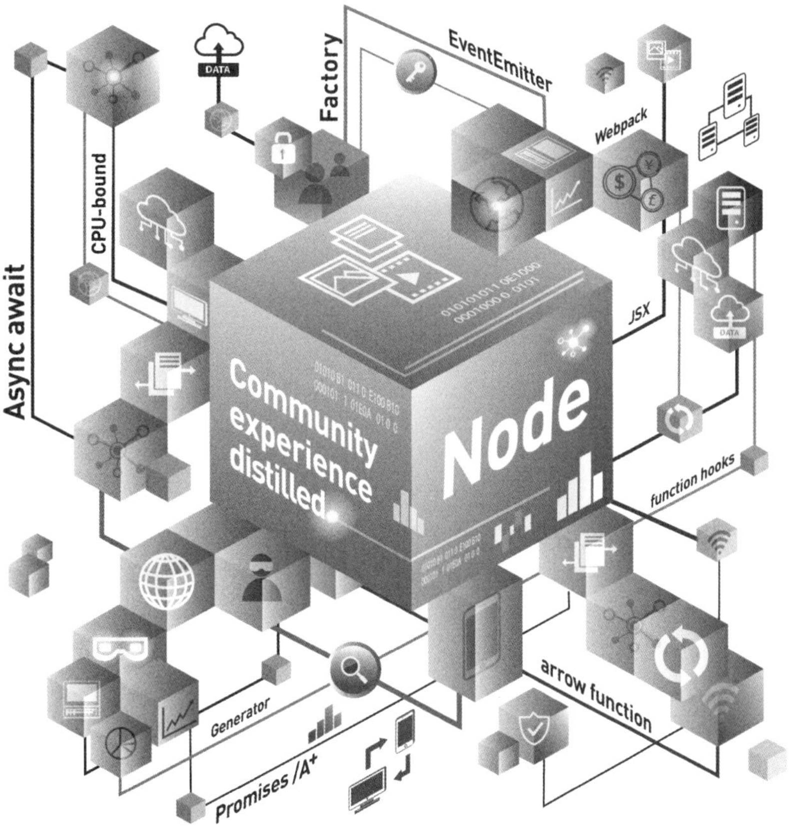

YoungJin.com Y.
영진닷컴

Node.js 디자인 패턴

ISBN 978-89-314-5942-5

독자님의 의견을 받습니다

이 책을 구입한 독자님은 영진닷컴의 가장 중요한 비평가이자 조언가입니다. 저희 책의 장점과 문제점이 무엇인지, 어떤 책이 출판되기를 바라는지, 책을 더욱 알차게 꾸밀 수 있는 아이디어가 있으면 이메일, 또는 우편으로 연락주시기 바랍니다.
의견을 주실 때에는 책 제목 및 독자님의 성함과 연락처(전화번호나 이메일)를 꼭 남겨 주시기 바랍니다. 독자님의 의견에대해 바로 답변을 드리고, 또 독자님의 의견을 다음 책에 충분히 반영하도록 늘 노력하겠습니다.

이 메 일 support@youngjin.com
주 소 (우)08505 서울시 금천구 가산디지털2로 123 월드메르디앙벤처센터2차 10층 1016호
등 록 2007. 4. 27. 제16-4189호

저자 Mario Casciaro, Luciano Mammino | **번역** 김성원
진행 김태경 | **표지** 임정원 | **본문** 이경숙 | **영업** 박준용, 임용수
마케팅 이승희, 김다혜, 김근주, 조민영 | **인쇄** 서정바인텍

머리말

많은 사람들이 Node.js가 지난 10년간 웹 개발의 판도를 바꿔 놓은 가장 큰 변화라고 생각합니다. Node.js는 기술적 면모뿐만 아니라 웹 개발에 있어서 패러다임의 변화로 사랑을 받고 있습니다.

먼저, Node.js 어플리케이션은 주요 웹 브라우저들에 의해 유일하게 네이티브적으로 지원되는 프로그래밍 언어, 즉 웹의 언어인 JavaScript로 작성됩니다. 이는 단일 언어로 어플리케이션 스택을 구성할 수 있다는 말이 되고, 서버와 클라이언트 간의 코드 공유가 가능해진다는 것을 의미합니다. Node.js는 그 자체로 JavaScript 언어의 성장과 발전에 기여하고 있습니다. 사람들은 브라우저에서와 같이 서버에서 JavaScript 언어를 사용하는 것이 그리 나쁘지 않으며, 객체지향과 함수 프로그래밍 사이의 중간적인 하이브리드 형태의 실용성을 경험하게 될 것입니다.

두 번째 혁신 요인은 단일 스레드, 비동기 아키텍처입니다. 성능과 확장성 관점에서의 분명한 장점 이외에도, 이것은 개발자들의 동시성과 병렬성에 대한 접근 방식을 변화시켰습니다. 뮤텍스는 큐로, 스레드는 콜백과 이벤트로, 동기화는 인과관계로 대체됩니다.

마지막으로 Node.js의 가장 중요한 측면은 지속적으로 성장하는 모듈들의 레포지토리, 열정적이고 유용한 커뮤니티 그리고 무엇보다도 단순, 실용 그리고 극단적인 모듈 기반의 npm 패키지 관리자로 대표되는 그 생태계에 있습니다.

그럼에도 불구하고 이러한 특성 때문에 Node.js 개발은 다른 서버 개발 플랫폼들과 비교할 때 매우 다르게 느껴지며, 이 패러다임에 생소한 개발자들은 가장 일반적인 디자인과 코딩 문제에 대해서 조차 어떻게 해야 할 지 알 수 없게 느껴지곤 합니다.

일반적인 질문은 다음과 같습니다. "내 코드를 어떻게 구성해야 할까요?", "여기서 가장 좋은 디자인 방법은 무엇입니까?", "어떻게 어플리케이션을 좀더 모듈화 할 수 있나요?", "어떻게 하면 일련의 비동기 호출을 효과적으로 다룰 수 있을까요?", "어떻게 해야 어플리케이션이 커지면서 코드가 엉망이 되지 않을 수 있나요?" 혹은 더 단순하고 직접적인 질문으로,

"도대체 어떻게 해야 합니까?"

다행히도 Node.js는 충분히 성숙한 플랫폼이 되었고 디자인 패턴, 증명된 코딩 기술 또는 실무적인 권고안을 가지고 이러한 대부분의 질문에 쉽게 답할 수 있게 되었습니다. 이 책의 목적은 이 방면의 최근 패턴, 기술, 동향을 안내하고, 일반적인 문제들의 입증된 솔루션을 보여주며, 여러분이 당면한 실무에 대한 솔루션을 만드는 출발점으로 어떻게 이들을 활용할 수 있는지 알려주는 것입니다. 여러분은 이 책을 읽고, 다음 내용을 배우게 될 것입니다.

- **Node.js의 방식:**
  Node.js 디자인 문제에 접근할 때, 어떤 것이 올바른 관점인가? 예를 들어, Node.js에서 전통적인 디자인 패턴은 어떻게 다른가? 또는 어떻게 모듈이 오직 한가지 일만을 하도록 디자인할 것인가를 배우게 될 것입니다.
- **Node.js의 일반적인 디자인 및 코딩 문제를 해결하기 위한 일련의 패턴들:**
  여러분이 매일 당면하는 개발과 디자인 문제를 효과적으로 해결하기 위한(스위스 군용 칼로도 표현되는) 즉시 사용 가능한 다양한 패턴이 제공됩니다.
- **모듈화되고 효과적인 Node.js 어플리케이션을 작성하는 방법:**
  기본적인 블록 만들기, 크고 체계적인 Node.js 어플리케이션을 작성하는 원리를 이해하고 기존 패턴의 범위에 속하지 않는 새로운 문제에 이러한 원리들을 적용할 수 있게 될 것입니다.

여러분은 이 책 전반에 걸쳐 여러분은 LevelDb, Redis, RabbitMQ, ZMQ, Express와 같은 일련의 실제 라이브러리들과 기술들을 접하게 될 것입니다. 이들은 패턴이나 기법을 보여주기 위해 사용되며, 예제를 보다 유용하게 만드는 것 외에도 Node.js 생태계와 그 솔루션들에 대한 훌륭한 예시를 제공할 것입니다.

여러분의 일, 부업 혹은 오픈소스 개발에 Node.js를 사용하든 혹은 사용할 계획이든, 잘 알려진 패턴과 기술을 이해하고 사용하면 여러분의 코드와 설계를 공유할 때 모두가 쉽게 이해할 수 있을 것입니다. 또 이러한 이해와 사용은 Node.js의 미래가 어떻게 될 것이며, 거기에 어떻게 기여할 것인가를 이해하는데 도움이 될 것입니다.

역자의 말

"이 책에는 많은 가치있는 설명과 기술이 있습니다. 나는 몇 가지 샘플 앱이 진화하는 방식의 설명이 마음에 듭니다. 예를 들어 웹 크롤러가 그것입니다 콜백만 사용하여 시작해서 프라미스, 제너레이터, 비동기/대기를 사용하여 다음 단계로 진화하는 방법을 가르칩니다. 그런 다음 클러스터 라이브러리를 활용하여 여러 CPU 코어를 사용하는 방법을 가르칩니다."

"지금까지 작성된 최고의 Node.js 도서. 강력히 추천합니다!"

"좋군요! 다시 한번 감사드립니다."

아마존과 packtpub에서 이보다 더 많은 독자들의 이 책에 대한 추천을 볼 수 있습니다. 저는 개인적으로 소프트웨어 아키텍처에 대한 관점에서 실용적으로 이 책에서 많은 도움을 받았습니다.

Node.js를 접하는 많은 개발자들이 동기, 비동기 프로그램의 제어에 혼란을 겪고, 그로 인해 장벽에 부딪힙니다. 멀티 프로세스에서 프로세스 간의 통신을 쉽게 구조화하고, 소프트웨어를 확장할 수 있는 방법에 대한 아이디어와 실용성이 이 책에 담겨 있습니다. 비단 Node.js에 대한 이야기만이 아니라 여러분이 주로 사용하는 언어에 이를 도입할 수 있으며, 이 책에서 말하는 비동기 이벤트 패턴을 지원하는 것이 현대 프로그래밍 언어들의 추세이기도 합니다.

여러분이 대용량의 데이터를 처리해야 하는 입장이라면 정말 유익한 해결책들을 만날 수 있을 것입니다. 웹 UI 개발자라면 서버 기반의 랜더링과 서버 클라이언트 통신의 묘미를 확인할 수 있을 것입니다. 실제 사례를 기반으로 Node.js의 깊은 곳까지 여행할 수 있도록 이 책은 친절히 함께 해줍니다. 다양한 언어로 다양한 프로그램을 만드는 실무를 겪어온 소프트웨어 개발자로서 이 책을 여러분에게 강력히 추천합니다. 이 책이 여러분에게 도움이 되기를 간절히 바랍니다. 감사합니다.

김성원

이 책의 내용

1장. Node.js 플랫폼에 오신 것을 환영합니다.

Node.js 플랫폼의 핵심 패턴을 보여줌으로써 Node.js 어플리케이션 디자인의 세상으로 안내합니다. Node.js 생태계와 철학, Node.js 버전 6, ES2015 그리고 리액터 패턴에 대한 간단한 소개를 다루고 있습니다.

2장. Node.js의 필수 패턴

이 장에서는 Node.js를 사용한 비동기 코딩과 설계 패턴의 첫 단계로 콜백과 이벤트 이미터(옵저버 패턴)에 대해 논의하고 비교합니다. 또한 Node.js 모듈 시스템과 관련 패턴들을 소개합니다.

3장. 콜백을 사용한 비동기 제어 흐름 패턴

Node.js에서 효과적인 비동기 제어 흐름 처리를 위한 일련의 패턴과 기술을 소개합니다. 이 장에서는 평범한 JavaScript와 Async 라이브러리를 사용하여 "콜백 지옥" 문제를 해결하는 방법을 배울 수 있습니다.

4장. ES2015 이후 비동기식 프로그램의 제어 흐름 패턴

ES2015와 Promises, Generators 및 Async-Await를 소개하면서 비동기 제어 흐름에 대해 알아볼 것입니다.

5장. 스트림 코딩

Node.js의 가장 중요한 패턴 중 하나인 스트림(Stream)에 대해 자세히 살펴봅니다. 스트림 변환을 통한 데이터 처리와 이들을 다른 형태로 조합하는 방법을 소개합니다.

6장. 디자인 패턴

Node.js에서 전통적인 디자인 패턴이라는 논란의 주제를 다루게 됩니다. 가장 많이 쓰는 기존의 디자인 패턴을 설명하고 Node.js에서 볼 수 있는 비전형적인 방식을 소개합니다. 또한 JavaScript과 Node.js에만 해당하는 새로운 디자인 패턴을 소개합니다.

7장. 모듈 연결

어플리케이션 모듈들을 연결하는 다양한 솔루션을 분석합니다. 이 장에서는 종속성 삽입(Dependency Injection) 및 서비스 로케이터(Service locator) 같은 디자인 패턴에 대해 배웁니다.

8장. 웹 어플리케이션을 위한 범용 JavaScript

최신 JavaScript 웹 어플리케이션의 가장 흥미로운 기능 중 하나인 프론트엔드와 백엔드 간에 어플리케이션 코드를 공유할 수 있는 방법을 살펴봅니다. 이 장에서는 React, Webpack 및 Babel을 사용하여 간단한 웹 어플리케이션을 만듦으로써 범용 JavaScript의 기본 원칙을 배웁니다.

9장. 고급 비동기 레시피

문제 해결 방법을 사용하여, 즉시 사용 가능한 솔루션으로 일반적인 코딩 및 디자인 문제를 해결할 수 있는 방법을 보여줍니다.

10장. 확장성과 구조적 패턴

Node.js 어플리케이션을 확장하기 위한 기본 기술과 패턴에 대해 설명합니다.

11장. 메시징과 통합 패턴

ØMQ와 AMQP를 사용하여 어떻게 복잡한 분산시스템을 만들고 통합하는가를 설명함으로써 중요한 메시지 패턴을 보여줍니다.

이 책을 위한 준비 사항

코드를 테스트해 보기 위해서는 Node.js 버전 6 이상과 npm 버전 3 이상의 설치가 필요합니다. 몇몇 예제들은 Babel 같은 프로그램 변환기를 사용해야 합니다. 또한 명령 프롬프트에 익숙해야 하고, npm 패키지를 설치할 수 있어야 하며, Node.js 어플리케이션을 실행하는 방법을 알고 있어야 합니다. 또한, 코드를 작성하기 위한 텍스트 편집기와 최신 웹 브라우저가 필요합니다.

이 책의 독자 대상

이 책은 Node.js에 어느 정도 기초 지식이 있고 생산성, 설계 그리고 확장성 측면에서 최대한 활용하고자 하는 개발자들을 위한 책입니다. 이 책은 몇 가지 기본적인 개념을 충실하게 다루고 있기 때문에, 이 책을 읽기 위해서는 몇 가지 기본 예제를 통해 기술에 대한 사전 지식이 필요합니다. Node.js에 대한 경험이 있는 중급 이상의 개발자들 또한 이 책에서 소개된 기술들에서 유용함을 얻을 수 있습니다. 소프트웨어 설계 이론의 배경에 대한 일부 지식들도 여기서 제시된 개념 중 일부를 이해하는 데 도움이 될 것입니다.

이 책의 내용은 여러분이 웹 어플리케이션 개발, JavaScript, 웹 서비스, 데이터베이스 및 데이터 구조에 대한 어느 정도의 실무 지식이 있다고 가정하고 있습니다.

규칙

이 책에서는 다양한 텍스트 스타일을 사용하여 여러 종류의 정보를 구별하고 있습니다. 다음은 이러한 스타일과 그 의미에 대한 설명입니다.

텍스트 내 코드, 데이터베이스 테이블 명, 폴더명, 파일명, 파일 확장자, 경로명, URL, 사용자 입력, 트위터 핸들[1]은 다음과 같습니다: "ES2015에서는 let 키워드를 사용하여 블록 범위를 나타내는 변수를 선언합니다."

1 주석_ 트위터 계정/트위터 이름은 트위터 주소에 @name의 형태를 가지는데, 이를 영어권에서는 트위터 핸들(twitter handle)이라고 한다.

코드 블록은 다음과 같이 설정됩니다.

```
const zmq = require( 'zmq')
const sink = zmq.socket ( 'pull');
sink.bindSync ( "tcp : //*: 5001");
sink.on ( 'message', buffer => {
          console.log('Message from worker: ${buffer.toString()'};
});
```

코들 블록 내 특정 부분, 라인 또는 항목을 강조하고자 할 경우는 굵은 글씨체를 사용합니다.

```
function produce() {
  //...
  variationsStream(alphabet, maxLength)
    .on('data', combination => {
      //...
      const msg = {searchHash: searchHash, variations: batch};
      channel.sendToQueue('jobs_queue', new Buffer(JSON.stringify(msg)));
      //...
    })
  //...
}
```

모든 커맨드 라인 입력 및 출력은 다음과 같습니다.

```
node replier
node requestor
```

새로운 용어와 **중요한 단어**는 굵은 글씨로 표시합니다. 화면 상의 용어, 예를 들어 메뉴나 대화 상자 내 단어들은 다음과 같이 나타납니다: "문제를 설명하기 위해서, URL을 입력받아 해당 컨텐츠를 로컬에 파일로 다운로드하는 커맨드 라인 어플리케이션인 간단한 **웹 스파이더**를 만들어 볼 것입니다."

> 상자 내 경고나 중요 사항들은 다음과 같이 표시합니다.

> TIP 팁이나 요령은 다음과 같이 표시합니다.

예제 코드 다운로드

이 책의 예제 코드 파일은 영진닷컴 홈페이지 자료실(http://www.youngjin.com/reader/pds/pds.asp)에서 다운로드할 수 있습니다. 혹은 https://github.com/PacktPublishing/Node.js_Design_Patterns_Second_Edition_Code이나 http://www.packtpub.com에 가입하여 다운로드할 수 있습니다.

Packt Publishing 웹 사이트에서 코드 파일 버튼을 클릭하여 코드 파일을 다운로드할 수도 있습니다. 이 페이지는 검색 상자에 책의 이름을 입력하여 액세스할 수 있습니다. Packt 계정에 로그인해야 합니다. 파일을 다운로드하고 나면 압축을 해제하십시오.

책의 코드 번들은 http://bit.ly/node_book_code의 GitHub에서도 호스팅됩니다. https://github.com/PacktPublishing/ 에서 제공되는 다양한 도서 및 비디오 카탈로그에서 제공하는 다른 코드 번들도 한번 살펴보시기 바랍니다.

목차

Chapter 01 Node.js 플랫폼에 오신 것을 환영합니다

Chapter 02 Node.js 필수 패턴

Contents

Chapter 04 ES2015 이후 비동기식 프로그램의 제어 흐름 패턴

Chapter 05 스트림 코딩

Contents

Chapter 07 모듈 연결

Chapter 09 고급 비동기 레시피

Chapter 10 확장성과 구조적 패턴

CHAPTER 01

Node.js 플랫폼에 오신 것을 환영합니다

- Node.js 철학
- Node.js 6와 ES2015에 대한 소개
- Reactor 패턴

몇 가지의 원칙과 디자인 패턴들을 보면, 그 자체로 Node.js 플랫폼과 그 생태계의 개발 기술들을 알 수 있습니다. 가장 특이한 점은 아마도 비동기적인 특성과 짧은 주기의 콜백을 많이 사용하는 프로그래밍 스타일일 것입니다. 올바른 코드를 작성하기 위해서 뿐만 아니라, 더 크고 복잡한 문제를 해결하기 위한 효과적인 디자인을 결정하기 위해서 이러한 기본 원칙과 패턴을 살펴보는 것이 중요합니다.

Node.js를 특징짓는 또 다른 측면은 그 철학입니다. Node.js에 접근하는 것은 단순히 새로운 기술을 배우는 것 이상의 의미가 있습니다. 이것은 문화와 커뮤니티까지 포함하고 있습니다. 이제 이것들이 우리의 어플리케이션과 컴포넌트를 설계하는 방식에 어떤 영향을 주는지, 그리고 커뮤니티에서 만들어진 것들을 어떻게 활용할 수 있는지 배우게 될 것입니다.

이러한 측면 외에도 Node.js의 최신 버전이 ES2015(이전 ES6)에서 설명한 많은 기능을 지원하기 때문에 언어를 더욱 표현력 있고 즐겁게 사용할 수 있을 것입니다. 보다 간결하고 읽기 쉬운 코드를 만들고, 이 책 전체에서 볼 수 있는 디자인 패턴을 구현할 수 있는 대안을 생각해 내기 위해서는 이러한 새로운 구문과 추가된 기능들을 사용하는 것이 중요합니다.

이 장에서는 다음의 것들을 배울 것입니다:

- Node.js 철학 "Node way"
- Node.js 버전 6와 ES2015
- Reactor 패턴 – Node.js 비동기 아키텍처의 핵심 메커니즘

1.1 Node.js 철학

모든 플랫폼은 자신만의 철학을 가지고 있습니다. 커뮤니티가 일반적으로 따를 수 있는 일련의 원칙과 지침, 플랫폼의 진화에 영향을 주는 역할을 하는 이데올로기, 어플리케이션 개발 및 설계에 대한 설명이 그것입니다. 이러한 원칙 중 일부는 기술 자체에서 발생하며, 일부는 생태계에서 발생하고, 일부는 커뮤니티에서의 트렌드이며, 다른 일부는 다른 이데올로기로부터 진화해 온 것입니다. Node.js에서 이러한 철학 중 일부는 제작자 Ryan Dahl과 코어 모듈에 기여한 사람들 그리고 커뮤니티 내 카리스마 있는 이들이 직접 만든 것이고, 일부는 JavaScript 문화나 Unix 철학으로부터 영향을 받은 것입니다.

이 규칙들 중 어느 것도 법칙은 아니며, 상황에 맞게 적용해야 할 것입니다. 그러나 프로그램 디자인에 대한 영감이 필요한 경우, 이것들은 매우 유용하게 사용될 수 있습니다.

다음 위키피디아(Wikipedia)에서 광범위한 소프트웨어 개발 철학의 목록들을 볼 수 있을 것입니다.
• http://en.wikipedia.org/wiki/List_of_software_development_philosophies.

1.1.1 경량 코어

Node.js 코어 자체는 몇 가지 원칙에 근거한 기반을 가지고 있습니다. 이들 중 한 가지는 코어를 최소의 기능 세트로 하고, 나머지를 소위 사용자의 몫(사용자 영역)으로 해서, 핵심 모듈의 바깥 영역 모듈들을 생태계에 맡기는 것입니다. 이 원칙은 Node.js 문화에 엄청난 영향을 미쳤습니다. 핵심 기능 세트를 최소한으로 유지하면, 유지 보수 측면에서 편리할 뿐만 아니라 전체 생태계의 발전에 긍정적인 문화적 영향을 가져올 수 있습니다.

1.1.2 경량 모듈

Node.js는 모듈 개념을 프로그램 코드를 구성하는 기본 수단으로 사용합니다. 이것은 어플리케이션과 패키지라고 하는 재사용 가능한 라이브러리를 만들기 위한 조립용 블록입니다. Node.js에서 가장 널리 퍼진 원칙 중 하나는, 코드 크기뿐만 아니라 범위적인 면에서도 작은 모듈을 설계하는 것입니다.

이 원칙은 유닉스 철학에 뿌리를 두는데, 특히 다음과 같은 두 가지 계율이 있습니다.

- "작은 것이 아름답다"
- "각 프로그램이 각기 한 가지 역할을 잘 하도록 만든다"

Node.js는 이러한 개념을 완전히 새로운 차원으로 끌어 올렸습니다. 공식 패키지 관리자인 npm의 도움으로 Node.js는 설치된 각 패키지가 각기 고유한 별도의 일련의 의존성을 가지도록 함으로써, 프로그램 충돌 없이 많은 패키지들을 의존할 수 있습니다. 사실, Node의 방식은 어플리케이션을 작고 잘 집중화된 수많은 의존성들로 구성하여 재사용성을 극도로 높입니다. 따라서 100줄 미만의 코드로 이루어지거나, 한 가지 기능만을 가진 패키지를 흔히 볼 수 있습니다.

작은 모듈은 재사용성뿐만 아니라 다음과 같은 장점을 가집니다.

- 이해하기 쉽고 사용하기 쉽다.
- 테스트 및 유지보수가 훨씬 간단하다.
- 브라우저와 완벽한 공유가 가능하다.

더 작고 집중된 모듈을 사용하면 작은 코드 조각이라 해도 모두가 공유하거나 재사용할 수 있습니다. 이것은 "DRY(Don't Repeat Yourself, 같은 것을 반복하지 말라)" 원칙에 대한 새로운 차원의 적용입니다.

1.1.3 작은 외부 인터페이스

Node.js 모듈은 크기와 범위가 작을 뿐만 아니라 대개 최소한의 기능을 노출하는 특성을 가지고 있습니다. 여기서 가장 큰 이점은 API의 유용성이 향상된다는 것입니다. 즉, API 사용이 보다 명확해지고 잘못된 사용에 덜 노출됩니다. 대부분의 경우 컴포넌트 사용자는 기능을 확장하거나 부가적인 고급 기능의 활용이 필요 없는, 매우 제한되고 집중된 기능에만 관심이 있습니다.

Node.js에서 모듈을 정의하는 가장 일반적인 패턴은 함수나 생성자와 같이 하나의 핵심 기능을 표현하는 동시에, 더 많은 고급 기능이나 보조 기능은 노출된 함수나 생성자의 속성이 되도록 하는 것입니다. 이를 통해 사용자는 중요한 내용과 부수적인 내용을 구분할 수 있습니다. 하나의 함수만 노출시킨 모듈을 찾는 것은 드문 일이 아니며, 명백한 단일 진입점을 제공한다는 단순한 사실 때문에 다른 기능은 존재하지 않습니다.

Node.js 모듈들의 또 다른 특성은 확장 용도보다는 실제 사용하도록 만들어진다는 것입니다. 모듈의 확장 가능성을 금지시켜 모듈의 내부를 잠그는 것이 유연하지 않을 수도 있지만 실제로는 유스케이스를 줄이고, 구현을 단순화하며, 유지 관리를 용이하게 하고, 가용성을 높이는 장점이 있습니다.

1.1.4 간결함과 실용주의

혹시 "KISS(Keep It Simple, Stupid)" 원칙이나, 다음과 같은 유명한 인용문구를 들어 본적이 있습니까?

> *"단순함이야말로 궁극의 정교함이다."* — *레오나르도 다빈치*

저명한 컴퓨터 과학자인 리차드 가브리엘(Richard P. Gabriel)은 모델을 묘사할 때 "불완전한 것이 더 낫다"라는 용어를 사용했는데, 이는 부족하지만 단순한 기능이 소프트웨어에 있어서 더 좋은 디자인이라는 의미입니다. 그의 에세이 [The Rise of "Worse is Better"]에서 그는 다음과 같이 말했습니다.

> *"디자인은 구현과 인터페이스 모두에서 단순해야 한다. 구현이 인터페이스 보다 단순해야 하는 것이 더 중요하다. 단순함은 설계에서 가장 중요한 고려 사항이다"*

단순한 설계는 여러 가지 이유로 완벽한 모든 기능을 가진 소프트웨어에 비해 훌륭한 원칙이 됩니다. 구현하는데 소요되는 노력과 자원을 적게 사용하여 더 빨리 보급할 수 있고 적응과 유지보수 및 이해가 쉽습니다. 이러한 요인들은 커뮤니티의 기여도를 높이고, 소프트웨어 자체가 성장하고 향상될 수 있도록 합니다.

Node.js에서 이 원칙은 매우 실용적인 언어인 JavaScript에 의해 가능합니다. 실제로 복잡한 클래스 계층 구조를 대체하는 간단한 함수(functions), 클로저(closures) 및 객체 리터럴(object litrerals)을 사용하는 것을 흔히 볼 수 있습니다. 순수한 객체지향 설계는 종종 실제 세계의 불완전함과 복잡성을 고려하지 않고 컴퓨터 시스템의 수학적 용어를 사용하여 실제 세계를 복제하려고 시도합니다. 사실 우리의 소프트웨어는 항상 현실의 근사치이며, 막대한 노력과 많은 코드를 유지하면서 거의 완벽한 소프트웨어를 만들려고 노력하는 것보다는 합리적 수준의 복잡성을 가지고 더 빨리 작업하는 것이 더 큰 성공입니다.

이 책 전반에 걸쳐 우리는 이 원리가 작용되는 것을 여러 번 보게 될 것입니다. 예를 들어, 싱글톤(singleton)이나 데코레이터(decorator)와 같은 상당 수의 전통적인 디자인 패턴은 사소하고 완벽하지 않은 구현이라도 간단히 사용될 수 있으며, 복잡하지 않고 실용적인 접근법(대부분의 경우)이 원칙적이고 완벽한 디자인보다 더 선호된다는 것을 보게 될 것입니다.

1.2 Node.js 6와 ES2015에 대한 소개

JavaScript 언어를 더욱 유연하고 유용하게 만들려는 목표로 Node.js의 최신 주요 릴리스(버전 4, 5 및 6)에는 ECMAScript 2015(줄여서 ES2015 및 이전에는 ES6라고도 함) 사양에 도입된 새로운 기능을 위한 지원이 추가되어 큰 성과를 거두었습니다.

이 책 전체의 예제 코드에서 이러한 새로운 기능 중 일부를 광범위하게 사용할 것입니다. 이 개념은 Node.js 커뮤니티 사이에 여전히 새로운 것이므로 Node.js에서 현재 지원되는 가장 중요한 ES2015 관련 기능을 간략하게 살펴볼 필요가 있습니다.

이 책이 기준으로 삼는 것은 Node.js 버전 6 이상 입니다.

여러분이 사용하는 Node.js 버전에 따라 **Strict 모드**가 활성화된 경우에만 이러한 기능 중 일부가 올바르게 작동할 것입니다. Strict 모드는 스크립트의 맨 처음에 "use strict"문을 추가함으로써 쉽게 사용할 수 있습니다. "use strict"문은 일반 문자열이며, 작은 따옴표나 큰 따옴표를 사용하여 선언할 수 있습니다. 간결함을 위해 예제 코드에는 이 줄을 쓰지는 않겠지만, 여러분은 올바른 실행을 위하여 이 줄을 추가해야 합니다.

다음 목록은 포괄적인 내용이 아니라, 책의 나머지 예제 코드들을 쉽게 이해할 수 있도록 하기 위해 Node.js에서 지원되는 일부 ES2015 기능들을 소개한 것입니다.

1.2.1 let과 const 키워드

전통적으로 JavaScript는 함수 스코프와 전역 스코프 만을 지원하여 변수의 생명주기 및 접근을 제어했습니다. 예를 들면 if 문 안에 변수를 선언하면 그 변수는 if 내 코드들이 실행되었는지 여부와 상관없이 if 문 외부에서도 변수에 액세스 할 수 있습니다. 더 명확하게 예를 들어 보죠.

```
if (false) {
  var x = "hello";
}
console.log(x);
```

이 코드의 실행에는 문제가 없을 것이며, 실행 후 콘솔에는 undefined라고 출력할 것입니다. 이 문제는 수많은 버그와 불만의 원인이었으며, 이것이 ES2015에서 let 키워드를 사용하여 블록 스코프를 준수하는 변수를 선언하는 이유입니다. 앞의 예제에서 let으로 var을 대체해보겠습니다.

```
if (false) {
  let x = "hello";
}
console.log(x);
```

이 코드는 "ReferenceError: x is not defined" 에러가 발생할 것입니다. 다른 블록 내에 정의된 변수를 출력하려 했기 때문입니다.

좀 더 의미있는 예를 들어보기 위해 let 키워드를 사용하여 반복 구문을 위한 인덱스로 사용할 임시 변수를 정의해 봅시다.

```
for (let i=0; i < 10; i++) {
  //원하는 작업을 수행
}
console.log(i);
```

앞의 예에서와 같이, 이 코드에서도 "ReferenceError: i is not defined" 에러가 발생할 것입니다.

let과 함께 도입된 이 보호 동작을 통해 더 안전한 코드를 작성할 수 있습니다. 실수로 다른 범위에 속한 변수에 액세스하면 버그를 발견하고 잠재적으로 위험한 부작용을 피할 수 있도록 오류가 발생합니다.

ES2015에서는 const 키워드도 소개합니다. 이 키워드를 사용하면 상수 변수를 선언할 수 있습니다. 간단한 예를 보겠습니다.

```
const x = 'This will never change';
x = '...';
```

이 코드는 상수의 값을 변경하려고 시도했기 때문에 "TypeError: Assignment to constant variable" 에러를 발생시킵니다.

일단, 이 키워드 const가 읽기 전용 변수를 정의할 수 있게 해주는 다른 여러 언어의 상수 값과 동일한 방식으로 동작하지 않는다는 것을 분명히 아는 것이 중요합니다. 사실, ES2015에서 const는 할당된 값이 상수가 된다는 것이 아니지만, 바인딩된 값은 상수가 됩니다. 이 개념을 명확히 하기 위한 예로, ES2015에서 const를 사용하여 여전히 다음과 같은 작업을 수행할 수 있습니다.

```
const x = {};
x.name = 'John';
```

객체 내부에서 속성을 변경하면, 실제 값(객체)이 변경되지만 변수와 객체 사이의 바인딩은 변경되지 않으므로 이 코드는 오류를 발생시키지 않습니다. 반대로 전체 변수를 재할당하면 변수와 값 사이의 바인딩이 변경되어 오류가 발생합니다.

```
x = null; // 오류 발생
```

상수는 여러분이 코드 내에서 스칼라 값이 여러분의 실수로 변경되지 않도록 보호하려 하거나, 더 일반적으로는 코드 내 다른 곳에서 실수로 할당된 변수를 재할당하지 않도록 하는데 유용합니다.

스크립트 내에서 모듈을 사용할 때 모듈이 가진 변수가 실수로 재할당되지 않도록 하는 경우, const를 사용하는 좋은 예가 될 것입니다.

```
const path = require('path');
//path 모듈을 사용
let path = './some/path'; //오류 발생
```

불변 객체를 만들고 싶다면 const만으로는 충분하지 않기 때문에 ES5의 Object.freeze() 메소드(https://developer.mozllla.org/it/docs/Web/JavaScript/Reference/GlobalObjects/Object/freeze) 또는 deep-freeze 모듈(https://www.npmjs.com/package/deep-freeze)을 사용해야 합니다.

1.2.2 화살표 함수(arrow function)

ES2015에서 소개된 가장 인상적인 기능 중 하나는 화살표 함수의 지원입니다. 화살표 함수는 함수 정의를 위한 보다 간결한 구문으로 콜백을 정의할 때 특히 유용합니다. 이 구문의 장점을 보다 잘 이해하기 위해 먼저 배열에서 고전적인 필터링의 예를 살펴보겠습니다.

```
const numbers = [2, 6, 7, 8, 1];
const even = numbers.filter(function(x) {
  return x%2 === 0;
});
```

앞의 코드는 화살표 함수 구문을 사용하여 다음과 같이 재 작성할 수 있습니다.

```
const numbers = [2, 6, 7, 8, 1];
const even = numbers.filter(x => x%2 === 0);
```

filter 함수를 인라인으로 정의할 수 있으며, function 키워드는 제거되고 => (화살표) 다음에 매개변수 목록만 남기고 바로 함수 본문이 옵니다. 인자 목록에 둘 이상의 인자가 들어 있으면 괄호로 묶고 쉼표로 인자를 구분해야 합니다. 또한 인자가 없는 경우 화살표 앞에 빈 괄호를 써줘야 합니다. () => {...}. 함수의 본문이 단지 한 줄일 경우, 암시적으로 적용되므로 retun 키워드를 써줄 필요가 없습니다. 함수 본문에 코드 줄을 추가해야 하는 경우 중괄호로 묶을 수 있

지만, 이 경우 return이 암시적으로 적용되지 않기 때문에 다음 예제와 같이 명시적으로 써주어야 합니다.

```
const numbers = [2, 6, 7, 8, 1];
const even = numbers.filter(x => {
  if (x%2 === 0) {
    console.log(x + ' is even!');
    return true;
  }
});
```

그러나 화살표 함수에 대해 알아야 할 또 다른 중요한 기능이 있습니다. 화살표 함수는 어휘 범위(lexical scope)로 바인드 됩니다. 즉, 화살표 함수 내부의 this 값은 부모 블록의 값과 같습니다. 예를 보면서 이 개념을 명확히 해봅시다.

```
function DelayedGreeter(name) {
  this.name = name;
}

DelayedGreeter.prototype.greet = function() {
  setTimeout( function cb() {
    console.log('Hello ' + this.name);
  }, 500);
};

const greeter = new DelayedGreeter('World');
greeter.greet(); //"Hello undefined"을 인쇄합니다
```

이 코드에서 우리는 name을 인자로 받아들이는 간단한 greeter 프로토타입(prototype)을 정의했습니다. 그런 다음 greet 메소드를 프로토타입에 추가합니다. 이 함수는 500밀리 초 대기 후 Hello와 인스턴스에서 정의된 이름을 인쇄합니다. 그러나 타임아웃 시 호출되는 콜백 함수(cb) 내부는 함수의 범위가 greet 메소드의 범위와 다르고 this 값이 undefined 이므로 이 함수는 제대로 작동하지 않습니다.

Node.js에 화살표 함수가 소개되기 전에는 이 문제를 해결하기 위해 다음과 같이 bind를 사용하여 greet 함수를 수정해야 했습니다.

```
DelayedGreeter.prototype.greet = function() {
  setTimeout( (function cb() {
    console.log('Hello' + this.name);
  }).bind(this), 500);
};
```

그러나 이제 화살표 함수가 도입되어 어휘 범위에 바인딩 되기 때문에 화살표 함수를 콜백 함수로 사용하여 문제를 해결할 수 있습니다.

```
DelayedGreeter.prototype.greet = function() {
  setTimeout( () => console.log('Hello' + this.name), 500);
};
```

이는 매우 편리한 기능입니다. 대부분의 경우 코드가 보다 간결하고 직관적이게 됩니다.

1.2.3 클래스 구문

ES2015는 Java 또는 C#과 같은 전통적인 객체지향 언어의 개발자에게 익숙한 방식으로 원형 상속을 활용하는 새로운 구문을 소개했습니다. 이 새로운 구문의 의미가 JavaScript 런타임에 의해 내부적으로 객체가 관리되는 방식이 변했다는 것이 아니라는 것이 중요합니다. JavaScript는 여전히 클래스를 통하지 않고 프로토타입을 통해 속성과 함수를 상속합니다. 이 새로운 대체 구문은 개발자에게 매우 유용하고 가독성이 뛰어나지만, 단지 구문 상의 편의를 위한 것일 뿐입니다.

간단한 예로 어떻게 작동하는지 살펴봅시다. 제일 먼저, 전통적인 프로토타입 기반의 Person 함수를 기술해 보겠습니다.

```
function Person(name, surname, age) {
  this.name = name;
  this.surname = surname;
  this.age = age;
}

Person.prototype.getFullName = function() {
  return this.name + '' + this.surname;
```

```
};

Person.older = function(person1, person2) {
  return (person1.age >= person2.age) ? person1 : person2;
};
```

코드에서 볼 수 있듯이 function Person은 그 속성으로 name, surname 그리고 age를 가집니다. 그리고 Person 객체에서 전체 이름(성+명)을 간편하게 얻을 수 있는 보조 함수와 입력으로 주어진 두 Person 인스턴스를 비교하여 나이가 더 많은 객체를 반환하는 Person 객체를 통해 직접 사용할 수 있는 보조 함수를 프로토타입에 추가합니다.

이제 같은 내용을 새롭고 편리한 ES2015 클래스 구문을 사용하여 구현하는 방법을 보도록 하겠습니다.

```
class Person {
  constructor (name, surname, age) {
    this.name = name;
    this.surname = surname;
    this.age = age;
  }

  getFullName () {
    return this.name + ' ' + this.surname;
  }

  static older (person1, person2) {
    return (person1.age >= person2.age) ? person1 : person2;
  }
}
```

이 구문은 더 읽기 쉽고 이해하기가 간단합니다. 클래스에 대한 생성자를 명시적으로 기술하고 기존의 older 함수를 정적(static) 함수로 선언하였습니다.

두 가지 구현은 동일한 의미지만, 새로운 구문의 핵심적인 특징은 extend 및 super 키워드를 사용하여 Person 프로토타입을 확장할 수 있다는 것입니다. 여기서 우리가 PersonWithMiddlename 클래스를 만들어야 한다고 생각해 봅시다.

```
class PersonWithMiddlename extends Person {
  constructor (name, middlename, surname, age) {
    super(name, surname, age);
    this.middlename = middlename;
  }

  getFullName () {
    return this.name + '' + this.middlename + '' + this.surname;
  }
}
```

이 세 번째 예제에서 주목할 가치가 있는 것은 구문이 다른 객체지향 언어에서 일반적으로 나타나는 모습과 매우 유사하다는 점입니다. 확장하고자 하는 클래스로부터 새로운 클래스를 선언하고, super 키워드를 사용하여 부모 생성자를 호출하는 새로운 생성자를 정의하였으며, 가운데 이름(middle name)을 지원하도록 getFullName 함수를 오버라이드 하였습니다.

1.2.4 향상된 객체 리터럴

새로운 클래스 문법과 함께, ES2015에서는 향상된 객체 리터럴 표기법을 소개하였습니다. 이 문법은 변수 및 함수를 객체의 멤버로 지정하고, 객체를 생성할 때 동적인 멤버명을 정의할 수 있도록 하며, 편리한 setter 및 getter 함수들을 제공합니다.

몇 가지 예제들을 통해 자세히 알아봅시다.

```
const x = 22;
const y = 17;
const obj = { x, y };
```

obj는 각각 22와 17을 값으로 가지는 키 x와 y를 가지는 객체가 될 것입니다. 함수를 가지는 객체도 만들 수 있습니다.

```
module.exports = {
  square (x) {
    return x * x;
  },
  cube (x) {
```

```
    return x * x * x;
  }
};
```

이 경우, 동일한 이름의 속성에 맵핑된 square및 cube 함수를 exports하는 모듈을 작성하고 있습니다. function 키워드를 지정할 필요가 없다는 것에 주목하십시오.

다른 예로 동적으로 속성 명을 사용하는 방법을 살펴보겠습니다.

```
const namespace = '-webkit-';
const style = {
  [namespace + 'box-sizing'] : 'border-box',
  [namespace + 'box-shadow'] : '10px10px5px #888888'
};
```

여기서 결과 객체는 -webkit-box-sizing 과 -webkit-box-shadow 속성을 가지게 됩니다.

바로 예제로 넘어가서 새로운 setter 및 getter 구문을 사용할 수 있는 방법을 살펴보겠습니다.

```
const person = {
  name : 'George',
  surname : 'Boole',

  get fullname () {
    return this.name + '' + this.surname;
  },

  set fullname (fullname) {
    let parts = fullname.split('');
    this.name = parts[0];
    this.surname = parts[1];
  }
};

console.log(person.fullname); //"George Boole"
console.log(person.fullname = 'Alan Turing'); //"Alan Turing"
console.log(person.name); //"Alan"
```

이 예에서 우리는 일반적인 속성으로 name과 surname 그리고 set, get 구문을 통해 조작되는 fullname 속성, 이렇게 세가지 속성을 정의합니다. console.log 호출의 결과에서 알 수 있듯이 연산을 가진 속성에 대해서도 객체 내부의 일반적인 속성들처럼 값을 읽거나 쓸 수 있습니다. 두 번째 console.log가 Alan Turing을 출력한다는 것에 유의하십시오. 이는 기본적으로 모든 set 함수가 동일한 속성에 대하여(이 경우 fullname) get 함수가 반환하는 값을 반환하기 때문에 발생합니다.

1.2.5 Map과 Set Collection

JavaScript 개발에 있어 일반 객체를 사용해서 해시 맵을 만드는 것은 익숙한 일입니다. ES2015에서는 보다 안전하고 유연하며 직관적인 방식으로 해시 맵 컬렉션을 활용하도록 특별히 설계된 Map이라는 새로운 프로토타입을 도입했습니다. 간단히 예를 들어 보겠습니다.

```
const profiles = new Map();
profiles.set('twitter', '@adalovelace');
profiles.set('facebook', 'adalovelace');
profiles.set('googleplus', 'ada');

profiles.size; //3
profiles.has('twitter'); //true
profiles.get('twitter'); //"@adalovelace"
profiles.has('youtube'); //false
profiles.delete('facebook');
profiles.has('facebook'); //false
profiles.get('facebook'); //undefined
for (const entry of profiles) {
  console.log(entry);
}
```

보시다시피 Map 프로토타입에는 set, get, has 및 delete와 같은 몇 가지 편리한 메소드와 함께 size 속성(length 속성을 사용하는 배열과 어떻게 다른지 유의하세요)을 제공합니다. 또한 for 구문을 사용하여 모든 항목들을 반복할 수도 있습니다. 루프 내 모든 entry는 첫 번째 요소로 키를 두 번째 요소로 값을 가지는 배열입니다. 이 인터페이스는 매우 직관적이고 명확합니다.

하지만 Map를 흥미롭게 만드는 것은 함수와 객체를 Map의 키로 사용할 수 있다는 것입니다. 이것은 일반적인 객체로는 완전히 불가능한 것입니다. 왜냐하면 모든 키가 자동으로 문자열로 변환되기 때문입니다. 이것은 새로운 기회를 열어줍니다. 예를 들어 이 기능을 활용하여 정밀한 테스트 프레임워크를 만들 수 있습니다.

```
const tests = new Map();
tests.set(() => 2+2, 4);
tests.set(() => 2*2, 4);
tests.set(() => 2/2, 1);

for (const entry of tests) {
  console.log((entry[0]() === entry[1]) ? 'PASS' : 'FAIL');
}
```

이 마지막 예에서 볼 수 있듯이, 우리는 함수를 키로 예상되는 결과를 값으로 저장했습니다. 그런 다음 hash map의 함수들을 반복 구문을 통해 실행합니다. map을 반복 구문을 통해 실행할 때 모든 entry들은 삽입 순서대로 출력됨을 알 수 있는데, 이 또한 일반 객체로 map을 구현했을 경우에는 항상 보장되는 것은 아닙니다.

ES2015는 Map과 함께 Set 프로토타입도 소개하고 있습니다. 이 프로토타입을 사용하면 모든 요소들이 유일한 고유값을 가지는 목록인 집합(set)을 쉽게 만들 수 있습니다.

```
const s = new Set([0, 1, 2, 3]);
s.add(3); //추가되지 않음
s.size; //4
s.delete(0);
s.has(0); //false

for (const entry of s) {
  console.log(entry);
}
```

예제를 통해 볼 수 있듯이, 이 인터페이스들은 Map에서 본 것과 매우 유사합니다. 여기서는 add(set을 대신함)와 has 그리고 delete 함수와 size 속성이 있습니다. 또한 set을 반복 구문으로 사용할 수도 있는데, 이 경우 모든 요소들은 값이 됩니다. 위 예에서는 set 내에 있는 숫자 중 하나가 될 것입니다. 마지막으로, set은 그 요소로 객체와 함수를 가질 수 있습니다.

1.2.6 WeakMap 및 WeakSet Collection

또한 ES2015는 WeakMap 및 WeakSet이라는 Map 및 Set 프로토타입에 대한 "weak" 버전을 정의하고 있습니다.

WeakMap은 인터페이스 측면에서 Map과 매우 유사합니다. 그러나 알아야 할 중요한 차이점이 두 가지가 있습니다. WeakMap은 가지고 있는 요소 전체를 반복 구문으로 탐색할 방법이 없으며, 객체 만을 키로 가질 수 있습니다. 이것은 제약 사항처럼 보일 수 있지만 거기에는 그럴만한 이유가 있습니다. 실제, WcakMap의 독특한 특징은 키로 사용된 객체에 대한 유일한 참조가 WeakMap 내에만 남아 있을 경우, 이 객체를 가비지 컬렉트(garbage collect) 할 수 있다는 것입니다. 이것은 어플리케이션의 생명 주기 내에서 삭제되어야 할 객체와 관련된 몇몇 메타 데이터를 저장하는 경우 매우 유용합니다. 예를 들어 보겠습니다.

```
let obj = {};
const map = new WeakMap();
map.set(obj, {key: "some_value"});
console.log(map.get(obj)); //{key: "some_value"}
obj = undefined; //다음 가비지 컬렉트 사이이클에서
                    //맵에 관련된 객체와 데이터가 정리됩니다.
```

이 코드에서 우리는 obj라고 하는 일반 객체를 생성합니다. 그런 다음 이 객체에 대한 메타 데이터를 map이라는 WeakMap에 저장합니다. 이 메타 데이터는 map의 get 메소드를 통해 획득할 수 있습니다. 그런 후 해당 객체에 undefined를 값으로 할당함으로써 객체를 제거할 수 있는데, 이렇게 되면 객체는 가비지 컬렉터에 의해 정리되고 메타 데이터는 map에서 제거됩니다.

WeakMap과 유사하게 WeakSet 또한 Set의 weak 버전입니다. 마찬가지로, Set과 WeakSet의 차이는 WeakSet 내 유일 참조가 남을 경우 해당 객체를 가비지 컬렉트 할 수 있다는 것입니다.

```
let obj1= {key: "val1"};
let obj2= {key: "val2"};
const set= new WeakSet([obj1, obj2]);
console.log(set.has(obj1)); //true
obj1= undefined; //이제 obj1이 set에서 제거됩니다.
console.log(set.has(obj1)); // false
```

WeakMap과 WeakSet이 Map과 Set 보다 좋거나 나쁜 것이 아니라 단지 사용처가 서로 다르다는 점을 이해하는 것이 중요합니다.

1.2.7 Template 표기법

ES2015는 문자열을 지정하는 대안으로 보다 강력한 문법을 제공합니다. 이 구문은 역 따옴표(`)를 구분 기호로 사용하며, 일반 따옴표(')나 큰 따옴표(")를 구분 기호로 사용하는 문자열과 비교할 때 여러 가지 이점을 제공합니다. 주요 이점은 템플릿 표기 구문을 문자열 내에서 ${expression}의 형식으로 사용하여 변수 또는 표현식을 삽입할 수 있다는 것입니다(이것이 이 구문을 "템플릿"이라고 부르는 이유입니다). 그리하여 마침내 단일 문자열을 여러 행에 걸쳐 쉽게 작성할 수 있게 되었습니다. 간단한 예를 봅시다.

```
const name = "Leonardo";
const interests = ["arts", "architecture", "science", "music", "mathematics"];
const birth = { year : 1452, place : 'Florence' };
const text = `${name} was an Italian polymath
  interested in many topics such as
  ${interests.join(', ')}.He was born
  in ${birth.year} i
console.log(text);
```

이 코드는 다음과 같은 출력을 합니다.

```
Leonardo was an Italian polymath interested in many topics such as arts,
architecture, science, music, mathematics. He was born in 1452 in Florence.
```

예제 코드 다운로드

예제 코드를 다운로드하기 위한 자세한 방법은 이 책의 10페이지를 참조하세요.
이 책의 예제 코드는 GitHub 에서도 받을 수 있습니다.

- http://bit.ly/node_book_code

1.2.8 ES2015의 기타 기능들

또 다른 매우 흥미로운 기능들이 ES2015에 추가되었으며, Node.js 버전 4부터는 Promise를 사용할 수 있습니다. Promise에 대한 자세한 내용은 '4장. ES2015 이후 비동기식 프로그램의 제어 흐름 패턴'을 참조하십시오.

Node.js 버전 6에 새로 추가된 ES2015 기능은 다음과 같습니다.

- 기본 매개 변수(Default function parameters)
- 나머지 매개 변수(Rest parameters)
- 전개 연산자(Spread operator)
- 비구조화(Destructuring)
- new.target('2장. Node.js 필수 패턴'에서 다룰 것입니다)
- Proxy('6장. 디자인 패턴'에서 다룰 것입니다.)
- Reflect
- Symbols

> 지원되는 모든 ES2015 기능의 업데이트와 최신 목록은 공식 Node.js 문서에서 확인할 수 있습니다.
> • https://nodejs.org/en/docs/es6/

1.3 Reactor 패턴

이 섹션에서는 Node.js의 비동기 특성의 핵심인 Reactor 패턴을 분석합니다. 단일 스레드 아키텍처 및 논 블로킹 I/O와 같은 패턴의 기본 개념을 살펴보고, 이것이 Node.js 플랫폼 전체에 대한 기반을 형성하는 방법을 살펴보겠습니다.

1.3.1 I/O는 속도가 느리다.

I/O는 컴퓨터의 기본적인 동작 중에서 가장 느립니다. RAM에 액세스하는데 걸리는 시간은 나노 초(10E-9 초)이며, 디스크 또는 네트워크의 데이터에 액세스하는데 걸리는 시간은 밀리 초(10E-3 초)입니다. 대역폭의 경우도 마찬가지입니다. RAM의 전송 속도는 GB/s 단위로 일관되게 유지되는 반면, 디스크 및 네트워크는 MB/s에서 GB/s까지 다양합니다. I/O는 일반적으로 CPU 측면에서 비용이 많이 들지 않지만, 요청을 보낸 순간부터 작업이 완료되는 순간까

지 시연을 동반하게 됩니다. 게다가 인간이라는 요소도 고려해야 합니다. 종종 어플리케이션의 입력은 실시간 채팅 어플리케이션에서 전송 버튼이나 메시지 클릭과 같은 실제 사람의 입력이므로 I/O의 속도와 빈도는 기술적인 면에만 의존하지는 않습니다. 디스크 또는 네트워크보다 훨씬 더 느리게 진행될 수 있습니다.

1.3.2 블로킹 I/O

전통적인 블로킹 I/O 프로그래밍에서는 I/O 요청에 해당하는 함수 호출은 작업이 완료될 때까지 스레드의 실행이 차단됩니다. 디스크 액세스의 경우 몇 밀리 초에서 키를 누르는 것과 같은 사용자 조작으로 생성되는 데이터의 경우 몇 분 또는 그 이상이 걸릴 수도 있습니다. 다음 의사코드는 소켓에 대해 수행되는 일반적인 블로킹 스레드를 보여줍니다.

```
//데이터를 사용할 수 있을 때까지 스레드가 블록됩니다.
data = socket.read();
//데이터 사용 가능
print(data);
```

블로킹 I/O를 사용하여 구현된 웹 서버가 동일한 스레드에서 여러 연결을 처리할 수 없다는 것은 자명한 일입니다. 각 소켓에서의 모든 I/O 작업이 다른 연결 처리를 차단할 것이기 때문입니다. 이러한 이유로 웹 서버에서 동시성을 처리하기 위한 전통적인 접근 방식은 처리해야 하는 각각의 동시 연결에 대해 새로운 스레드 또는 프로세스를 시작하거나 풀에서 가져온 스레드를 재사용하는 것입니다. 이렇게 해서 스레드가 I/O 작업으로 차단되어도 분리된 스레드에서 처리되므로 다른 요청의 가용성에는 영향을 미치지 않습니다.

다음 그림은 이 시나리오를 보여줍니다.

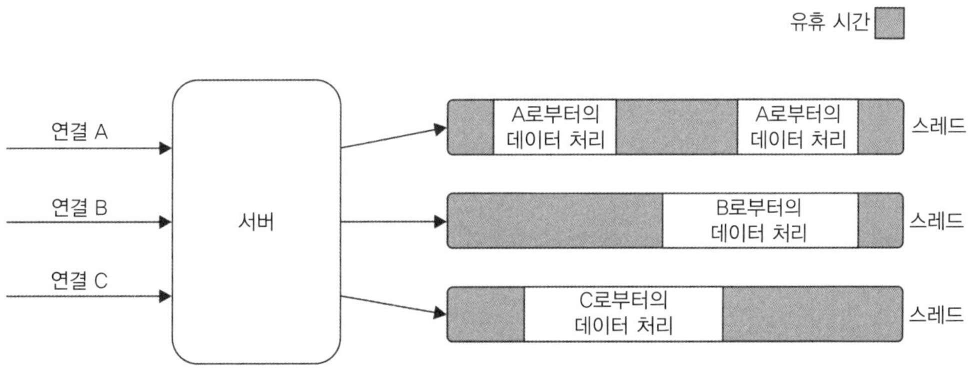

앞의 이미지는 각 스레드가 관련 연결로부터 새로운 데이터가 수신되기를 기다리는 유휴 상태에 중점을 두고 있습니다. 예를 들어, 데이터베이스나 파일 시스템과 상호 작용할 때와 같이 모든 유형의 I/O가 요청의 처리를 차단할 수 있다고 생각한다면, 곧 스레드가 얼마나 많이 I/O 조작의 결과를 기다리기 위해 차단되는지 그 횟수를 알 수 있습니다. 불행하게도 스레드는 시스템 리소스 측면에서 비용이 그리 싸지 않습니다. 메모리를 소비하고 컨텍스트 전환을 유발하므로, 각 연결에 대해 대부분의 시간을 사용하지 않으면서 장시간 실행되는 스레드를 사용하는 것은 효율성 측면에서 최상의 절충안은 아닙니다.

1.3.3 논 블로킹 I/O

블로킹 I/O 외에도 대부분의 최신 운영체제는 논 블로킹 I/O라고 하는, 리소스를 액세스하는 또 다른 메커니즘을 지원합니다. 이 운영 모드에서 시스템 호출은 데이터가 읽히거나 쓰여질 때까지 기다리지 않고 항상 즉시 반환됩니다. 호출하는 순간에 결과를 사용할 수 없는 경우, 이 함수는 단순히 미리 정의된 상수를 반환하여 그 순간에 반환할 수 있는 데이터가 없음을 나타냅니다.

예를 들어, Unix 운영체제에서 fcntl() 함수는 기존 파일 디스크립터(file descriptor)를 조작하여 운영 모드를 논 블로킹으로 변경하는데 사용합니다(O_NONBLOCK 플래그 사용). 일단 자원이 논 블로킹 모드에 있으면 자원에 읽을 준비가 된 데이터가 없을 경우, 모든 읽기 조작은 코드 EAGAIN을 반환하여 실패를 알립니다.

이러한 종류의 논 블로킹 I/O에 액세스하는 가장 기본적인 패턴은 실제 데이터가 반환될 때까지 루프 내에서 리소스를 적극적으로 폴링(poll)하는 것입니다. 이것을 **busy-waiting**이라고 합니다. 아래 의사 코드는 논 블로킹 I/O 및 폴링 루프를 사용하여 여러 리소스에서 읽는 방법을 보여줍니다.

```
resources = [socketA, socketB, pipeA];
while(!resources.isEmpty()) {
  for(i = 0; i < resources.length; i++) {
    resource = resources[i];
    //읽기를 시도합니다.
    let data = resource.read();
    if(data === NO_DATA_AVAILABLE)
      //당장 읽을 데이터가 없습니다.
      continue;
    if(data === RESOURCE_CLOSED)
      //데이터 리소스가 닫혔기 때문에, 리소스 목록에서 제거합니다.
```

```
            resources.remove(i);
        else
            //데이터가 도착하여 이를 처리합니다.
            consumeData(data);
    }
}
```

이 간단한 기술로 동일한 스레드에서 서로 다른 리소스를 처리할 수 있지만, 이미 효율적이지 않다는 것을 알 수 있습니다. 실제로 앞의 예제에서 루프는 대부분의 경우 사용할 수 없는 리소스를 반복하는데만 소중한 CPU를 사용합니다. 폴링 알고리즘은 대부분 엄청난 양의 CPU 시간 낭비를 초래합니다.

1.3.4 이벤트 디멀티플렉싱

Busy-waiting은 논 블로킹 리소스를 처리하기 위한 이상적인 기술은 아니지만 다행스럽게도 대부분의 최신 운영체제는 효율적인 논 블로킹 리소스 처리를 위한 기본적인 메커니즘을 제공합니다. 이 메커니즘을 **동기 이벤트 디멀티플렉서** 또는 **이벤트 통지 인터페이스**라고 합니다. 이 구성 요소는 감시된 일련의 리소스들로부터 들어오는 I/O 이벤트를 수집하여 큐에 넣고 처리할 수 있는 새 이벤트가 있을 때까지 차단합니다. 다음은 두 개의 서로 다른 자원에서 읽기 위해 일반 동기 이벤트(generic synchronous event) 디멀티플렉서를 사용하는 알고리즘의 의사 코드입니다.

```
socketA, pipeB;
watchedList.add(socketA, FOR_READ); //[1]
watchedList.add(pipeB, FOR_READ);
while(events = demultiplexer.watch(watchedList)) { //[2]
    //이벤트 루프
    foreach(event in events) { //[3]
        //여기서 read는 블록되지 않으며 비어 있을지언정, 항상 데이터를 반환합니다.
        data = event.resource.read();
        if(data === RESOURCE_CLOSED)
            //리소스가 닫혔기 때문에, 리소스 목록에서 제거합니다.
            demultiplexer.unwatch(event.resource);
        else
            //실제 데이터가 도착하여 이를 처리합니다.
            consumeData(data);
    }
}
```

다음은 위 의사 코드의 주요 과정을 소개합니다.

1. 리소스를 데이터 구조(List)에 추가합니다. 예제에서는 각 인스턴스를 특정 작업(예: read)과 연결합니다.
2. 이벤트 통지자에 감시할 리소스 그룹을 설정합니다. 이 호출은 동기식이며, 감시 대상 자원 중 하나라도 읽을 준비가 될 때까지 차단됩니다. 이 경우, 이벤트 디멀티플렉서는 호출로부터 복귀하여 새로운 일련의 이벤트들을 처리할 수 있게 됩니다.
3. 이벤트 디멀티플렉서에 의해 반환된 각 이벤트가 처리됩니다. 이 시점에서 각 이벤트와 관련된 리소스는 읽기 작업을 위한 준비가 되어 있으며, 차단되지 않는 상황이라는 것이 보증됩니다. 모든 이벤트가 처리되고 나면, 이 흐름은 다시 디멀티플렉서에서 처리 가능한 이벤트가 발생할 때까지 차단됩니다. 이를 **이벤트 루프**(event loop)라고 합니다.

이 패턴을 사용하면 바쁜 대기(Busy-waiting) 기술을 사용하지 않고도 단일 스레드 내에서 여러 I/O 작업을 처리할 수 있습니다. 다음 그림은 웹 서버가 동기 이벤트 디멀티플렉서와 단일 스레드를 사용하여 여러 연결을 처리하는 방법을 보여줍니다.

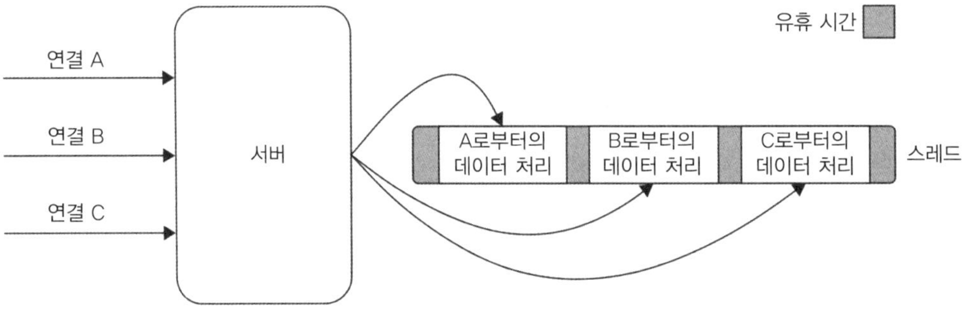

위의 이미지는 동기 이벤트 디멀티플렉서 및 논 블로킹 I/O를 사용하여 단일 스레드 어플리케이션에서 동시성이 작동하는 방식을 이해하는데 도움이 될 것입니다. 하나의 스레드만 사용하더라도 다중 I/O 사용 작업을 동시에 실행할 수 있는 능력을 손상시키지 않습니다. 작업은 여러 스레드로 분산되지 않고 시간에 따라 분산됩니다. 이는 이미지에 명확하게 표시된 것처럼 스레드의 총 유휴 시간을 최소화하는 명백한 장점이 있습니다. 이것이 이 모델을 선택하는 유일한 이유는 아닙니다. 사실 하나의 스레드만 갖는다는 것은 프로그래머가 일반적으로 동시성에 접근하는 방식에 유익한 영향을 미칩니다. 이 책 전체에서 우리는 프로세스 간의 경쟁과 여러 스레드들의 동기화 걱정이 없는 훨씬 간단한 동시성 전략을 사용할 수 있음을 보게 될 것입니다.

다음 장에서는 Node.js의 동시성 모델에 대해 더 자세히 이야기할 기회를 갖게 될 것입니다.

1.3.5 Reactor 패턴 소개

이제 이전 섹션에서 제시된 알고리즘에 특수화된 Reactor 패턴을 소개하겠습니다. 그 이면에 있는 핵심 개념은 각 I/O 작업과 관련된 핸들러(Node.js에서 callback 함수로 표시됨)를 갖는 것입니다. 이 핸들러는 이벤트가 생성되어 이벤트 루프에 의해 처리되는 즉시 호출됩니다. Reactor 패턴의 구조는 다음 그림과 같습니다.

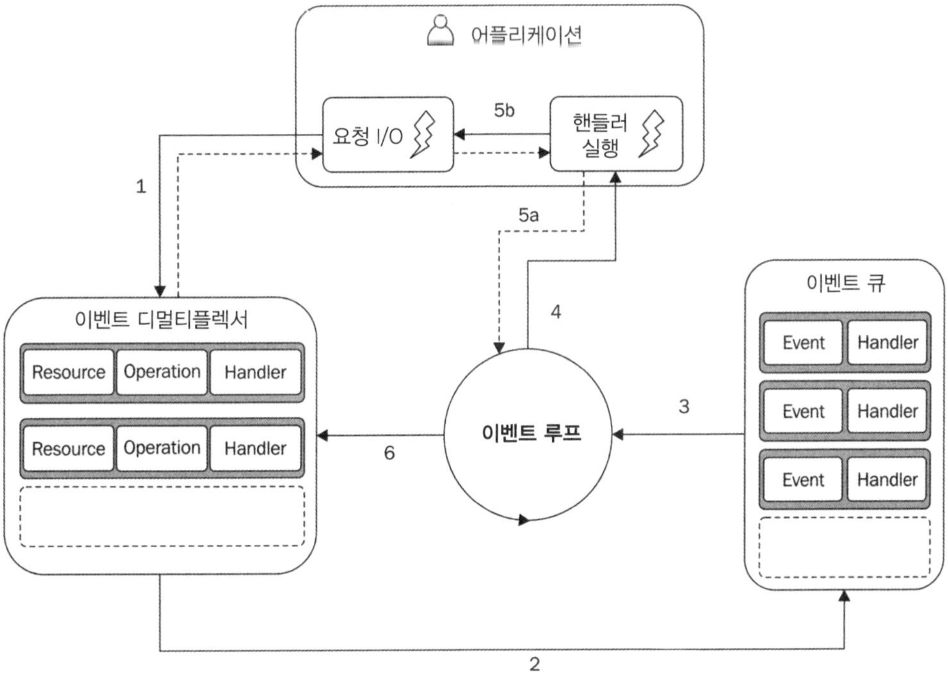

이것은 Reactor 패턴을 사용하는 어플리케이션에서 어떤 일이 발생하는 지를 보여 줍니다.

1. 어플리케이션은 **이벤트 디멀티플렉서**에 요청을 전달함으로써 새로운 I/O 작업을 생성합니다. 또한 어플리케이션은 처리가 완료될 때 호출될 핸들러를 지정합니다. **이벤트 디멀티플렉서**에 새 요청을 전달하는 것은 논 블로킹 호출이며, 즉시 어플리케이션에 제어를 반환합니다.
2. 일련의 I/O 작업들이 완료되면 **이벤트 디멀티플렉서**는 새 이벤트를 **이벤트 큐**에 집어넣습니다.
3. 이 시점에서 **이벤트 루프**가 **이벤트 큐**의 항목들에 대해 반복합니다.
4. 각 이벤트에 대해서 관련된 핸들러가 호출됩니다.
5. 어플리케이션 코드의 일부인 핸들러는 실행이 완료되면 **이벤트 루프**에 제어를 되돌립니다(5a). 그러나 핸들러의 실행 중에 새로운 비동기 동작이 요청(5b)이 발생하여 제어가 **이벤트 루프**로 돌아가기 전에 새로운 요청이 **이벤트 디멀티플렉서(1)**에 삽입될 수도 있습니다.
6. **이벤트 큐** 내의 모든 항목이 처리되면, 루프는 **이벤트 디멀티플렉서**에서 다시 블록되고 처리 가능한 새로운 이벤트가 있을 때 이 과정이 다시 트리거 될 것입니다.

이제 비동기식 동작이 명확해졌습니다. 어플리케이션은 특정 시점(블로킹 없이)에서 리소스에 액세스하려는 요청을 표시하고, 해당 처리가 완료되는 다른 시점에서 호출될 핸들러를 제공합니다.

> Node.js 어플리케이션은 이벤트 디멀티플렉서에 더 이상 보류 중인 작업이 없고 **이벤트 큐**에서 더 이상 처리할 이벤트가 없을 때 자동으로 종료됩니다.

우리는 이제 Node.js의 핵심에 패턴을 정의할 수 있습니다.

패턴(Reactor)은 일련의 관찰 대상 리소스에서 새 이벤트를 사용할 수 있을 때까지 차단하여 I/O를 처리한 다음, 각 이벤트를 관련 핸들러로 전달함으로써 반응합니다.

1.3.6 Node.js의 논 블로킹 엔진 libuv

각 운영체제에는 Linux의 epoll, Mac OS X의 kqueue 및 Windows의 **I/O Completion Port(IOCP)** API와 같은 **이벤트 디멀티플렉서**에 대한 자체 인터페이스가 있습니다. 게다가 각 I/O 작업은 동일한 OS 내에서도 리소스 유형에 따라 매우 다르게 작동할 수 있습니다. 예를 들어 Unix에서 일반 파일 시스템의 파일은 논 블로킹 작업을 지원하지 않으므로 논 블로킹 동작을 시뮬레이션 하려면 이벤트 루프 외부에 별도의 스레드를 사용해야 합니다. 서로 다른 운영체제에서 발생하는 이러한 불일치 때문에 이벤트 디멀티플렉서에 대한 보다 높은 수준의 추상화를 필요로 합니다. 이것이 바로 Node.js 코어 팀이 **libuv**라는 C 라이브러리를 만든 이유입니다. 이를 통해 모든 주요 플랫폼과 호환되고, 서로 다른 유형의 리소스들의 논 블로킹 동작을 표준화 할 수 있는 것입니다. 오늘날 libuv는 Node.js의 하위 수준의 I/O 엔진을 나타냅니다.

libuv는 기본 시스템 호출을 추상화하는 것 외에도 Reactor 패턴을 구현하고 있으므로 이벤트 루프를 만들고, 이벤트 큐를 관리하며, 비동기 입출력 작업을 실행하고, 다른 유형의 작업을 큐에 담기 위한 API들을 제공합니다.

> libuv에 대해 더 많은 것을 알 수 있는 훌륭한 자료로 Nikhil Marathe가 만든 무료 온라인 책이 있습니다.
> • http://nikhilm.github.io/uvbook/

1.3.7 Node.js를 위한 구조

리액터 패턴과 libuv가 Node.js의 기본 구성 요소이지만 전체 플랫폼을 구축하려면 다음 세 가지 구성 요소가 필요합니다.

- libuv와 기타 낮은 수준의 기능들을 JavaScript에 랩핑하고 사용 가능하도록 해주는 바인딩 세트.
- V8, 이것은 원래 Google에서 Chrome 브라우저 용으로 개발한 JavaScript 엔진입니다. 이것이 Node.js가 매우 빠르고 효율적인 이유 중 하나입니다. V8은 혁신적인 설계와 속도 그리고 효율적인 메모리 관리로 높은 평가를 받고 있습니다.
- 상위 수준의 Node.js API를 구현하고 있는 코어 JavaScript 라이브러리(노드 코어라고 함).

이것들이 Node.js의 구성이며, 아래 이미지는 최종 아키텍처를 묘사하고 있습니다.

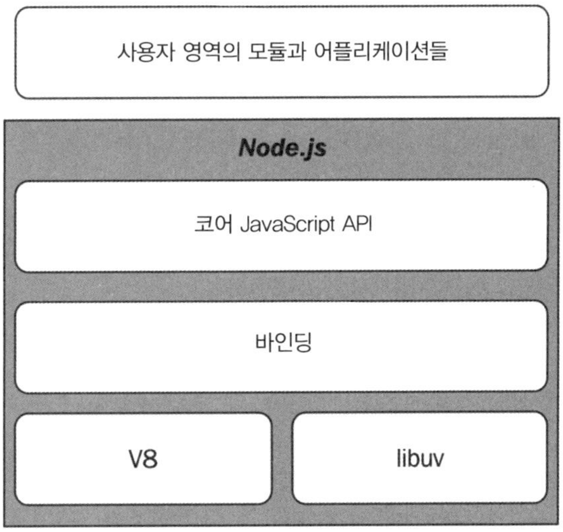

1.4 요약

이 장에서는 Node.js 플랫폼에서 효율적이고 재사용 가능한 코드를 만들기 위한 토대를 제공하는 몇 가지 중요한 원칙과 기반을 살펴 보았습니다. 플랫폼의 이면에 존재하는 철학과 설계 방식들은 사실 우리가 만드는 모든 어플리케이션과 모듈의 구조 그리고 동작에 강력한 영향을 미칩니다. 종종 다른 기술을 사용하는 개발자들의 경우 이러한 원칙이 익숙하지 않은 것처럼 보일 수 있으며, 자신의 경험에서 조금이라도 익숙한 패턴을 찾으려는 형태로 이러한 변화에 맞서려 하겠지만, 실제로 필요한 것은 사고의 전환입니다.

한편으로는 리액터 패턴의 비동기 성질은 콜백과 시차를 두고 나중에 일어나는 작업들로 구성되는 다른 형태의 프로그래밍 스타일이 필요하며, 스레드와 경쟁 조건에 대해서는 너무 걱정하지 않아도 됩니다. 반면에 모듈 패턴과 단순성 및 최소화 원리는 재사용 가능성, 유지 보수 및 가용성 측면에서 흥미로운 새로운 방식의 시나리오가 가능하게 합니다.

마지막으로 JavaScript를 기반으로 한 빠르고 효율적인 기술적인 장점 외에도 Node.js는 앞서 이야기한 원칙으로 인해 세간에 많은 관심을 불러 일으켰습니다. 많은 부분에서 프로그래밍의 근본으로 되돌아가거나 크기나 복잡도 면에서 좀 더 인긴적인 프로그래밍 방식 같은 본질로 인해 많은 개발자들이 Node.js에 대한 관심을 놓지 않고 있습니다. 이제 ES2015의 도입으로 훨씬 더 흥미롭게 되었으며, 더 많은 표현 구문으로 이러한 모든 이점을 수용할 수 있는 새로운 장이 열리게 되었습니다.

다음 장에서는 Node.js에서 사용되는 두 가지 기본적인 비동기 패턴인 콜백 패턴과 이벤트 이미터(event emitter)에 대해 자세히 살펴보겠습니다. 또한 동기식 코드와 비 동기식 코드의 차이점과 예측할 수 없는 함수의 작성을 피하는 방법에 대해서도 이해하게 될 것입니다.

CHAPTER 02

Node.js 필수 패턴

▶ 콜백 패턴

▶ 모듈 시스템과 그 패턴

▶ 관찰자 패턴

Node.js의 비동기 특성을 받아들이는 것은 전혀 쉬운 일이 아닙니다. 특히 비동기 코드를 처리하는 것이 일반적이지 않은 PHP와 같은 언어에 익숙하다면 더 그럴 것입니다.

동기식 프로그래밍에서는 특정 문제를 해결하기 위해 정의된 일련의 연속적인 연산 단계들로 코드를 생각하는 것에 익숙합니다. 모든 작업은 블로킹입니다. 즉, 현재 작업이 완료될 때만 다음 작업을 실행할 수 있습니다. 이 방법을 사용하면 코드를 쉽게 이해하고 디버깅할 수 있습니다.

대신 비동기식 프로그래밍에서 파일 읽기 또는 네트워크 요청 수행과 같은 일부 작업을 백그라운드 작업으로 실행할 수 있습니다. 비동기 작업이 호출되면 이전 작업이 아직 완료되지 않은 경우에도 다음 작업이 즉시 실행됩니다. 백그라운드에서 보류 중인 작업은 언제든지 완료될 수 있으며, 비동기 호출이 완료되면 적절한 방식으로 반응하도록 전체 어플리케이션을 프로그래밍해야 합니다.

반면 이러한 논 블로킹 방식은 블로킹 시나리오에 비해 거의 항상 우수한 성능을 보장할 수는 있지만, 복잡한 제어 흐름이 필요한 고급 어플리케이션을 다룰 때는 추적이나 다루기가 어려울 수 있습니다.

Node.js는 일련의 도구와 디자인 패턴을 제공하여 비동기 코드를 최적으로 처리합니다. 신뢰를 보장할 수 있는 방법과 성능 기대를 충족하면서 이해하기 쉽고 디버깅하기 쉬운 어플리케이션을 작성하는 방법을 익히는 것이 중요합니다.

이 장에서는 가장 중요한 두 가지 비동기 패턴인 콜백(callback)과 이벤트 이미터(event emitter)를 살펴보겠습니다.

2.1 콜백 패턴

콜백은 이전 장에서 소개한 리액터 패턴 핸들러를 구현한 것입니다. 또 Node.js에 독특한 프로그래밍 스타일을 제공하는 상징 중 하나입니다. 콜백은 작업 결과를 전달하기 위해 호출되는 함수이며, 비동기 작업을 처리할 때 반드시 필요합니다. 이들은 항상 동기적으로 실행되는 return 명령의 사용을 대신합니다. JavaScript는 콜백을 표현할 수 있는 훌륭한 언어입니다. 함수가 일급 클래스 객체(first class object)여서 변수에 쉽게 할당하거나, 인수로 전달되거나, 다른 함수 호출에서 반환되거나 자료구조에 저장될 수 있기 때문입니다. 콜백을 구현하는 또 다른 이상적인 구조는 **클로저**(closures)입니다. 클로저를 사용하면 실제로 함수가 작성된 환경을 참조할 수 있습니다. 콜백이 언제 어디서 호출되는 지에 관계없이 비동기 작업이 요청된 컨텍스트를 항상 유지할 수 있기 때문입니다.

클로저에 대해 정확한 이해가 필요한 경우 Mozilla Developer Network의 글을 참조하십시오.

▶ https://developer.mozilla.org/ko/docs/Web/JavaScript/Guide/Closures

이 섹션에서는 return 명령을 대신하여 콜백으로 이루어진 이 특정 프로그래밍 스타일을 분석해 볼 것입니다.

2.1.1 연속 전달 방식(The Continuation-Passing Style)

JavaScript에서 콜백은 다른 함수에 인수로 전달되는 함수이며, 작업이 완료되면 결과로 호출됩니다. 함수형 프로그래밍에서 결과를 전달하는 이러한 방식을 **연속 전달 방식**(CPS)이라고 합니다. 이는 일반적인 개념이며, 항상 비동기 작업과 관련이 있는 것은 아닙니다. 사실, 단순히 결과를 호출자에게 직접 반환하는 대신 다른 함수(콜백)로 전달함으로써 결과를 전달하는 것을 말합니다

동기식 연속 전달 방식

개념을 명확히 하기 위해 간단한 동기 함수를 살펴보겠습니다.

```
function add(a, b) {
  return a + b;
}
```

여기에 특별한 것은 없습니다. 결과는 return 문을 통해 호출자에 전달됩니다. 이것을 **직접 스타일**(direct style)이라고 하며, 동기화 프로그래밍에서 일반적으로 결과를 반환하는 방식을 보여줍니다. 앞의 함수와 동일한 처리를 연속 전달 방식으로 바꾼 코드는 다음과 같습니다.

```
function add(a, b, callback) {
  callback(a + b);
}
```

add() 함수는 동기화된 CPS 함수로 콜백이 완료될 때만 값을 반환합니다. 다음 코드는 사용 방법을 보여 줍니다.

```
console.log('before');
add(1, 2, result => console.log('Result: ' + result));
console.log('after');
```

add()가 동기 함수이므로 위 코드는 순서대로 다음과 같이 출력합니다.

```
before
result: 3
after
```

비동기 연속 전달 방식

다음과 같이 add() 함수가 비동기인 경우를 생각해 봅시다.

```
function additionAsync(a, b, callback) {
  setTimeout(() => callback(a + b), 100);
}
```

앞의 코드에서 setTimeout()을 사용하여 콜백의 비동기 호출을 가정해 보았습니다. 이제 additionAsync를 사용하여 작업 순서가 어떻게 변경되는지 살펴보겠습니다.

```
console.log('before');
additionAsync(1, 2, result => console.log('Result: ' + result));
console.log('after');
```

앞의 코드는 다음과 같은 결과를 출력합니다.

```
before
after
Result: 3
```

setTimeout()은 비동기 작업을 실행시키기 때문에 콜백의 실행이 끝날 때까지 기다리지 않는 대신, 즉시 반환되어 additionAsync()로 제어를 돌려주어 제어가 호출자에게 반환됩니다. Node.js의 이 속성은 비동기 요청이 전달된 후 즉시 제어를 이벤트 루프에 돌려주어 큐(대기열)에 있는 새로운 이벤트가 처리될 수 있도록 하기 때문에 매우 중요합니다.

다음 그림은 이 작동 방식을 보여줍니다.

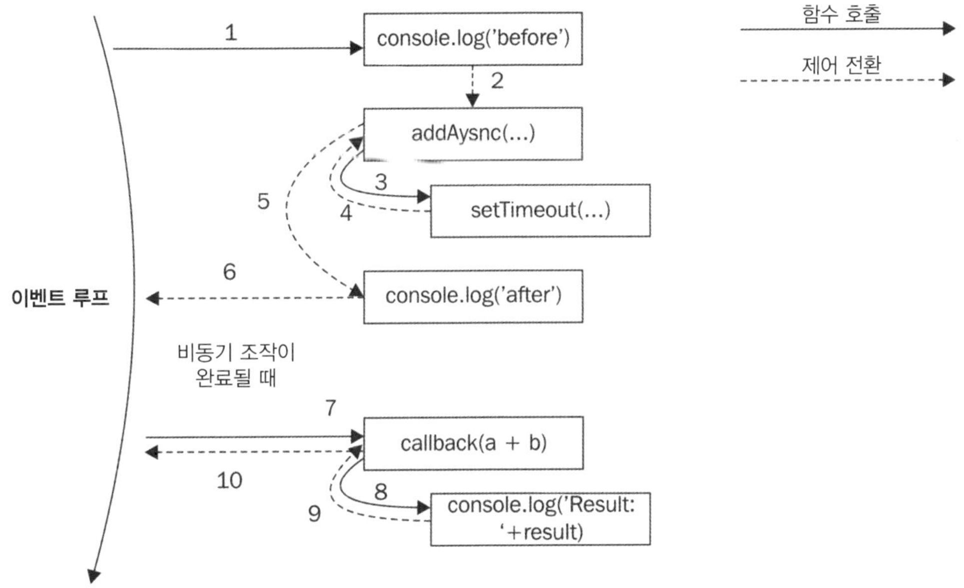

비동기 작업이 완료되면 실행은 비동기 함수에 제공된 콜백에서부터 다시 계속됩니다. 실행은 **이벤트 루프**에서 시작되기 때문에 새로운 스택을 갖습니다. 이 부분이 JavaScript가 정말 유용한 지점입니다. 클로저 덕분에 콜백이 다른 시점과 다른 위치에서 호출되더라도 비동기 함수의 호출자 컨텍스트를 유지하기 때문입니다.

동기 함수는 조작을 완료할 때까지 블록합니다. 비동기 함수는 제어를 즉시 반환하고 결과는 이벤트 루프의 다음 사이클에서 핸들러(이 경우에는 콜백)로 전달됩니다.

비 연속 전달(Non-continuation-passing) 방식의 콜백

함수에 콜백 인자가 있으면, 함수가 비동기식이거나 연속 전달 스타일(CPS)을 사용한다고 가정할 수 있습니다. 그러나 항상 그런 것은 아닙니다. 예를 들어 Array 객체의 map() 함수를 살펴보겠습니다.

```
const result = [1, 5, 7].map(element => element - 1);
console.log(result); // [0, 4, 6]
```

콜백은 배열 내의 요소를 반복하는데 사용될 뿐 연산 결과를 전달하지 않습니다.

실제 여기서 결과는 직접적인 방식으로 동기적으로 반환됩니다. 콜백의 목적은 일반적으로 API 문서에 분명하게 명시됩니다.

2.1.2 동기냐? 비동기냐?

우리는 함수가 동기식인지 또는 비동기식인지 특성에 따라 실행 순서가 어떻게 급격하게 변화하는지 살펴보았습니다. 이것은 정확성과 효율성 모든 면에서 전체 어플리케이션의 흐름에 많은 영향을 미칩니다. 이제 이 두 가지 패러다임과 위험에 대한 분석해보겠습니다. 공통적으로, 반드시 피해야 할 것은 API의 이러한 특성과 관련하여 모순과 혼돈을 만드는 것입니다. 그렇게 하면 발견하기 어렵고 재현이 불가능한 문제가 발생할 수 있습니다. 분석을 진행하기 위해, 일관성이 없는 비동기 함수의 경우를 예를 들어 설명하겠습니다.

예측할 수 없는 함수

가장 위험한 상황 중 하나는 특정 조건에서 동기적으로 동작하고 다른 조건에서 비동기적으로 동작하는 API를 갖는 것입니다. 다음 코드를 예로 들어 보겠습니다.

```
const fs = require('fs');
const cache = {};
function inconsistentRead(filename, callback) {
  if(cache[filename]) {
    //동기적으로 호출됨
    callback(cache[filename]);
  } else {
    //비동기 함수
    fs.readFile(filename, 'utf8', (err, data) => {
      cache[filename] = data;
      callback(data);
    });
  }
}
```

앞의 함수는 cache 변수를 사용하여 서로 다른 파일을 읽어 작업의 결과를 저장합니다. 이것은 예제일 뿐이며, 오류 관리도 없으며, 캐싱 로직 자체가 꼭 이렇게 되야 하는 것이 아님을 명심하십시오. 이 함수는 fs.readFile() 함수가 결과를 반환할 때까지 캐시가 설정되지 않은 경우 비동기식으로 동작하고, 캐시에 이미 있는 파일에 대한 모든 후속 요청에 대해 동기식으로 변해 즉각적으로 콜백을 호출하므로 위험합니다.

Zalgo를 풀어놓다

이제 앞서 정의한 것과 같이 예측할 수 없는 함수를 사용하면 어플리케이션이 쉽게 손상될 수 있다는 것을 살펴보겠습니다. 다음 코드를 봅시다.

```
function createFileReader(filename) {
  const listeners = [];
  inconsistentRead(filename, value => {
    listeners.forEach(listener => listener(value));
  });

  return {
    onDataReady: listener => listeners.push(listener)
  };
}
```

앞의 함수가 실행되면 파일 읽기에 대한 여러 가지 리스너(listener)를 설정할 수 있는, 알림을 발생시키는(notifier) 역할의 새로운 객체를 생성합니다. 읽기가 완료되어 데이터 준비가 끝나면 모든 리스너들이 한번에 호출됩니다. 위의 함수는 앞서 만든 inconsistentRead() 함수를 사용하여 이 기능을 구현합니다. 이제 createFileReader() 함수를 사용해 보겠습니다.

```
const reader1 = createFileReader('data.txt');
reader1.onDataReady(data => {
  console.log('First call data: ' + data);

  //... 잠시 후 동일한 파일에 대해 다시 읽기를 수행합니다
  const reader2 = createFileReader('data.txt');
  reader2.onDataReady( data => {
    console.log('Second call data: ' + data);
  });
});
```

이 코드는 다음과 같이 결과를 출력합니다.

```
First call data: some data
```

출력에서 볼 수 있듯이 두 번째 콜백이 호출되지 않습니다. 왜 그런지 보겠습니다.

- reader1이 생성되는 동안 inconsistentRead() 함수는 사용 가능한 캐시된 결과가 없으므로 비동기적으로 동작합니다. 따라서 우리는 리스너를 등록하는데 충분한 시간을 가질 수 있습니다. 읽기 작업이 완료된 후, 나중에 이벤트 루프의 다른 사이클에서 리스너가 호출되기 때문입니다.
- 그런 다음, reader2는 요청된 파일에 대한 캐시가 이미 존재하는 이벤트 루프의 사이클에서 생성됩니다. 이 경우는 inconsistentRead()에 대한 내부 호출은 동기 방식이 됩니다. 따라서 콜백은 즉시 호출됩니다. 즉, reader2의 모든 리스너들이 동기적으로 호출됩니다. 하지만, 우리는 리스너를 reader2의 생성 후에 등록하기 때문에 이들이 호출되는 일은 결코 발생하지 않는 것입니다.

inconsistentRead() 함수의 콜백 동작은 실제로 호출 빈도, 인자로 전달되는 파일명 및 파일을 읽어들이는데 걸리는 시간과 같은 여러 요인에 의해 달라지므로 실제로 예측할 수 없습니다.

우리가 방금 본 버그는 실제 어플리케이션에서 식별하고 재현하는 것이 매우 어려울 수 있습니다. 동시에 여러 요청이 존재할 수 있는 웹 서버에서 유사한 기능을 사용한다고 가정해봅시다. 어떤 명백한 이유도 없이 어떠한 오류도, 로그도 없이 처리되지 않는 요청이 발생한다고 상상해보십시오. 이것은 확실히 어려운 범주의 문제임이 틀림없습니다.

npm을 만들었고 Node.js 프로젝트의 리더인 Isaac Z. Schlueter는 자신의 블로그에서 이러한 유형의 예측할 수 없는 함수들을 Zalgo를 풀어놓는(unleashing Zalgo)다고 비유하였습니다.

Zalgo는 세계의 광기, 죽음, 파괴를 일으키는 것으로 믿어지는 불길한 존재에 대한 인터넷 상의 전설입니다. 여러분이 Zalgo에 익숙하지 않다면 그것이 무엇인지 한번 찾아 보시길 바랍니다.

Isaac Z. Schlueter의 원본 게시물은 http://blog.izs.me/post/59142742143/designing-apis-for-asynchronyy 에서 찾을 수 있습니다.

동기 API의 사용

Zalgo의 사례에서 알 수 있는 교훈은 API의 동기 또는 비동기 특성을 명확하게 정의하는 것이 필수적이라는 것입니다.

inconsistentRead() 함수를 적절하게 수정할 수 있는 방법 중 한 가지는 완전히 동기화시키는 것입니다. 이것은 Node.js가 대부분의 기본 I/O 작업에 대한 동기식 직접 스타일 API 세트를 제공하기 때문에 가능합니다. 예를 들어 비동기 형식 대신 fs.readFileSync() 함수를 사용할 수 있는데, 코드는 다음과 같습니다.

```
const fs = require('fs');
const cache = {};
function consistentReadSync(filename) {
  if(cache[filename]) {
    return cache[filename];
  } else {
    cache[filename] = fs.readFileSync(filename, 'utf8');
    return cache[filename];
  }
}
```

전체 기능이 직접 스타일로 변환되었음을 알 수 있습니다. 함수가 동기식이면 연속 전달 방식을 가질 이유가 없습니다. 실제로 직접 스타일을 사용하여 동기식 API를 구현하는 것이 항상 최선의 방법이라고 말할 수 있습니다. 이는 어플리케이션을 둘러싼 환경의 혼란을 제거하고 성능 측면에서 보다 효율적일 것입니다.

> **패턴**
> 순수한 동기식 함수에 대해서는 직접 스타일을 사용하십시오.

CPS에서 직접 스타일로 혹은 비동기에서 동기로 또는 그 반대로 API를 변경하면 API를 사용하는 모든 코드의 스타일을 변경해야 할 수도 있습니다. 일례로, 우리의 경우 createFileReader() API의 인터페이스를 완전히 변경하고 항상 동기적으로 동작하도록 수정해야 합니다.

또한 비동기 API 대신 동기 API를 사용하면 몇 가지 주의해야 할 사항이 있습니다.

- 특정 기능에 대한 동기식 API를 항상 사용할 수 있는 것은 아닙니다.
- 동기 API는 이벤트 루프를 블록하고 동시 요청을 보류합니다. JavaScript 동시성 모델을 깨뜨려서 전체 어플리케이션 속도를 떨어뜨립니다 이 책의 뒷부분에서 이것이 우리의 어플리케이션에 실제로 어떤 의미를 가지는지 알게 될 것입니다.

앞서 consistentReadSync() 함수에서 동기식 I/O API는 하나의 파일당 한번 호출되고 이후의 호출에는 캐시에 저장된 값을 사용하기 때문에, 이벤트 루프를 블로킹하는 위험은 부분적으로 완화됩니다. 제한된 수의 정적 파일로 작업할 경우에는 consistentReadSync()를 사용하는 것은 이벤트 루프에 큰 영향을 미치지 않습니다. 그러나 한 번만이라도 큰 파일을 읽는 경우라면 이야기는 완전히 달라집니다. Node.js에서 동기 I/O를 사용하는 것은 많은 경우에 권장되지 않습니다. 그렇다 하더라도, 어떤 경우에는 그것이 가장 쉽고 효율적인 해결안일 수 있습니다. 적절한 대안을 선택하기 위해서는 항상 당면한 유스케이스를 먼저 살펴봐야 합니다. 어플리케이션이 부팅되는(bootstrapping) 동안 동기 차단 API를 사용하여 환경 파일들을 로드(load)하는 것이 최적입니다.

어플리케이션이 동시 요청을 처리하는데 영향을 주지 않는 경우에만 블로킹 API를 사용하십시오.

지연 실행(Deferred execution)

inconsistentRead() 함수를 수정하는 또 다른 방법은 완전히 비동기로 만드는 것입니다. 여기서 트릭은 동기 콜백 호출이 동일한 이벤트 루프 사이클에서 즉시 실행되는 대신 “가까운 미래에” 실행되도록 예약하는 것입니다. Node.js에서는 process.nextTick()을 사용하여 이 작업을 수행할 수 있습니다. process.nextTick()은 이벤트 루프의 다음 사이클까지 함수의 실행을 지연시킵니다. 그 기능은 매우 간단합니다. 콜백을 인수로 취하여 대기 중인 I/O 이벤트 대기열의 앞으로 밀어 넣고 즉시 반환합니다. 그러면 콜백은 이벤트 루프가 다시 실행되는 즉시 호출됩니다.

이 기술을 적용하여 inconsistentRead() 함수를 다음과 같이 수정합니다.

```
const fs = require('fs');
const cache = {};
function consistentReadAsync(filename, callback) {
  if(cache[filename]) {
    process.nextTick(() => callback(cache[filename]));
  } else {
    //비동기 함수
    fs.readFile(filename, 'utf8', (err, data) => {
      cache[filename] = data;
      callback(data);
    });
  }
}
```

자, 이 함수는 이제 어떤 상황에서도 콜백을 비동기적으로 호출할 수 있게 되었습니다.

코드의 실행을 지연시키는 또 다른 API는 setImmediate()입니다. 이 함수의 목적은 매우 유사하지만 그 의미는 크게 다릅니다. process.nextTick()으로 지연된 콜백은 다른 I/O 이벤트가 발생하기 전에 실행되지만, setImmediate()은 이미 큐에 있는 I/O 이벤트들의 뒤에 대기하게 됩니다. process.nextTick()은 이미 예정된 I/O보다 먼저 실행되기 때문에 재귀 호출과 같은 특정 상황에서 I/O 기아(starvation)를 발생시킬 수 있습니다. setImmediate()에서는 이런 일이 일어나지 않습니다. 이 책의 후반부에서 동기식 CPU 바인딩 작업을 실행하기 위한 지연 호출 사용을 살펴볼 때 이 두 API의 차이점을 제대로 이해하는 기회가 있을 것입니다.

> **패턴**
> process.nextTick()을 사용하여 실행을 연기함으로써 콜백이 비동기적 호출을 보장할 수 있습니다

2.1.3 Node.js 콜백 규칙

Node.js에서 연속 전달 스타일(CPS)의 API 및 콜백은 일련의 특정한 규칙을 따릅니다. 이 규칙은 Node.js 코어 API에 적용되지만 대다수의 사용자 영역 모듈과 어플리케이션에도 적용됩니다. 따라서 비동기 API를 설계할 때마다 이를 이해하고 반드시 준수해야 합니다.

콜백은 맨 마지막에

모든 코어 Node.js 함수에서 표준 규칙은 함수가 입력에서 콜백을 허용한다면 맨 마지막 인자로 전달되어야 한다는 것입니다. 다음 Node.js 코어 API를 예로 들어 보겠습니다.

```
fs.readFile(filename, [options], callback)
```

이 함수의 특성에서 볼 수 있듯이 여러 인자가 있는 경우에도 콜백은 항상 마지막 위치에 놓입니다. 이 규칙의 이유는 콜백이 적절한 위치에 정의되어 있는 경우, 함수 호출의 가독성이 더 좋기 때문입니다.

오류는 맨 앞에

CPS에서는 오류가 다른 유형의 결과처럼 전달되므로 콜백 사용이 필요합니다. Node.js에서 CPS 함수에 의해 생성된 오류는 항상 콜백의 첫 번째 인수로 전달되며, 실제 결과는 두 번째 인수에서부터 전달됩니다. 동작이 에러 없이 성공하면, 최초의 인수는 null 혹은 undefine이 됩니다. 다음 코드는 이 규칙을 준수하는 콜백을 정의하는 방법을 보여주고 있습니다.

```
fs.readFile('foo.txt', 'utf8', (err, data) => {
  if(err)
    handleError(err);
  else
    processData(data);
});
```

에러가 있는지 항상 체크하는 것이 좋습니다. 그렇지 않으면, 코드를 디버깅하고 에러 지점을 찾는 것이 어려울 수 있습니다. 고려해야 할 또 다른 중요한 규칙은 오류는 항상 Error 유형(type)이어야 한다는 것입니다. 즉, 간단한 문자열이나 숫자를 오류 객체로 전달해서는 안됩니다.

오류 전파

동기식 직접 스타일 함수의 오류 전파는 잘 알려진 throw 문을 사용하여 수행되므로 오류가 catch 될 때까지 호출 스택에서 실행됩니다.

그러나 비동기식 CPS에서 적절한 오류 전달은 오류를 호출 체인의 다음에서 콜백으로 전달하여 수행됩니다. 일반적인 패턴은 다음과 같습니다.

```
const fs = require('fs');
function readJSON(filename, callback) {
  fs.readFile(filename, 'utf8', (err, data) => {
    let parsed;
    if(err)
      //오류를 전달하고 현재 함수를 종료
      return callback(err);

    try {
      //파일의 내용을 해석
      parsed = JSON.parse(data);
    } catch(err) {
      //에러를 catch
      return callback(err);
    }
    //에러가 없으면 데이터를 전달
    callback(null, parsed);
  });
};
```

이 코드에서 알아야 할 세부적인 사항은 유효한 결과를 전달할 때와 오류를 전달할 때의 콜백이 호출되는 방식입니다. 또한 에러를 전파할 때 return 문을 사용한다는 것을 알아 두십시오. 콜백 함수가 호출되는 즉시 함수에서 빠져 나와 readJSON 내의 그 다음 줄을 실행하지 않도록 합니다.

캐치되지 않는 예외

readJSON 함수에서 보았듯이, fs.readFile() 함수 내 콜백에서 던져지는 예외를 피하기 위해 JSON.parse()를 try ... catch 블록으로 둘러쌌습니다. 비동기 콜백 내부에서 예외를 발생시키면 예외가 이벤트 루프로 이동하여 다음 콜백으로 전파되지 않습니다. Node.js에서 이것은 회복 불능의 상태이며, 어플리케이션은 그냥 종료되고 stderr 인터페이스를 통해 오류를 출력합니다. 이를 재현해보기 위해 앞서 readJSON() 함수에 정의했던 try ... catch 구문을 제거해 보겠습니다.

```
const fs = require('fs');
function readJSONThrows(filename, callback) {
  fs.readFile(filename, 'utf8', (err, data) => {
    if(err) {
      return callback(err);
    }
    //에러 없이 데이터만 전달
    callback(null, JSON.parse(data));
  });
};
```

이제 방금 정의한 함수에서는 JSON.parse()에서 발생하는 예외를 잡을 방법이 없습니다. 다음 코드로 잘못된 JSON 파일을 구문 분석해 봅시다.

```
readJSONThrows('nonJSON.txt', err => console.log(err));
```

어플리케이션이 갑작스럽게 종료되고 콘솔에 다음과 같은 예외 메시지가 출력됩니다.

```
SyntaxError: Unexpected token d
  at Object.parse (native)
  at [...]
  at fs.js:266:14
  at Object.oncomplete (fs.js:107:15)
```

앞의 스택 트레이스(stack trace)를 살펴보면 fs.js 모듈에서 시작하여, 정확히 네이티브 API가 읽기를 완료한 후 이벤트 루프를 통해 fs.readFile() 함수로 그 결과를 반환한 지점으로부터 시작됩니다. 이것은 분명히 예외가 콜백에서 스택으로 이동한 다음, 즉시 이벤트 루프로 이동하여 마지막으로 콘솔에서 캐치(catch)되어 throw된다는 것을 보여줍니다.

이것은 readJSONThrows()를 try... catch 블록으로 둘러싸서 호출한다고 하더라도 블록이 동작하는 스택이 콜백이 호출된 스택과 다르기 때문에 동작하지 않는다는 것을 의미합니다. 다음 코드는 방금 설명한 것처럼 이를 회피하기 위한 안티 패턴의 호출을 보여 줍니다.

```
try {
  readJSONThrows('nonJSON.txt', function(err, result) {
    //...
  });
} catch(err) {
  console.log('This will not catch the JSON parsing exception');
}
```

위 catch 문은 JSON 구문 분석의 예외를 받지 못합니다. 예외가 발생한 스택과 실행 스택이 다르기 때문입니다. 비동기 함수의 실행은 이벤트 루프에 의해 각기 다른 스택에서 실행되기 때문에 트리거 함수가 아닌 이벤트 루프에서 끝납니다.

앞서 설명한 것처럼, 어플리케이션은 예외가 이벤트 루프에 도착하는 순간 중단됩니다. 그렇다 하더라도, 어플리케이션이 중단되기 전에 자원을 정리하거나 로그를 남길 수는 있습니다. 실제 이런 경우가 발생하면 Node.js는 프로세스를 종료하기 직전에 uncaughtException이라는 특수 이벤트를 내보냅니다. 다음 코드는 이런 경우 사용하는 코드의 예입니다.

```
process.on('uncaughtException', (err) => {
   console.error('This will catch at last the ' +
     'JSON parsing exception: ' + err.message);
   //종료 코드 1 (오류)로 어플리케이션을 종료
   //다음 줄이 없으면 어플리케이션이 계속됨
   process.exit(1);
});
```

캐치되지 않는 예외가 어플리케이션의 일관성을 보장할 수 없는 상태로 만듭니다. 이로 인해 예기치 않은 문제가 발생할 수 있음을 이해하는 것이 중요합니다. 예를 들어, 여전히 불완전한

I/O 요청이 실행 중이거나 클로저가 일치하지 않을 수 있습니다. 따라서, 어쨌든 잡히지 않은 예외가 수신된 후, 특히 실제 운영 환경에서는 항상 어플리케이션을 종료하는 것이 좋습니다.

2.2 모듈 시스템과 그 패턴

모듈은 복잡한 어플리케이션을 구성하기 위한 블록 역할을 하기도 하지만, 명시적으로 익스포트(exports) 표시되지 않은 모든 내부적인 함수와 변수들을 비공개로 유지하여 정보를 숨기는 중요한 메커니즘이기도 합니다. 여기서는 Node.js 모듈 시스템과 가장 일반적인 사용 패턴을 소개합니다.

2.2.1 노출식 모듈 패턴

JavaScript의 주요 문제점 중 하나가 네임스페이스가 없다는 것입니다. 전역 범위에서 실행되는 프로그램은 내부 어플리케이션과 종속된 라이브러리 코드의 데이터들로 인해 충돌이 발생할 수 있습니다. 이 문제를 해결하기 위한 보편적인 기법을 노출식 모듈 패턴(revealing module pattern)이라고 하며, 다음과 같은 형식을 보입니다.

```
const module = (() => {
  const privateFoo = () => {...};
  const privateBar = [];

  const exported = {
    publicFoo: () => {...},
    publicBar: () => {...}
  };

  return exported;
})();
console.log(module);
```

이 패턴은 자기 호출 함수를 사용하여 private 범위를 만들고 공개될 부분만 익스포트(export)합니다. 앞의 코드에서 출력되는 module 변수는 익스포트된(exported) API만 포함하고 있으며, 나머지 모듈 내부 콘텐츠는 실제로 외부에서 액세스할 수 없습니다. 잠시 후에 살펴 보겠지만, 이 패턴의 사상은 Node.js 모듈 시스템의 기반으로 사용됩니다.

2.2.2 Node.js 모듈 설명

CommonJS는 JavaScript 생태계를 표준화하려는 목표를 가진 그룹으로, 가장 많이 사용되는 제안 중 하나가 **CommonJS 모듈**입니다. Node.js는 사용자 정의 확장을 추가하여 이 스펙 위에 모듈 시스템을 구축했습니다. 각 모듈이 private 범위에서 실행되어 로컬로 정의된 모든 변수가 전역의 네임스페이스와 충돌하지 않는다는 점에서 노출식 모듈 패턴이 어떻게 작동하는지를 유추할 수 있을 것입니다.

직접 만드는 모듈 로더

이것이 어떻게 동작하는지를 설명하기 위해 비슷한 시스템을 처음부터 만들어 보겠습니다. 다음 코드는 Node.js의 require() 함수의 원래 기능 중 일부를 모방한 함수를 만든 것입니다.

먼저 모듈의 내용을 로드하고 이를 private 범위로 감싸 평가하는 함수를 작성해 보겠습니다.

```
function loadModule(filename, module, require) {
  const wrappedSrc=`(function(module, exports, require) {
      ${fs.readFileSync(filename, 'utf8')}
    })(module, module.exports, require);`;
  eval(wrappedSrc);
}
```

모듈의 소스코드는 노출 모듈 패턴과 마찬가지로 기본적으로 함수로 싸여집니다. 여기서 차이점은 일련의 변수들(module, exports 그리고 require)을 모듈에 전달한다는 것입니다. 이후 보게 될 코드에서 래핑 함수의 exports 인자가 module.exports의 내용으로 초기화되는 방식을 유심히 보십시오.

> 주의할 점은 이 예제는 하나의 예일 뿐이며 실제 어플리케이션에서 모듈의 소스코드를 평가하는 경우는 거의 없습니다. eval() 함수나 vm 모듈(https://nodejs.org/api/vm.html)의 함수들은 잘못된 방식이나 잘못된 인자를 가지고 쉽게 사용될 수 있어, 코드 인젝션 공격에 노출될 수 있습니다. 이러한 것들은 극도로 주의를 기울여 사용하거나 아예 사용하지 않는 것이 좋습니다.

이제 require() 함수를 구현하여 이러한 변수에 포함된 내용을 살펴보겠습니다.

```
const require = (moduleName) => {
  console.log(`Require invoked for module: ${moduleName}`);
  const id = require.resolve(moduleName); //[1]
  if(require.cache[id]) { //[2]
```

```
    return require.cache[id].exports;
  }

  //모듈 메타데이터a
  const module = { //[3]
    exports: {},
    id: id
  };
  //캐시 갱신the cache
  require.cache[id] = module; //[4]

  //모듈 로드
  loadModule(id, module, require); //[5]

  //익스포트된 변수들을 반환
  return module.exports; //[6]
};
require.cache = {};
require.resolve = (moduleName) => {
  /* moduleName에서 모듈 ID를 확인 */
};
```

위 함수는 모듈을 로드하는데 사용하는 Node.js의 원래 require() 함수의 동작을 모방하고 있습니다. 물론 이는 교육적인 목적을 위한 것이며, 실제 require() 함수의 내부 동작을 정확하게 또는 완전히 반영하지는 않습니다. 그러나 어떻게 모듈이 정의되고 로드되는지, Node.js 모듈 시스템의 내부 구조를 이해하는데는 부족함이 없을 것입니다. 우리가 작성한 모듈 시스템은 다음과 같이 설명됩니다.

1. 모듈 이름을 입력으로 받아 수행하는 첫 번째 일은 우리가 id라고 부르는 모듈의 전체 경로를 알아내는(resolve) 것입니다. 이 작업은 이를 해결하기 위해 관련 알고리즘을 구현하고 있는 require.resolve()에 위임됩니다(나중에 설명할 것입니다).
2. 모듈이 이미 로드된 경우 캐시된 모듈을 사용합니다. 이 경우 즉시 반환합니다.
3. 모듈이 아직 로드되지 않은 경우 최초 로드를 위한 환경을 설정합니다. 특히, 빈 객체 리터럴을 통해, 초기화된 exports 속성을 가지고 있는 module 객체를 만듭니다. exports 속성은 불러올 모듈의 코드에서 모든 public API를 익스포트 하는데 사용될 것입니다.
4. module 객체가 캐시됩니다.
5. 모듈 소스코드는 해당 파일에서 읽어 오며, 코드는 앞에서 살펴본 방식대로 평가됩니다. 방금 생성한 module 객체와 require() 함수의 참조를 모듈에 전달합니다. 모듈은 module.exports 객체를 조작하거나 대체하여 public API를 내보냅니다.

6. 마지막으로 모듈의 public API를 나타내는 module.exports의 내용이 호출자에게 반환됩니다.

우리가 본 바와 같이, Node.js 모듈 시스템의 작동에 마법은 없습니다. 트릭이라면 모듈의 소스코드를 둘러싼 래퍼(wrapper)와 실행을 위해 인위적으로 조정한 실행 환경 정도가 전부입니다.

모듈 정의

우리가 만든 require() 함수가 어떻게 작동하는지 살펴보았으니, 이제 이것을 사용하여 모듈을 정의(define)하는 방법을 알아보겠습니다. 다음 코드는 그 예를 보여줍니다.

```
//다른 종속성 로드
const dependency = require('./anotherModule');

//private 함수
function log() {
  console.log(`Well done ${dependency.username}`);
}

//익스포트되어 외부에서 사용될 API
module.exports.run = () => {
  log();
};
```

module.exports 변수에 할당되지 않은 한, 모듈 내부의 모든 항목은 private이라는 것이 기억해야 할 핵심 개념입니다. require()를 사용하여 모듈을 로드하면, 이 변수의 내용은 캐싱된 후 반환됩니다.

전역 정의

모듈에서 선언된 모든 변수와 함수가 로컬 범위로 정의된다 하더라도 여전히 전역 변수를 정의할 수 있는 방법은 있습니다. 사실, 모듈 시스템은 이 목적을 위해 사용할 수 있는 global이라는 특수 변수를 노출하고 있습니다. 이 변수에 할당된 모든 항목은 자동으로 전역 범위에 있게 됩니다.

> 전역 범위를 많이 사용하는 것은 나쁜 습관으로, 모듈 시스템이 갖는 장점을 무효화합니다. 따라서, 여러분이 하고 있는 일을 정말로 잘 이해한 경우에만 사용하십시오.

module.exports 대 exports

Node.js에 익숙하지 않은 많은 개발자들에게 있어, public API를 공개하기 위해 사용하는 exports와 module.exports의 차이점을 이해하는 것은 매우 어려운 일입니다. 앞서 작성한 require 함수를 통해 이 차이를 명확하게 이해할 수 있습니다. 변수 exports는 module.exports의 초기 값에 대한 참조일 뿐입니다. 우리는 이 값이 본질적으로 모듈이 로드되기 전에 만들어진 간단한 객체 리터럴이라는 것을 보았습니다.

즉, 다음 코드와 같이 exports가 참조하는 객체에만 새로운 속성(properties)을 추가할 수 있습니다.

```
exports.hello = () => {
  console.log('Hello');
}
```

exports 변수의 재할당은 module.exports의 내용을 변경하지 않기 때문에 아무런 효과가 없습니다. 그것은 exports 변수 자체만을 재할당합니다. 따라서 다음 코드는 잘못된 것입니다.

```
exports = () => {
  console.log('Hello');
}
```

함수, 인스턴스 또는 문자열과 같은 객체 리터럴 이외의 것을 내보내려면 다음과 같이 module.exports를 다시 할당해야 합니다.

```
module.exports = () => {
  console.log('Hello');
}
```

require 함수는 동기적이다.

우리가 고려해야 할 또 다른 중요한 사항은 우리가 만든 require 함수가 동기적이라는 것입니다. 실제로 간단한 직접 스타일을 사용하여 모듈 내용을 반환하므로 콜백이 필요하지 않습니다. 원래의 Node.js require() 함수도 마찬가지입니다. 그 결과 module.exports에 대한 할당도 역시 동기적이어야 합니다. 예를 들어 다음 코드는 올바르지 않습니다.

```
setTimeout(() => {
  module.exports = function() {...};
}, 100);
```

이 속성은 우리가 모듈을 정의(define)하는 방식에 중요한 영향을 미칩니다. 왜냐하면 모듈을 정의할 때는 동기적 코드를 주로 사용하기 때문입니다. 이것은 실제로 Node.js의 핵심 라이브러리들이 대부분의 Async 라이브러리에 대한 대안으로써 동기 API도 제공하는 가장 중요한 이유들 중의 하나입니다.

모듈을 비동기적으로 초기화해야 하는 과정이 필요한 경우에는 모듈이 미래 시점에 비동기적으로 초기화되기 때문에 미처 초기화되지 않은 모듈을 정의하고 익스포트 할 수도 있습니다. 따라서 이런 접근 방식의 문제점은 require를 사용하여 모듈을 로드한다고 해서 사용할 준비가 된다는 보장이 없습니다. '9장. 고급 비동기 레시피'에서 이 문제를 자세히 분석하고 이러한 문제를 우아하게 해결할 수 있는 몇 가지 패턴을 제시합니다.

이것이 초창기에도 그랬었는지 궁금해 하는 사람도 있을 것입니다. 원래 Node.js는 비동기 버전의 require()를 사용했었습니다. 하지만 과도한 복잡성으로 인해 곧 제거되었습니다. 즉, 실제로는 초기화 시에만 사용되는 비동기 입출력이 장점보다 더 큰 복잡성을 가졌었던 것입니다.

해결(resolving) 알고리즘

'의존성 지옥(dependency hell)'이라는 용어는 소프트웨어의 의존성이 서로 공통된 라이브러리들을 의존하지만 호환되지 않는 서로 다른 버전을 필요로 하는 상황을 나타냅니다. Node.js는 모듈은 로드되는 위치에 따라 다른 버전의 모듈을 로드할 수 있도록 하여 이 문제를 우아하게 해결합니다. 이 기능의 모든 장점은 npm뿐 아니라 require 함수에서 사용하는 해결(resolving) 알고리즘에도 적용됩니다.

이제 이 알고리즘에 대한 간략한 개요를 살펴보겠습니다. 앞서 보았듯이 resolve() 함수는 모듈 이름을 입력으로 사용하여 모듈 전체의 경로를 반환합니다. 이 경로는 코드를 로드하고 모듈을 고유하게 식별하는데 사용됩니다. 해결(resolving) 알고리즘은 크게 다음 세 가지로 나눌 수 있습니다.

- 파일 모듈: moduleName이 '/'로 시작하면 이미 모듈에 대한 절대 경로라고 간주되어 그대로 반환됩니다. ./으로 시작하면 moduleName은 상대 경로로 간주되며, 이는 요청한 모듈로부터 시작하여 계산됩니다.
- 코어 모듈: moduleName이 '/' 또는 './'로 시작하지 않으면 알고리즘은 먼저 코어 Node.js 모듈 내에서 검색을 시도합니다.

- 패키지 모듈: moduleName과 일치하는 코어 모듈이 없는 경우, 요청 모듈의 경로에서 시작하여 디렉터리 구조를 탐색하여 올라가면서 node_modules 디렉터리를 찾고 그 안에서 일치하는 모듈을 찾기를 계속합니다. 알고리즘은 파일 시스템의 루트에 도달할 때까지 디렉터리 트리를 올라가면서 다음 node_modules 디렉터리를 탐색하여 계속 일치하는 모듈을 찾습니다.

파일 및 패키지 모듈의 경우 개별 파일과 디렉터리가 모두 moduleName과 일치할 수 있습니다. 알고리즘은 다음과 일치하는지를 봅니다.

- 〈MODULENAME〉.js
- 〈MODULENAME〉/index.js
- 〈moduleName〉/package.json의 main 속성에 지정된 디렉터리/파일

해결(resolving) 알고리즘에 대한 공식 문서 전체는 https://nodejs.org/api/modules.html#modules_all_together 에서 찾을 수 있습니다.

node_modules 디렉터리는 실제로 npm이 각 패키지의 의존성을 설치하는 곳입니다. 즉, 방금 설명한 알고리즘을 기반으로 각 패키지는 자체적으로 개별적인 의존성을 가질 수 있습니다. 예를 들면, 다음과 같은 디렉터리 구조를 생각해 볼 수 있습니다.

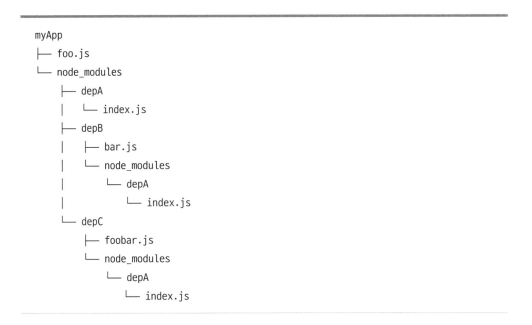

```
myApp
├── foo.js
└── node_modules
    ├── depA
    │   └── index.js
    ├── depB
    │   ├── bar.js
    │   └── node_modules
    │       └── depA
    │           └── index.js
    └── depC
        ├── foobar.js
        └── node_modules
            └── depA
                └── index.js
```

위의 예에서 myApp, depB 및 depC는 모두 depA에 의존성을 가지고 있습니다. 그러나 이들은 모두 자신의 개별적인 버전에 대한 의존성을 가지고 있습니다. 해석 알고리즘의 규칙에 따라 require('depA')를 사용하면 모듈을 필요로 하는 모듈에 따라 다른 파일이 로드됩니다.

예를 들면 다음과 같습니다.

- /myApp/foo.js에서 require('depA')를 호출할 경우 /myApp/node_modules/depA/index.js가 로드 됩니다.
- /myApp/node_modules/depB/bar.js에서 require('depA')를 호출할 경우 /myApp/node_modules/depB/node_modules/depA/index.js가 로드 됩니다.
- /myApp/node_modules/depC/foobar.js에서 require('depA')를 호출할 경우 /myApp/node_modules/depC/node_modules/depA/index.js가 로드 됩니다.

해결 알고리즘은 Node.js 의존성 관리의 견고성을 뒷받침하는 핵심적인 부분이며, 충돌 혹은 버전 호환성 문제 없이 어플리케이션에서 수백 또는 수천 개의 패키지를 가질 수 있게 합니다.

해결 알고리즘은 require()를 호출할 때 분명하게 적용됩니다. 그러나 필요하다면 require.resolve()를 호출하여 모듈에서 직접 사용될 수도 있습니다.

모듈 캐시

require()의 후속 호출은 단순히 캐시된 버전을 반환하기 때문에 각 모듈은 처음 로드될 때만 로드되고 평가됩니다. 이것은 우리가 직접 만든 함수의 코드를 보면 분명합니다. 캐싱은 성능을 위해 매우 중요하지만 다음과 같은 기능적인 영향도 있습니다.

- 모듈 의존성 내에서 순환을 가질 수 있습니다.
- 일정한 패키지 내에서 동일한 모듈이 필요할 때는 어느 정도 동일한 인스턴스가 항상 반환된다는 것을 보장합니다.

모듈 캐시는 require.cache 변수를 통해 외부에 노출되므로 필요한 경우 모듈 캐시에 직접 액세스할 수 있습니다. 일반적인 사용 사례는 require.cache 변수에서 관련 키를 삭제하여 캐시된 모듈을 무효화하는 것입니다. 이것은 실습을 위한 테스트에서는 매우 유용하지만 일반적인 상황에 적용하는 것은 매우 위험합니다.

순환 의존성

많은 사람들이 순환 의존성을 본질적인 설계 문제라고 생각하지만, 프로젝트에서 실제로 발생할 수 있기 때문에 최소한 Node.js에서 어떻게 작동하는지 아는 것이 좋을 것입니다. 우리가 직접 만든 require() 함수를 다시 살펴보면 이것이 어떻게 작동하는지, 무엇을 조심해야 하는지 바로 알 수 있을 것입니다.

다음과 같이 정의된 두 개의 모듈이 있다고 가정해 봅시다.

- Module a.js:

```
exports.loaded = false;
```

```
const b = require('./b');
module.exports = {
  bWasLoaded: b.loaded,
  loaded: true
};
```

▶ Module b.js:

```
exports.loaded = false;
const a = require('./a');
module.exports = {
  aWasLoaded: a.loaded,
  loaded: true
};
```

이제 다음과 같이 다른 모듈인 main.js에서 모듈을 로드해봅시다.

```
const a = require('./a');
const b = require('./b');
console.log(a);
console.log(b);
```

앞의 코드는 다음과 같은 결과를 출력합니다

```
{ bWasLoaded: true, loaded: true }
{ aWasLoaded: false, loaded: true }
```

이 결과로 순환 종속성에 대한 문제를 알 수 있습니다. 두 모듈 모두 각자 main에서 require로 불려지면 완전하게 초기화되지만, b.js에서 a.js 모듈을 로드하면 모듈의 로드가 완료되지 않습니다. a.js가 b.js를 required하는 순간에 다다르게 되는 것입니다. main.js에서 require로 불려지는 두 모듈의 순서를 바꾸어 보면, 바뀌는 출력을 통해 이러한 동작을 확인할 수 있을 것입니다.

한 번 시도해 보면, 이번에는 a.js로 인해 b.js가 불완전하게 셋팅되는 것을 알 수 있습니다. 이 예로 우리는 어떤 모듈이 먼저 로딩되는지를 놓치게 되면 매우 불분명한 문제가 될 수 있다는 것을 알았습니다. 프로젝트가 어느 정도 규모가 된다면 꽤 쉽게 발생할 수 있는 문제입니다.

2.2.3 모듈 정의 패턴

모듈 시스템은 의존성을 로드하는 메커니즘이 되는 것 외에 API를 정의하기 위한 도구이기도 합니다. API 디자인과 관련된 다른 문제의 경우 고려해야 할 주요 요소는 private 힘수와 public 함수 간의 균형입니다. 이것의 목표는 확장성과 코드 재사용 같은 소프트웨어 품질과의 균형을 유지하면서 정보 은닉 및 API 유용성을 극대화하는 것입니다.

이 섹션에서는 Node.js에서 모듈을 정의할 때 가장 많이 사용되는 몇 가지 패턴을 분석합니다. 각각 자신만의 정보 은닉, 확장성 및 코드 재사용에 대한 균형을 이루고 있습니다.

exports 지정하기(named exports)

public API를 공개하는 가장 기본적인 방법은 export로 명기하는 것입니다. 이것은 exports에서 참조하는 객체(또는 module.export)의 속성에 공개할 모든 값을 할당하는 것입니다. 이렇게 하면 외부에 공개된 객체(모듈)가 일련의 관련 기능들에 대한 컨테이너 또는 네임 스페이스가 됩니다.

다음 코드는 이 패턴을 구현하는 모듈을 보여줍니다.

```
//logger.js 파일
exports.info = (message) => {
  console.log('info: ' + message);
};

exports.verbose = (message) => {
  console.log('verbose: ' + message);
};
```

그렇게 내보내진 함수들은 다음에 보는 바와 같이 로드된 모듈의 속성처럼 사용이 가능합니다.

```
//main.js 파일
const logger = require('./logger');
logger.info('This is an informational message');
logger.verbose('This is a verbose message');
```

Node.js의 코어 모듈 대부분은 이 패턴을 사용합니다.

CommonJs의 명세에는 public 멤버들을 공개하는데 exports 변수 만을 사용하도록 하고 있습니다. 따라서 exports로 지정하는 것이 CommonJS의 명세와 호환되는 유일한 방식입니다. module.exports는 Node.js가 제공하는 모듈 정의 패턴의 광범위한 범위를 지원하기 위한 것으로, 우리가 다음에 보게 될 것은 이것의 확장 기능입니다.

함수 내보내기(Exporting a function)

가장 일반적인 모듈 정의 패턴 중 하나가 module.exports 변수 전체를 함수에 재할당하는 것입니다. 주요 장점은 모듈에 대한 명확한 진입점을 제공하는 단일 기능을 제공하여 그것에 대한 이해와 사용을 단순화한다는 것입니다. 또한 최소한의 노출(small surface area)이라는 원리에 잘 맞아 떨어집니다. 모듈을 정의하는 이 방법은 제임스 할리데이(닉네임이 substack임)가 많이 사용한 이후로, 커뮤니티에서 substack 패턴으로 알려져 있습니다. 다음 예제로 이 패턴을 살펴 봅시다.

```
//logger.js 파일
module.exports = (message) => {
  console.log(`info: ${message}`);
};
```

생각해 볼 수 있는 이 패턴의 응용은 익스포트된 함수를 다른 public API의 네임스페이스로 사용하는 것입니다. 이렇게 하면, 모듈에 단일 진입점(익스포트된 함수)의 명확성을 제공하므로 매우 강력한 조합입니다. 또한 이 접근 방식을 응용하여 그 이상의 고급 유스케이스(use case)를 만들 수 있는 다른 부가적인 기능들을 노출할 수 있습니다. 다음 코드는 익스포트된 함수를 네임스페이스로 사용해서 앞에 정의한 모듈을 어떻게 확장할 수 있는 지를 보여줍니다.

```
module.exports.verbose = (message) => {
  console.log(`verbose: ${message}`);
};
```

또 아래 코드는 방금 정의한 모듈을 사용하는 방법을 보여줍니다.

```
//main.js 파일
const logger = require('./logger');
logger('This is an informational message');
logger.verbose('This is a verbose message');
```

단순히 함수를 내보내는 것이 제약처럼 보일 수도 있지만 실제로는 단일 기능에 중점을 두도록 하는 완벽한 방법이며, 내부 형태에 대한 가시성을 줄이면서 이외 보조적인 사항들은 익스포트된 함수의 속성으로 노출하여 단일 진입점을 제공합니다. Node.js의 모듈성은 **한 가지만 책임지는 원칙**(Single Responsibility Principle)을 지킬 것을 강력히 권장합니다. 모든 모듈은 단일 기능에 대한 책임을 져야 하며, 책임은 모듈에 의해 완전히 캡슐화되어야 합니다.

> **패턴(substack)**
> 하나의 함수만 내보내 모듈의 핵심 기능을 노출하십시오. 그리고 익스포트된 함수를 네임스페이스로 사용하여 보조 기능들을 노출하십시오.

생성자 익스포트하기

생성자를 익스포트하는 모듈은 함수를 내보내는 모듈이 특화된 것입니다. 차이점은 이 새로운 패턴을 통해 사용자에게 생성자를 사용하여 새 인스턴스를 만들 수 있게 하면서, 프로토타입을 확장하고 새로운 클래스를 만들 수 있는 기능도 제공할 수 있다는 것입니다. 다음은 이 패턴의 예시입니다.

```
//logger.js 파일
function Logger(name) {
  this.name = name;
}

Logger.prototype.log = function(message) {
  console.log(`[${this.name}] ${message}`);
};

Logger.prototype.info = function(message) {
this.log(`info: ${message}`);
};

Logger.prototype.verbose = function(message) {
  this.log(`verbose: ${message}`);
};

module.exports = Logger;
```

그리고 다음과 같이 위 모듈을 사용할 수 있습니다.

```
//main.js 파일
const Logger = require('./logger');
const dbLogger = new Logger('DB');
dbLogger.info('This is an informational message');
const accessLogger = new Logger('ACCESS');
accessLogger.verbose('This is a verbose message');
```

같은 방식으로 쉽게 ES2015 클래스를 익스포트할 수 있습니다.

```
class Logger {
  constructor(name) {
    this.name = name;
  }

  log(message) {
    console.log(`[${this.name}] ${message}`);
  }

  info(message) {
    this.log(`info: ${message}`);
  }

  verbose(message) {
    this.log(`verbose: ${message}`);
  }
}

module.exports = Logger;
```

ES2015 클래스는 단지 프로토타입을 위한 문법 상의 편리함일 뿐이므로, 이 모듈의 사용법은 프로토타입 기반의 방식과 완전히 동일합니다.

생성자나 클래스를 내보내는 것은 여전히 모듈에 대한 단일 진입점을 제공하지만 substack 패턴과 비교할 때 훨씬 더 많은 모듈의 내부를 노출합니다. 그러나 다른 한편으로는 기능 확장에 있어 훨씬 더 강력할 수 있습니다.

이 패턴의 변형은 new 명령을 사용하지 않는 호출에 대해 보호자(guard)를 적용하는 것으로 구성됩니다. 이 작은 트릭으로 우리는 모듈을 팩토리로 사용할 수 있습니다. 어떻게 작동하는지 보겠습니다.

```
function Logger(name) {
  if(!(this instanceof Logger)) {
    return new Logger(name);
  }
  this.name = name;
};
```

비결은 간단합니다. 우리는 this가 존재하는지, 그리고 그것이 Logger의 인스턴스인지 확인합니다. 이러한 조건이 거짓인 경우 이것은 new를 사용하지 않고 Logger() 함수를 바로 호출한 것을 의미하는데, 이럴 경우 새 인스턴스를 올바르게 생성한 후 호출자에게 반환합니다.

이 기술을 사용하면 모듈을 팩토리로 사용할 수 있습니다.

```
//logger.js 파일
const Logger = require('./logger');
const dbLogger = Logger('DB');
dbLogger.verbose('This is a verbose message');
```

보호자(guard)를 구현하는 훨씬 더 깨끗한 접근법은 Node.js 버전 6부터 사용할 수 있는 ES2015의 new.target 구문을 사용하는 것입니다. 이 구문은 new.target 속성을 노출합니다. 이 속성은 모든 함수에서 사용할 수 있는 '메타 속성'이며 함수가 new 키워드를 사용하여 호출된 경우 런타임 시에 true로 평가됩니다.

이 구문을 사용하여 logger 팩토리를 다시 작성할 수 있습니다.

```
function Logger(name) {
  if(!new.target) {
    return new LoggerConstructor(name);
  }
  this.name = name;
}
```

이 코드는 이전의 것과 완전히 동일합니다. 따라서, new.target 구문이 코드를 가독성있고 자연스럽게 할 수 있는 훨씬 더 유용한 ES2015 문법이라고 말할 수 있습니다.

인스턴스 익스포트 하기

require() 함수는 캐싱 메커니즘을 이용하여 생성자나 팩토리를 통해 모듈을 생성하므로 서로 다른 모듈 간에 공유할 수 있는 상태 저장(stateful) 인스턴스를 쉽게 정의할 수 있습니다. 다음 코드는 이 패턴의 예시입니다.

```
//logger.js 파일
function Logger(name) {
  this.count = 0;
  this.name = name;
}
Logger.prototype.log = function(message) {
  this.count++;
  console.log('[' + this.name + '] ' + message);
};
module.exports = new Logger('DEFAULT');
```

이렇게 새로 정의된 모듈은 다음과 같이 사용할 수 있습니다.

```
//main.js 파일
const logger = require('./logger');
logger.log('This is an informational message');
```

모듈이 캐시되기 때문에 logger 모듈을 필요로 하는 모든 모듈들은 실제로 항상 동일한 객체의 인스턴스를 검색하여 상태를 공유합니다. 이 패턴은 싱글톤을 만드는 것과 매우 비슷합니다. 그러나 전통적인 싱글톤 패턴에서처럼 전체 어플리케이션에서 인스턴스의 고유성을 보장하지는 않습니다. 해결(resolve) 알고리즘을 분석할 때 모듈은 어플리케이션의 의존성 트리 내에 여러 번 설치될 수 있다는 것을 보았습니다. 결과적으로 동일한 논리적 모듈의 여러 인스턴스가 모두 동일한 Node.js 어플리케이션의 컨텍스트에서 실행될 수 있습니다. '7장. 모듈 연결'에서 우리는 상태 저장 인스턴스의 익스포트 결과와 몇몇 대체 패턴들을 분석할 것입니다.

방금 설명한 패턴의 확장은 인스턴스 자체뿐만 아니라 인스턴스를 생성하는데 사용되는 생성자를 노출하는 것으로 구성됩니다. 이를 통해 사용자는 동일한 객체의 새 인스턴스를 만들거나 필요에 따라 확장할 수도 있습니다. 그렇게 하기 위해서는 다음 코드와 같이 인스턴스에 새 속성을 지정하면 됩니다.

```
module.exports.Logger = Logger;
```

그런 다음 익스포트된 생성자를 사용하여 클래스의 다른 인스턴스를 만들 수 있습니다.

```
const customLogger = new logger.Logger('CUSTOM');
customLogger.log('This is an informational message');
```

사용성의 관점에서 이것은 익스포트된 함수를 네임스페이스로 사용하는 것과 유사합니다. 모듈은 객체의 기본 인스턴스(우리가 대부분 사용하기를 원하는 기능)를 익스포트하지만, 새로운 인스턴스를 생성하거나 객체를 확장하는 것과 같은 좀더 고급 기능은 여전히 노출된 속성을 통해 수행할 수 있습니다.

다른 모듈 혹은 글로벌 스코프(global scope) 수정

모듈이 아무것도 익스포트 하지 않을 수도 있습니다. 이는 다소 부적절하게 보일 수 있지만, 우리는 모듈이 캐시에 있는 다른 모듈을 포함하여 전역 범위와 그 안에 있는 모든 개체를 수정할 수 있다는 것을 잊어서는 안됩니다. 이것은 일반적으로 권장되지 않지만, 이 패턴은 일부 상황(예를 들어 테스트용)에서 유용하고 안전하며, 가끔 실전에서도 사용되기 때문에 이를 이해하고 있어야 합니다. 앞에서 모듈이 전역 범위의 다른 모듈이나 객체를 수정할 수 있다고 말했습니다. 이것을 몽키 패치(monkey patching)라고도 합니다. 일반적으로 런타임 시 기존 객체를 수정하거나 동작을 변경하거나 임시 수정을 적용하는 관행을 그렇게 말합니다.

다음의 예는 다른 모듈에 새로운 기능을 추가하는 방법을 보여줍니다.

```
//patcher.js 파일

//./logger는 다른 모듈임
require('./logger').customMessage = () => console.log('This is a new
  functionality');
```

이 새로운 patcher 모듈을 사용하는 것은 다음 코드와 같이 간단합니다.

```
//main.js 파일

require('./patcher');
```

```
const logger = require('./logger');
logger.customMessage();
```

위의 코드에서 패치를 적용하려면 최초 logger 모듈을 사용하기 전에 pathcer를 require 해야 합니다.

여기서 설명된 기술들은 모두 적용하기에 위험한 기술들입니다. 핵심은 글로벌 네임 스페이스나 다른 모듈을 수정하는 모듈이 부작용이 있는 작업이라는 점입니다. 다시 말해, 범위를 벗어난 요소들의 상태에 영향을 미치므로, 특히 여러 모듈이 동일한 속성에 대한 작업을 하는 경우에 예측할 수 없는 결과를 초래할 수 있습니다. 두 개의 다른 모듈이 동일한 전역 변수를 설정하려고 하거나, 동일한 모듈의 동일한 속성을 수정하려고 한다고 생각해 봅시다. 그 효과는 예측할 수 없습니다(어떤 모듈의 시도가 성공할까요?), 더 중요한 것은 전체 어플리케이션에 좋지 않은 영향을 미친다는 것입니다.

2.3 관찰자 패턴(The observer pattern)

Node.js에서 사용되는 또 다른 중요하고 기본적인 패턴은 관찰자 패턴(observer pattern)입니다. 리액터(Reactor), 콜백(Callback) 그리고 모듈(Module)과 함께 관찰자 패턴은 플랫폼의 핵심 중 하나이며, 많은 Node 코어와 사용자 영역 모듈들을 사용하는데 있어 필수적인 조건입니다.

관찰자 패턴은 Node.js의 반응적인(reactive) 특성을 모델링하고 콜백을 완벽하게 보완하는 이상적인 해결책입니다. 다음과 같이 공식적인 정의를 내릴 수 있습니다.

> ***관찰자 패턴**은 상태 변화가 일어날 때 관찰자(또는 Listener)에게 알릴 수 있는 객체(Subject라고 불립니다)를 정의하는 것입니다.*

콜백 패턴과의 가장 큰 차이점은 Subject가 실제로 여러 관찰자(Observer)들에게 알릴 수 있다는 점입니다. 전통적인 연속 전달 스타일 콜백은 일반적으로 그 결과를 하나의 Listener 인 콜백에만 전파합니다.

2.3.1 EventEmitter 클래스

전통적인 객체지향 프로그래밍에서 관찰자 패턴에는 인터페이스와 구현된 클래스들 그리고 계층 구조가 필요하지만 Node.js에서는 훨씬 간단합니다. 관찰자 패턴은 이미 코어에 내장되어 있으며 EventEmitter 클래스를 통해 사용할 수 있습니다. EventEmitter 클래스를 사용하여 특정 유형의 이벤트가 발생되면 호출될 하나 이상의 함수를 Listener로 등록할 수 있습니다. 다음 이미지는 이를 시각적으로 설명하고 있습니다.

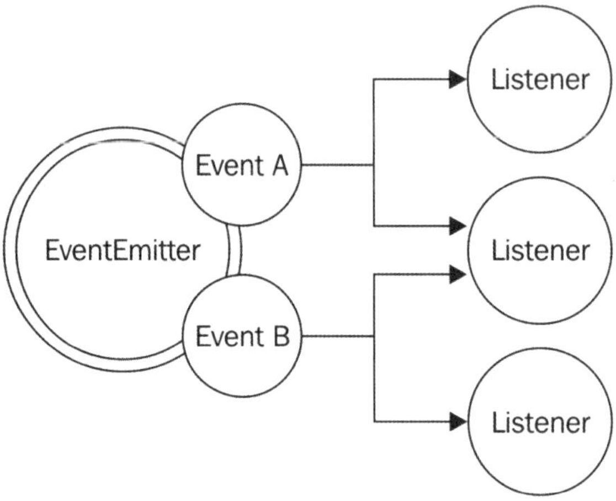

EventEmitter는 프로토타입(prototype)이며 코어 모듈로부터 익스포트됩니다. 다음 코드는 우리가 EventEmitter에 대한 참조를 얻을 수 있는 방법을 보여줍니다.

```
const EventEmitter = require('events').EventEmitter;
const eeInstance = new EventEmitter();
```

EventEmitter의 필수 메소드는 다음과 같습니다.

- on(event, listener): 이 메소드를 사용하면 주어진 이벤트 유형(문자열)에 대해 새로운 listener를 등록할 수 있습니다.
- once(event, listener): 이 메소드는 첫 이벤트가 전달된 후 제거되는 새로운 listener를 등록합니다.
- emit(event, [arg1], [...]) : 이 메소드는 새 이벤트를 생성하고 listener에게 전달할 추가적인 인자들을 지원합니다.
- removeListener(event, listener): 이 메소드는 지정된 이벤트 유형에 대한 listener를 제거합니다.

앞의 모든 메소드들은 연결(chaining)을 가능하게 하기 위해 EventEmitter 인스턴스를 반환합니다. listener 함수는 시그니처 함수([arg1], [...])를 가지고 있기 때문에 이벤트가 발생된 순간에 전달되는 인수들을 쉽게 받아 들일 수 있습니다. listener 내부에서는 이벤트를 생성하는 EventEmitter의 인스턴스를 참조합니다.

앞서 이미 listener와 전통적인 Node.js 콜백 간에 큰 차이가 있음을 보았습니다. 특히, 첫 번째 인자가 꼭 에러(error)일 필요는 없으며, emit()이 호출될 때 전달된 어떤 값이든 가능합니다.

2.3.2 EventEmitter 생성 및 사용

실제로 EventEmitterr를 어떻게 사용할 수 있는지 보도록 하겠습니다. 가장 간단한 방법은 새로운 인스턴스를 만들어 바로 사용하는 것입니다. 다음 코드는 EventEmitter를 사용하여 파일 목록에서 특정 패턴이 발견되면 실시간으로 구독자들에게 알리는 함수를 보여줍니다.

```
const EventEmitter = require('events').EventEmitter;
const fs = require('fs');

function findPattern(files, regex) {
  const emitter = new EventEmitter();
  files.forEach(function(file) {
    fs.readFile(file, 'utf8', (err, content) => {
      if(err)
        return emitter.emit('error', err);

      emitter.emit('fileread', file);
      let match;
      if(match = content.match(regex))
        match.forEach(elem => emitter.emit('found', file, elem));
    });
  });
  return emitter;
}
```

위의 함수로 만든 EventEmitter는 세 가지 이벤트를 생성합니다.

- fileread: 이 이벤트는 파일을 읽을 때 발생합니다.
- found: 이 이벤트는 일치하는 항목이 발견되었을 때 발생합니다.
- error: 이 이벤트는 파일을 읽는 동안 오류가 발생했을 때 발생합니다.

filePattern() 함수를 어떻게 사용할 수 있는지 알아봅시다.

```
findPattern(
    ['fileA.txt', 'fileB.json'],
    /hello \w+/g
  )
  .on('fileread', file => console.log(file + ' was read'))
  .on('found', (file, match) => console.log('Matched "' + match +
    '" in file ' + file))
  .on('error', err => console.log('Error emitted: ' + err.message));
```

앞의 예에서 findPattern() 함수에서 만들어진 EventEmitter에 의해 생성된 세 가지 유형의 이벤트 각각에 대해 listener를 등록했습니다.

2.3.3 오류 전파

EventEmitter는 이벤트가 비동기적으로 발생할 경우, 이벤트 루프에서 손실될 수 있기 때문에 콜백에서와 같이 예외가 발생해도 예외를 바로 throw할 수 없습니다. 대신, 규약에 의해 error라는 특수한 이벤트를 발생시키고, Error 객체를 인자로 전달합니다. 이것이 정확히 우리가 앞에서 정의한 findPattern() 함수에서 하고 있는 것입니다.

Node.js는 특별한 방식으로 에러 이벤트를 처리하고 예외를 자동으로 throw하며, 이에 연결된 리스너가 없는 경우 프로그램을 종료하므로 항상 에러 이벤트에 대한 리스너를 등록하는 것이 좋습니다.

2.3.4 관찰 가능한 객체 만들기

때로는 EventEmitter 클래스를 가지고 직접 새로운 관찰 대상 객체를 만드는 것만으로는 충분하지 않을 수 있습니다. 이런 방식으로 단순한 새로운 이벤트를 만드는 것 이상의 기능을 제공하는 것은 비현실적입니다. 실제로 일반적인 객체를 관찰 가능하게 만드는 것이 일반적입니다. 이것은 EventEmitter 클래스를 확장함으로써 가능합니다.

이 패턴을 설명하기 위해 다음과 같이 객체에서 findPattern() 함수의 기능을 구현해 보겠습니다.

```
const EventEmitter = require('events').EventEmitter;
const fs = require('fs');

class FindPattern extends EventEmitter {
```

```
  constructor (regex) {
    super();
    this.regex = regex;
    this.files = [];
  }

  addFile (file) {
    this.files.push(file);
    return this;
  }

  find () {
    this.files.forEach( file => {
      fs.readFile(file, 'utf8', (err, content) => {
        if (err) {
          return this.emit('error', err);
        }

        this.emit('fileread', file);

        let match = null;
        if (match = content.match(this.regex)) {
          match.forEach(elem => this.emit('found', file, elem));
        }
      });
    });
    return this;
  }
}
```

우리가 정의한 FindPattern 프로토타입은 코어 모듈 util에서 제공하는 inherits() 함수를 사용하여 EventEmitter를 확장합니다. 이 같은 방법으로 완벽하게 관찰 가능한 클래스가 됩니다. 다음은 그 사용의 예입니다.

```
const findPatternObject = new FindPattern(/hello \w+/);
findPatternObject
  .addFile('fileA.txt')
  .addFile('fileB.json')
  .find()
  .on('found', (file, match) => console.log(`Matched "${match}" in file ${file}`))
  .on('error', err => console.log(`Error emitted ${err.message}`));
```

FindPattern 객체가 전체 메소드를 그대로 보유한 상태에서 EventEmitter의 기능을 상속함으로써 어떻게 관찰 가능하게 되는지를 확인할 수 있습니다.

이것은 Node.js에서 꽤 일반적인 패턴입니다. 예를 들어 핵심 HTTP 모듈인 Server 객체는 listen(), close(), setTimeout()과 같은 메소드를 정의하며 내부적으로 EventEmitter 함수에서 상속받습니다. 따라서 새로운 요청이 수신될 때 request 이벤트, 새로운 연결이 설정되면 connection 이벤트 그리고 서버가 닫히면 closed 이벤트가 생성됩니다.

EventEmitter를 확장하는 객체의 다른 주목할만한 예는 Node.js 스트림입니다. 스트림에 대해서는 '5장. 스트림 코딩'에서 상세히 다룰 것입니다.

2.3.5 동기 및 비동기 이벤트

이벤트는 콜백과 마찬가지로 동기식 또는 비동기식으로 생성될 수 있습니다. 동일한 EventEmitter에서 두 가지 접근 방식을 섞어서는 안됩니다. 또 동일한 이벤트 유형을 발생시킬 때 앞서 'Zalgo를 풀어놓다'라는 섹션에서 설명한 것과 같은 문제가 발생하지 않도록 하는 것이 중요합니다.

동기 이벤트와 비동기 이벤트를 발생시키는 주된 차이점은 리스너를 등록할 수 있는 방법에 있습니다. 이벤트가 비동기적으로 발생하면 EventEmitter가 초기화된 후에도 프로그램은 새로운 리스너를 등록할 수 있습니다. 이벤트가 이벤트 루프의 다음 사이클이 될 때까지는 실행되지 않을 것이기 때문입니다. findPattern() 함수에서 일어나는 것이 바로 이것입니다. 우리는 이 함수를 앞서 정의했었고, 이것은 대부분의 Node.js 모듈에서 사용되는 일반적인 접근법을 보여줍니다.

반대로 이벤트를 동기적으로 발생시키려면 EventEmitter 함수가 이벤트를 방출하기 전에 모든 리스너가 등록되어 있어야 합니다. 예를 들어 보겠습니다.

```
const EventEmitter = require('events').EventEmitter;

class SyncEmit extends EventEmitter {
  constructor() {
    super();
    this.emit('ready');
  }
}

const syncEmit = new SyncEmit();
syncEmit.on('ready', () => console.log('Object is ready to be used'));
```

ready 이벤트가 비동기적으로 발생된다면 앞의 코드는 완벽하게 동작합니다. 그러나 이벤트가 동기적으로 생성되면 이벤트가 이미 전송된 후 리스너가 등록되므로 결과적으로 리스너가 호출되지 않습니다. 코드는 아무 것도 콘솔에 출력하지 않습니다.

EventEmitter 함수를 다른 목적을 위해 동기적으로 사용하는 것이 타당한 경우도 있기는 합니다. 이러한 이유 때문에, 혼란과 잠재적인 오용을 피하기 위해 문서를 통해 자신의 EventEmitter의 동작을 명확하게 인지시키는 것이 매우 중요합니다.

2.3.6 EventEmitter vs 콜백

비동기식 API를 정의할 때 공통적인 딜레마는 EventEmitter를 사용할지 아니면 단순하게 콜백을 사용할 지를 결정하는 것입니다. 일반적인 판단 규칙은 그 의미에 있습니다.

결과가 비동기 방식으로 반환되어야 하는 경우 콜백을 사용합니다. 대신 이벤트는 일어난 무엇인가를 전달할 필요가 있을 때 사용해야 합니다.

그러나 이 간단한 원칙 외에도 두 가지 패러다임이 대부분 동등하고 동일한 결과를 얻을 수 있다는 사실 때문에 많은 혼란이 발생합니다. 예를 들어 다음과 같은 코드를 살펴보겠습니다.

```
function helloEvents() {
  const eventEmitter= new EventEmitter();
  setTimeout(() => eventEmitter.emit('hello', 'hello world'), 100);
  return eventEmitter;
}

function helloCallback(callback) {
  setTimeout(() => callback('hello world'), 100);
}
```

두 함수 helloEvents()와 helloCallback()는 기능면에서 동일한 것으로 생각할 수 있습니다. 첫 번째 호출은 이벤트를 사용하여 타임아웃이 되었음을 알리고, 두 번째는 대신 호출자에게 콜백을 사용하여 통지하면서 내용을 인자로 전달합니다. 그러나 실제로 이들을 구별하는 것은 가독성, 의미, 구현 또는 사용되는데 필요한 코드의 양입니다. 어떤 스타일을 선택할 지에 대한 규칙을 제공할 수는 없지만 결정을 내리는데 도움이 될 수 있는 몇 가지 힌트는 제공할 수는 있습니다.

지금까지의 관찰을 통해 콜백에는 여러 가지 유형의 이벤트를 지원할 경우 몇 가지 제한이 있다는 것을 알 수 있습니다. 실제 우리는 여전히 콜백의 인자로 결과 유형을 전달하거나 각 이벤트마다 여러 콜백을 받을 수 있도록 하여 이벤트를 구분할 수 있습니다. 그러나 이것이 정확하게 좋은 API라고 간주하기는 어렵습니다.

이 상황에서 EventEmitter는 더 적은 코드로 더 나은 인터페이스를 제공할 수 있습니다.

EventEmitter가 더 좋은 또 다른 경우는 동일한 이벤트가 여러 번 발생할 수도 있고 전혀 발생하지 않을 수도 있는 경우입니다. 실제로 콜백은 작업의 성공 여부와 상관 없이 정확히 한번 호출되어야 합니다. 우리가 반복적인 상황에 놓인다는 사실은 사건의 발생이라는 의미의 본질에 대해 다시 생각하게 합니다. 이 경우는 결과보다는 정보가 전달되어야 하는 이벤트에 더 가까우며 EventEmitter가 더 좋은 선택이 됩니다.

마지막으로 콜백을 사용하는 API는 특정 콜백에만 알릴 수 있지만 EventEmitter 함수를 사용하면 여러 수신자가 동일한 알림을 수신할 수 있습니다.

2.3.7 콜백과 EventEmitter의 결합

EventEmitter를 콜백과 함께 사용할 수 있는 경우도 있습니다. 이 패턴은 메인 함수로 전통적인 비동기 함수를 익스포트하여 최소한의 인터페이스라는 원칙을 지키면서도 EventEmitter를 반환하여 더 풍부한 기능과 제어를 제공하고자 할 때 매우 유용합니다. 이 패턴의 한 예는 glob 스타일 파일 검색 라이브러리인 node-glob 모듈(https://nodejs.org/api/modules.html#modules_all_together)이 보여주고 있습니다. 모듈의 주요 진입점은 아래와 같은 고유 특징을 가진 exports 함수입니다.

```
glob(pattern, [options], callback)
```

함수는 첫 번째 인자로 패턴을, 두 번째 인자로 일련의 옵션을 그리고 세 번째 인자로 주어진 패턴과 일치하는 모든 파일의 리스트를 가지고 호출될 콜백 함수를 취합니다. 동시에 이 함수는 프로세스 상태에 대해 보다 세분화된 알림을 제공하는 EventEmitter를 반환합니다. 예를 들어 end 이벤트가 일어날 때, 모든 일치된 파일 목록들을 얻기 위해 match 이벤트가 일어날 때마다 실시간으로 알림을 받거나 abort 이벤트 수신을 통해 수동으로 프로세스가 중단되었는지 여부를 알 수 있습니다. 다음 코드는 어떻게 사용하는지를 보여줍니다.

```
const glob = require('glob');
glob('data/*.txt', (error, files) => console.log(`All files found:
  ${JSON.stringify(files)}`))
  .on('match', match => console.log(`Match found: ${match}`));
```

우리가 볼 수 있듯이, 단순하고 깨끗하게 최소한의 메인 함수를 노출하면서도 보조적인 함수들을 제공함으로써 중요하거나 덜 중요한 기능을 구분하여 제공하는 방식은 Node.js에서 매우 흔합니다. 여기서는 EventEmitter를 통해 전통적인 방법과 결합하고 있습니다.

> **패턴**
>
> 콜백을 받아들이고 EventEmitter를 반환하는 함수를 만듦으로써, EventEmitter를 통해 보다 세분화된 이벤트를 방출하면서 주요 기능에 대한 간단하고 명확한 진입점을 제공할 수 있습니다.

2.4 요약

이 장에서는 먼저 동기 코드와 비동기 코드의 차이점에 대해 알아보았습니다. 그런 후, 콜백 및 이벤트 발생 패턴을 사용하여 기본적인 비동기 시나리오를 처리하는 방법을 살펴보았습니다. 또한 두 패턴 사이의 주요 차이점과 특정 문제를 해결하기 위해 어떤 패턴이 적합한지를 배웠습니다. 여러분은 이제 막 고급 비동기 패턴을 향한 첫 걸음을 내디뎠습니다.

다음 장에서는 보다 복잡한 시나리오를 살펴보고, 고급 비동기식 제어흐름을 처리하기 위해 콜백 및 이벤트 발생 패턴을 활용하는 방법을 알아보겠습니다.

CHAPTER 03

콜백을 사용한 비동기 제어 흐름 패턴

▶ 비동기 프로그래밍의 어려움

▶ 일반 JavaScript의 사용

▶ Async 라이브러리

동기식 프로그래밍 스타일을 사용하다가 Node.js와 같이 연속 전달 스타일과 비동기 API가 일반적으로 사용되는 플랫폼에 적응하는 것은 쉽지 않을 수 있습니다. 비동기 코드를 작성하는 것은 다른 경험일 수 있는데, 특히 제어 흐름(control flow)에 있어서는 더욱 그렇습니다.

비동기 코드로 인해 Node.js 어플리케이션 내에서 명령문이 실행되는 순서를 예측하기가 어려울 수 있습니다. 일련의 파일들을 반복 탐색하거나, 작업을 순서대로 실행하거나, 일련의 작업이 완료될 때까지 기다리는 것 같은 간단한 문제에서도 개발자에게는 비효율적이고 가독성이 떨어지는 코드의 작성을 피할 수 있는 새로운 접근법과 기술이 필요합니다.

일반적인 실수 중 하나는 콜백 헬(callback hell) 문제의 함정에 빠져서 중첩으로 인해 간단한 루틴 조차도 가독성을 떨어뜨리고 관리하기 힘들게 만들어 코드가 세로가 아닌 가로로 늘어나는 현상을 보이는 것입니다.

이 장에서는 몇 가지 규칙과 패턴을 사용하여 실제로 어떻게 콜백을 능숙하게 제어하며, 깨끗하고 관리 가능한 비동기 코드를 작성할 수 있는지 살펴볼 것입니다.

Async와 같은 제어 흐름(control flow) 라이브러리가 어떻게 문제를 단순화하여 코드를 훨씬 더 읽기 쉽고 유지 보수하기 쉽게 만드는지도 살펴 보게 될 것입니다.

3.1 비동기 프로그래밍의 어려움

JavaScript에서 비동기 코드의 제어를 놓치는 일은 흔하게 일어납니다. 익명 함수의 클로저와 인플레이스 정의(in place definitions)는 개발자가 이 함수, 저 함수로 옮겨 다닐 필요 없이 원활하게 프로그래밍을 할 수 있게 합니다. 이는 KISS(Keep in simple, stupid) 원칙 그 자체입니다. 코드를 물 흐르듯 흐르게 하여 짧은 시간에 정의할 수 있게 합니다. 불행하게도 모듈화, 재사용성, 유지보수성 같은 특성을 희생시키다 보면 금방 콜백 중첩이 통제되지 않고 확산되고 함수 크기가 커지며 코드의 구성이 엉망이 됩니다. 대부분의 경우 클로저를 만드는 것은 기능적으로 필요하지 않기 때문에 비동기 프로그래밍과 관련된 문제보다는 규칙 문제가 더 중요합니다. 코드가 다루기 힘들어지거나 좋아지고 있다는 것을 인지하고 그에 따라 적절한 해결책을 가지고 행동하는 것이 전문가와 초보자의 차이입니다.

3.1.1 간단한 웹 스파이더 만들기

이야기를 풀어가기 위해 우리는 웹 URL을 입력으로 받아, 해당 URL의 내용을 로컬 파일로 다운로드 하는 콘솔용 어플리케이션인 간단한 웹 스파이더를 만들어 보겠습니다.

여기서 소개하는 코드에서는 몇 가지 npm 라이브러리를 사용합니다.

- request: HTTP 호출을 간소화하는 라이브러리
- mkdirp: 재귀적으로 디렉터리를 만드는 단순한 유틸리티

또한 우리는 어플리케이션에서 사용할 도우미 함수들을 가지고 있는 ./utilities라는 로컬 모듈을 종종 참조할 것입니다. 간결함을 위해 이 파일의 내용은 생략했지만, 다음 주소에 있는 이 책의 다운로드 팩에서 모든 의존성 목록을 포함한 package.json 파일과 전체 구현 코드를 볼 수 있을 것입니다.

- https://github.com/PacktPublishing/Node.js_Design_Patterns_Second_Edition_Code

어플리케이션의 핵심 기능은 spider.js라는 모듈 안에 있습니다.

한번 살펴보겠습니다. 우선 사용할 의존성들을 모두 로드합니다.

```
const request = require('request');
const fs = require('fs');
const mkdirp = require('mkdirp');
const path = require('path');
const utilities = require('./utilities');
```

다음으로 다운로드할 URL과 다운로드 프로세스가 완료될 때 호출될 콜백 함수를 사용하는 spider()라는 새로운 함수를 만듭니다.

```
function spider(url, callback) {
  const filename = utilities.urlToFilename(url);
  fs.exists(filename, exists => { //[1]
    if(!exists) {
      console.log(`Downloading ${url}`);
      request(url, (err, response, body) => { //[2]
        if(err) {
          callback(err);
        } else {
          mkdirp(path.dirname(filename), err => { //[3]
            if(err) {
              callback(err);
            } else {
              fs.writeFile(filename, body, err => { //[4]
                if(err) {
```

```
                    callback(err);
                  } else {
                    callback(null, filename, true);
                  }
                });
              }
            });
          }
        });
      } else {
        callback(null, filename, false);
      }
    });
  }
```

앞의 함수는 다음의 작업을 실행합니다.

1. 해당 파일이 이미 생성되어 있는지 확인하여 해당 URL이 이미 다운로드 되었는지를 검사합니다.

   ```
   fs.exists(filename, exists => ...
   ```

2. 파일을 찾을 수 없을 경우 URL은 다음 코드를 통해 다운로드됩니다.

   ```
   request(url, (err, response, body) => ...
   ```

3. 그 다음 파일을 저장할 디렉터리가 있는지 확인합니다.

   ```
   mkdirp(path.dirname(filename), err => ...
   ```

4. 끝으로 HTTP 응답의 내용을 파일 시스템에 씁니다.

   ```
   fs.writeFile(filename, body, err => ...
   ```

웹 스파이더 어플리케이션을 완성하려면 URL을 입력으로 제공하여 spider() 함수를 호출하면 됩니다(여기서는 커맨드라인 변수에서 읽음).

```
spider(process.argv[2], (err, filename, downloaded) => {
  if(err) {
    console.log(err);
  } else if(downloaded){
    console.log(`Completed the download of "${filename}"`);
```

```
    } else {
      console.log(`"${filename}" was already downloaded`);
    }
  });
```

이제 웹 스파이더 어플리케이션을 사용할 준비가 되었습니다. 먼저 utilities.js 모듈과 프로젝트 디렉터리에 있는 전체 종속성 목록을 가지고 있는 package.json이 있는지 확인한 후에, 다음 명령을 통해 모든 종속성을 설치합니다.

```
npm install
```

다음으로, 아래와 같은 명령으로 스파이더 spider 모듈을 실행하여 웹 페이지의 내용을 다운로드 할 수 있습니다.

```
node spider http://www.example.com
```

예제의 웹 스파이더 어플리케이션은 우리가 제공하는 URL에 항상 프로토콜(예 http ://)을 포함시켜야 합니다. 비동기 프로그램이 어떻게 동작하는지 보여주는 단순한 예제일 뿐이므로 HTML 링크나 이미지 같은 리소스들도 함께 다운로드 할 것이라 기대하지 마십시오.

3.1.2 콜백 헬(The Callback hell)

앞에서 정의한 spider() 함수를 살펴보면 우리가 구현한 알고리즘이 정말 간단하지만 결과 코드에 여러 수준의 들여 쓰기가 존재하므로 읽기가 매우 어렵다는 것을 분명히 알 수 있습니다. 직접 스타일의 블로킹 API를 사용하여 유사한 기능을 구현하는 것이 더 간단할 수 있으며, 코드를 잘못 이해할 가능성이 거의 없을 것입니다. 그러나 비동기식 CPS를 사용하는 것은 또 다른 이야기이며, 클로저를 잘못 사용하면 엄청난 재앙의 코드가 생성될 수 있습니다.

많은 클로저와 내부 콜백 정의가 코드를 읽을 수 없고 관리할 수 없는 덩어리로 만드는 상황을 **콜백 헬(Callback hell)**이라고 합니다. 이것은 Node.js와 JavaScript에서 일반적으로 가장 잘 알려져 있고 심각한 안티패턴 중 하나입니다. 이러한 문제를 발생시키는 코드의 일반적인 구조는 다음과 같습니다.

```
asyncFoo( err => {
  asyncBar( err => {
    asyncFooBar( err => {
      //...
    });
  });
});
```

우리는 이런 식으로 작성된 코드가 깊은 중첩으로 인해 피라미드 같은 모양을 취한다는 것을 볼 수 있습니다. 이것이 **죽음의 피라미드(pyramid of doom)**라는 또 다른 별칭을 가지는 이유입니다.

위와 같은 코드에서 가장 분명하게 드러나는 문제는 가독성입니다. 중첩이 너무 깊어서 어디서 함수가 끝나고 다른 함수가 시작되는지 추적하는 것이 거의 불가능합니다.

또 다른 문제는 각 스코프에서 사용된 변수 이름의 중복이 발생한다는 점입니다. 흔히 변수의 내용을 설명하기 위해 유사하거나 동일한 이름을 사용하기 때문입니다. 가장 좋은 예가 각 콜백이 수신하는 인자인 err입니다. 어떤 이들은 같은 이름의 변형을 사용하여 각 스코프의 객체를 식별하려고 합니다(예: err, error, err1, err2 등). 또 다른 이들은 err과 같이 항상 같은 이름을 사용하여 스코프에 정의된 변수를 숨기는 것을 선호합니다. 두 가지 방법 모두 완벽하지 못하여 혼동을 일으키고 결함이 발생할 확률이 높아집니다.

또한 클로저가 성능 및 메모리 소비 면에서 비용이 적게 든다는 점을 명심해야 합니다. 또한 활성 클로저가 참조하는 컨텍스트가 가비지(Garbage) 수집 시 유지된다는 사실을 잊지 않아야 하므로 식별하기가 쉽지 않은 메모리 누수가 발생할 수 있습니다.

> V8에서 클로저가 어떻게 작동하는 지에 대한 좋은 소개는 V8 팀에서 작업하는 Google 소프트웨어 엔지니어인 바체슬라프 예고로프의 블로그 게시물을 참조하십시오.
>
> • http://mrale.ph/blog/2012/09/23/grokking-v8-closures-for-fun.html

3.2 일반 JavaScript의 사용

콜백 헬에 대한 첫 번째 예를 보았으니, 이제 분명히 피해야 할 부분을 알게 되었습니다. 그러나 비동기 코드를 작성할 때 주의해야 할 사항은 이게 다가 아닙니다. 실제로 일련의 비동기 작업들의 흐름을 제어하려면 특정 패턴과 기법을 사용해야만 하는 상황이 있습니다. 특히 외부 라이브러리를 사용하지 않고 일반 JavaScript만 사용하는 경우에는 더욱 그렇습니다. 예를 들어, 순서에 따라 비동기 작업을 적용하여 컬렉션을 반복하는 것은 배열에 대해 forEach()를 호출하는 것처럼 쉽지는 않으며 실제로 재귀와 유사한 기술을 필요로 합니다.

이 섹션에서는 콜백 지옥을 피하는 방법뿐만 아니라 단순하고 간단한 JavaScript만 사용하여 가장 일반적인 제어 흐름 패턴을 구현하는 방법에 대해서도 배우게 될 것입니다.

3.2.1 콜백 규칙

비동기 코드를 작성할 때 명심해야 할 첫 번째 규칙은 콜백을 정의할 때 함부로 클로저를 사용하지 않는 것입니다. 모듈화 및 재사용과 같은 문제에 대한 추가적인 사항을 고려할 필요가 없어 매력적이겠지만 이는 장점보다 단점이 더 많을 수 있는 방식이라는 것은 이미 앞에서 살펴보았습니다. 대부분의 경우 콜백 헬 문제를 해결하기 위한 어떤 라이브러리나 멋진 기술 혹은 패러다임의 변화가 필요한 것은 아니며, 간단한 일반적인 상식이면 충분합니다.

다음은 중첩 수준을 낮게 유지하고 일반적으로 코드 체계를 개선하는데 도움이 되는 몇 가지 기본 원칙입니다.

- 가능한 빨리 종료합니다. 문맥에 따라 return, continue 또는 break를 사용하면 if ... else 문(및 중첩)을 모두 작성하는 대신 현재 문을 즉시 종료할 수 있습니다. 이렇게 하면 코드를 얕게 유지하는데 도움이 됩니다.
- 콜백을 위해 명명된 함수를 생성하여 클로저 바깥에 배치하며 중간 결과를 인자로 전달합니다. 함수의 이름을 지정하면 스택 추적에서 더 잘 보이게 됩니다.
- 코드를 모듈화해야 합니다. 가능하면 코드를 작고 재사용 가능한 함수들로 분할하십시오.

3.2.2 콜백 규칙 적용

앞에서 언급한 원칙의 힘을 보여주기 위해 웹 스파이더 어플리케이션에서 콜백 헬 문제를 해결하기 위해 적용해봅시다.

첫 번째 단계로 else 문을 제거하여 오류 검사 패턴을 재구성 할 수 있습니다. 이는 오류를 받는 즉시 함수로부터 복귀가 가능합니다. 따라서 다음과 같은 코드를 사용하는 대신

```
if(err) {
  callback(err);
} else {
  //오류가 없을 때 실행할 코드
}
```

다음과 같은 코드를 작성하여 코드의 구성을 개선할 수 있습니다.

```
if(err) {
  return callback(err);
}
//오류가 없을 때 실행할 코드
```

이 간단한 트릭을 사용하여 함수의 중첩 수준을 바로 줄일 수 있습니다. 이 방법은 아주 쉬우며, 복잡한 리팩토링을 필요로 하지 않습니다.

우리가 방금 설명한 최적화를 실행하는 일반적인 실수 중 하나가 콜백이 호출된 후에 함수를 종료하는 것을 잊는 것입니다. 오류 처리 시나리오의 경우 다음 코드가 일반적인 문제의 원인입니다.

```
if (err) {
callback(err);
} //오류가 없을 때 실행할 코드
```

콜백을 호출한 후에도 함수의 실행이 계속된다는 것을 잊지 말아야 할 것입니다. 그러므로 나머지 함수의 실행을 차단하는 return 명령을 삽입하는 것이 중요합니다. 실제로 함수가 반환하는 결과는 중요하지 않습니다. 실제 결과(또는 오류)는 비동기적으로 생성되어 콜백에 전달됩니다.

비동기 함수의 반환값은 대개 무시됩니다. 이 속성을 사용하면 다음과 같이 단순하게 작성할 수 있습니다.

```
return callback(...)
```

그렇지 않으면 다음과 같이 좀 더 명확하게 작성해야 합니다.

```
callback(...)
return;
```

spider() 함수의 두 번째 최적화로 재사용 가능한 코드를 구분할 수 있습니다. 예를 들어, 파일에 주어진 문자열을 쓰는 기능은 다음과 같이 별도의 함수로 쉽게 분리할 수 있습니다.

```
function saveFile(filename, contents, callback) {
  mkdirp(path.dirname(filename), err => {
    if(err) {
      return callback(err);
    }
    fs.writeFile(filename, contents, callback);
  });
}
```

동일한 원칙에 따라 URL과 파일 이름을 입력으로 사용하여 URL로 주어진 파일을 다운로드하는 download()라는 일반 함수를 만들 수 있습니다. 내부적으로 앞서 만든 saveFile() 함수를 사용할 수 있습니다.

```
function download(url, filename, callback) {
  console.log(`Downloading ${url}`);
  request(url, (err, response, body) => {
    if(err) {
      return callback(err);
    }
    saveFile(filename, body, err => {
      if(err) {
        return callback(err);
      }
      console.log(`Downloaded and saved: ${url}`);
      callback(null, body);
    });
  });
}
```

마지막 단계로 spider() 함수를 수정합니다. 변경 사항을 적용하면 spider() 함수는 이제 다음과 같은 형태가 됩니다.

```
function spider(url, callback) {
  const filename = utilities.urlToFilename(url);
  fs.exists(filename, exists => {
    if(exists) {
      return callback(null, filename, false);
    }
```

```
        download(url, filename, err => {
          if(err) {
            return callback(err);
          }
          callback(null, filename, true);
        })
      });
    }
```

spider() 함수의 기능 및 인터페이스는 완전히 똑같습니다. 코드가 구성된 방식만 바뀌었습니다. 우리가 논의한 기본 원칙을 적용함으로써 코드의 중첩을 크게 줄일 수 있었으며, 동시에 재사용성 및 테스트 가능성을 높일 수 있었습니다. 사실, 우리는 saveFile()과 download()를 모두 익스포트하여 다른 모듈에서 재사용하도록 할 수 있습니다. 또한 이로 인해 이들의 기능을 보다 쉽게 테스트할 수 있습니다.

이 섹션에서 수행한 리팩토링은 대부분의 경우 클로저와 익명의 함수를 남용하지 않도록 하는데 필요한 몇 가지 원칙만을 사용했을 뿐이었습니다. 이 원칙들은 최소한의 노력과 단순한 JavaScript 만을 사용해도 훌륭하게 작동합니다.

3.2.3 순차 실행

이제 비동기 제어 흐름 패턴에 대한 탐구를 시작해 보겠습니다. 순차 실행의 흐름 분석을 시작으로 하겠습니다.

일련의 작업을 순차적으로 실행한다는 것은 한 번에 하나씩 실행한다는 것을 의미합니다. 목록 상의 작업 결과가 다음 작업의 실행에 영향을 줄 수 있으므로 실행 순서가 중요하고, 따라서 이를 보존해야 합니다. 다음 그림은 이 개념을 설명합니다.

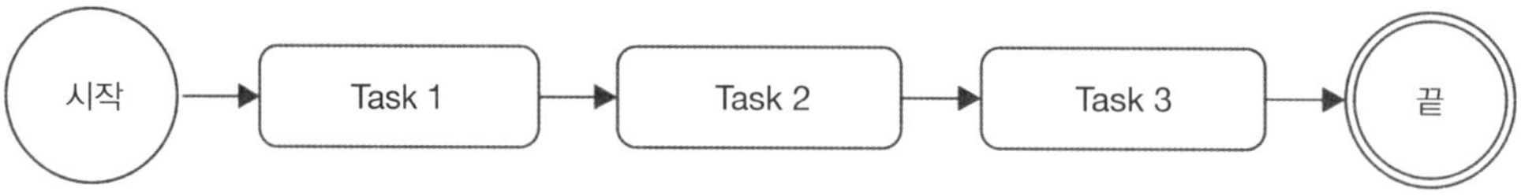

이 흐름에는 다양한 변형이 있습니다.

- 결과를 전달하거나 전파하지 않고 일련의 알려진 작업을 순서대로 실행합니다.
- 작업의 출력을 다음 작업의 입력으로 사용합니다(체인, 파이프라인 또는 폭포수라고도 함).
- 순차적으로 각 요소에 대해 비동기 작업을 실행하면서 일련의 작업들을 반복합니다.

순차 실행은 직접 방식의 블로킹 API를 사용하여 구현할 때는 간단하지만, 일반적으로 비동기 CPS를 사용하여 구현할 경우 콜백 헬(Callback hell)의 주요 원인이 됩니다.

알려진 일련의 작업에 대한 순차 실행

이전 섹션에서 spider() 함수를 구현하면서 순차 실행을 이미 보았습니다. 우리가 살펴본 간단한 규칙들을 적용하여 순차적 실행 흐름에서 일련의 알려진 작업을 구성할 수 있었습니다. 이 코드를 지침으로 삼아 다음 패턴으로 솔루션을 일반화 할 수 있습니다.

```
function task1(callback) {
  asyncOperation(() => {
    task2(callback);
  });
}

function task2(callback) {
  asyncOperation(result () => {
    task3(callback);
  });
}

function task3(callback) {
  asyncOperation(() => {
    callback(); //finally executes the callback
  });
}

task1(() => {
  //태스크1, 태스크2 및 태스크3가 완료될 때 실행됨
  console.log('tasks 1, 2 and 3 executed');
});
```

앞의 패턴은 일반적인 비동기 작업 완료 시, 각 작업이 다음 작업을 호출하는 방법을 보여줍니다. 이 패턴은 작업의 모듈화에 중점을 두어 비동기 코드를 처리하는데 항상 클로저를 사용할 필요가 없다는 것을 보여줍니다.

순차 반복

앞에서 설명한 패턴은 실행될 작업의 수와 양을 미리 알고 있을 경우 완벽하게 작동합니다.

이렇게 하면 시퀀스의 다음 작업 호출을 하드코딩할 수 있습니다. 그러나 컬렉션의 각 항목에 대해 비동기 작업을 실행하려면 어떨까요? 이와 같은 경우에는 더 이상 작업 순서를 하드코딩할 수 없습니다. 대신 동적으로 구축해야 합니다.

웹 스파이더 버전 2

순차 반복의 예를 보여주기 위해 웹 스파이더 어플리케이션에 새로운 형태를 소개하겠습니다. 이제 웹 페이지에 포함된 모든 링크를 재귀적으로 다운로드 하겠습니다. 그렇게 하기 위해 우리는 페이지에서 모든 링크를 추출한 다음, 각각의 웹 스파이더를 재귀적으로 순서대로 시작합니다.

첫 번째 단계는 spider() 함수를 수정한 spiderLinks()라는 함수를 사용하여 페이지의 모든 링크를 재귀적으로 다운로드 하도록 하는 것입니다. 이 함수는 잠시 후에 작성할 것입니다.

또한 파일이 이미 존재하는지 체크하는 대신, 이제 해당 파일에 대한 읽기를 먼저 시도하여 파일 내의 링크들의 수집을 시작합니다. 이런 방식으로 중단된 다운로드들을 다시 시작할 수 있습니다. 마지막 변경으로 재귀의 깊이를 제한하는데 사용되는 nesting이라는 새로운 인자를 전달합니다. 결과 코드는 다음과 같습니다.

```
function spider(url, nesting, callback) {
  const filename = utilities.urlToFilename(url);
  fs.readFile(filename, 'utf8', (err, body) => {
    if(err) {
      if(err.code ! == 'ENOENT') {
        return callback(err);
      }

      return download(url, filename, (err, body) => {
        if(err) {
          return callback(err);
        }
        spiderLinks(url, body, nesting, callback);
      });
    }

    spiderLinks(url, body, nesting, callback);
  });
}
```

링크들의 순차 크롤링

이제 웹 스파이더 어플리케이션의 새로운 버전인 spiderLinks() 함수의 핵심을 만들어야 합니다. spiderLinks() 함수는 순차 비동기 반복 알고리즘을 사용하여 HTML 페이지의 모든 링크를 다운로드 합니다. 다음 코드 블록에서 이를 정의하는 방식을 잘 살펴볼 필요가 있습니다.

```
function spiderLinks(currentUrl, body, nesting, callback) {
  if(nesting === 0) {
    return process.nextTick(callback);
  }
  const links = utilities.getPageLinks(currentUrl, body); //[1]
  function iterate(index) { //[2]
    if(index === links.length) {
      return callback();
    }

    spider(links[index], nesting - 1, err => { //[3]
      if(err) {
        return callback(err);
      }
      iterate(index + 1);
    });
  }
  iterate(0); //[4]
}
```

새로운 함수에서 이해해야 할 중요한 단계들은 다음과 같습니다.

1. utilities.getPageLinks() 함수를 통해 페이지에 포함된 모든 링크 목록을 가져옵니다. 이 함수는 내부의 대상(동일한 호스트 이름)을 가리키는 링크들만 반환합니다.
2. iterate()라는 로컬 함수를 사용하여 링크를 반복합니다. iterate()는 분석할 다음 링크의 인덱스를 사용합니다. 이 함수에서 먼저 하는 일은 인덱스가 링크 배열의 길이와 같은지 확인하는 것입니다. 이 경우 모든 항목을 처리했으므로 즉시 callback() 함수를 호출합니다.
3. 이 시점에서 링크를 처리하기 위한 모든 준비가 완료되어야 합니다. 중첩 레벨을 줄여 spider() 함수를 호출하고 작업이 완료되면 반복의 다음 단계를 호출합니다.
4. spiderLinks() 함수의 마지막 단계에서 iterate(0)를 호출하여 재귀 작업을 시작시킵니다.

우리가 방금 작성한 알고리즘은 순차적으로 비동기 연산을 실행하여 배열을 반복할 수 있게 해줍니다. 이 경우에서는 spider() 함수입니다.

이제 이 새로운 버전의 스파이더 어플리케이션을 시험해 보면 웹 페이지의 모든 링크를 하나씩 순차적으로 다운로드 하는 것을 볼 수 있을 것입니다. 많은 링크가 존재하여 시간이 걸리는 프로세스를 중단하려면 Ctrl + C 를 사용하면 됩니다. 그런 다음 다시 시작하고자 한다면 스파이더 어플리케이션을 실행하고, 첫 번째 실행에 사용한 URL과 동일한 URL을 제공함으로써 이를 수행할 수 있습니다.

> 우리의 웹 스파이더 어플리케이션은 잠재적으로 전체 웹 사이트의 다운로드를 유발할 수 있으므로 신중하게 테스트하는 것이 좋습니다. 예를 들어, 높은 중첩 레벨을 설정하거나 몇 초 이상으로 스파이더를 실행하지 마십시오. 수천 개의 요청으로 서버에 과부하를 거는 것은 바른 사용이 아니며, 잘못되는 경우에는 불법으로 간주될 수도 있기 때문입니다. 책임감있게 사용하시기 바랍니다.

패턴

앞서 살펴본 spiderLinks() 함수의 코드는 비동기 작업을 사용하면서 컬렉션을 반복하는 방법에 대한 명확한 예입니다. 또한 컬렉션의 요소들이나 또는 일반적인 작업 목록에 대해 비동기 순차적으로 반복해야 하는 상황에 사용할 수 있는 패턴이라는 것을 알 수 있습니다. 이 패턴은 다음과 같이 일반화 할 수 있습니다.

```
function iterate(index) {
  if(index === tasks.length) {
    return finish();
  }
  const task = tasks[index];
  task(function() {
    iterate(index + 1);
  });
}

function finish() {
  //반복 작업이 완료된 후 처리
}

iterate(0);
```

> task()가 동기 연산인 경우 이러한 유형의 알고리즘은 완전히 재귀적이 된다는 점에 유의해야 합니다. 이 경우 스택은 매 사이클마다 해지되지 않으며, 최대 콜 스택의 크기 제한을 초과할 위험이 있습니다.

방금 살펴본 패턴은 여러 가지 상황에 적용할 수 있기 때문에 매우 강력합니다. 예를 들어, 배열의 값들을 맵핑하거나 반복문에서 연산의 결과를 다음 반복에 전달하여 reduce 알고리즘을 구현할 수 있습니다. 특정 조건이 충족되면 루프를 조기에 중단하거나 무한히 반복할 수도 있습니다.

또한 다음과 같은 형태의 함수로 감쌈으로써 솔루션을 더욱 일반화 할 수도 있습니다.

```
iterateSeries(collection, iteratorCallback, finalCallback)
```

이것은 여러분의 몫으로 남겨 두겠습니다.

> **패턴(순차 반복자)**
> iterator라는 함수를 작성하여 작업의 목록을 차례대로 실행하십시오. iterator는 컬렉션에서 다음에 사용 가능한 태스크를 호출하고 현재 태스크가 완료될 때 반복의 다음 단계를 호출하도록 합니다.

3.2.4 병렬 실행

일련의 비동기 작업들의 실행 순서가 중요하지 않고 단지 이런 작업들의 모든 실행이 끝났을 때 알림을 받으면 되는 경우가 있습니다. 이러한 상황은 다음 그림과 같은 병렬 실행 흐름을 사용하여 보다 효과적으로 처리할 수 있습니다.

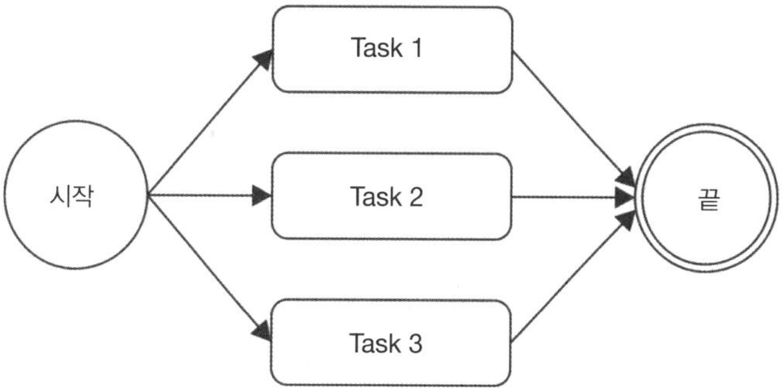

Node.js가 단일 스레드라고 생각하면 이상하게 들릴 수도 있지만 '1장. Node.js 플랫폼에 오신 것을 환영합니다'에서 설명한 내용을 기억한다면, 단 하나의 스레드만 가지고도 동시성을 달성할 수 있다는 것을 알 수 있을 것입니다. Node.js의 논 블로킹 성질 덕분입니다. 실제로 이 경우 병렬이라는 용어는 부적절합니다. 작업들을 동시에 실행하는 것이 아니라 논 블로킹

API 위에서 실행되고 이벤트 루프에 의해 인터리브 된다는 것을 의미하기 때문입니다.

여러분이 알다시피, 작업이 새로운 비동기 작업을 요청할 때, 이벤트 루프가 새로운 작업을 실행할 수 있도록 제어를 이벤트 루프로 돌려 줍니다. 이러한 종류의 흐름에 적절한 용어는 동시성이지만, 일단 단순하게 표현하기 위해 병렬이라는 용어를 사용하겠습니다.

아래 그림은 Node.js 프로그램에서 두 개의 비동기 작업을 병렬로 실행하는 방식을 보여 줍니다.

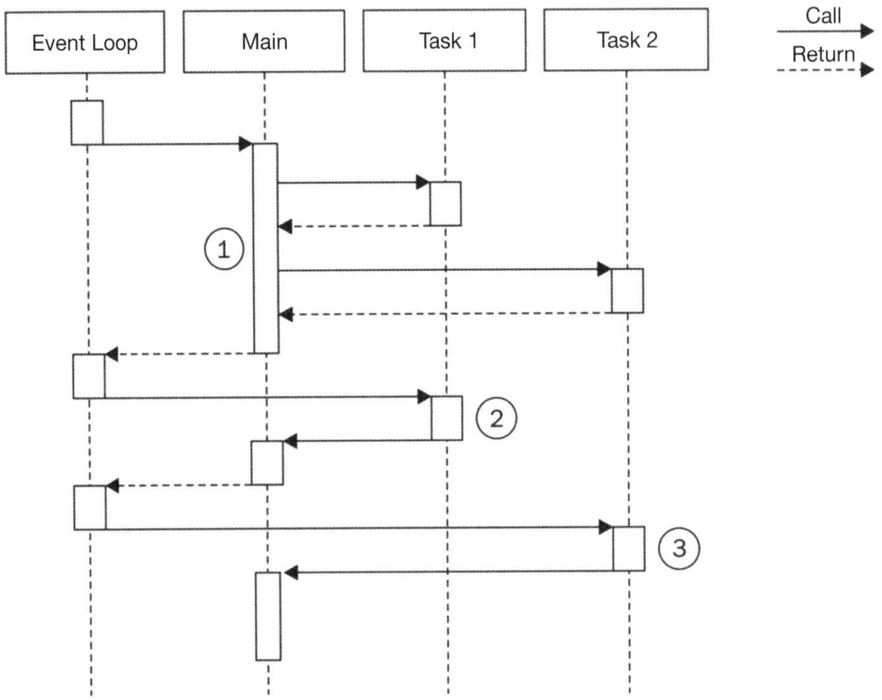

그림에서 두 개의 비동기 작업을 실행하는 Main 함수가 있습니다.

1. Main 함수는 Task1과 Task2를 실행시킵니다. 이와 같이 비동기 작업이 시작되면 즉시 컨트롤을 Main 함수로 되돌려 주며, Main 함수는 이를 이벤트 루프로 반환합니다.
2. Task1의 비동기 작업이 완료되면 이벤트 루프가 제어를 돌려줍니다. Task1이 작업을 완료하면 Main 함수에 이를 통지합니다. 이때 Task1의 자체적인 내부 작업 수행은 동기적입니다.
3. Task2에 의해 시작된 비동기 작업이 완료되면 이벤트 루프가 해당 콜백을 호출하여 다시 제어를 Task2로 되돌려 줍니다. Task2가 끝나면 Main 함수에 다시 통지됩니다. 이 시점에서 Main 함수는 Task1과 Task2가 모두 완료되었음을 인지하고 있으므로 자신의 실행을 계속하거나 작업 결과를 다른 콜백으로 반환할 수 있습니다.

간단히 말하자면 Node.js에서는 논블로킹 API에 의해 내부적으로 동시 처리되기 때문에 병렬 비동기 작업으로 실행된다는 것입니다. Node.js에서 동기(블로킹) 작업은 실행을 비동기 작업으로 끼워 넣거나, setTimeout() 또는 setImmediate()로 지연시키지 않는 한 동시에 실행할 수 없습니다. 이에 대해서는 '9장. 고급 비동기 레시피'에서 자세히 설명합니다.

웹 스파이더 버전 3

웹 스파이더 어플리케이션은 병렬 실행의 개념을 적용할 수 있는 더할 나위 없는 재료입니다. 현재 우리의 이 어플리케이션은 링크된 페이지를 순차적으로 재귀를 사용하여 다운로드 하고 있습니다. 모든 링크된 페이지들을 병렬로 다운로드 하게 하여 프로세스의 성능은 쉽게 향상시킬 수 있습니다.

이를 위해서는 한번에 모든 spider() 작업을 생성하여 이들의 모든 작업이 완료될 때 최종 콜백을 호출하도록 spiderLinks() 함수를 수정해야 합니다. 이제 함께 spiderLinks() 함수를 수정해 보겠습니다.

```
function spiderLinks(currentUrl, body, nesting, callback) {
  if(nesting === 0) {
    return process.nextTick(callback);
  }
  const links = utilities.getPageLinks(currentUrl, body);
  if(links.length === 0) {
    return process.nextTick(callback);
  }

  let completed = 0, hasErrors = false;

  function done(err) {
    if(err) {
      hasErrors = true;
      return callback(err);
    }
    if(++completed === links.length && !hasErrors) {
      return callback();
    }
  }

  links.forEach(link => {
    spider(link, nesting - 1, done);
  });
}
```

우리가 무엇을 바꾸었는지 설명하겠습니다. 앞서 언급했듯이 spider() 작업은 이제 모든 작업을 한번에 시작합니다. 이것은 앞선 작업이 완료되기를 기다리지 않고, 단순히 배열 내의 링크에 대해 각각의 작업을 시작시키는 것으로 충분합니다.

```
links.forEach(link => {
  spider(link, nesting - 1, done);
});
```

그런 다음 어플리케이션이 모든 작업을 완료할 때까지 기다리는 방법은 spider() 함수에 done()이라는 특수한 콜백을 제공하는 것입니다. done() 함수는 spider() 작업이 완료되면 카운터를 증가시킵니다. 완료된 다운로드 수가 링크 배열의 크기에 도달하면 최종 콜백이 호출됩니다.

```
function done(err) {
  if(err) {
    hasErrors = true;
    return callback(err);
  }
  if(++completed === links.length && !hasErrors) {
    callback();
  }
}
```

이렇게 변경한 후 웹 페이지에 대해 spider()를 실행하려고 하면, 이전 링크가 처리될 때까지 기다리지 않고 모든 다운로드가 병렬로 진행되므로 전체 프로세스의 속도가 크게 향상됩니다.

패턴

또한, 병렬 실행 흐름을 위한 작지만 멋진 패턴을 뽑아 낼 수 있으며, 상황에 따라 재사용할 수 있습니다. 다음 코드를 사용하여 일반적인 버전의 패턴을 표현할 수 있습니다.

```
const tasks = [ /* ... */ ];
let completed = 0;
tasks.forEach(task => {
  task(() => {
    if(++completed === tasks.length) {
      finish();
```

```
      }
    });
  });

  function finish() {
    //모든 작업이 완료됨
  }
```

패턴을 적용하여 작은 수정으로 각 작업의 결과를 컬렉션에 모으거나, 배열의 요소를 필터링하거나 또는 맵핑하거나, 일정한 작업의 수가 완료되면 즉시 finish() 콜백을 호출하도록 할 수 있습니다. 특히 이 마지막 상황을 **경쟁(race)**이라고 부릅니다.

> **패턴(무제한 병렬 실행)**
> 한 번에 모든 항목을 생성하여 일련의 비동기 작업들을 병렬로 실행한 다음, 콜백이 호출된 횟수를 계산하여 모든 작업이 완료되기를 기다립니다.

동시 작업에서의 경쟁 조건 조정

멀티 스레드 환경에서 논블로킹 I/O를 사용하는 경우 여러 작업을 병렬로 실행할 때 문제가 발생할 수 있습니다. 그러나 Node.js에서 이것은 완전히 다른 이야기입니다. 실제로 여러 개의 비동기 작업을 병렬로 실행하는 것은 리소스 측면에서 직관적이면서 비용이 적게 듭니다. 이것은 Node.js의 가장 중요한 강점 중 하나입니다. 엄격하게 필요한 경우에만 사용하는 복잡한 기술보다는 병렬화를 일반적인 방식으로 사용하기 때문입니다.

Node.js의 동시성 모델의 또 다른 중요한 특징은 작업 동기화 및 경쟁 조건을 다루는 방식입니다. 다중 스레드 프로그래밍에서 이것은 보통 잠금, 뮤텍스, 세마포어 및 모니터와 같은 구조를 사용하여 수행되며, 병렬화의 성능에 상당한 영향을 미칠 뿐만 아니라 가장 복잡한 측면 중 하나일 수 있습니다. Node.js에서는 모든 것이 단일 스레드에서 실행되기 때문에 일반적으로 멋진 동기화 메커니즘이 필요하지 않습니다! 그러나 이것이 우리가 경쟁 조건을 가지지 않는다는 것을 의미하지 않으며, 오히려 아주 일반적일 수 있습니다. 문제의 근본적인 원인은 비동기 작업 호출과 그 결과 통지 사이에 생기는 지연입니다. 구체적인 예를 만들기 위해 웹 스파이더 어플리케이션을 다시 참조할 수 있습니다. 특히 우리가 만든 마지막 버전에는 실제로 경쟁 조건이 포함되어 있습니다(발견할 수 있나요?).

spider() 함수에서 지금 이야기하고 있는 문제가 존재하는 부분은 해당 URL을 다운로드하기 전에 파일이 이미 존재하는지 확인하는 부분입니다.

```
function spider(url, nesting, callback) {
  const filename = utilities.urlToFilename(url);
  fs.readFile(filename, 'utf8', (err, body) => {
    if(err) {
      if(err.code !== 'ENOENT') {
        return callback(err);
      }
    return download(url, filename, function(err, body) {
//...
```

여기서 문제는 동일한 URL에 대한 두 개의 spider 작업을 수행할 경우, 다운로드를 완료한 후 파일을 생성하지 않은 상황에서 fs.readFile()을 호출하게 되면 두 작업 모두 다운로드를 하게 된다는 것입니다. 이 상황은 다음과 같은 그림으로 표현할 수 있습니다.

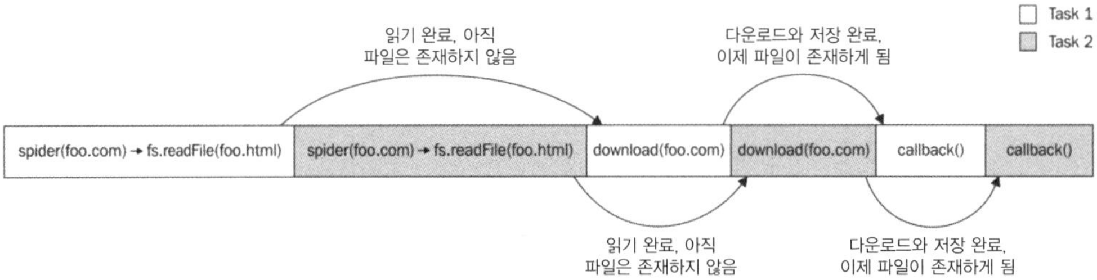

위 그림은 Task 1과 Task 2가 Node.js의 단일 스레드에서 인터리브되는 방법과 비동기 작업이 실제로 경쟁 조건이 발생할 수 있는 경우를 보여줍니다. 우리의 경우 두 spider() 작업은 모두 같은 파일을 다운로드하게 됩니다.

어떻게 해결할 수 있을까요? 대답은 생각보다 훨씬 간단합니다. 사실 우리가 필요로 하는 것은 동일한 URL에서 실행되는 여러 spider() 작업을 상호 배제할 수 있는 변수입니다. 다음과 같은 코드를 사용하면 이 작업을 수행할 수 있습니다.

```
const spidering = new Map();
function spider(url, nesting, callback) {
  if(spidering.has(url)) {
    return process.nextTick(callback);
  }
  spidering.set(url, true);
//...
```

수정된 프로그램은 많은 설명이 필요하지 않습니다. 지정된 URL에 대한 표시가 spidering 맵에 존재하는 경우 함수는 즉시 종료합니다. 그렇지 않을 경우 플래그를 설정하고 다운로드를 계속합니다. 이 경우 두 개의 spider 작업이 완전히 다른 시점에 실행되더라도 다시 다운로드하지 않을 것이라는 전제를 가지게 되기 때문에 잠금을 해지할 필요가 없습니다.

경쟁 상황은 단일 스레드 환경에 있어서도 많은 문제를 일으킬 수 있습니다. 경우에 따라서는 데이터 손상으로 이어질 수 있으며 일시적인 특성으로 인해 디버그 하기가 매우 어렵습니다. 따라서 작업을 병렬로 실행할 때 이러한 유형의 상황을 명확하게 확인하는 것이 좋습니다.

3.2.5 제한된 병렬 실행

종종 제어하지 않고 병렬 작업을 생성하면 과도한 부하가 발생할 수 있습니다. 수천 개의 파일을 읽거나 URL에 접근하거나 데이터베이스에 대한 쿼리를 병렬로 실행한다고 가정해 봅시다. 이러한 상황에서 흔히 발생하는 문제는, 예를 들어 한 번에 너무 많은 파일을 열려고 할 경우 어플리케이션에서 사용할 수 있는 모든 파일 기술자(fd)를 사용하여 리소스가 부족하게 됩니다. 웹 어플리케이션에서는 DoS(Denial of Service) 공격으로 악용될 수 있는 취약점이 발생할 수도 있습니다. 이러한 모든 상황에서는 동시에 실행할 수 있는 작업의 수를 제한하는 것이 좋습니다. 그렇게 하면 서버의 부하에 대한 예측성을 가질 수 있으며, 어플리케이션의 리소스가 부족하지 않도록 할 수 있습니다. 다음 그림은 동시 실행을 2로 제한한 상태에서 실행할 5개의 작업이 있는 상황을 설명합니다.

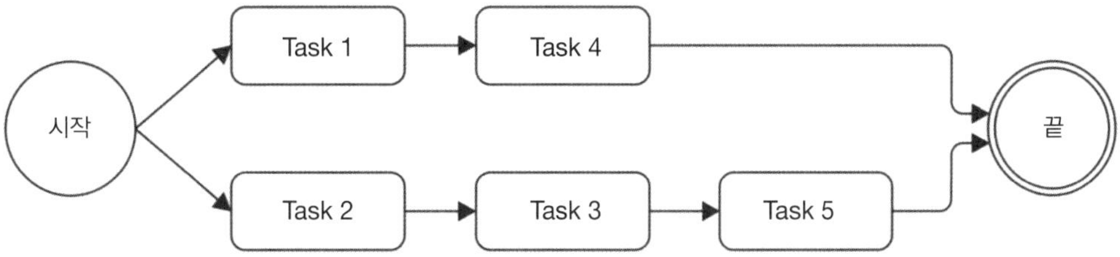

그림에서 알고리즘이 어떻게 작동하는지 분명히 해야 합니다.

1. 처음에는 동시실행의 제한을 초과하지 않는 최대한 많은 작업을 생성합니다.
2. 그런 다음 작업이 완료될 때마다 한도에 도달하지 않도록 하나 또는 하나 이상의 작업을 만듭니다.

동시실행 제한하기

이제 제한된 동시성(concurrency)과 함께 주어진 일련의 작업들을 병렬로 실행하기 위한 패턴을 살펴보겠습니다.

```
const tasks = ...
let concurrency = 2, running = 0, completed = 0, index = 0;
function next() { //[1]
  while(running < concurrency && index < tasks.length) {
    task = tasks[index++];
    task(() => { //[2]
      if(completed === tasks.length) {
        return finish();
      }
      completed++, running--;
      next();
    });
    running++;
  }
}
next();

function finish() {
  //모든 작업이 완료됨
}
```

이 알고리즘은 순차 실행과 병렬 실행의 혼합으로 생각될 수 있습니다. 실제, 이전에 이 장에서 제시한 두 가지 패턴과 유사하다는 것을 알 수 있습니다.

1. next()라는 반복 호출 함수가 있으며, 동시실행 제한 내에서 가능한 한 많은 작업을 병렬로 생성하는 내부 루프가 있습니다.
2. 다음 중요한 부분은 콜백입니다. 이 콜백은 목록의 모든 작업을 완료했는지 확인합니다. 실행할 작업(Task)이 있으면 next()를 호출하여 다른 작업(Task)을 생성합니다.

아주 간단하지 않습니까?

전역적으로 동시실행 제한하기

웹 스파이더 어플리케이션이 일련의 작업들에 대하여 동시실행 제한을 적용해보는데 적합한 예가 될 듯 합니다. 실제로 수천 개의 링크가 동시에 크롤링되는 상황을 피하기 위해 동시 다운로드 수가 예측 가능하도록 기능을 추가하여 이 프로세스의 동시실행 제한을 적용할 수 있습니다.

> 0.11 이전의 Node.js 버전은 호스트 당 동시 HTTP 연결 수를 이미 5로 제한합니다. 그러나 이것은 우리가 필요하다면 바꿀 수 있습니다. 공식 문서에서 자세한 내용을 찾아보십시오.
>
> • http://nodejs.org/docs/v0.10.0/api/http.html#http_agent_maxsockets
>
> Node.js 0.11부터는 동시 연결 수에 대한 기본 제한이 없습니다.

방금 배운 패턴을 spiderLinks() 함수에 적용할 수는 있지만, 그렇게 되면 한 페이지 내에서 발견되는 링크들의 집합에 대한 동시실행 개수를 제한하는 것일 뿐입니다. 예를 들어 동시실행의 숫자가 2라면 모든 페이지에 대해 최대 두 개의 링크를 병렬로 다운로드 할 수 있게 됩니다. 그러나 한 번에 여러 개의 링크를 다운로드 할 수 있게 되면 각 페이지에서 또 다른 두 개의 다운로드가 생성되어 다운로드 작업의 총계가 기하급수적으로 늘어납니다.

큐를 사용한 해결

우리가 정말 원하는 것은 우리가 동시에 실행할 수 있는 다운로드 작업의 전체 수를 제한하는 것입니다. 이전의 사용했던 패턴을 약간 수정할 수 있겠지만, 이번 기회에 여러 작업의 동시실행을 제한하기 위해 **큐(Queue)**를 사용하는 또 다른 메커니즘을 소개하고자 하므로 다른 방법은 연습 문제로 남겨 두고 큐를 이용하는 것이 어떻게 동작하는지 보겠습니다.

우리는 이제 TaskQueue라는 간단한 클래스를 구현할 것입니다. TaskQueue는 앞서 살펴보았던 알고리즘과 큐를 결합한 것입니다. taskQueue.js라는 이름으로 새로운 모듈을 만들어 보겠습니다.

```
class TaskQueue {
  constructor(concurrency) {
    this.concurrency = concurrency;
    this.running = 0;
    this.queue = [];
  }

  pushTask(task) {
    this.queue.push(task);
    this.next();
  }
  next() {
    while(this.running < this.concurrency && this.queue.length) {
```

```
        const task = this.queue.shift();
        task(() => {
          this.running--;
          this.next();
        });
        this.running++;
      }
    }
  };
```

이 클래스의 생성자는 동시실행 제한만을 입력으로 받아 그 외에 running, queue와 같은 변수들을 초기화합니다. running 변수는 실행 중인 모든 작업을 추적하는데 사용되는 카운터이며, queue는 보류 중인 작업들을 저장하는 큐로 사용될 배열입니다.

pushTask() 메소드는 단순히 새 작업을 큐에 추가한 다음, this.next()를 호출하여 작업 실행을 로드합니다.

next() 메소드는 동시실행 제한을 초과하지 않도록 큐에서 일련의 작업을 만들어 냅니다.

이 메소드는 이전에 제시한 동시실행을 제한하는 패턴과 몇 가지 유사점이 있음을 알 수 있습니다. 기본적으로 동시실행 제한을 초과하지 않는 가능한 최대한의 작업을 큐로부터 시작합니다. 각 작업이 완료되면 실행 중인 작업 수를 갱신한 후에 next()를 다시 호출하여 다른 작업을 시작합니다. TaskQueue 클래스에서 흥미로운 점은 새 작업을 큐에 동적으로 추가할 수 있다는 것입니다. 다른 장점으로는 이제 작업들의 동시 실행 제한에 대한 엔티티를 중앙에서 가지고 함수 실행의 모든 인스턴스에서 공유할 수 있다는 것입니다. 우리의 경우에는 잠시 후에 보게 될 spider() 함수입니다

웹 스파이더 버전 4

이제 작업을 제한하여 병렬로 실행하기 위한 방안으로 일반적인 큐를 사용할 수 있으므로 웹 스파이더 어플리케이션에서 바로 사용해 봅시다. 먼저 새로운 종속성을 추가하고 동시 실행 제한을 2로 설정한 TaskQueue 클래스의 새 인스턴스를 생성합니다.

```
const TaskQueue = require('./taskQueue');
const downloadQueue = new TaskQueue(2);
```

다음으로 새로 생성된 downloadQueue를 사용할 수 있도록 spiderLinks() 함수를 업데이트해야 합니다.

```
function spiderLinks(currentUrl, body, nesting, callback) {
  if(nesting === 0) {
    return process.nextTick(callback);
  }

  const links = utilities.getPageLinks(currentUrl, body);
  if(links.length === 0) {
    return process.nextTick(callback);
  }

  let completed = 0, hasErrors = false;
  links.forEach(link => {
    downloadQueue.pushTask(done => {
      spider(link, nesting - 1, err => {
        if(err) {
          hasErrors= true;
          return callback(err);
        }
        if(++completed === links.length && !hasErrors) {
          callback();
        }
        done();
      });
    });
  });
}
```

이 새로운 함수의 구현은 매우 쉽고 이 장의 앞 부분에서 설명한 무제한 병렬 실행 알고리즘과 매우 유사합니다. 이는 동시실행 제어를 TaskQueue 객체에 위임하기 때문에 우리는 모든 작업이 완료되었는지만 확인하면 됩니다. 위 코드에서 흥미로운 부분은 작업이 어떻게 정의되었는가에 대한 것입니다.

- 사용자 정의 콜백을 제공하여 spider() 함수를 실행합니다.
- 콜백에서 spiderLinks() 함수 실행과 관련된 모든 작업이 완료되었는지 확인합니다. 이 조건이 true면 spiderLinks() 함수의 최종 콜백을 호출합니다.
- 작업이 끝나면 queue가 실행을 계속 할 수 있도록 done() 콜백을 호출합니다.

이 간단한 변경을 적용한 후 스파이더 모듈을 다시 실행해 봅니다. 이번에는 동시에 두 개 이상의 다운로드가 활성화되지 않을 것입니다.

3.3 Async 라이브러리

지금까지 분석한 모든 제어 흐름 패턴을 잠깐 살펴본다면, 재사용 가능하고 보다 일반적인 솔루션을 구축하기 위한 기반으로 사용될 수 있음을 알 수 있을 것입니다. 예를 들어 작업 목록을 받아들이는 함수를 무제한 병렬 실행 알고리즘으로 만든 후에 모든 작업이 완료되면 주어진 콜백을 호출하도록 할 수 있습니다. 제어 흐름 알고리즘을 재사용 가능한 함수로 만드는 이 방법은 비동기 제어 흐름을 정의하는데 보다 선언적이고, 표현적인 방식으로 이어질 수 있으며, 정확히 Async(https://npmjs.org/package/async)가 하는 방식이 바로 그것입니다. Async 라이브러리는 Node.js와 JavaScript에서 일반적으로 사용되는 비동기 코드 처리 솔루션입니다. 다양한 환경에서 일련의 작업 실행을 크게 단순화하는 일련의 함수들을 제공하며, 컬렉션을 비동기적으로 처리할 수 있는 유용한 헬퍼(자주 사용하는 로직을 재활용할 수 있게 만든 일종의 라이브러리)들을 제공합니다. 비슷한 목적을 가진 몇몇 다른 라이브러리들이 있지만 Async가 그 인기로 인해 Node.js의 사실상의 표준입니다.

바로 사용함으로써 이 기능을 알아보겠습니다.

3.3.1 순차 실행

Async 라이브러리는 복잡한 비동기식 제어 흐름을 구현할 때 우리에게 큰 도움이 되지만 거기서 한 가지 어려운 점이 있는데, 바로 당면한 문제에 적합한 헬퍼를 선택하는 것입니다. 예를 들어 순차 실행 흐름(sequential execution flow)의 경우 eachSeries(), mapSeries(), filterSeries(), rejectSeries(), reduce(), reduceRight(), detectSeries(), concatSeries(), series(), whilst(), doWhilst(), until(), doUntil(), forever(), waterfall(), compose(), seq(), applyEachSeries(), iterator(), 그리고 timesSeries() 처럼 선택 가능한 20가지가 넘는 관련된 서로 다른 함수들이 존재합니다.

올바른 함수를 선택하는 것은 더 작고 읽기 쉬운 코드를 작성하는데 중요한 절차지만 경험과 실습을 필요로 합니다. 예제에서는 이러한 상황 중 일부만 다루겠지만 나머지 라이브러리를 이해하고 효율적으로 사용할 수 있는 견고한 기초를 제공해 줄 것입니다.

이제 실제로 Async가 작동하는 방식을 보여주기 위해 웹 스파이더 어플리케이션에 적용해 볼 것입니다. 순차적으로 모든 링크를 반복해서 다운로드하는 버전 2로 시작하겠습니다.

그러려면 먼저 Async 라이브러리를 현재 프로젝트에 설치해야 합니다.

```
npm install async
```

그런 다음 spider.js 모듈에서 새 의존성을 로드해야 합니다.

```
const async = require ( 'async');
```

알려진 일련의 작업을 순차적으로 실행하기

먼저 download() 함수를 수정해봅시다. 이미 살펴 보았듯이 다음 세 가지 작업을 순서대로 실행합니다.

1. URL의 내용을 다운로드 합니다.
2. 아직 존재하지 않는 경우 새 디렉터리를 만듭니다.
3. URL의 내용을 파일에 저장합니다.

이 흐름과 함께 사용하는 가장 이상적인 함수는 다음과 같은 정의를 가지는 async.series() 입니다.

```
async.series (tasks, [callback])
```

이것은 작업 목록과 모든 작업이 완료되면 호출되는 콜백을 인자로 받습니다. 각각의 task는 태스크가 실행을 마치면 호출되어야 하는 콜백 함수를 받아들이는 함수입니다.

```
function task(callback) {}
```

async의 장점은 Node.js와 동일한 콜백 규칙을 사용하며 오류 전파를 자동으로 처리한다는 점입니다. 따라서 어떤 task라도 오류를 가지고 콜백을 호출하면, async는 나머지 작업 목록을 건너 뛰고 최종 콜백으로 바로 이동합니다.

이를 염두에 두고 async를 사용하여 download() 함수가 어떻게 변경되는지 살펴보겠습니다.

```
function download(url, filename, callback) {
  console.log(`Downloading ${url}`);
  let body;

  async.series([
    callback => { //[1]
```

```
        request(url, (err, response, resBody) => {
          if(err) {
            return callback(err);
          }
          body = resBody;
          callback();
        });
      },

      mkdirp.bind(null, path.dirname(filename)), //[2]

      callback => { //[3]
        fs.writeFile(filename, body, callback);
      }
    ], err => { //[4]
        if(err) {
          return callback(err);
        }
      console.log(`Downloaded and saved: ${url}`);
      callback(null, body);
    });
  }
```

이 코드의 콜백 헬 버전을 기억한다면 async가 작업을 구성하는 방식을 분명히 알 수 있습니다. 여기서는 더 이상 콜백을 중첩시킬 필요가 없이 async에 일련의 작업 목록을 제공하면 순차적으로 실행할 것입니다. 다음은 각 작업을 설명합니다.

1. 첫 번째 작업은 URL을 다운로드하는 것입니다. 여기서 다른 작업들과 공유할 수 있도록 response 본문을 클로저 변수(body)에 저장합니다.
2. 두 번째 작업에서는 다운로드한 페이지를 저장할 디렉터리를 만듭니다. 이를 위해 생성할 디렉터리의 경로에 바인딩하는 mkdirp() 함수의 인자로 다른 함수 실행 결과를 전달하는 기법(파티셜 어플리케이션)을 사용하였습니다. 이렇게 하면 몇 줄의 코드를 아끼면서 가독성을 높일 수가 있습니다.
3. 마지막으로 다운로드한 URL의 내용을 파일에 씁니다. 이 경우에는 두 번째 작업에서와 같은 파티셜 어플리케이션 기법을 사용하지 않았습니다. 일련의 순차 실행에 있어서 body 변수가 첫 번째 작업이 완료되어야 사용 가능하기 때문입니다. 그러나 간단하게 fs.writeFile() 함수에 직접적으로 작업의 콜백을 전달하여 async의 자동 에러 관리를 활용함으로써 약간의 코드를 더 줄일 수 있었습니다.
4. 모든 작업이 완료되면 async.series()의 최종 콜백이 호출됩니다. 여기서는 간단하게 에러를 처리하고 body 변수를 download() 함수의 콜백에 반환합니다.

이런 상황에서 async.series() 대신 사용할 수 있는 것은 async.waterfall() 입니다. 이것은 마찬가지로 순차적으로 일련의 작업들을 실행하지만 각 작업의 결과를 다음 작업의 입력으로 전달합니다. 우리 상황에서는 이 기능을 사용하여 일련의 작업이 끝날 때까지 body 변수를 전달할 수 있습니다. 연습 삼아 여러분이 직접 waterfall 흐름을 사용하여 동일한 기능을 구현해 보고 차이점을 살펴볼 수 있을 것입니다.

순차 반복

앞서 일련의 알려진 작업을 순서대로 실행할 수 있는 방법을 살펴 보았습니다. 이때 우리는 async.series()를 사용했었습니다. 앞서 살펴본 방식으로 웹 스파이더 버전 2의 spiderLinks() 함수를 구현할 수 있었습니다. 하지만 async는 일련의 집합을 반복해야 하는 상황에서 더 유용한 헬퍼를 제공하고 있습니다. 이것이 바로 async.easchSeries() 입니다. 이를 사용하여 웹 스파이더 버전 2의 spiderLinks() 함수를 다음과 같이 다시 구현해 보겠습니다.

```
function spiderLinks(currentUrl, body, nesting, callback) {
  if(nesting === 0) {
    return process.nextTick(callback);
  }

  const links = utilities.getPageLinks(currentUrl, body);
  if(links.length === 0) {
    return process.nextTick(callback);
  }

  async.eachSeries(links, (link, callback) => {
    spider(link, nesting - 1, callback);
  }, callback);
}
```

async를 사용하는 앞의 코드와 일반 JavaScript 패턴으로 구현된 동일한 함수의 코드를 비교해 보면 async를 사용하는 것이 코드의 구성과 가독성 측면에서 큰 이점이 있다는 것을 알 수 있을 것입니다.

3.3.2 병렬 실행

Async 라이브러리는 병렬 흐름 관리를 위한 함수도 많은데, 이들 중에는 each(), map(), filter(), reject(), detect(), some(), every(), concat(), parallel(), applyEach() 및

times() 같은 것들이 있습니다. 제공되는 작업이 병렬로 실행된다는 차이점을 제외하면 순차 실행과 비교해 이미 본 기능들과 동일한 로직을 따릅니다.

이를 입증하기 위해, 이러한 함수들 중 하나를 적용하여 무한 병렬 흐름으로 다운로드를 수행하는 웹 스파이더 프로그램의 버전 3을 구현해 볼 수 있습니다.

앞서 spiderLinks() 함수를 구현한 순차 처리 버전을 구현했던 코드를 기억한다면, 병렬로 작동하도록 수정하는 것은 간단한 작업입니다.

```
function spiderLinks(currentUrl, body, nesting, callback) {
  //...
  async.each(links, (link, callback) => {
    spider(link, nesting - 1, callback);
  }, callback);
}
```

이 함수는 순차 다운로드에 사용된 함수와 정확히 동일하지만 이번에는 async.eachSeries() 대신 async.each()를 사용하였습니다. 이것은 async와 같은 라이브러리로 비동기식 흐름을 추상화 할 때의 장점을 명확하게 보여줍니다. 코드는 더 이상 특정 실행 흐름에 얽매이지 않으며, 이를 위해 특별히 코드를 작성하지 않아도 됩니다. 코드의 대부분은 어플리케이션 로직으로 이루어집니다.

3.3.3 제한된 병렬 실행

async를 사용하여 병렬 작업의 동시실행을 제한할 수 있는가에 대한 대답은 '예' 입니다. 이를 위해 eachLimit(), mapLimit(), parallelLimit(), queue() 및 cargo()와 같은 몇 가지 함수를 사용할 수 있습니다.

웹 스파이더 어플리케이션의 버전 4를 구현하기 위해 이들 중 하나를 사용해 보겠습니다. 한 번의 실행으로 제한된 동시실행을 통해 링크들을 병렬로 다운로드하는 버전입니다. 다행히 async에는 이 장의 앞 부분에서 작성한 TaskQueue 클래스와 비슷한 방식으로 작동하는 async.queue()가 있습니다. async.queue() 함수는 worker() 함수를 사용하여 지정된 동시실행 제한으로 일련의 작업을 실행하기 위한 큐를 만듭니다.

```
const q = async.queue(worker, concurrency);
```

worker() 함수는 실행할 작업과 작업이 완료되면 호출할 콜백 함수를 인자로 받습니다.

```
function worker(task, callback)
```

이 경우 task는 반드시 함수일 필요는 없습니다. 사실, 적절한 방법으로 task을 처리하는 것은 worker의 책임입니다. q.push(task, callback) 을 사용하여 새로운 task를 queue에 추가할 수 있습니다. task와 관련된 콜백은 task가 처리된 이후 worker에 의해 호출됩니다.

이제 다시 async.queue() 코드를 이용하여 글로벌 영역으로 제한된 병렬 실행 흐름을 구현해 보겠습니다. 우선, 새로운 queue를 생성해야 합니다.

```
const downloadQueue = async.queue((taskData, callback) => {
  spider(taskData.link, taskData.nesting - 1, callback);
}, 2);
```

코드는 정말 간단합니다. 작업자가 작업과 관련된 데이터를 가지고 단순히 spider() 함수를 호출하고, 이 작업의 동시실행 제한이 2인 새로운 큐를 만들었습니다. 다음으로 spiderLinks() 함수를 구현합니다.

```
function spiderLinks(currentUrl, body, nesting, callback) {
  if(nesting === 0) {
    return process.nextTick(callback);
  }
  const links = utilities.getPageLinks(currentUrl, body);
  if(links.length === 0) {
    return process.nextTick(callback);
  }
  const completed = 0, hasErrors = false;
  links.forEach(function(link) {
    const taskData = {link: link, nesting: nesting};
    downloadQueue.push(taskData, err => {
      if(err) {
        hasErrors = true;
        return callback(err);
      }
      if(++completed === links.length&& !hasErrors) {
        callback();
```

```
        }
      });
    });
  }
```

앞의 코드는 TaskQueue 객체를 사용하여 동일한 흐름을 구현할 때 사용했던 코드와 거의 같기 때문에 매우 익숙해 보일 것입니다. 또한 이 경우 자세히 봐야 할 중요한 부분은 새로운 task를 queue에 넣는 부분입니다. 이 때 현재 페이지에 대한 모든 다운로드 작업이 완료되었는지 확인하여 최종 콜백을 호출하는 콜백을 전달합니다.

async.queue() 덕분에 우리는 TaskQueue 객체의 기능을 쉽게 사용할 수 있었고, async로 비동기식 제어 흐름 패턴을 처음부터 만드는 것을 피하여 수고를 덜 수 있으며, 소중한 코드량을 절약할 수 있음을 다시 한번 확인할 수 있었습니다.

3.4 요약

이 장의 시작 부분에서 우리는 Node.js 프로그래밍이 비동기성으로 인해 어려울 수 있다고 언급했는데, 특히 다른 플랫폼을 기반으로 개발해온 사람들에게는 비효율적이라고 했었습니다. 그러나 이 장에서 우리는 보다 정교한 기술을 분석할 수 있는 토대가 된 일반 JavaScript로부터 시작하여 어떻게 비동기식 API를 우리가 원하는 대로 조작할 수 있는지 보았습니다. 이후 우리가 사용할 수 있는 도구들은 실로 다양하며, 대부분의 문제에 대해 좋은 해결책을 제공할 수 있다는 것을 알게 되었습니다. 이에 더하여 유용하게 사용할 수 있는 프로그래밍 스타일을 제시하였는데, 대부분의 경우에서 제어를 간소화할 수 있는 Async 라이브러리를 사용할 수 있을 것입니다.

이 장은 다음 장의 핵심이 될 프라미스(promise)와 제너레이터(generator) 같은 고급 기술에 대한 소개를 위해 사용되었습니다. 이러한 모든 기술을 알고 있다면 요구 사항에 가장 적합한 솔루션을 선택하거나 같은 프로젝트에서 여러 가지 기술을 함께 사용할 수도 있을 것입니다.

CHAPTER 04

ES2015 이후 비동기식 프로그램의 제어 흐름 패턴

- 프라미스(Promise)
- 제너레이터(Generator)
- Babel을 사용한 async await
- 비교

이전 장에서는 콜백을 사용하여 비동기 코드를 다루는 방법과 콜백의 사용이 **콜백 헬(callback hell)** 발생과 같이 우리의 코드에 어떻게 나쁜 영향을 미치는지를 살펴 보았습니다.

콜백은 JavaScript와 Node.js에서 비동기 프로그래밍을 위한 구성 요소지만 수년 동안 다른 대안들이 등장했습니다. 이러한 대안들은 비동기 코드를 보다 편하게 처리할 수 있는 방식으로 좀더 세련된 것들입니다.

이장에서는 이들 중 가장 유명한 **프라미스(Promise)**와 **제너레이터(Generator)**에 대해 알아보겠습니다. 또 ECMAScript 2017 릴리스의 일부로 JavaScript에서 사용할 수 있는 혁신적인 문법으로 async await도 살펴보겠습니다.

이러한 대안들을 통해 비동기식 프로그램의 제어 흐름을 처리하는 방법을 단순화 할 수 있는 방법을 알아 볼 것입니다. 마지막으로 각 접근법의 장단점을 모두 파악하고 이후 Node.js 프로젝트의 요구 사항에 가장 적합한 방식을 지혜롭게 선택할 수 있도록 이 모든 접근법을 비교해 볼 것입니다.

4.1 프라미스(Promise)

앞선 장에서 우리는 CPS(**연속 전달 방식**)가 비동기 코드를 작성하는 유일한 방법은 아니라고 말했었습니다. 실제로 JavaScript의 생태계에서는 전통적인 콜백 패턴에 대한 흥미로운 대안들을 제시하고 있습니다. 가장 유명한 대안 중 하나가 프라미스(Promise)입니다. 프라미스는 ECMAScript 2015의 일부이며, Node4에서부터 Node.js에서 기본적으로 사용할 수 있게 되었습니다.

4.1.1 프라미스란 무엇인가?

매우 간단한 용어로, 프라미스는 함수가 Promise라는 객체를 반환할 수 있도록 하는 추상화입니다. Promise는 비동기 작업의 최종 결과를 나타냅니다. 프라미스의 용어로 **대기중(pending)**이란 아직 비동기 작업이 완료되지 않았다는 것이고, 성공적으로 끝났을 때를 **이행됨(fulfilled)**, 작업이 실패하여 종료되는 것을 **거부되었다(rejected)**고 합니다. 프라미스가 이행되거나 거부되면 **처리된(settled)** 것으로 간주됩니다.

이행(fulfillment) 값이나 거부(rejection)와 관련된 오류(원인)를 받으려면 Promise의 then() 메소드를 사용합니다. 다음은 그 형식입니다.

```
promise.then ([onFulfilled], [onRcjcctcd])
```

위 코드에서 onFulfilled()는 최종적으로 프라미스의 이행 값(fulfillment value)을 받는 함수이고, 또 다른 함수인 onRejected()는 거부 이유(rejection reason, 있을 경우)를 받게 됩니다. 두 함수 모두 선택 사항입니다. 프라미스가 어떻게 우리들의 코드를 바꿀 것인지를 보기 위해 다음과 같은 코드를 생각해 봅시다.

```
asyncOperation(arg, (err, result) => {
  if(err) {
    //에러 처리
  }
    //결과 처리
});
```

프라미스를 통해 전형적인 CPS 코드를 보다 체계적인 구조로 변경하여 아래와 같이 좀 더 명쾌하게 할 수 있습니다.

```
asyncOperation(arg)
  .then(result => {
    //결과 처리
  }, err => {
    //에러 처리
});
```

then() 메소드의 중요한 특성 중 하나는 동기식으로 다른 프라미스를 반환한다는 것입니다. onFulfilled() 혹은 onRejected() 함수 중 하나가 x라는 값을 반환할 경우, then() 메소드가 반환하는 프라미스는 다음과 같습니다.

- x가 값이면 이행(fulfill) 값 x를 가지고 핸들러가 호출됩니다.
- x가 프라미스거나 thenable(then() 메소드가 존재)인 경우, x를 가지고 이행된 값(fullfillment value)을 가지고 핸들러가 호출됩니다.
- x가 프라미스거나 thenable(then() 메소드가 존재)인 경우, x의 거부 이유(rejection reason)로 에러 핸들러가 호출됩니다.

> thenable은 then() 메소드를 가진 프라미스 같은 객체입니다. 이 용어는 사용 중인 특정 프라미스와 다른 외부의 프라미스를 가리킬 때 사용합니다.

이 기능을 사용하면 여러 가지 환경에서 비동기 작업을 손쉽게 통합하고 배치할 수 있는 프라미스 체인을 구성할 수 있습니다. 또한 onFulfilled() 또는 onRejected() 핸들러를 지정하지 않으면 이행 값 또는 거부 이유가 자동으로 체인 내의 프라미스들로 전달됩니다. 예를 들어, onRejected() 핸들러로 인해 catch될 때까지 전체 체인에 오류를 자동으로 전파할 수 있습니다. 프라미스 체인을 사용하게 되면 작업들을 순차 실행시키는 일은 그리 어렵지 않습니다.

```
asyncOperation(arg)
  .then(result1 => {
    //다른 프라미스를 반환
    return asyncOperation(arg2);
  })
  .then(result2 => {
    //값을 반환
    return 'done';
  })
  .then(undefined, err => {
    //체인의 모든 에러를 여기서 처리함
  });
```

아래 그림은 프라미스 체인이 동작하는 방식을 설명한 것입니다.

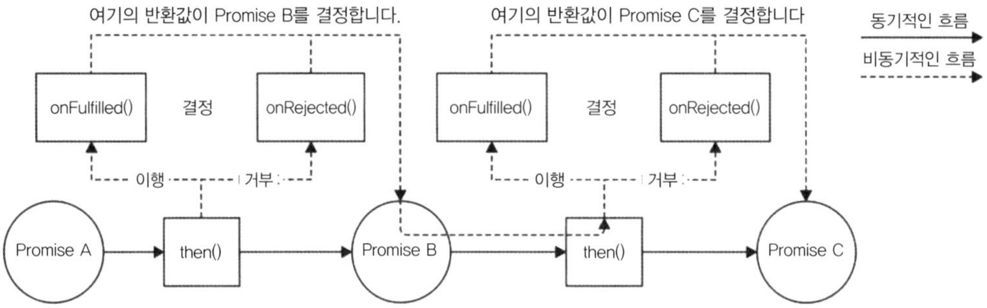

프라미스의 또 다른 중요한 특성은 앞의 예에서 체인의 마지막 then() 함수에서 "done"이라는 문자열을 반환한 것처럼, 값을 가지고 동기적으로 프라미스를 해결(resolve)한다고 할지라도 onFulfilled()와 onRejected() 함수에 대한 비동기적인 호출을 보장한다는 것입니다. 이것

은 실수로 잘고(Zalgo, 2장. Node.js 필수 패턴 참조)를 풀어 놓을 수도 있는 모든 상황에 대비하여 우리의 코드를 보호함으로써 큰 노력을 들이지 않고 비동기 코드를 일관성 있고 견고하게 만듭니다.

이제 가장 재미있는 부분입니다. onFulfilled() 또는 onRejected() 핸들러에서(throw 문을 사용한) 예외가 발생한 경우, then() 메소드를 통해 반환된 프라미스는 발생한 예외를 이유로 하여 자동으로 거부됩니다. 이것은 예외가 프라미스들을 통해 자동으로 체인 전체에 전파되며 throw 문을 사용할 수도 있다는 이야기이기 때문에 CPS과 비교해보면 엄청난 이점입니다.

역사적으로 프라미스 라이브러리에 대한 여러 가지 구현체가 있었으며 대부분 서로 호환되지 않았기 때문에 서로 다른 프라미스 구현체를 사용하는 라이브러리로부터 가져온 Promise 객체들 간에는 프라미스 체인을 만들 수 없었습니다.

JavaScript 커뮤니티에서는 이러한 한계를 극복하고자 열심히 노력했으며, 이러한 노력의 결실로 **Promises/A+** 명세가 만들어졌습니다. 이 스펙은 then 메소드의 동작을 자세히 설명하여 상호 운용 가능한 기반을 제공함으로써 서로 다른 라이브러리의 프라미스 객체를 함께 사용할 수 있도록 하고 있습니다.

> **Promises/A+** 사양에 대한 자세한 내용은 공식 웹 사이트(https://promisesaplus.com)를 참조하십시오.

4.1.2 Promises/A+ 구현

JavaScript 및 Node.js에는 Promises/A+ 사양을 구현한 여러 라이브러리가 있습니다. 가장 인기있는 것들에는 다음과 같은 것들이 있습니다.

- Bluebird(https://npmjs.org/package/bluebird)
- Q(https://npmjs.org/package/q)
- RSVP(https://npmjs.org/package/rsvp)
- Vow(https://npmjs.org/package/vow)
- When.js(https://npmjs.org/package/when)
- ES2015 프라미스

실제 차별화되는 것은 Promises/A+표준을 기반으로 제공되는 추가적인 기능들입니다. 앞서 언급했듯이 이 표준은 then() 메소드와 프라미스 해결(resolve) 절차의 동작을 정의하지만 콜백 기반 비동기 함수를 프라미스로 만드는 방법과 같은 다른 기능들은 정의하고 있지 않습니다.

우리는 예제에서 다른 외부 라이브러리들을 지원하지 않고 ES2015 프라미스 기반으로 구현된 일련의 API들을 사용할 것입니다. 이것은 Node.js 버전 4부터 기본적으로 사용할 수 있습니다.

참고로 ES2015의 프라미스에 의해 제공되는 API 목록은 다음과 같습니다.

생성자(new Promise (function (resolve, reject) {})):

인자로 전달된 함수의 동작을 기반으로 이행하거나 거부하는 새로운 프라미스를 만듭니다. 생성자의 인자는 다음과 같습니다.

- resolve(obj): 값이 then 가능한(즉, then 메소드를 가진 객체인) 경우 반환된 프로미스는 then 메소드를 처리하고 마지막 상태를 취합니다. 그렇지 않은 경우 반환된 프로미스는 주어진 값으로 이행합니다.
- reject(err): 이것은 err을 이유로 프라미스를 거부(reject)합니다. err은 Error의 인스턴스를 나타냅니다.

Promise 객체의 정적 메소드들:

- Promise.resolve(obj): thenable이나 값으로 새로운 프라미스를 생성합니다.
- Promise.reject(err): 주어진 이유로 거부되는 프라미스 객체를 만듭니다.
- Promise.all(iterable): 반복 가능한 객체의 모든 항목들이 이행되고 나면 모든 이행 값들을 가지고 이행하는 프라미스를 생성하는데, 하나의 항목이라도 거부될 경우 첫 번째 거절 이유(reject reason)를 가지고 거절됩니다. 반복 가능한 객체 내 항목들은 프라미스, thenable 또는 그냥 값일 수 있습니다.
- Promise.race(iterable): 이것은 반복 가능한 객체 내에 있는 프라미스들 중 가장 먼저 이행되거나 거절된 결과를 가지고 이행되거나 거부되는 프라미스를 반환합니다.

프라미스 인스턴스의 메소드들:

- promise.then(onfulfilled, onRejected): 프라미스의 필수 메소드로 이 동작은 앞서 설명한 Promises/A+ 표준과 호환됩니다.
- promise.catch(onRejected): promise.then(undefined, onRejected)와 동일한 동작을 하는 간편 버전입니다.

> 일부 프라미스 구현은 새로운 프라미스를 만드는 또 다른 메커니즘을 제공하는데, 이를 **지연(deferreds)**이라고 부릅니다. ES2015 표준의 일부가 아니기 때문에 여기서 설명하지는 않겠지만, 더 자세히 알고 싶다면 Q(https://github.com/kriskowal/q#using-deferreds)나 When.js(https://github.com/cujojs/when/wiki/Deferred)에 대한 문서를 참조하십시오.

4.1.3 Node.js 스타일 함수 프라미스화하기

JavaScript에서 모든 비동기 함수와 라이브러리가 프라미스를 바로 사용할 수 있도록 지원하는 것은 아닙니다. 대부분의 경우 일반적인 콜백 기반의 함수를 프라미스를 반환하는 함수로 바꾸어야 합니다. 이것을 **프라미스화(primisification)**라고 합니다.

다행히도, Node.js에서 사용된 콜백 규칙을 사용하면, Node.js 스타일 API를 프라미스화하기 위해 사용할 수 있는 재사용 가능한 함수로 만들 수 있습니다. 프라미스 객체의 생성자를 사용하면 이 작업을 용이하게 할 수 있습니다.

```
module.exports.promisify = function(callbackBasedApi) {
  return function promisified() {
    const args = [].slice.call(arguments);
    return new Promise((resolve, reject) => { //[1]
      args.push((err, result) => { //[2]
        if(err) {
          return reject(err); //[3]
        }
        if(arguments.length <= 2) { //[4]
          resolve(result);
        } else {
          resolve([].slice.call(arguments, 1));
        }
      });
      callbackBasedApi.apply(null, args); //[5]
    });
  }
};
```

위의 함수는 promisfied()라는 또 다른 함수를 반환하는데, 이는 입력에 주어진 callbackBasedApi의 프라미스 버전을 나타냅니다. 다음은 이것이 어떻게 동작하는지에 대한 설명입니다.

1. primisified() 함수는 프라미스 생성자를 사용하여 새로운 프라미스를 생성한 후, 즉시 호출자에게 반환합니다.
2. 프라미스의 생성자에 전달된 함수에서 특별한 콜백을 만들어 callbackBasedApi로 전달해야 합니다. 우리는 콜백이 항상 인자들의 마지막에 위치한다는 것을 알고 있으므로, 간단하게 promisified() 함수에 전달된 인자(args) 목록에 추가해주면 됩니다.
3. 콜백에서 오류가 발생하면 즉시 프라미스를 거부합니다.

4. 오류가 수신되지 않으면 콜백에 전달되는 결과 수에 따라 값 또는 값의 배열로 프라미스를 결정(resolve) 합니다.
5. 마지막으로 callbackBasedApi를 우리가 만든 인자들의 목록을 가지고 호출합니다.

> 대부분의 프라미스 구현체들은 이미 Node.js 스타일의 API를 프라미스로 변환하는 일종의 도우미 함수들을 제공하고 있습니다(out-of-the-box). 예를 들어 Q에는 Q.denodeify()와 Q.nbind()가 있고 Bluebird에는 Promise.promisify()가 있으며 When.js에는 node.lift()가 있습니다.

4.1.4 순차 실행

꼭 필요한 개념은 설명했으니, 이제 웹 스파이더 어플리케이션을 프라미스를 사용하여 전환하겠습니다. 웹 페이지의 링크를 순차적으로 로드하는 버전 2에서부터 시작해 보겠습니다.

spider.js 모듈에서 필요한 첫 번째 단계는 프라미스 구현을 로드하고(사용할 수 있도록) 사용하려는 콜백 기반 함수를 프라미스화 하는 것입니다.

```
const utilities = require('./utilities');

const request = utilities.promisify(require('request'));
const mkdirp = utilities.promisify(require('mkdirp'));
const fs = require('fs');
const readFile = utilities.promisify(fs.readFile);
const writeFile = utilities.promisify(fs.writeFile);
```

이제 download() 함수의 변경부터 시작해 spider() 함수를 수정해 보겠습니다.

```
function download(url, filename) {
  console.log(`Downloading ${url}`);
  let body;
  return request(url)
    .then(response => {
      body = response.body;
      return mkdirp(path.dirname(filename));
    })
    .then(() => writeFile(filename, body))
    .then(() => {
    console.log(`Downloaded and saved: ${url}`);
```

```
      return body;
    });
}

function spider(url, nesting) {
  let filename = utilities.urlToFilename(url);
  return readFile(filename, 'utf8')
    .then(
      (body) => (spiderLinks(url, body, nesting)),
      (err) => {
        if(err.code !== 'ENOENT') {
          throw err;
        }

        return download(url, filename)
          .then(body => spiderLinks(url, body, nesting))
        ;
      }
    );
}
```

여기서부터 주목해야 할 중요한 점은 페이지가 다운로드 되지 않은 경우(파일이 존재하지 않을 경우)의 처리를 위해 readFile()에 의해 반환된 프라미스에 onRejected() 함수를 등록하는 부분과 핸들러 내에서 오류를 전파하기 위해 throw를 사용하고 있는 방법 같은 것들입니다.

이제 spider() 함수가 변환되었으므로 호출을 다음과 같이 수정합니다.

```
spider(process.argv[2], 1)
  .then(() => console.log('Download complete'))
  .catch(err => console.log(err));
```

spider() 함수에서 비롯된 오류 상황을 처리하기 위해 catch를 처음으로 사용하였으니 유의해서 봐주십시오. 지금까지 작성한 모든 코드를 다시 살펴 보면 콜백을 사용할 때 강제로 수행해야 할 오류 전파 로직을 가지고 있지 않다는 사실이 놀라울 것입니다. 이는 분명히 코드 내에서 상용구와 비동기 오류가 누락될 확률을 크게 줄여주는 엄청난 장점입니다.

이제 웹 스파이더 어플리케이션의 버전 2를 완료하는데 필요한 남은 부분은 spiderLinks() 함수입니다. 이 함수는 잠시 후 구현할 것입니다.

순차 반복

지금까지 웹 스파이더의 코드로 프라미스가 무엇이고 어떻게 사용되는지에 대한 개요를 살펴보고, 프라미스를 사용하여 순차적 실행 흐름을 구현하는 것이 얼마나 간단하고 깔끔한지를 보여 주었습니다. 그러나 지금까지 살펴본 코드는 정해진 일련의 비동기 작업들의 실행에 대한 것이었습니다. 따라서 이제 우리가 순차 실행 흐름을 완성하기 위해 살펴봐야 할 것은 프라미스를 사용하여 반복을 구현하는 방법입니다.

항상 이야기하지만, 웹 스파이더 버전 2의 spiderLinks() 함수는 이를 보여주기 위한 완벽한 샘플이 됩니다. 누락된 부분을 추가해 봅시다.

```
function spiderLinks(currentUrl, body, nesting) {
  let promise = Promise.resolve();
  if(nesting === 0) {
    return promise;
  }
  const links = utilities.getPageLinks(currentUrl, body);
  links.forEach(link => {
    promise = promise.then(() => spider(link, nesting - 1));
  });
  return promise;
}
```

웹 페이지의 모든 링크를 비동기적으로 반복하기 위해 일련의 프라미스들을 동적으로 만들어야 합니다.

1. 먼저 “비어있는(empty)” 프라미스를 정의하고 undefined로 프라미스를 결정(resolve)합니다. 이 프라미스는 단지 체인을 구축하는 시작점으로 사용됩니다.
2. 그런 다음, 체인 내에서 이전 promises 변수의 then()을 호출하여 획득된 새로운 프라미스로 promise 변수를 갱신합니다. 이것이 실제 프라미스를 사용하는 비동기 반복 패턴입니다.

이 방식은 마지막 루프에서 promise 변수가 루프의 마지막 then()을 호출하여 얻는 프라미스로 할당될 것이기 때문에 체인 내의 모든 프라미스들이 결정(resolve)되어야만 최종적으로 결정(resolve)될 수 있습니다.

이것으로 웹 스파이더 버전 2를 프라미스를 사용하여 완벽하게 변경하였습니다. 이제 이것을 재사용할 수 있는지 살펴봅시다.

순차 반복 – 패턴

순차 실행에 대한 이 절의 결론을 짓기 위해 일련의 프라미스들을 순차적으로 반복하는 패턴을 추출해 보겠습니다.

```
let tasks = [ /* ... */ ]
let promise = Promise.resolve();
tasks.forEach(task => {
  promise = promise.then(() => {
    return task();
  });
});
promise.then(() => {
  //모든 작업들이 완료됨
});
```

forEach() 루프를 사용하는 대신 reduce() 함수를 사용하여 코드를 훨씬 더 간단하게 만들 수 있습니다.

```
let tasks = [ /* ... */ ]
let promise = tasks.reduce((prev, task) => {
  return prev.then(() => {
    return task();
  });
}, Promise.resolve());
promise.then(() => {
  //모든 작업들이 완료됨
});
```

언제나 그렇듯이, 이 패턴을 간단히 적용하면 모든 작업 결과를 배열로 수집할 수 있어 맵핑 알고리즘을 구현하거나 필터를 만드는 등의 작업을 할 수 있습니다.

> **패턴 (프라미스를 사용한 순차 반복)**
> 이 패턴은 루프를 사용하여 일련의 프라미스들을 동적으로 만듭니다.

4.1.5 병렬 실행

프라미스를 사용하여 간단해지는 또 한 가지의 실행 흐름이 병렬 실행 흐름입니다. 사실 우리가 해야 할 일은 내장된 Promise.all()을 사용하는 것이 전부입니다. 이 도우미 함수는 입력에서 받은 모든 프라미스들이 이행될 때만 이행되는 또 다른 프라미스를 만듭니다. 이것은 다양한 프라미스들이 결정(resolve)되는 사이에 다른 명령이 실행되지 않기 때문에 본질적으로 병렬 실행입니다.

이를 증명하기 위해 페이지의 모든 링크를 병렬로 다운로드 하는 웹 스파이더 어플리케이션의 버전 3을 생각해 보기로 하겠습니다. 프라미스를 사용하여 병렬 흐름을 구현하기 위해 spiderLinks() 함수를 다시 업데이트해 봅시다.

```
function spiderLinks(currentUrl, body, nesting) {
  if(nesting === 0) {
    return Promise.resolve();
  }

  const links = utilities.getPageLinks(currentUrl, body);
  const promises = links.map(link => spider(link, nesting - 1));

  return Promise.all(promises);
}
```

이 패턴은 elements.map() 루프에서 spider() 작업을 한꺼번에 시작하는 것으로 구성되며, 모든 프라미스들을 수집합니다. 이번에는 루프를 통해 새로운 다운로드가 시작되기 전에, 이전 다운로드가 완료되기를 기다리지 않고 루프에서 모든 다운로드 작업을 한번에 하나씩 시작합니다. 그런 다음 배열의 모든 프라미스가 이행되었을 때 이행되는 새로운 프라미스를 반환하는 Promise.all() 메소드를 사용합니다. 즉, 모든 다운로드 작업이 완료돼야 끝나는 것입니다. 이것이 바로 정확히 우리가 원하는 것입니다.

4.1.6 제한된 병렬 실행

유감스럽게도 ES2015 Promise API는 동시 작업 수를 제한하는 고유한 방법을 제공하고 있지 않지만, 평범한 JavaScript로 동시실행을 제한하는 방법에 대해 배웠던 것을 활용할 수는 있습니다. 실제로 TaskQueue 클래스에서 사용했던 패턴은 프라미스를 반환하는 작업들을 지원할 수 있도록 쉽게 변경할 수 있습니다. 즉, 간단하게 next() 함수를 수정하면 됩니다.

```
next() {
  while(this.running < this.concurrency && this.queue.length) {
    const task = this.queue.shift();
    task().then(() => {
      this.running--;
      this.next();
    });
    this.running++;
  }
}
```

콜백을 사용하여 작업을 처리하는 대신 반환되는 프라미스의 then()을 호출합니다. 나머지 코드는 이전 버전의 TaskQueue와 기본적으로 동일합니다.

spider.js 모듈로 돌아가서 새로운 버전의 TaskQueue 클래스를 지원하도록 수정합시다. 먼저 TaskQeue의 새 인스턴스를 정의해야 합니다.

```
const TaskQueue = require('./taskQueue');
const downloadQueue = new TaskQueue(2);
```

그러면 다시 spiderLinks() 함수 차례입니다. 여기서의 변경 사항도 꽤 간단합니다.

```
function spiderLinks(currentUrl, body, nesting) {
  if(nesting === 0) {
    return Promise.resolve();
  }

  const links = utilities.getPageLinks(currentUrl, body);
  //처리할 작업이 없을 경우, 다음 번에 만드는 프라미스는
  //결정(settle)될 수 없기 때문에 다음과 같은 과정이 필요합니다.
  if(links.length === 0) {
    return Promise.resolve();
  }

  return new Promise((resolve, reject) => {
    let completed = 0;
    let errored = false;
    links.forEach(link => {
```

```
        let task = () => {
          return spider(link, nesting - 1)
            .then(() => {
              if(++completed === links.length) {
                resolve();
              }
            })
            .catch(() => {
              if (!errored) {
                errored = true;
                reject();
              }
          });
        };
        downloadQueue.pushTask(task);
      });
    });
  }
```

이 코드에는 몇 가지 주목할 만한 것들이 있습니다.

- 첫 번째, 우리는 프라미스 생성자를 사용하여 생성된 새로운 프라미스를 반환하였습니다. 곧 알게 되겠지만, 이렇게 하면 큐의 모든 작업이 완료될 때 프라미스를 직접 결정(resolve)할 수 있습니다.
- 두 번째로, 작업을 정의하는 방법을 살펴 봐야 합니다. 우리가 한 것은 spider()가 반환한 프라미스에 onFulfilled() 콜백을 추가하여 다운로드가 완료된 작업의 수를 세는 것입니다. 다운로드가 완료된 수가 현재 페이지의 링크 수와 일치하면 처리가 완료되었다는 것을 알 수 있기 때문에 생성한 프라미스의 resolve() 함수를 호출할 수 있습니다.

> Promises/A+ 사양에는 then() 메소드의 onFulfilled() 및 onRrejected() 콜백을 한 번만 배타적(둘 중 하나만 호출됩니다)으로 호출해야 한다고 되어 있습니다. 프라미스 규약을 준수한 구현체는 resolve나 reject를 여러 번 호출하더라도 프라미스가 한 번만 이행되거나 거부된다는 것을 보장해야 합니다.

이제 프라미스를 사용하는 웹 스파이더 어플리케이션 버전 4를 실행해 볼 수 있습니다. 동시 실행 제한을 2로 설정하여 다운로드 작업이 병렬로 어떻게 실행하는지 다시 한 번 볼 수 있을 것입니다.

4.1.7 공개 API로 콜백과 프라미스 노출하기

이전 단락에서 배웠듯이 프라미스는 콜백 대신 사용할 수 있으며, 코드를 읽기 쉽고 추론하기 쉽도록 만드는데 매우 유용합니다. 프라미스는 많은 이점을 가져다 주지만, 정확하고 능숙하게 이것을 사용하기 위해 개발자는 중요한 많은 개념을 이해해야 합니다. 이러한 이유로 어떤 경우에는 프라미스보다 콜백을 사용하는 것이 더 실용적일 수 있습니다.

이제 비동기 작업을 수행하는 공용 라이브러리를 만들고 싶다고 생각해 봅시다. 무엇을 해야 할까요? 콜백 지향 API? 혹은 프라미스 지향 API를 만들어야 합니까? 한쪽 또는 다른 쪽을 배제하거나 양쪽을 모두 지원함으로써 모두를 만족 시킬 방법이 존재할까요?

이것은 잘 알려진 많은 라이브러리들이 직면하고 있는 문제인데, 여러 가지 용도의 API를 제공하기 위해서 검토해볼 가치가 있는 접근 방식이 두 가지 정도 존재합니다.

request, redis, mysql과 같은 라이브러리에서 사용되는 첫 번째 접근 방식은 콜백에만 기반을 둔 간단한 API를 제공하고, 필요한 경우 공개된 기능을 프라미스화 할 수 있는 옵션을 제공하는 것입니다. 이 라이브러리들 중 일부는 그들이 제공하는 모든 비동기 함수들을 프라미스화 할 수 있는 헬퍼들을 제공하고 있지만, 여전히 개발자들은 공개된 API를 어느 정도 프라미스로 사용할 수 있게 전환할 수 있어야 합니다.

두 번째 접근 방법은 더 투명합니다. 역시 콜백 지향 API를 제공하지만 콜백 인자를 선택적으로 만듭니다. 콜백이 인자로 전달될 때마다 함수는 평범하게 작동해서 완료되거나 실패할 때 콜백을 실행합니다. 인자로 콜백이 전달되지 않으면 함수는 즉시 Promise 객체를 반환합니다. 이 접근법은 콜백과 프라미스를 효과적으로 결합하여 개발자가 사전에 함수를 프라미스화 할 필요 없이 인터페이스 호출 시 선택할 수 있도록 합니다. mongoose와 sequelize 같은 많은 라이브러리들이 이 접근법을 지원하고 있습니다.

예제를 통해 이 접근법의 간단한 구현을 살펴보겠습니다. 나눗셈을 비동기적으로 실행하는 가상의 모듈을 구현한다고 생각해 봅시다.

```
module.exports = function asyncDivision (dividend, divisor, cb) {
  return new Promise((resolve, reject) => { //[1]

    process.nextTick(() => {
      const result = dividend / divisor;
      if (isNaN(result) || !Number.isFinite(result)) {
        const error = new Error('Invalid operands');
        if (cb) { cb(error); } //[2]
        return reject(error);
```

```
        }
        if (cb) { cb(null, result); } //[3]
        resolve(result);
      });

    });
  };
```

모듈의 코드는 매우 간단하지만 중요한 몇 가지 세부적인 내용들이 있습니다.

- 첫 째, 먼저 Promise 생성자를 사용하여 생성된 새로운 프라미스를 반환하고 있습니다. 우리는 생성자에 인자로 전달된 함수의 내부에 전체 로직을 정의하였습니다.
- 오류 발생 시 프라미스를 거부하지만, 호출 시 콜백이 전달되었을 경우에는 콜백을 실행하여 에러를 전파합니다.
- 결과를 계산한 후에 프라미스를 결정(resolve)하지만, 이 때도 역시 콜백이 존재하면 그 결과를 콜백에도 전달합니다.

이제 모듈을 콜백과 프라미스 모두에서 어떻게 사용할 수 있는지 살펴보겠습니다.

```
//콜백을 사용한 방법
asyncDivision(10, 2, (error, result) => {
  if (error) {
    return console.error(error);
  }
  console.log(result);
});

//프라미스를 사용한 방법
asyncDivision(22, 11)
  .then(result => console.log(result))
  .catch(error => console.error(error));
```

새로운 모듈을 사용하려는 개발자는 거의 아무런 노력을 기울이지 않아도 프라미스를 사용하고자 할 때마다 외부의 다른 프라미스화 함수를 도입하지 않고도 자신의 필요에 가장 적합한 스타일을 쉽게 선택할 수 있습니다.

4.2 제너레이터(Generator)

ES2015 사양에는 Node.js 어플리케이션의 비동기 제어 흐름을 단순화하는데 사용할 수 있는 또 다른 메커니즘이 있습니다. 이 단락에서는 **세미 코루틴(semi-coroutines)**이라고도 하는 제너레이터(Generator)에 대해 이야기할 것입니다. 이것은 다른 진입점이 있을 수 있는 서브 루틴들을 일반화한 것입니다. 보통의 함수에서는 실제 함수 자체의 호출에 해당하는 하나의 진입점 만을 가질 수 있습니다. 제너레이터는 함수와 비슷하지만(yield 문을 사용하여) 일시적으로 실행의 흐름을 중지시켰다가, 이후 다시 시작시킬 수 있습니다. 제너레이터는 반복자(Iterator)를 구현할 때 특히 유용한데, 반복자(Iterator)라는 것은 순차 및 제한된 병렬 실행과 같이 중요한 비동기 제어 흐름 패턴을 구현해 볼 때 그 사용법을 설명했었기 때문에 그리 낯설지는 않을 것입니다.

4.2.1 제너레이터의 기본

비동기식 제어 흐름에 바로 제너레이터를 사용해 보기 전에 기본적인 개념을 먼저 익히는 것이 좋을 듯합니다. 문법부터 시작해 보겠습니다. 제너레이터 함수는 function 키워드 다음에 *(별표) 연산자를 추가하여 선언할 수 있습니다.

```
function* makeGenerator() {
  //함수 본문
}
```

makeGenerator() 함수 내에서는 yield 키워드를 사용하여 실행을 일시 중지하고 전달된 값을 호출자에게 반환할 수 있습니다.

```
function* makeGenerator() {
  yield 'Hello World';
  console.log('Re-entered');
}
```

앞의 코드에서 제너레이터는 Hello World라는 문자열을 반환하는 곳에서 yield(값을 반환하거나 주입 받음)합니다. 제너레이터가 다시 시작되면 console.log('Re-entered')에서 실행이 계속됩니다.

makeGenerator() 함수는 본질적으로 호출될 때 새로운 제너레이터 객체를 반환하는 팩토리(factory)입니다.

```
const gen = makeGenerator();
```

제너레이터 객체의 가장 중요한 메소드는 next() 입니다. next()는 제너레이터의 실행을 시작/재시작하는데 사용되며, 다음과 같은 형식의 객체를 반환합니다.

```
{
  value: <yield시 반환값>
  done: <제너레이터가 끝났는지 여부>
}
```

이 객체에는 제너레이터에서 생성한 값(value)과 제너레이터의 실행이 완료되었는지를 나타내는 플래그(done)가 포함됩니다.

간단한 예

제너레이터를 시연해 보기 위해 fruitGenerator.js라는 새로운 모듈을 생성합니다.

```
function* fruitGenerator() {
  yield 'apple';
  yield 'orange';
  return 'watermelon';
}

const newFruitGenerator = fruitGenerator();
console.log(newFruitGenerator.next()); //[1]
console.log(newFruitGenerator.next()); //[2]
console.log(newFruitGenerator.next()); //[3]
```

위 코드는 다음과 같은 결과를 출력합니다

```
{ value: 'apple', done: false }
{ value: 'orange', done: false }
{ value: 'watermelon', done: true }
```

다음은 이 실행 동작에 대한 간단한 설명입니다.

- newFruitGenerator.next()가 처음으로 호출되었을 때, 제너레이터는 첫 번째 yield 명령에 도달할 때까지 실행을 계속합니다. 이 명령은 제너레이터를 일시 중지시키고 값 apple을 호출자에게 반환합니다.
- newFruitGenerator.next()를 두 번째 호출하면 제너레이터는 두 번째 yield 명령에서 실행을 시작하여 다시 실행을 일시 중지하고 orange 값을 호출자에게 반환합니다.
- newFruitGenerator.next()의 마지막 호출은 제너레이터의 마지막 명령으로 제너레이터를 끝내는 return 문에서 재시작하여 value를 watermelon로 설정하고 done을 true로 설정하여 반환합니다.

반복사(Iterator)로서의 제너레이터(Generator)

제너레이터가 반복자를 구현하는데 왜 유용한지 더 잘 이해하기 위해, 제너레이터를 만들어 보겠습니다. IteratorGenerator.js라고 하는 새로운 모듈에 다음과 같은 코드를 작성해 봅시다.

```
function* iteratorGenerator(arr) {
  for(let i = 0; i <arr.length; i++) {
    yield arr[i];
  }
}

const iterator = iteratorGenerator(['apple', 'orange', 'watermelon']);
let currentItem = iterator.next();
while(!currentItem.done) {
  console.log(currentItem.value);
  currentItem = iterator.next();
}
```

이 코드는 다음과 같은 배열의 항목들을 출력합니다.

```
apple
orange
watermelon
```

이 예제에서 iterator.next()를 호출할 때마다 제너레이터의 for 루프를 다시 시작합니다. 이것은 배열의 다음 항목을 반환(yielding)하는 다음 사이클을 실행합니다. 이것은 호출될 때마다 제너레이터의 내부 상태가 유지되는 모습을 보여줍니다. 루프가 다시 시작될 때 모든 변수들의 상태는 실행이 일시 중지되었을 때와 완전히 동일합니다.

값을 제너레이터로 전달하기

제너레이터의 기본 기능에 대해 알아보는 과정의 마지막으로 이제 값을 제너레이터로 전달하는 방법을 알아보겠습니다. 실제 이것은 매우 간단합니다. 우리가 할 일은 next() 메소드에 인자를 전달하는 것이고 이 값이 제너레이터 내부의 yield 문의 반환값으로 제공됩니다.

이것을 보기 위해 간단한 모듈을 만들어 봅시다.

```
function* twoWayGenerator() {
  const what = yield null;
  console.log('Hello ' + what);
}

const twoWay = twoWayGenerator();
twoWay.next();
twoWay.next('world');
```

이 코드를 실행하면 Hello world가 출력됩니다. 이 과정의 설명은 다음과 같습니다.

- next() 메소드가 처음 호출되면 제너레이터는 첫 번째 yield 문에 도달한 다음, 일시 중지 상태가 됩니다.
- next('world')가 호출되면 제너레이터는 yield 명령에 있는 일시 중지 지점에서 다시 시작되지만, 이번에는 제너레이터로 전달되는 값을 갖고 있습니다. 이 값은 what 변수에 설정됩니다. 제너레이터는 console.log() 명령을 실행하고 종료합니다.

비슷한 방식으로 제너레이터가 예외를 던질 수 있도록 강제할 수 있습니다. 아래 예제와 같이 제너레이터의 throw 메소드를 사용하여 이 작업을 수행할 수 있습니다.

```
const twoWay = twoWayGenerator();
twoWay.next();
twoWay.throw(new Error());
```

이 짧은 마지막 줄의 코드를 사용하여 yield 함수에 값이 반환되는 순간 towWayGenerator() 함수가 예외를 throw합니다. 이 예외는 제너레이터 내부에서 예외가 발생하는 것과 똑같이 작동하며, 이는 try ... catch 블록을 사용한 다른 exception들처럼 catch할 수 있고 처리할 수 있습니다.

4.2.2 제너레이터를 사용한 비동기 제어 흐름

여러분은 비동기 작업을 처리하는데 제너레이터가 어떤 도움이 되는지 궁금할 것입니다. 인자로 제너레이터(Generator)를 받고 제너레이터 내부의 비동기 코드를 사용할 수 있게 해주는 특별한 함수를 만들어 이에 대해 알아보겠습니다. 이 함수는 비동기 작업이 완료되면 제너레이터의 실행을 재개한다는데 유의하시기 바랍니다. 이 함수를 asyncFlow()라 하겠습니다.

```
function asyncFlow(generatorFunction) {
  function callback(err) {
    if(err) {
      return generator.throw(err);
    }
    const results = [].slice.call(arguments, 1);
    generator.next(results.length> 1 ? results : results[0]);
  }
  const generator = generatorFunction(callback);
  generator.next();
}
```

이 함수는 제너레이터를 입력으로 취하여 callback과 함께 인스턴스화 한 다음, 즉시 실행을 시작합니다.

```
const generator = generatorFunction(callback);
generator.next();
```

인자로 받은 generatorFuncton()는 특별한 callback을 인자로 받는데, callback은 오류가 수신되면 generator.throw()를 호출하고, 그렇지 않으면 콜백 함수가 받은 결과를 다시 인자로 전달하여 제너레이터의 실행을 재개합니다.

```
if(err) {
  return generator.throw(err);
}
const results = [].slice.call(arguments, 1);
generator.next(results.length> 1 ? results : results[0]);
```

이 간단한 함수의 힘을 보여주기 위해 그냥 자기 자신의 복사본을 만드는 clone.js라는 새로운 모듈을 만들어 보겠습니다. 방금 만든 asyncFlow() 함수 다음에 실제 프로그램을 붙여 넣습니다.

```
const fs = require('fs');
const path = require('path');

asyncFlow(function* (callback) {
  const fileName = path.basename(__filename);
  const myself = yield fs.readFile(fileName, 'utf8', callback);
  yield fs.writeFile(`clone_of_${filename}`, myself, callback);
  console.log('Clone created');
});
```

놀랍게도 asyncFlow() 함수를 사용하여 순차적(선형) 접근법을 사용하는 비동기 코드를 작성할 수 있게 되었습니다. 차단 함수를 사용했기 때문입니다. 이 결과의 원리를 명확하게 이해해야 합니다. 각 비동기 함수에 전달된 callback의 역할은 해당 비동기 작업이 종료되자마자 제너레이터를 다시 시작시키는 것입니다. 복잡한 것은 없지만 그 결과는 정말 인상적입니다.

제너레이터를 이용한 순차적 접근 비동기 코드 작성 방식에는 yield를 지정하여 반환받을 수 있는 객체의 유형으로 프라미스(Promise)를 사용하는 것과 썽크(thunk)를 사용하는 두 가지 변형된 기술이 있습니다.

제너레이터 기반 제어 흐름에서 사용되는 **썽크(thunk)**는 콜백을 제외한 원래 함수의 모든 인자들을 그대로 기억하고 있는 일종의 함수입니다. 반환값은 원래 함수의 인자들을 제외한 콜백 만을 인자로 취하는 또 다른 함수입니다. 예를 들어 fs.readFile()의 썽크화된 버전은 다음과 같습니다.

```
function readFileThunk(filename, options) {
  return function(callback){
    fs.readFile(filename, options, callback);
  }
}
```

썽크와 프라미스 모두 콜백을 인자로 전달받을 필요가 없는 제너레이터를 만드는데 사용할 수 있습니다. 예를 들어, 썽크를 사용하는 asyncFlow() 함수의 버전은 다음과 같을 수 있습니다.

```
function asyncFlowWithThunks(generatorFunction) {
  function callback(err) {
    if(err) {
```

```
            return generator.throw(err);
        }
        const results = [].slice.call(arguments, 1);
        const thunk = generator.next(results.length> 1 ? results :
                  results[0]).value;
        thunk && thunk(callback);
    }
    const generator = generatorFunction();
    const thunk = generator.next().value;
    thunk && thunk(callback);
}
```

여기서 트릭은 썽크를 가진 generator.next()의 반환값을 읽는 것입니다. 그 다음은 우리의 특별한 콜백을 전달하여 썽크를 호출하는 것입니다. 아주 간단합니다! 이렇게 하면 다음과 같은 코드를 만들 수 있습니다.

```
asyncFlowWithThunks(function* () {
    const fileName = path.basename(__filename);
    const myself = yield readFileThunk(__filename, 'utf8');
    yield writeFileThunk(`clone_of_${fileName}`, myself);
    console.log("Clone created");
});
```

같은 방식으로 yield를 지정하여 반환받을 수 있는 객체로 프라미스를 사용할 수 있는 버전의 asyncFlow()를 만들 수 있습니다. asyncFlowWithThunks() 함수를 최소한으로 변경하여 구현할 수 있으므로 여러분이 직접 해보시기 바랍니다. 또한 동일한 원칙을 사용하여 프라미스와 썽크 모두를 받아들일 수 있는 yieldable AsyncFlow() 함수도 만들 수 있습니다.

co를 사용한 제너레이터 기반의 제어 흐름

예상했겠지만, Node.js 생태계에는 제너레이터를 사용해 비동기 제어 흐름을 처리할 수 있는 몇 가지 솔루션들이 있습니다. 예를 들어, suspend(https://npmjs.org/package/suspend)는 가장 오래된 것 중 하나이며 프라미스, 썽크, Node.js 형식의 콜백 뿐만 아니라 원시 콜백도 지원합니다. 또한 이 장의 앞 부분에서 분석한 프라미스 라이브러리의 대부분은 제너레이터와 함께 프라미스를 사용하기 위한 헬퍼들을 제공하고 있습니다.

이러한 모든 솔루션은 asyncFlow() 함수에서 설명한 것과 동일한 원칙을 기반으로 합니다. 따라서, 우리가 직접 작성하는 것보다 이러한 라이브러리 중 하나를 사용하는 것이 훨씬 도움이 됩니다.

이 섹션의 예제에서는 co(http://npmjs.org/package/co)를 사용해 보겠습니다.

co는 몇 가지 yield를 지정할 수 있는 객체들을 지원하는데 그 중 일부는 다음과 같습니다.

- ▶ Thunks(썽크)
- ▶ Promises(프라미스)
- ▶ Arrays(병렬 실행)
- ▶ Objects(병렬 실행)
- ▶ Generators(delegation)
- ▶ Generator functions(delegation)

co는 또한 다음과 같은 패키지의 자체적인 생태계를 가지고 있습니다.

- ▶ 가장 인기있는 웹 프레임워크인 koa(https://npmjs.org/package/koa)
- ▶ 특정 제어 흐름 패턴을 구현한 라이브러리
- ▶ co를 지원하기 위해 널리 사용되는 API를 랩핑한 라이브러리

이제 co를 사용하여 제너레이터를 사용한 웹 스파이더 어플리케이션을 다시 구현해 보겠습니다.

Node.js 스타일의 함수를 썽크로 변환하기 위해 우리는 thunkify(https://npmjs.org/package/thunkify)라 불리는 작은 라이브러리를 사용할 것입니다.

4.2.3 순차 실행

제너레이터와 co에 대한 실습은 웹 스파이더 어플리케이션의 버전 2를 수정하는것부터 시작하겠습니다. 우선 해야 할 일은 필요한 의존성을 로드하고 우리가 사용할 함수의 썽크화된(thunkified) 버전을 만드는 것입니다. 이것들은 spider.js 모듈의 상단에 표시됩니다.

```
const thunkify = require('thunkify');
const co = require('co');

const request = thunkify(require('request'));
const fs = require('fs');
const mkdirp = thunkify(require('mkdirp'));
const readFile = thunkify(fs.readFile);
const writeFile = thunkify(fs.writeFile);
const nextTick = thunkify(process.nextTick);
```

코드를 살펴보면 이 장의 앞 부분에서 몇몇 API를 프라미스화하는데 사용한 코드들과 일부 유사한 점을 확인할 수 있습니다. 이와 관련하여 흥미로운 점은 위의 코드에서 썽크화(thunkified)한 코드를 대신해서 프라미스화(promisified)한 버전을 사용하겠다고 해도 나머지 코드들은 정확히 동일하게 유지되는데, co는 썽크와 프라미스를 yield를 지정할 수 있는 객체로 사용할 수 있도록 지원합니다. 실제 우리가 필요하면 동일한 어플리케이션에서 심지어 동일한 제너레이터라고 하더라도 썽크와 프라미스를 모두 사용할 수 있습니다. 이는 우리가 원하는 대로 제너레이터 기반의 제어 흐름을 사용할 수 있으므로 유연성에 있어서 엄청난 장점입니다.

이제 download() 함수를 세너레이터로 변환해 보겠습니다.

```
function* download(url, filename) {
  console.log(`Downloading ${url}`);
  const response = yield request(url);
  const body = response[1];
  yield mkdirp(path.dirname(filename));
  yield writeFile(filename, body);
  console.log(`Downloaded and saved ${url}`);
  return body;
}
```

제너레이터와 co를 사용함으로써 download() 함수가 갑자기 간단해졌습니다. 우리가 한 일은 download()를 제너레이터 함수로 변환하고 비동기 함수(썽크처럼)를 호출할 때마다 yield를 사용한 것입니다.

다음은 spider() 함수 차례입니다.

```
function* spider(url, nesting) {
  const filename = utilities.urlToFilename(url);
  let body;
  try {
    body = yield readFile(filename, 'utf8');
  } catch(err) {
    if(err.code !== 'ENOENT') {
      throw err;
    }
    body = yield download(url, filename);
  }
  yield spiderLinks(url, body, nesting);
}
```

코드의 마지막 부분에서 주목할만한 흥미로운 점은 try ... catch 블록을 사용하여 예외 처리를 하는 방식입니다. 또한 이제는 throw를 사용하여 오류를 전파할 수 있습니다. 주목할만한 또 다른 라인은 download() 함수를 yield하는 곳입니다. 이 함수는 썽크도 프라미스도 아닌 또 다른 제너레이터입니다. 이것이 가능한 것은 yield를 지정할 수 있고 다른 제너레이터를 지원하는 co 덕분입니다.

마지막으로 웹 페이지의 링크를 순서대로 다운로드하기 위해 반복 구문을 사용했던 spiderLinks()를 전환하겠습니다. 제너레이터를 사용하니 간단하게 끝나 버렸습니다.

```
function* spiderLinks(currentUrl, body, nesting) {
  if(nesting === 0) {
    return nextTick();
  }

  const links = utilities.getPageLinks(currentUrl, body);
  for(let i = 0; i <links.length; i++) {
    yield spider(links[i], nesting - 1);
  }
}
```

코드에서 설명할 내용은 거의 없습니다. 순차 반복을 위한 패턴이라 부를 만한 구문이 존재하지 않습니다. 제너레이터와 co가 모든 지저분한 작업을 대신 해주기 때문에 블록킹, 직접 스타일의 API를 사용하는 것처럼 비동기 반복 구문을 만들어 낼 수 있었습니다.

이제 가장 중요한 부분인 우리 프로그램의 진입점(entry point)을 살펴보겠습니다.

```
co(function* () {
  try {
    yield spider(process.argv[2], 1);
    console.log('Download complete');
  } catch(err) {
    console.log(err);
  }
});
```

이것은 제너레이터를 감싸기 위해 co(...)을 호출하는 유일한 곳입니다. 사실, 일단 그렇게 하면 co는 자동으로 우리가 yield 문에 전달하는 모든 제너레이터(혹은 함수 또는 객체)를 감싸는데(wrap), 이는 재귀적으로 일어납니다. 따라서 비록 우리가 co를 사용한다고 해도 프로그램의 나머지 부분에서는 신경쓸 필요가 없게 됩니다.

지금까지 잘 수정되었다면 제너레이터 기반으로 웹 스파이더 어플리케이션이 실행되어야 합니다.

4.2.4 병렬 실행

제너레이터의 단점은 순차 알고리즘을 작성하는데는 훌륭하지만 일련의 작업들을 병렬 실행하는데는 사용할 수 없다는 점입니다. 최소한 yield와 제너레이터 만으로는 안됩니다. 실제로 이러한 상황에서 사용하는 패턴은 단순히 콜백 기반 또는 프라미스 기반 함수에 의존하는 것이며, 이는 쉽게 yield를 적용할 수 있어 제너레이터와 함께 사용될 수 있습니다.

다행히도 제한 없는 병렬 실행과 같은 경우에는 간단하게 yield를 적용해 실행할 프라미스, 썽크, 제너레이터 또는 제너레이터 함수의 배열을 co를 통해 얻어 낼 수 있습니다.

이를 염두에 두고 다음과 같이 spiderLinks() 함수를 다시 작성하여 웹 스파이더 어플리케이션 버전 3을 구현할 수 있습니다.

```
function* spiderLinks(currentUrl, body, nesting) {
  if(nesting === 0) {
    return nextTick();
  }

  const links = utilities.getPageLinks(currentUrl, body);
  const tasks = links.map(link => spider(link, nesting - 1));
  yield tasks;
}
```

여기서 우리가 한 일은 다운로드 작업(기본적으로 제너레이터)들을 수집하고 그 결과 배열에서 yield하는 것입니다. 이렇게 수집된 모든 작업들은 co에 의해 병렬로 실행되고 모든 작업의 실행이 종료되면 제너레이터(spiderLinks)의 실행이 재개됩니다.

이 방법이 작업들의 배열에서 일시 정지(yield)할 수 있는 co의 특징을 이용하기 때문에 편법적이라고 여겨져 마음에 들지 않는다면, 이 장의 앞 부분에서 이미 사용했던 것과 유사한 콜백 기반의 방식을 사용해서 동일한 병렬 흐름을 구현해 볼 수도 있습니다. 이 기술을 사용하여 spiderLinks()를 다시 한번 재작성해 보겠습니다.

```
function spiderLinks(currentUrl, body, nesting) {
  if(nesting === 0) {
    return nextTick();
  }

  //썽크 반환
  return callback => {
    let completed = 0, hasErrors = false;
    const links = utilities.getPageLinks(currentUrl, body);
    if(links.length === 0) {
      return process.nextTick(callback);
    }

    function done(err, result) {
      if(err && !hasErrors) {
        hasErrors = true;
        return callback(err);
      }
      if(++completed === links.length && !hasErrors) {
        callback();
      }
    }

    for(let i = 0; i < links.length; i++) {
      co(spider(links[i], nesting - 1)).then(done);
    }
  }
}
```

spider() 함수를 병렬로 실행시키기 위해 제너레이터를 실행하고 프라미스를 반환하는 co를 사용하였습니다. 이 방법으로 프라미스가 결정(resolve) 될 때까지 기다렸다가 done() 함수를 호출할 수 있습니다. 일반적으로 제너레이터 기반 제어 흐름을 위한 모든 라이브러리에는 비슷한 기능들이 있으므로 필요한 경우에는 언제나 제너레이터를 콜백 기반 혹은 프라미스 기반의 함수로 변환할 수 있습니다.

여러 다운로드 작업을 병렬로 시작하기 위해, 이장의 앞부분에서 정의했던 병렬 실행을 위한 콜백 기반의 방식을 재사용했습니다. 보다시피 spiderLinks() 함수를 썽크(제너레이터가 아닌)로 변환하였습니다. 이를 통해 모든 병렬 작업이 완료될 때 호출할 콜백 함수를 만들 수 있었습니다.

패턴(제너레이터를 썽크로)

병렬 실행이나 콜백 혹은 프라미스 기반 제어 흐름 알고리즘을 사용하기 위해 제너레이터를 썽크로 변경합니다.

4.2.5 제한된 병렬 실행

비 순차적인 실행 흐름으로 무엇을 할 수 있는지 알았으므로, 이제 스파이더 어플리케이션의 버선 4에 대한 구현은 쉽게 생각할 수 있어야 합니다. 우선은 동시 다운로드 작업의 수에 제한을 두는 것입니다. 우리는 이를 위해 몇 가지 옵션을 사용할 수 있습니다. 그들 중 일부는 다음과 같습니다.

- 이전에 구현된 TaskQueue 클래스의 콜백 기반 버전을 사용합니다. 작업(task)으로 사용하고자 하는 모든 함수와 제너레이터를 썽크화합니다.
- 프라미스 기반 버전의 TaskQueue 클래스를 사용하고 작업(task)으로 사용할 각 제너레이터들을 프라미스를 반환하는 함수로 변환해야 합니다.
- 비동기를 사용할 수 있도록 사용할 모든 헬퍼들을 썽크화 합니다. 또 모든 제너레이터를 라이브러리가 사용할 수 있는 콜백 기반의 함수로 변환해야 하는데, **co-limiter**(https://npmjs.org/package/co-limiter)와 같이 이러한 유형의 흐름을 위해 특별히 설계된 co 관련 라이브러리를 사용합니다.
- co-limiter가 내부적으로 사용하는 생산자-소비자(producer-consumer) 패턴을 기반으로 필요에 알맞은 알고리즘을 구현합니다.

좀더 학습적인 목적을 위해 마지막 옵션을 선택할 것이므로 **코루틴**[1](또한 스레드와 프로세스)과 관련된 패턴을 살펴 볼 수 있을 것입니다.

생산자 – 소비자 패턴

목표는 대기열(queue)을 활용하여 우리가 설정하려는 동시 실행 수만큼의 고정된 수의 작업자(worker)들을 공급하는 것입니다. 이 알고리즘을 구현하기 위해서 이 장의 앞 부분에서 정의한 TaskQueue 클래스를 그 출발점으로 삼을 것입니다.

```
class TaskQueue {
  constructor(concurrency) {
    this.concurrency = concurrency;
    this.running = 0;
```

1 코루틴(coroutines))은 컴퓨터 프로그램 컴포넌트를 말하는데, 특정 위치에서 일시 정지, 실행재개가 가능하도록 하여 비선점형 다중 태스킹이 가능하도록 한 일반화된 서브루틴이다.

```
    this.taskQueue = [];
    this.consumerQueue = [];
    this.spawnWorkers(concurrency);
  }

  pushTask(task) {
    if (this.consumerQueue.length !== 0) {
      this.consumerQueue.shift()(null, task);
    } else {
      this.taskQueue.push(task);
    }
  }

  spawnWorkers(concurrency) {
    const self = this;
    for(let i = 0; i < concurrency; i++) {
      co(function* () {
        while(true) {
          const task = yield self.nextTask();
          yield task;
        }
      });
    }
  }

  nextTask() {
    return callback => {
      if(this.taskQueue.length !== 0) {
        return callback(null, this.taskQueue.shift());
      }
      this.consumerQueue.push(callback);
    }
  }
}
```

TaskQueue의 새로운 구현을 분석해 보겠습니다. 첫 번째 핵심은 생성자에 있습니다. this.spawnWorkers() 호출은 작업자(worker)들을 시작시키는 것을 담당합니다.

우리의 작업자들은 매우 단순합니다. 단지 co()로 감싸진 제너레이터들로 즉시 실행되어 병렬로 돌아갑니다. 내부적으로 각 작업자는 무한 루프에서 블록(yield) 되어 큐에서 새로운 작업을 얻기를 기다립니다(yeild self.nextTask()). 그리고 작업이 도착하면(임의의 yieldable)

작업이 완료되기를 기다립니다. 다음 작업이 대기열에 들어갈 때까지 실제로 어떻게 대기하게 되는지 궁금할 수 있습니다. 이에 대한 대답은 nextTask() 메소드입니다. 여기서 어떤 일이 발생하는지 자세히 살펴보겠습니다.

```
nextTask() {
  return callback => {
    if(this.taskQueue.length !== 0) {
      return callback(null, this.taskQueue.shift());
    }
    this.consumerQueue.push(callback);
  }
}
```

이 패턴의 핵심인 이 메소드에서 어떤 일이 발생하는지 살펴봅시다.

1. 이 메소드는 co 라이브러리를 통해 yield를 지정할 수 있는(yieldable) 썽크를 반환합니다.
2. 반환된 썽크의 콜백은 taskQueue에서 다음 작업을 꺼내어 인자로 전달받아 호출됩니다(사용할 수 있는 경우). 이렇게 하면, 즉시 작업자(worker)의 차단(yield)이 해제되어 해당 작업을 수행할 수 있습니다.
3. 대기열에 작업이 없으면 콜백 자체가 consumerQueue로 푸시됩니다. 이렇게 함으로써 우리는 기본적으로 작업자(worker)를 유휴(idle) 모드에 놓이게 할 수 있습니다. consumerQueue 함수 내의 callback은 처리할 새 작업이 있으면 즉시 호출됨으로써 해당 작업자(worker)가 다시 시작됩니다.

이제 consumerQueue 함수의 유휴 작업자(worker)가 어떻게 다시 시작되는지 이해하기 위해 pushTask() 메소드를 분석해 보겠습니다. pushTask() 메소드는 존재할 경우 consumerQueue에 대기 중인 첫 번째 콜백을 호출함으로써 차례대로 작업자(worker)의 차단을 해제합니다. 사용할 콜백이 없으면 모든 작업자(worker)가 작업을 실행 중이라는 것을 의미하므로 taskQueue 함수에 새 항목을 추가하기만 하면 됩니다.

TaskQeue 클래스에서 작업자(worker)는 소비자 역할을 하고, pushTask()를 사용하는 쪽을 공급자로 간주할 수 있습니다. 이 패턴은 제너레이터가 스레드(또는 프로세스)와 매우 유사할 수 있다는 것을 보여줍니다. 사실, 생산자와 소비자의 상호 작용은 프로세스 간(inter-process)의 통신 기술을 연구할 때 가장 많이 겪게 되는 문제일 것입니다. 이미 언급했듯이 코루틴의 일반적인 사용 사례이기도 합니다.

다운로드 작업 동시성 제한

이제 제너레이터와 생성자-소비자 패턴을 사용하여 제한된 병렬 실행 알고리즘을 구현하였으므로, 이것을 적용하여 웹 스파이더 어플리케이션(버전4)의 다운로드 작업의 동시실행을 제한할 수 있게 되었습니다. 먼저 TaskQueue 객체를 로드하고 초기화합니다.

```
const TaskQueue = require('./taskQueue');
const downloadQueue = new TaskQueue(2);
```

그리고 spiderLinks() 함수를 수정하겠습니다. 본문은 무제한 병렬 실행 흐름을 구현하기 위해 사용했던 것과 거의 동일하므로 변경된 부분만 표시하겠습니다.

```
function spiderLinks(currentUrl, body, nesting) {
  //...
  return (callback) => {
    //...
    function done(err, result) {
      //...
    }
    links.forEach(function(link) {
      downloadQueue.pushTask(function *() {
        yield spider(link, nesting - 1);
        done();
      });
    });
  }
}
```

각 작업에서 다운로드가 완료된 직후에 done() 함수를 호출하므로 다운로드된 링크 수를 계산하여 모두 완료되었을 때 썽크의 콜백에 통지할 수 있습니다.

연습삼아 이 섹션의 시작 부분에서 설명한 다른 네 가지 방법을 사용하여 웹 스파이더 어플리케이션 버전 4를 여러분 스스로 구현해 볼 수 있을 것입니다.

4.3 Babel을 사용한 async await

콜백, 프라미스 그리고 제너레이터는 JavaScript 및 Node.js에서 비동기 코드를 처리하기 위한 무기로 사용됩니다. 지금까지 살펴본 것처럼, 제너레이터는 실제로 함수의 실행을 일시 중단하고 이후 단계에서 재개할 수 있는 방법을 제공하기 때문에 매우 흥미롭습니다. 이제 우리는 이 기능을 사용해 비동기 코드를 작성함으로써, 각 비동기 작업에서 차단되는 기능을 만들고 결과를 기다렸다가 다음 명령문을 계속 진행할 수 있습니다.

문제는 제너레이터 함수가 주로 반복자를 처리하도록 설계되었기 때문에 비동기 코드로 사용하는 것이 약간 번거롭다는 것입니다. 이해가 어려울 수 있으며, 가독성과 유지보수가 어려운 코드가 될 수 있습니다.

그러나 가까운 미래에 더 명확한 구문이 생길 것이라고 믿고 있습니다. 사실, 비동기 함수의 구문을 정의하는 ECMAScript 2017 사양으로 소개된 흥미로운 제안이 있습니다.

> 비동기 대기에 대한 현재 제안들에 대한 자세한 내용은 다음 링크에서 살펴 볼 수 있습니다.
> • https://tc39.github.io/ecmascript-asyncawait/

async 함수(async function)의 정의(specification)에는 async와 await라는 두 가지 새로운 키워드를 언어에 도입함으로써 비동기 코드 작성을 위한 모델을 언어 수준에서 크게 향상시키는 것을 목표로 합니다.

이러한 키워드의 사용 방법과 유용성을 명확하게 알기 위해 간단한 예를 살펴보겠습니다.

```
const request = require('request');

function getPageHtml(url) {
  return new Promise(function(resolve, reject) {
    request(url, function(error, response, body) {
      resolve(body);
    });
  });
}

async function main() {
  const html = await getPageHtml('http://google.com');
  console.log(html);
}

main();
console.log('Loading...');
```

이 코드에서는 getPageHtml과 main이라는 두 가지 함수가 있습니다. 첫 번째는 URL을 사용하여 원격 웹 페이지의 HTML 코드를 가져오는 아주 간단한 함수입니다. 이 함수가 프라미스를 반환하는 것에 유의할 필요가 있습니다.

main 함수는 새로운 async 및 await 키워드가 사용되었기 때문에 핵심적인 부분입니다. 먼저 주목해야 할 점은 함수에 async 키워드가 접두어로(함수 선언의 시작으로) 붙어 있다는 것입니다. 이 말은, 이 함수는 비동기 코드를 실행하고 본문 내에서 await 키워드를 사용할 수 있다는 것입니다. getPageHtml을 호출하기 전에 await 키워드를 사용하면 JavaScript 인터프리터가 getPageHtml에서 반환한 프라미스의 해결을 기다리면서 다음 명령을 계속 진행하라는 것입니다. 이렇게 하면 main 함수는 프로그램의 나머지 부분의 실행을 차단하지 않고 비동기 코드가 완료될 때까지 내부적으로 일시 중지됩니다. 실제, 우리는 콘솔에 Loading... 이라는 문자열이 표시되고 잠시 후에 Google 방문 페이지의 HTML 코드가 표시되는 것을 보게 될 것입니다.

이 접근방식이 훨씬 가독성 있고 이해하기 쉽지 않나요?

안타깝게도 이 책은 ECMA Script7이 발표되기 전에 쓰여져 아직 node.js에 통합되지 않은 상태이기 때문에 일반적인 JavaScript 환경에서 테스트를 해볼 수 없었습니다.

그렇다면 어떻게 했을까요? 그냥 포기했을까요? 당연히 아닙니다. 다행히 Babel과 같은 변환기 덕분에 코드에서 async await를 활용해 볼 수 있었습니다.

4.3.1 Babel의 설치 및 실행

Babel은 문법 변환기로 JavaScript 코드를 다른 JavaScript 코드로 변환할 수 있는 JavaScript 컴파일러(혹은 트랜스파일러)입니다. 문법 변환기는 ES2015, ES2016, JSX 및 기타의 새로운 구문을 사용하여 브라우저 또는 Node.js와 같은 최신 JavaScript 실행기(runtime)에서 실행될 수 있는 역 호환 가능한 코드를 생성합니다.

npm을 이용하여 다음 명령으로 여러분의 프로젝트에 Babel을 설치할 수 있습니다.

```
npm install --save-dev babel-cli
```

또한 async await의 분석과 변환을 지원하기 위해 확장 기능을 설치해야 합니다.

```
npm install --save-dev babel-plugin-syntax-async-functions
babel-plugin-transform-async-to-generator
```

이제 앞의 예제(index.js라고 하겠습니다)를 실행한다고 가정해 본다면, 다음과 같은 명령을 실행해야 합니다.

```
node_modules/ .bin/ babel-node --plugins
"syntax-async-functions, transform-async-to-generator"index.js
```

이렇게 하면 index.js의 소스코드를 즉시 변환하여 async await를 지원하는 변환기를 적용하게 됩니다. 이 새로운 하위 호환성 코드는 메모리에 저장되어 Nodo.js 실행기(runtime)에서 즉시 실행됩니다.

Babel은 생성된 코드를 파일에 저장하여 쉽게 배포하고 실행할 수 있는 빌드 프로세서로 동작하도록 구성할 수도 있습니다.

> Babel 설치 및 구성 방법에 대한 자세한 내용은 공식 웹 사이트(https://babeljs.io)를 참조하십시오.

4.4 비교

이 시점에서 우리는 JavaScript의 비동기 특성을 잘 활용하기 위한 옵션을 보다 잘 이해해야 합니다. 제시되었던 각 해결 방법에는 각각의 장단점이 있습니다. 이것을 다음 표에 요약하였습니다.

해결책	장점	단점
일반 JavaScript	• 추가적인 라이브러리나 기술이 필요하지 않음 • 최고의 성능을 제공함 • 다른 라이브러리들과 최상의 호환성을 제공 • 즉석에서 고급 알고리즘의 생성이 가능	• 많은 코드와 비교적 복잡한 알고리즘이 필요할 수 있음
Async (라이브러리)	• 가장 일반적인 제어 흐름 패턴들을 단순화 • 여전히 콜백 기반의 솔루션 • 좋은 성능	• 외부 종속성 • 복잡한 제어 흐름에 충분하지 않을 수 있음
프라미스	• 일반적인 제어 흐름의 패턴을 크게 단순화 • 강력한 오류 처리 • ES2015 사양의 일부 • OnFulfilled 및 OnRejected의 지연 호출 보장	• 프라미스화 콜백 기반 API가 필요 • 다소 낮은 성능

제너레이터	• 논 블로킹 API를 블로킹과 유사하게 사용 • 오류 처리 단순화 • ES2015 사양의 일부	• 보완적인 제어 흐름 라이브러리가 필요 • 비순차적 흐름을 구현할 콜백 또는 프라미스가 필요 • 썽크화 또는 프라미스화가 필요
Async Await	• 논 블로킹 API를 블로킹과 유사하게 사용 • 깨끗하고 직관적인 구문	• JavaScript 및 Node.js에서 기본적으로 사용할 수 없음 • 이 책의 작성 시점을 기준으로 Babel 또는 트랜스파일러(transpiler) 및 일부 설정들이 필요함

우리는 이 장에서 비동기 제어 흐름을 처리하는 가장 일반적인 방법 또는 가장 떠오르고 있는 방법들만을 살펴보았음을 기억해야 합니다. 하지만 여기에는 여러분이 살펴볼 만한 몇 가지 옵션들이 더 있습니다. 예를 들어 Fibers(https://npmjs.org/package/fibers) 및 Streamline(https://npmjs.org/package/streamline)가 있습니다.

4.5 요약

이 장에서 프라미스, 제너레이터 및 새로운 async await 구문을 고려한 비동기 제어 흐름을 다루는 몇 가지 대체 방법을 설명하였습니다.

우리는 이와 같은 접근법들을 사용하여 보다 간결하고 명확하며 추론하기 쉬운 비동기 코드를 작성하는 방법을 배웠습니다. 우리는 이러한 접근 방식의 핵심적인 장단점에 대해 이야기하였으며, 아무리 유용하다 하더라도 어느 정도의 숙달될 시간이 필요하다는 것을 느꼈을 것입니다. 또한 많은 시나리오에서 여전히 유용한 콜백을 완전히 대처할 수 있다고 볼 수는 없습니다. 개발자라면 자신이 직면한 문제에 가장 적합한 해결책을 결정할 수 있어야 합니다. 비동기 작업을 수행하는 공용 라이브러리를 만드는 경우 콜백만 사용하려는 개발자에게도 사용하기 쉬운 인터페이스를 제공해야 합니다.

다음 장에서는 비동기 코드 실행과 관련된 흥미로운 또 다른 주제를 살펴보고 Node.js 생태계 전체의 또 다른 기본 구성 요소인 stream을 살펴볼 것입니다.

CHAPTER 05

스트림 코딩

- ▶ 스트림의 중요성
- ▶ 스트림 시작하기
- ▶ 스트림을 사용한 비동기 제어 흐름
- ▶ 파이프 패턴

스트림은 Node.js의 가장 중요한 컴포넌트이며 패턴 중 하나입니다. 커뮤니티 내에는 "모든 것에 스트림을!"이라는 모토가 있습니다. 이것만으로도 Node.js에서 스트림의 역할을 설명하기 충분합니다. Node.js 커뮤니티의 핵심 공헌자인 Dominic Tar는 스트림은 Node의 최고이면서 가장 오해하고 있는 개념으로 정의합니다. Node.js의 스트림이 매우 매력적인 이유는 여러 가지가 있습니다. 굳이 말하면, 성능이나 효율성과 같은 기술적 속성에 관한 것뿐만 아니라 그 세련됨과 Node.js 철학에 완벽하게 부합하는 방식에 관련된 것입니다.

이 장에서는 다음의 내용들을 학습합니다.

- Node.js에서 스트림이 중요한 이유
- 스트림 사용 및 생성
- 프로그래밍 패러다임으로서의 스트림: I/O에 대한 것뿐만 아니라 여러 가지 다양한 상황에서 활용
- 파이프 패턴과 서로 다른 환경에서 스트림의 연결

5.1 스트림의 중요성

Node.js와 같은 이벤트 기반 플랫폼에서 I/O를 처리하는 가장 효율적인 방법은 실시간으로 가능한 순간 바로 입력을 사용하고 어플리케이션에서 출력이 생성되는 즉시 내보내는 것입니다.

이 섹션에서는 Node.js 스트림에 대한 기초 소개와 장점을 설명할 것입니다. 스트림을 사용하고 작성하는 방법에 대한 보다 자세한 설명은 이 장의 뒷부분에 설명하고 있으며, 여기서는 개요를 다룹니다.

5.1.1 버퍼링 대 스트리밍

지금까지 이 책에서 보았던 거의 모든 비동기 API는 버퍼 모드를 사용합니다.

입력 조작의 경우 버퍼 모드는 리소스로부터 오는 모든 데이터를 버퍼에 수집합니다. 그리고 자원을 모두 읽어들인 후 콜백에 전달합니다. 다음 그림에서 이 패러다임을 시각적으로 보여줍니다.

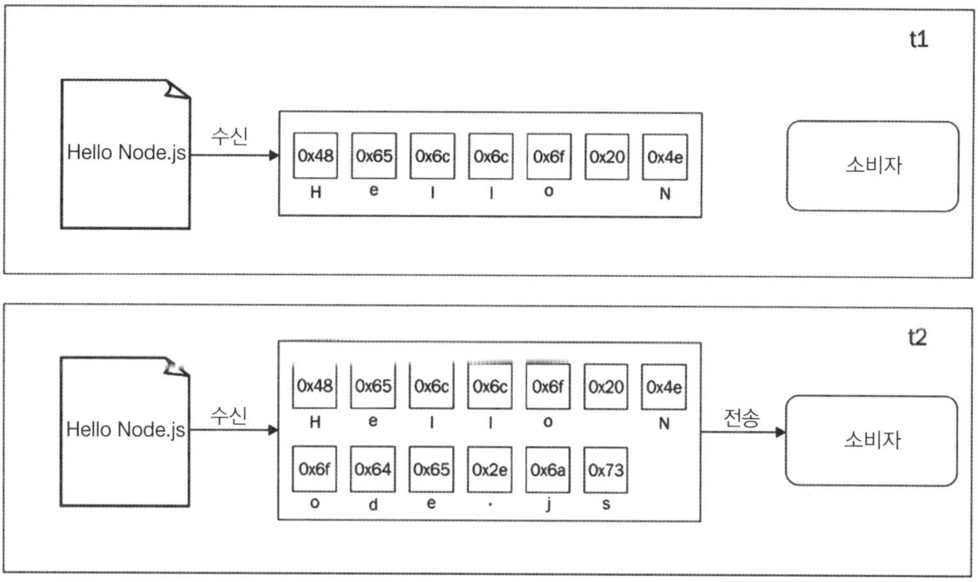

위의 그림 중 t1에서는 리소스로부터 일부 데이터를 받아 버퍼에 저장합니다. 그리고 t2에서 데이터의 나머지인 다른 데이터 부분을 수신하여 읽기 동작이 완료되어 버퍼 전체가 소비자에게 전송되는 것을 볼 수 있습니다.

반면 스트림을 사용하면 리소스에서 도착하자마자 데이터를 처리할 수 있습니다. 이것을 다음 그림에서 보여줍니다.

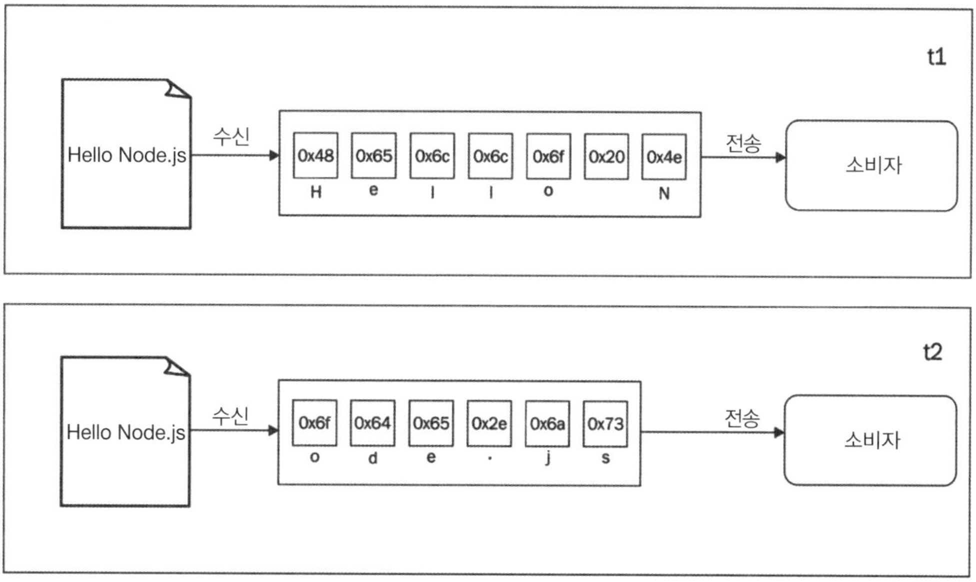

이번 그림에서는 리소스로부터 각각의 데이터 덩어리가 수신되면 즉시 소비자에게 제공됩니다. 소비자는 이제 모든 데이터가 버퍼에 수집될 때까지 기다리지 않고 즉시 처리할 수 있습니다.

이 두 가지 접근 방식의 차이점은 무엇일까요? 두 가지로 요약할 수 있습니다.

- 공간 효율성
- 시간 효율성

그러나 Node.js 스트림에는 또 하나의 중요한 이점, 바로 **결합성**이 있습니다. 이제 어플리케이션을 디자인하고 작성하는 방식에 이러한 속성이 어떤 영향을 미치는지 살펴보겠습니다.

5.1.2 공간 효율성

무엇보다도 스트림은 버퍼링하여 모든 데이터를 한꺼번에 처리하는 방식으로 불가능한 작업을 처리할 수 있습니다. 예를 들어, 수백 메가바이트(MB) 혹은 기가바이트(GB)의 매우 큰 파일을 읽는다고 생각해 봅시다. 파일을 모두 읽은 후 커다란 버퍼를 반환하는 API를 사용하는 것은 확실히 좋은 생각이 아닙니다. 이런 큰 파일을 몇 개를 동시에 읽는다고 생각해봅시다. 우리의 어플리케이션은 금방 메모리가 부족하게 될 것입니다. 그 외에도 V8 버퍼는 0x3FFFFFFF 바이트(1GB가 약간 안됩니다) 보다 클 수 없습니다. 따라서 물리적인 메모리가 부족해지기 전에 이와 같은 벽에 부딪힐 것입니다.

버퍼링된 API를 사용한 Gzipping(압축)

구체적인 예를 들기 위해 Gzip 형식을 사용하여 파일을 압축하는 간단한 **커맨드 라인 인터페이스(CLI)** 어플리케이션을 생각해 보겠습니다. Node.js에서 버퍼를 사용하는 API를 가진 어플리케이션은 다음과 같을 것입니다.

```
const fs = require('fs');
const zlib = require('zlib');

const file = process.argv[2];

fs.readFile(file, (err, buffer) => {
  zlib.gzip(buffer, (err, buffer) => {
    fs.writeFile(file + '.gz', buffer, err => {
      console.log('File successfully compressed');
    });
  });
});
```

이제 앞의 코드를 gzip.js에 저장하고 다음 명령을 사용하여 실행할 수 있습니다.

```
node gzip <파일 경로>
```

아주 큰 파일을 선택한다면(1GB 보다 약간 더 크다고 칩시다) 다음과 같이 우리가 읽으려는 파일이 허용된 최대 버퍼의 크기보다 크다는 오류 메시지가 나타날 것입니다..

```
RangeError: File size is greater than possible Buffer: 0x3FFFFFFF bytes
```

이것은 이미 예상되었던 것이며, 잘못된 접근 방식을 사용한 결과입니다.

스트림을 사용한 Gzipping

앞의 Gzip 어플리케이션을 수정하여 큰 파일로 작업을 하도록 하는 가장 간단한 방법은 스트리밍 API를 사용하는 것입니다. 어떻게 그렇게 할 수 있는지 보기 위해서, 앞서 생성한 모듈의 내용을 다음 코드로 대체해보겠습니다.

```
const fs = require('fs');
const zlib = require('zlib');
const file = process.argv[2];

fs.createReadStream(file)
   .pipe(zlib.createGzip())
   .pipe(fs.createWriteStream(file + '.gz'))
   .on('finish', () => console.log('File successfully compressed'));
```

여러분은 "이게 전부야?"라고 생각할 것입니다. 그렇습니다. 앞에서 말했듯이 스트림은 인터페이스뿐만 아니라 결합성이 훌륭합니다. 따라서 깨끗하고 우아하며 간결한 코드의 작성이 가능합니다. 좀더 자세히 살펴보겠지만, 지금 당장은 모든 크기의 파일에 대해 프로그램이 이상적으로 일정한 메모리 사용률을 가지고 실행된다는 것을 깨닫는 것이 중요합니다. 직접 시도해 보십시오(하지만 큰 파일을 압축하는데는 시간이 걸릴 수 있습니다).

5.1.3 시간 효율성

이제 파일을 압축하고 원격의 HTTP 서버에 업로드 하는 어플리케이션의 경우를 생각해 봅시다. 원격 HTTP 서버는 압축을 풀어 파일 시스템에 저장합니다. 클라이언트가 버퍼링되는 API를 사용하여 구현한다면, 업로드는 전체 파일을 읽어 압축한 경우에만 시작할 수 있습니다. 또한 압축 해제는 모든 데이터가 서버에 수신된 경우에만 시작할 수 있습니다. 똑같은 결과를 얻는데 더 좋은 솔루션은 스트림을 사용하는 것입니다. 클라이언트 시스템에서 스트림을 사용하면 파일 시스템에서 데이터 덩어리를 읽는 즉시 압축하고 보낼 수 있습니다. 반면 서버에서는 원격 피어(peer)에서 수신된 즉시 모든 덩어리를 압축 해제할 수 있습니다. 앞에서 언급한 프로그램을 서버 측에서부터 시작하여 이 내용을 살펴보도록 하겠습니다.

다음 코드를 포함하는 gzipReceive.js라는 모듈을 생성합니다.

```
const http = require('http');
const fs = require('fs');
const zlib = require('zlib');

const server = http.createServer((req, res) => {
  const filename = req.headers.filename;
  console.log('File request received: ' + filename);
req
  .pipe(zlib.createGunzip())
  .pipe(fs.createWriteStream(filename))
  .on('finish', () => {
    res.writeHead(201, {'Content-Type': 'text/plain'});
    res.end('That's it\n');
    console.log(`File saved: ${filename}`);
  });
});

server.listen(3000, () => console.log('Listening'));
```

서버는 Node.js 스트림 덕택에 네트워크에서 데이터 덩어리를 수신하고 압축을 풀어 수신 즉시 이를 저장합니다.

어플리케이션의 클라이언트 측은 gzipSend.js라는 모듈에 작성하며 다음과 같습니다.

```
const fs = require('fs');
const zlib = require('zlib');
const http = require('http');
const path = require('path');
const file = process.argv[2];
const server = process.argv[3];

const options = {
  hostname: server,
  port: 3000,
  path: '/',
  method: 'PUT',
  headers: {
    filename: path.basename(file),
    'Content-Type': 'application/octet-stream',
    'Content-Encoding': 'gzip'
  }
};

const req = http.request(options, res => {
  console.log('Server response: ' + res.statusCode);
});

fs.createReadStream(file)
  .pipe(zlib.createGzip())
  .pipe(req)
  .on('finish', () => {
    console.log('File successfully sent');
});
```

앞의 코드에서 우리는 파일에서 데이터를 읽기 위해 다시 스트림을 사용하여 파일 시스템에서 읽어들이자마자 각 데이터 덩어리를 압축하여 보냅니다.

이제 어플리케이션을 시험해보기 위해 다음 명령을 사용하여 서버를 시작할 수 있습니다.

```
node gzipReceive
```

그런 다음 전송할 파일과 서버의 주소(예: localhost)를 지정하여 클라이언트를 시작할 수 있습니다.

```
node gzipSend <path to file> localhost
```

충분히 큰 파일을 선택하면 데이터가 클라이언트에서 서버로 흐르는 방식을 보다 쉽게 볼 수 있을 것입니다. 그러나 버퍼링을 사용하는 API에 비해 데이터의 흐름에 있어 왜 이 패러다임이 더 효과적인지 명확히 할 수는 없을까요? 다음 그림이 우리에게 힌트를 줄 것입니다.

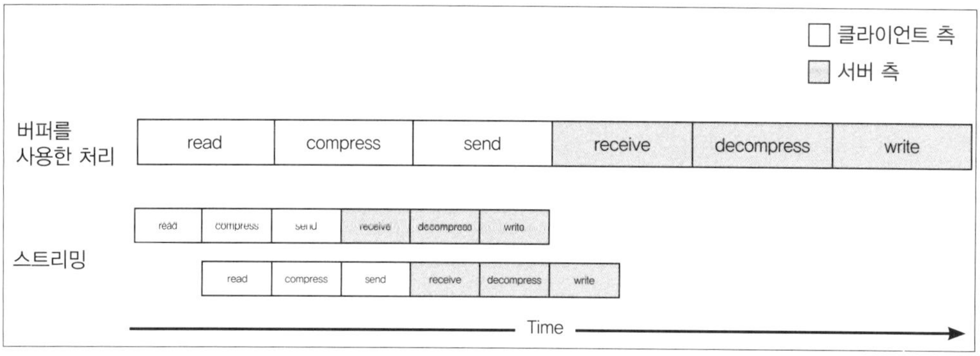

파일이 처리될 때 일련의 순차 단계를 거치게 됩니다.

1. [Client] 파일 시스템에서 데이터를 읽습니다.
2. [Client] 데이터를 압축합니다.
3. [Client] 서버로 전송합니다.
4. [Server] 클라이언트로부터 수신합니다.
5. [Server] 데이터의 압축을 풉니다.
6. [Server] 디스크에 데이터를 씁니다.

처리를 완료하려면 조립 라인과 같이 순서대로 각 단계를 끝까지 완료해야 합니다. 앞의 그림에서 버퍼링되는 API를 사용하면 프로세스가 완전히 순차적이라는 것을 알 수 있습니다. 데이터를 압축하려면 먼저 전체 파일을 읽을 때까지 기다린 다음, 데이터를 보내기 위해서는 전체 파일이 읽히고 압축될 때까지 기다려야 하는 식입니다. 대신 스트림을 사용하면 전체 파일을 읽을 때까지 기다리지 않고 첫 번째 데이터 덩어리를 수신하자마자 조립 라인이 시작됩니다. 더 놀라운 것은 데이터의 다음 덩어리가 사용 가능한 상태가 될 때, 이전 작업들이 완료될 때까지 기다릴 필요가 없다는 것입니다. 대신 조립 라인이 병렬로 실행됩니다. 이것은 우리가 실행하는 각 작업이 비동기적이면서 Node.js에 의해 병렬로 실행될 수 있기 때문에 완벽하게 작동합니다. 유일한 제약은 데이터 덩어리가 각 단계에 도착하는 순서가 보존되어야 한다는 것입니다(이것은 Node.js 스트림이 우리를 대신하여 처리합니다).

앞의 그림에서 알 수 있듯이 스트림을 사용하면 모든 데이터를 한꺼번에 읽고 처리하기 위해 시간을 낭비하지 않으므로 전체 프로세스의 시간이 단축됩니다.

5.1.4 결합성

지금까지 살펴본 코드는 각기 완벽한 Node.js 스타일로 단일 기능을 담당하는 서로 다른 프로세스 유닛들을 연결할 수 있는 pipe() 메소드를 사용하여 어떻게 스트림을 구성할 수 있는지에 대한 개요를 보여주었습니다. 이는 스트림이 균일한 인터페이스를 가지며 API 측면에서 서로를 이해할 수 있기 때문에 가능합니다. 유일한 전제 조건은 파이프라인의 다음 스트림이 이전 스트림에 의해 생성되어 전달된 데이터 타입을 지원해야 한다는 것입니다. 이 데이터 타입에는 바이너리, 텍스트 또는 객체가 될 수 있으며 이 장의 뒤에서 볼 수 있을 것입니다.

이 속성의 또 다른 예를 살펴 보기 위해, 앞에 작성한 gzipReceive/gzipSend 어플리케이션에 암호화 계층을 추가해 볼 수 있습니다.

이를 위해서는 파이프라인에 다른 스트림, 즉 crypto.createChiper()에 의해 리턴된 스트림을 추가하여 클라이언트를 업데이트하면 됩니다. 결과 코드는 다음과 같습니다.

```
const crypto = require('crypto');
//...
fs.createReadStream(file)
  .pipe(zlib.createGzip())
  .pipe(crypto.createCipher('aes192', 'a_shared_secret'))
  .pipe(req)
  .on('finish', () => console.log('File succesfully sent'));
```

비슷한 방식으로 데이터를 압축 해제하기 전에 데이터를 복호화하도록 서버를 업데이트 할 수 있습니다.

```
const crypto = require('crypto');
//...
const server = http.createServer((req, res) => {
  //...
  req
    .pipe(crypto.createDecipher('aes192', 'a_shared_secret'))
    .pipe(zlib.createGunzip())
    .pipe(fs.createWriteStream(filename))
```

```
    .on('finish', () => { /* ... */ });
});
```

큰 수고 없이(몇 줄의 코드 만으로) 어플리케이션에 암호화 레이어를 추가했습니다. 우리는 이미 존재하는 파이프라인에 변환 스트림을 끼워 넣어 스트림을 재사용했습니다. 비슷한 방법으로, 우리가 레고 블록을 가지고 노는 것처럼 다른 스트림을 추가하여 결합할 수 있습니다.

분명히 이 접근법의 주요 장점은 재사용성이지만, 지금까지 제시한 코드에서 알 수 있듯이 스트림을 사용하면 더 깨끗하고 모듈화된 코드를 만들 수 있습니다. 이러한 이유로 스트림은 순수한 I/O를 다루는 것뿐만 아니라 코드를 단순화하고 모듈화하는 수단으로 사용되기도 합니다.

5.2 스트림 시작하기

이 섹션에서 스트림이 왜 강력한지 알아보았을 뿐만 아니라, Node.js의 핵심 모듈을 비롯한 모든 곳에서 사용된다는 것을 알게 되었습니다. 예를 들어, fs 모듈에서 파일을 읽는 createReadStream()과 파일을 쓰는 createWriteStream() 그리고 HTTP requeast 및 response 객체는 기본적으로 스트림이며, 데이터 압축과 압축 해제를 위한 zlib는 스트리밍 인터페이스를 사용합니다.

이제 스트림이 중요한 이유를 알았으므로 조금 더 자세히 살펴보겠습니다.

5.2.1 스트림의 구조

Node.js에서 모든 스트림은 스트림의 코어 모듈에서 사용할 수 있는 네 가지 추상 클래스 중 하나의 구현체입니다.

- stream.Readable
- stream.Writable
- stream.Duplex
- stream.Transform

각 스트림 클래스는 EventEmitter의 인스턴스이기도 합니다. 실제로 스트림은 Readable 스트림에서 읽기가 끝났을 때 발생하는 end, 무엇인가 잘못되었을 때 발생하는 error와 같은 여러 가지 유형의 이벤트를 제공합니다.

> 간략하게 하기 위해 이 장에서 제시된 예제에서는 적절한 오류관리를 생략하는 경우가 많습니다. 그러나 상용 프로그램에서는 항상 모든 스트림에 대한 오류 이벤트 수신기를 등록하는 것이 좋습니다.

스트림이 매우 유연한 이유 중 하나는 바이너리 데이터를 처리할 뿐만 아니라 거의 모든 JavaScript의 값을 처리할 수 있다는 것입니다. 실제로 두 가지 동작 모드를 지원할 수 있습니다.

- **바이너리 모드**: 이 모드는 데이터가 버퍼 또는 문자열과 같은 덩어리(chunk) 형태로 스트리밍되는 모드입니다.
- **객체 모드**: 이 모드는 스트리밍 데이터가 일련의 별도 객체들로 취급되는 것입니다(거의 모든 JavaScript 값을 사용할 수 있습니다). 다음 장에서 보게 되겠지만, 이 두 가지 동작 모드를 사용하면 I/O뿐만 아니라 처리 단위를 기능 단위로 우아하게 구성할 수 있습니다.

> 이 장에서는 Node.js 0.11에서 도입된 Node.js 스트림 인터페이스(버전 3라고도 함)를 주로 사용합니다. 이전 인터페이스와의 차이점에 대한 자세한 내용은 StringLoop의 블로그인을 참조하십시오.
>
> • https://strongloop.com/strongblog/whats-new-io-js-beta-streams3/.

5.2.2 Readable 스트림

Readable 스트림은 데이터 소스를 나타냅니다. Node.js에서는 스트림 모듈에서 사용할 수 있는 Readableabstract 클래스를 사용하여 구현됩니다.

스트림에서 읽기

Readable 스트림에서 데이터를 수신하는 방법에는 non-flowing, flowing 이렇게 두 가지가 있습니다. 이 모드들을 좀더 자세히 살펴보겠습니다.

non-flowing 모드

Readable 스트림에서 읽기의 기본 패턴은 새로운 데이터를 읽을 준비가 되었다는 신호인 readable 이벤트에 대하여 listener를 등록하는 것입니다. 그런 다음 루프에서 내부의 버퍼가 비워질 때까지 모든 데이터를 읽습니다. 이것은 내부 버퍼에서 동기식으로 데이터 덩어리(chunk)를 읽고 Buffer 또는 String 객체를 반환하는 read() 메소드를 사용하여 수행할 수 있습니다. read() 메소드는 다음과 같은 특징을 가집니다.

```
readable.read ([size])
```

이 접근 방식을 사용하여 필요할 때 즉시 스트림으로부터 명시적으로 데이터를 가져올 수 있습니다. readStdin.js라는 새로운 모듈을 만들어 보면서 이것이 어떻게 동작하는지 알아봅시다. 이 모듈은 표준 입력으로부터 읽고 표준 출력으로 그대로 되돌려주도록 간단하게 구현된 프로그램입니다.

```
process.stdin
  .on('readable', () => {
    let chunk;
    console.log('New data available');
    while((chunk = process.stdin.read()) !== null) {
      console.log(
        `Chunk read: (${chunk.length}) "${chunk.toString()}"`
      );
    }
  })
  .on('end', () => process.stdout.write('End of stream'));
```

read() 메소드는 Readable 스트림의 내부 버퍼에서 데이터를 읽어들이는 동기 작업입니다. 스트림이 바이너리 모드로 동작하고 있는 경우, 기본적으로 반환되는 데이터는 Buffer 객체입니다.

바이너리 모드로 동작하는 Readable 스트림에서 스트림의 setEncoding(encoding)을 호출하여 buffer를 대신해서 string을 읽을 수 있으며, 유효한 인코딩 형식(예를 들어, utf8)을 제공할 수 있습니다.

데이터는 readable 리스너에서 독점적으로 읽을 수 있습니다. 리스너는 새로운 데이터가 읽기 가능하게 되는 즉시 호출됩니다. read() 메소드는 내부 버퍼에 더 이상 사용할 수 있는 데이터가 없을 때 null을 반환합니다. 이 경우 다시 읽을 수 있다는 이벤트 또는 스트림의 끝을 알리는 end 이벤트가 발생할 때까지 기다려야 합니다. 스트림이 바이너리 모드에서 동작할 때는 size 값을 read() 메소드에 전달하여 특정 양의 데이터를 읽어들일 것이라고 지정할 수 있습니다. 특히 특정 형식의 네트워크 프로토콜이나 특정 데이터 형식으로 분석하는 구현에 유용합니다.

이제 readStdin 모듈을 실행하여 시험할 준비가 되었습니다. 콘솔에 몇 가지 문자를 입력하고

Enter 키를 눌러서 다시 표준 출력으로 에코된 데이터를 확인합니다. 스트림을 종료하고 적절한 종료 이벤트를 만들기 위해서는 EOF(end-of-file) 문자를 전달해야 합니다(Windows에서는 Ctrl + Z, Linux에서는 Ctrl + D 사용).

프로그램을 다른 프로세스와 연결할 수도 있습니다. 파이프 연산자('|')를 사용하면 프로그램의 표준 출력을 다른 프로그램의 표준 입력으로 리다이렉션 할 수 있습니다. 예를 들면, 다음과 같은 명령을 실행할 수 있습니다.

```
cat <path to a file> | node readStdin
```

이것은 스트리밍 패러다임이 작성된 언어와는 관계없이 프로그램 간의 통신을 할 수 있게 해주는 보편적인 인터페이스임을 보여주는 좋은 예입니다.

Flowing 모드

스트림으로부터 데이터를 읽는 또 다른 방법은 data 이벤트에 리스너를 등록하는 것입니다. 이것은 스트림을 **Flowing 모드**로 전환합니다. 여기서 데이터는 read()를 사용하여 꺼내지 않고 데이터가 도착하자마자 해당 리스너에 전달됩니다. 예를 들어, 앞서 만든 readStdin 프로그램은 Flowing 모드에서는 다음과 같이 됩니다.

```
process.stdin
  .on('data', chunk => {
    console.log('New data available');
    console.log(
      `Chunk read: (${chunk.length}) "${chunk.toString()}"`
    );
  })
  .on('end', () => process.stdout.write('End of stream'));
```

Flowing 모드는 이전 버전의 스트림 인터페이스(Stream1이라고도 함)의 상속이며, 데이터 흐름 제어를 위한 유연성이 떨어집니다. Stream2 인터페이스의 도입으로 Flowing 모드는 기본 작동 모드가 아닙니다. 이를 사용하려면 data 이벤트에 리스너를 등록하거나 resume() 메소드를 명시적으로 호출해야 합니다.

스트림에서 data 이벤트 발생을 일시적으로 중지시키기 위해서는 pause() 메소드를 호출하는데, 이 경우 들어오는 데이터는 내부 버퍼에 캐시됩니다.

> pause()를 호출한다 해도 스트림이 다시 non-flowing 모드로 전환되지 않습니다.

Readable 스트림 구현하기

스트림에서 데이터를 읽는 방법을 익혔으므로, 다음 단계로 새로운 Readable 스트림을 구현하는 방법을 알아보겠습니다. 이렇게 하려면 stream.Readable의 prototype을 상속한 새로운 클래스를 만들어야 합니다. 실제 stream은 아래와 같은 특성을 가지는 _read() 메소드의 구현체를 제공해야 합니다.

```
readable._read(size)
```

Readable 클래스는 내부적으로 push() 메소드를 사용하여 내부 버퍼를 채우는 _read() 메소드를 호출합니다.

```
readable.push(chunk)
```

> read()는 스트림의 소비자에 의해 호출되는 메소드이고, _read() 스트림의 서브 클래스에 의해 구현되며 직접 호출해서는 안된다는 점에 주의해야 합니다. 밑줄로 시작하는 함수는 일반적으로 해당 함수가 public이 아니므로 직접 호출해서는 안된다는 의미를 가집니다.

새로운 Readable 스트림을 어떻게 구현하는지 보여주기 위해 임의의 문자열을 생성하는 스트림을 구현해 볼 수 있습니다. 문자열 생성기의 코드를 포함하는 randomStream.js라는 새로운 모듈을 만듭니다.

```
const stream = require('stream');
const Chance = require('chance');
const chance = new Chance();

class RandomStream extends stream.Readable {
  constructor(options) {
    super(options);
  }
```

```
    _read(size) {
      const chunk = chance.string(); //[1]
      console.log(`Pushing chunk of size: ${chunk.length}`);
      this.push(chunk, 'utf8'); //[2]
      if(chance.bool({likelihood: 5})) { //[3]
        this.push(null);
      }
    }
  }

  module.exports = RandomStream;
```

파일의 맨 위에서 의존성들을 로드합니다. 숫자에서 문장 전체의 문자열에 이르기까지 모든 종류의 무작위 값을 생성하는 라이브러리인 chance(http://npmjs.org/package/chance)라는 npm 모듈을 로드한다는 점을 제외하면 여기에 특별한 것은 없습니다.

다음 단계는 RandomStream이라는 새로운 클래스를 생성하고 stream.Readable을 부모로 지정하는 것입니다. 앞의 코드에서 부모 클래스의 생성자를 호출하여 내부 상태를 초기화하는데 입력된 option 인자를 전달합니다. option 객체를 통해 전달할 수 있는 변수들은 다음과 같습니다.

- 버퍼를 문자열로 변환하는데 사용되는 encoding 변수(기본값은 null입니다)
- 객체 모드를 정하는 플래그(objectMode의 기본값은 false입니다)
- 내부 버퍼에 저장되는 데이터의 상한선. 이후 소스로부터 더 이상 데이터를 읽지 않습니다(highWatermark의 기본값은 16K입니다).

좋습니다. 이제 _read() 메소드를 설명하겠습니다.

- 이 함수는 chance를 사용하여 임의의 문자열을 생성합니다.
- 생성된 문자열을 내부 읽기 버퍼에 푸시합니다. String을 푸시(push)하기 때문에 인코딩(utf8)을 지정합니다(데이터 덩어리가 단순히 이진 버퍼인 경우에는 필요하지 않습니다).
- 이 함수는 또 5%의 확률로 내부 버퍼에 EOF 상황, 다시 말해 스트림의 끝을 나타내는 null을 내부 버퍼에 푸시하여 스트림을 무작위적으로 종료시킵니다.

_read() 함수에 입력된 size 인자는 권고 매개변수기 때문에 무시되는 것을 볼 수 있습니다. 우리는 사용 가능한 모든 데이터를 간단하게 푸시할 수 있었지만, 동일한 호출 내에서 여러 번의 푸시가 있을 경우 push() 함수가 false를 반환하는가를 확인해야 하는데, 이것은 내부 버퍼가 highWatermark 제한에 도달했기 때문에 더 많은 데이터를 추가하는 것을 중지하라는 것을 의미합니다.

지금까지는 RandomStream을 위한 것입니다. 새로운 모듈을 사용할 준비가 되었습니다. 여기서 generate Random.js라는 새로운 모듈을 만들어 RandomStream 객체를 인스턴스화하고 그 인스턴스에서 데이터를 획득해 봅시다.

```
const RandomStream = require('./randomStream');
const randomStream = new RandomStream();

randomStream.on('readable', () => {
  let chunk;
  while((chunk = randomStream.read()) !== null) {
    console.log(`Chunk received: ${chunk.toString()}`);
  }
});
```

이제 새로운 우리만의 스트림을 사용해 볼 수 있습니다. 평소처럼 generateRandom 모듈을 실행한 후에 화면에 흐르는 임의의 문자열 집합을 관찰하기만 하면 됩니다.

5.2.3 Writable 스트림

Writable 스트림은 데이터의 목적지를 나타냅니다. Node.js에서는 stream 모듈에서 사용할 수 있는 Writable 추상 클래스를 사용하여 구현합니다.

스트림에 쓰기

일부 데이터를 Writable 스트림으로 밀어내는 작업은 매우 간단합니다. 그저 아래와 같은 특징을 가지는 write() 메소드를 사용하면 됩니다.

```
writable.write(chunk, [encoding], [callback])
```

인코딩 인자는 선택적인 사항이며, chunk가 String일 경우 지정할 수 있습니다(기본값은 utf8이며, chunk가 Buffer인 경우 무시됩니다). 대신 콜백 함수는 chunk가 하위 자원으로 플러시(flush)되면 호출되는데, 이 또한 선택적인 사항입니다.

더 이상 스트림에 기록할 데이터가 없다는 신호를 보내기 위해서는 end() 메소드를 사용해야 합니다.

```
writable.end([chunk], [encoding], [callback])
```

end() 메소드를 사용하여 마지막 데이터를 전달할 수 있는데, 이 경우 콜백 함수는 스트림에 쓴 모든 데이터가 하위 리소스로 플러시 되었을 때 발생하는 finish 이벤트에 리스너를 등록하는 것과 같습니다.

이제 임의의 일련의 문자열을 출력하는 간단한 HTTP 서버를 만들어 어떻게 동작하는지 보여드리겠습니다.

```
const Chance = require('chance');
const chance = new Chance();

require('http').createServer((req, res) => {
  res.writeHead(200, {'Content-Type': 'text/plain'});      //[1]
  while(chance.bool({likelihood: 95})) {                   //[2]
    res.write(chance.string() + '\n');                     //[3]
  }
  res.end('\nThe end...\n');                               //[4]
  res.on('finish', () => console.log('All data was sent')); //[5]
}).listen(8080, () => console.log('Listening on http://localhost:8080'));
```

여기서 만든 HTTP 서버는 http.ServerResponse의 인스턴스면서 Writable 스트림인 res 객체에 데이터를 씁니다. 아래는 무슨 일이 일어나는지에 대한 설명입니다.

1. 먼저 HTTP 응답 헤더를 작성합니다. writeHead()는 Writable 인터페이스의 일부가 아닙니다. 이것은 http.ServerResponse 클래스에 의해 노출된 보조 메소드입니다.
2. 5%의 확률로 종료되는 루프를 시작합니다(전체 루프의 95%는 chance.bool()에서 true를 반환합니다).
3. 루프 내에서 임의의 문자열을 스트림에 씁니다.
4. 루프가 끝나면 스트림에서 end()를 호출하여 더 이상 쓸 데이터가 없음을 알립니다. 또한 스트림을 끝내기 전에 스트림에 쓸 최종 문자열을 전달합니다.
5. 마지막으로 finish 이벤트에 대한 리스너를 등록하는데, 이 이벤트는 모든 데이터가 하위 소켓에 플러시 될 때 발생합니다.

이 모듈을 entropyServer.js라고 부르기로 하고, 저장한 후 실행합니다. 서버를 테스트하기 위해서 브라우저에 http://localhost:8080을 입력하거나, 다음과 같이 명령창에서 curl을 사용합니다.

```
curl localhost:8080
```

이 시점에서 서버는 접속한 HTTP 클라이언트에 임의의 문자열을 보내기 시작합니다(일부 브라우저는 데이터를 버퍼링할 수 있어 스트리밍 동작이 분명히 보이지 않을 수도 있습니다.)

백프레셔(Back-pressure)

실제 파이프 시스템에서 흐르는 액체와 마찬가지로 Node.js 스트림은 스트림이 소비하는 것보다 더 빠르게 데이터를 쓸 경우 병목 현상이 발생할 수 있습니다. 이를 해결하기 위한 메커니즘은 들어오는 데이터를 버퍼링하는 것입니다. 그러나 스트림이 writer에 피드백을 주지 않는다면, 내부 버퍼에 점점 더 많은 데이터가 축적되어 원치 않는 수준의 메모리 사용을 초래하게 될 수 있습니다.

이런 일이 발생하지 않도록 내부 버퍼가 highWartermark 제한을 초과하면 writable.write()는 false를 반환합니다. Writable 스트림은 highWaterMark라는 속성을 가지고 있습니다. 이것은 내부 버퍼의 크기 제한을 나타내는데, write() 메소드가 false를 반환하면 어플리케이션에서는 더 이상의 데이터를 쓰지 말아야 합니다. 버퍼가 비워지면 drain 이벤트가 발생하여 다시 쓰기를 시작해도 좋다는 것을 알립니다. 이 메커니즘을 **백프레셔(back-pressure)**라고 합니다.

> 이 섹션에서 설명한 메커니즘은 Readable 스트림에도 유사하게 적용됩니다. 실제로 Readable 스트림에도 백프레셔가 존재하며 _read() 내부에서 호출되는 push() 메소드가 false를 반환하면 발동됩니다. 그러나 스트림 구현체들의 특성에 따른 문제로, 여기서 자세히 다루지는 않을 것입니다.

요전에 작성한 엔트로피 서버를 수정함으로써 Writable 스트림의 백프레셔를 처리하는 방법을 알아볼 수 있을 것입니다.

```
const Chance = require('chance');
const chance = new Chance();

require('http').createServer((req, res) => {
  res.writeHead(200, {'Content-Type': 'text/plain'});

  function generateMore() { //[1]
    while(chance.bool({likelihood: 95})) {
      let shouldContinue = res.write(
```

```
      chance.string({length: (16 * 1024) - 1}) //[2]
    );
      if(!shouldContinue) { //[3]
        console.log('Backpressure');
        return res.once('drain', generateMore);
      }
    }
    res.end('\nThe end...\n',() => console.log('All data was sent'));
  }
  generateMore();
}).listen(8080, () => console.log('Listening on http://localhost:8080'));
```

앞선 코드에서 가장 중요한 단계는 다음과 같이 요약할 수 있습니다.

1. generateMore() 라는 함수로 메인 로직을 감쌌습니다.
2. 백프레셔를 받을 가능성을 높이기 위해 데이터 덩어리의 크기를 16KB-1Byte 늘렸습니다. 이는 highWartermark의 기본값에 매우 가까운 값입니다.
3. 데이터 덩어리를 작성한 후 res.write()의 리턴 값을 확인합니다. false를 받으면 내부 버퍼가 가득 차서 더 이상 데이터를 쓸 수 없음을 의미합니다. 이 경우 함수에서 빠져 나가고 drain 이벤트가 발생할 때마다 쓰기 작업을 다시 등록합니다.

이제 서버를 다시 실행하고 curl을 사용하여 클라이언트 요청을 생성하면 서버가 하위 소켓 보다 빠른 속도, 즉 매우 빠른 속도로 데이터를 생성하기 때문에 얼마간의 백프레셔가 발생할 확률이 높습니다.

Writable 스트림 구현

stream.Writable의 프로토타입(prototype)을 상속받아 _write() 함수를 구현하여 새로운 Writable 스트림을 구현할 수 있습니다. 구현하면서 세부 사항에 대한 설명을 바로 해보도록 하겠습니다.

아래와 같은 형식으로 객체를 받는 Writable 스트림을 작성해 보겠습니다.

```
{
  path: <path to a file>
  content: <string or buffer>
}
```

이 객체들 각각에 대해 우리의 스트림은 주어진 경로에 생성된 파일에 내용을 저장해야 합니다.

스트림의 입력은 문자열이나 버퍼가 아닌 객체라는 것을 즉시 알 수 있습니다. 이는 스트림이 object 모드에서 동작해야 함을 의미합니다.

이 모듈을 toFileStream.js라고 부르겠습니다.

```
const stream = require('stream');
const fs = require('fs');
const path = require('path');
const mkdirp = require('mkdirp');
class ToFileStream extends stream.Writable {
  constructor() {
    super({objectMode: true});
  }

  _write (chunk, encoding, callback) {
    mkdirp(path.dirname(chunk.path), err => {
      if (err) {
        return callback(err);
      }
      fs.writeFile(chunk.path, chunk.content, callback);
    });
  }
}
module.exports = ToFileStream;
```

첫 번째 단계로, 우리가 사용할 모든 의존성을 로드합니다. 우리는 mkdirp 모듈을 필요로 하며, 이는 이전 장에서 알 수 있듯이 NPM을 통해 설치되어 있어야 합니다.

stream.Writable을 확장한 새로운 클래스를 만들었습니다.

내부 상태를 초기화하기 위해 부모의 생성자를 호출해야 합니다. 스트림이 object 모드로 동작하도록 지정하기 위해 options 객체도 함께 제공합니다. stream.Writable에서 사용할 수 있는 다른 옵션들은 다음과 같습니다.

- highWaterMark(기본값은 16K입니다): 이것은 백프레셔의 한도를 제어합니다.
- decodeStrings(기본값은 true): 이것은 _write() 메소드에 전달되기 전에 바이너리 버퍼 내 문자열에 대한 디코딩을 자동으로 활성화시킵니다. 이 옵션은 object 모드에서는 무시됩니다.

끝으로 _write() 메소드를 살펴봅시다. 보시다시피, 이 메소드는 데이터 덩어리(chunk), 인코딩(바이너리 모드면서 스트림 옵션 decodeStrings가 false로 설정된 경우에만 의미가 있습니다)을 인자로 받습니다. 또한 이 메소드는 작업이 완료될 때 호출해야 하는 콜백 함수를 허용하고 있습니다. 작업 결과를 전달할 필요는 없지만, 필요한 경우 스트림에서 error 이벤트를 발생시키는 오류를 전달할 수 있습니다.

이제 우리가 만든 스트림을 빌드하기 위해 writeToFile.js와 같은 이름으로 새로운 모듈을 만들고 스트림에 대한 몇 가지 쓰기 작업을 수행해 볼 수 있습니다.

```
const ToFileStream = require('./toFileStream.js');
const tfs = new ToFileStream();

tfs.write({path: "file1.txt", content: "Hello"});
tfs.write({path: "file2.txt", content: "Node.js"});
tfs.write({path: "file3.txt", content: "Streams"});
tfs.end(() => console.log("All files created"));
```

여기까지 첫 번째 사용자 정의 Writable 스트림을 만들고 사용해 봤습니다. 평소와 같이 새 모듈을 실행하여 출력을 확인하십시오. 실행 후 3개의 파일이 생성될 것입니다.

5.2.4 양방향(Duplex) 스트림

양방향 스트림은 Readable과 Writable 모두가 가능한 스트림입니다. 이것은 소켓처럼 데이터 소스와 데이터 목적지를 모두 가지는 항목을 다룰 때 유용합니다. 양방향 스트림은 stream.Readable 및 stream.Writable의 메소드를 상속하기 때문에 그 기능들이 전혀 새로운 것이 아닙니다. 즉, 우리는 데이터를 read() 또는 write() 하거나 readable이나 drain 이벤트를 모두 수신할 수 있습니다.

사용자 정의 이중 스트림을 생성하려면 _read() 및 _write() 메소드를 구현해야 합니다. Duplex() 생성자에 전달되는 options 객체는 내부적으로 Readable 및 Writable 모두의 생성자에 전달됩니다. options는 allowHalfOpen(기본값은 true입니다)이라는 새로운 매개변수를 추가하면 나머지는 이전의 섹션에서 설명한 것과 동일합니다. allowHalfOpen을 false로 설정시 스트림의 한쪽이 종료되면 두 쪽(Readable과 Writable) 모두가 종료됩니다.

> 양방향 스트림을 한 쪽에서는 object 모드로 다른 한쪽에서는 바이너리 모드로 작업하려 한다면, 스트림 생성자에 다음 속성을 수동으로 설정해야 합니다.
>
> ```
> this._writableState.objectMode
> this._readableState.objectMode
> ```

5.2.5 Transform 스트림

Transform 스트림은 데이터 변환을 처리하도록 설계된 특별한 종류의 이중 스트림입니다.

간단한 양방향 스트림에서는 스트림에서 읽은 데이터와 스트림에 쓰는 데이터 사이에 직접적인 관계가 없습니다(적어도 스트림에서 이 관계는 논의할 필요도 없습니다). 원격의 피어와 데이터를 송수신하는 TCP 소켓에 대해 생각해 봅시다. 소켓은 입력과 출력 사이에 어떠한 관계도 인식하지 못합니다. 아래 그림은 양방향 스트림에서 데이터의 흐름을 보여줍니다.

양방향(Duplex) 스트림

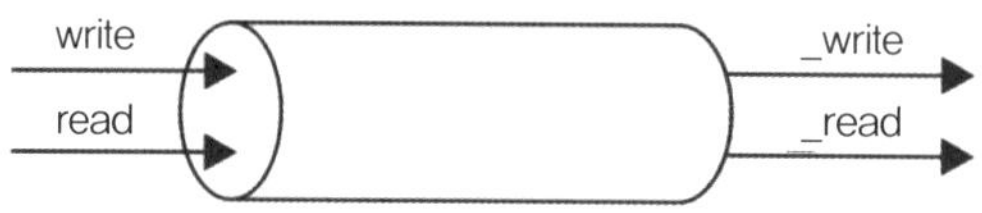

다른 한편으로, Transform 스트림은 Writable 쪽에서 받은 각 데이터들에게 어떤 종류의 변형을 적용한 후에 변형된 데이터들을 Readable 쪽에서 사용할 수 있도록 합니다. 아래 그림은 데이터가 Transform 스트림에서 어떻게 흐르는지 보여줍니다.

Transform 스트림 변환

외부에서 볼 때 Transform 스트림의 인터페이스는 양방향 스트림(Duplex stream)의 인터페이스와 동일합니다. 그러나 새로운 양방향 스트림(Duplex stream)을 만들 때는 _read() 및 _write() 메소드를 구현해 제공해야 하지만, 새로운 Transform 스트림을 구현할 때는 transform()과 _flush() 메소드를 추가로 작성해야 합니다.

예제로 새로운 Transform 스트림을 만들어 봅시다.

5.2.6 Transform 스트림 구현

주어진 모든 문자열을 대체하는 Transform 스트림을 구현해 보겠습니다. 이렇게 하려면 replaceStream.js라는 새 모듈을 만들어야 합니다. 바로 구현해 보도록 하겠습니다.

```
const stream = require('stream');
const util = require('util');

class ReplaceStream extends stream.Transform {
  constructor(searchString, replaceString) {
    super();
    this.searchString = searchString;
    this.replaceString = replaceString;
    this.tailPiece = '';
  }

  _transform(chunk, encoding, callback) {
    const pieces = (this.tailPiece + chunk) //[1]
      .split(this.searchString);
    const lastPiece = pieces[pieces.length - 1];
    const tailPieceLen = this.searchString.length - 1;

    this.tailPiece = lastPiece.slice(-tailPieceLen); //[2]
    pieces[pieces.length - 1] = lastPiece.slice(0,-tailPieceLen);

    this.push(pieces.join(this.replaceString)); //[3]
    callback();
  }

  _flush(callback) {
    this.push(this.tailPiece);
    callback();
  }
}

module.exports = ReplaceStream;
```

언제나처럼 우리는 종속성에서 출발하여 모듈 빌드를 시작할 것입니다. 이번에는 제 3자의 모듈을 사용하지 않을 것입니다.

그 다음 stream.Transform 기본 클래스를 확장하여 새로운 클래스를 만들 것입니다. 클래스의 생성자는 searchString과 replaceString이라는 두 개의 인자를 받습니다. 이름에서 유추할 수 있듯이 찾을 문자열과 찾은 문자열을 교체할 문자열을 정의하는 것입니다. 또한 _transform() 메소드에서 사용할 내부 변수 tailPiece를 초기화 합니다.

이제 새로운 클래스의 핵심인 _transform() 메소드에 대해 알아보겠습니다. transform() 메소드는 Writable 스트림의 _write() 메소드와 거의 동일한 형태를 가지고 있지만, 하위 리소스에 데이터를 쓰는 대신 Readable 스트림의 _read() 메소드에서 한 것과 마찬가지로 this.push()를 사용하여 내부 버퍼에 푸시합니다. 이렇게 하면 Transform 스트림의 양측이 실제로 어떻게 연결되는지 확인할 수 있습니다.

ReplaceStream의 _transform() 메소드는 알고리즘 구현의 핵심입니다. 버퍼에서 문자열을 검색하여 치환하는 것은 어려운 일이 아니지만, 데이터가 스트리밍 될 때는 전혀 다른 이야기가 되는데, 치환 기능한 검색 항목이 여러 데이터 덩어리(chunk)에 분산되어 있을 수 있습니다. 이 코드가 수행하는 절차를 설명하자면 다음과 같습니다.

1. 알고리즘은 searchString 함수를 분리자(separator)로 사용하여 데이터 덩어리를 분할(split)합니다.
2. 그런 다음 분할 연산에 의해 생성된 배열의 마지막 항목에서 searchString.length - 1만큼의 문자열을 추출합니다. 결과는 변수 tailpiece에 저장되고 다음 데이터 덩어리의 앞에 덧붙여집니다.
3. 마지막으로 split()에서 생성된 모든 항목들은 replaceString을 분리자로 결합되어 내부의 버퍼로 푸시됩니다.

스트림이 끝나면 마지막 tailPiece 변수가 내부 버퍼에 푸시되지 않은 상태일 수 있습니다. 이것이 바로 _flush() 메소드의 용도입니다. 스트림이 끝나기 직전에 호출되며, 스트림을 완전히 끝내기 전에 마지막으로 스트림을 마무리하거나, 남은 데이터를 푸시할 수 있는 마지막 기회입니다.

_flush() 메소드는 모든 작업이 완료되면 호출하여 스트림이 종료되는 콜백을 인자로 받습니다. 이렇게 ReplaceStream 클래스를 완성하였습니다.

이제 새로운 스트림을 사용해 봅시다. 일정한 데이터를 쓴 다음 변환된 결과를 읽는 replaceStreamTest.js라는 모듈을 만들 수 있습니다.

```
const ReplaceStream = require('./replaceStream');

const rs = new ReplaceStream('World', 'Node.js');
rs.on('data', chunk => console.log(chunk.toString()));

rs.write('Hello W');
rs.write('orld!');
rs.end();
```

스트림을 좀 더 현실적으로 동작하도록 두 개의 서로 다른 데이터 덩어리(chunk)에 걸쳐 검색어(World)를 나누어 놓습니다. 그런 다음 flowing 모드를 사용하여, 동일한 스트림에서 읽어 들여 변환된 데이터 덩어리를 출력합니다. 앞의 프로그램을 실행하면 다음과 같은 결과가 나타납니다.

```
Hel
lo Node.js
!
```

우리가 기억할 만한 다섯 번째 유형의 스트림이 있습니다. 바로 PassThrough입니다. 앞서 언급한 다른 스트림 클래스들과는 달리 PassThrough는 추상 클래스가 아니며, 다른 메소드를 구현할 필요가 없이 바로 인스턴스화 될 수 있습니다. 실제로 변환을 적용하지 않고 모든 데이터 덩어리(chunk)를 출력하는 Transform 스트림입니다.

파이프를 통한 스트림 연결

Unix의 파이프 개념은 Douglas Mcllroy에 의해 고안되었습니다. 이것은 프로그램의 출력을 다음 프로그램의 입력에 연결할 수 있게 합니다. 다음 명령을 살펴보십시오.

```
echo Hello World! ¦ sed s/World/Node.js/ g
```

위의 명령에서 echo가 Hello World!를 표준 출력에 기록한 다음, sed 명령의 표준 입력으로 리다이렉션됩니다(파이프 연산자 덕에). sed는 모든 World를 Node.js로 대체하고 결과를 표준 출력(이번에는 콘솔)으로 내보냅니다.

비슷한 방식으로, Node.js 스트림은 아래와 같은 형식의 인터페이스를 가지는 Readable 스트림의 pipe() 메소드를 사용하여 서로 연결할 수 있습니다.

```
readable.pipe (writable, [options])
```

직관적으로 알 수 있듯이, pipe() 메소드는 readable 스트림에서 만들어진 데이터를 취하여 주어진 write 스트림으로 보내줍니다. 또한 readable 스트림이 end 이벤트를 전달하면 자동으로 writable 스트림은 종료됩니다. pipe() 메소드는 인자로 전달된 writable 스트림을 반환하므로 해당 스트림이(Duplex 또는 Transform 스트림처럼) Readable까지 가능하다면 연결된 호출을 만들어 낼 수 있습니다.

두 개의 스트림을 함께 pipe로 연결하면 흡착(suction)이 생성되어 데이터가 자동으로 writable 스트림으로 흐르게 되어 read() 또는 write()를 호출할 필요가 없습니다. 중요한 것은 자동으로 처리되기 때문에 더 이상 백프레셔를 제어할 필요가 없다는 것입니다.

간단한 예제를 만들기 위해 replace.js라는 새로운 모듈을 만들어 표준 입력에서 텍스트 스트림을 가져와 치환을 적용한 다음, 이 데이터를 표준 출력으로 내보냅니다.

```
const ReplaceStream = require('./replaceStream');
process.stdin
  .pipe(new ReplaceStream(process.argv[2], process.argv[3]))
  .pipe(process.stdout);
```

위 프로그램은 표준 입력으로부터 오는 데이터를 ReplaceStream으로 파이프한 다음, 다시 표준 출력으로 되돌려 줍니다. 이제 이 작은 어플리케이션을 사용하기 위해 Unix 파이프를 활용하여 다음 예제와 같이 일부 데이터를 표준 입력으로 리다이렉션 할 수 있습니다.

```
echo Hello World! | node replace World Node.js
```

이렇게 하면 다음과 같이 출력됩니다.

```
Hello Node.js
```

이 간단한 예제를 통해 스트림(특히 텍스트 스트림)은 보편적인 인터페이스이며, 파이프는 이러한 모든 인터페이스를 구성하고 서로 연결하는 마법과 같은 방법이라는 것을 알 수 있습니다.

> 오류 이벤트는 파이프라인을 통해 자동으로 전파되지 않습니다. 예를 들어 다음과 같은 일부의 코드를 봅시다.
>
> ```
> stram1
>   .pipe(stream2)
>   .on('error', function() {});
> ```
>
> 이 파이프라인에서 우리는 stream2에서 발생한 에러만 캐치할 수 있습니다. 즉, 만일 우리가 stream1에서 발생하는 에러도 캐치하고자 한다면, 또 다른 error 리스너를 stream1에 직접 연결해야 한다는 것입니다. 나중에 이 불편함을 줄이는 패턴(스트림 결합-combining stream)을 보게 될 것입니다. 또한, 타겟 스트림이 오류를 발생시키면 자동으로 소스 스트림에서 데이터가 흘러 들지 않아 파이프라인이 중단됩니다.

스트림 작업을 위한 Through와 from

지금까지 사용자정의 스트림을 작성한 방식은 Node의 방식을 정확히 따르고 있지 않습니다. 실제로 기본 스트림 클래스를 상속하게 되면, 최소 면적의 원칙(small surface area principle)을 위반하고 일부 복잡한 코드를 필요로 하게 됩니다. 이것은 스트림이 잘못 설계되었다는 것이 아닙니다. 실제로 Node.js 코어의 일부이므로 사용자 영역의 모듈들이 광범위한 용도로 확장할 수 있도록 가능한 유연해야 한다는 것도 사실입니다.

대부분의 경우 프로토타입 상속으로 제공되는 모든 기능을 확장할 필요없이, 우리는 새로운 스트림을 정의하는 빠르고 간단한 방법이 필요합니다. 물론 Node.js 커뮤니티에서 이를 위한 솔루션을 만들었습니다. 완벽한 예가 바로 through2(https://npmjs.org/package/through2)입니다. 이 작은 라이브러리는 Transform 스트림의 생성을 단순화합니다. through2를 사용하면 간단한 함수를 호출하여 새로운 Transform 스트림을 만들 수 있습니다.

```
const transform = through2 ([options], [_transform], [_flush])
```

비슷한 방법으로 from2(https://npmjs.org/package/from2)를 사용하면 다음과 같은 코드를 사용하여 쉽고 간결하게 Readable 스트림을 만들 수 있습니다.

```
const readable = from2 ([options], _read)
```

이 작은 라이브러리를 사용할 때의 장점은 나머지 장에서 사용법을 보면 바로 알 수 있을 것입니다.

> 패키지 through(https://npmjs.org/package/through)와 패키지 from(https://npmjs.org/package/from)은 Stream1 위에 구축된 오리지널 라이브러리입니다.

5.3 스트림을 사용한 비동기 제어 흐름

지금까지 제시한 예제를 살펴보면 스트림은 I/O를 처리하는데 유용할 뿐만 아니라 모든 종류의 데이터를 처리하는데 사용할 수 있는 세련된 프로그래밍 패턴으로도 유용할 수 있습니다. 그러나 장점은 단순한 외관만은 아닙니다. 이번 섹션에서 보게 되겠지만, 스트림을 활용하여 비동기식 제어 흐름(control flow)을 흐름 제어(flow control)로 전환할 수도 있습니다

> 제어 흐름은 프로그램이 실행 중일 때 함수 호출, 명령문 및 명령문이 실행되거나 평가되는 순서입니다. 흐름 제어는 컴퓨터 모뎀이나 네트워크 장치와 같은 통신 장치와의 데이터 흐름의 차이를 보완하는 메커니즘 또는 코드입니다. 송신 컴퓨터가 수신 컴퓨터보다 빠르기 때문에 데이터 통신에 흐름 제어가 필요합니다. 데이터를 너무 빨리 보내면 오류가 발생하거나 데이터가 손실됩니다.

5.3.1 순차 실행

기본적으로 스트림은 순차적으로 데이터를 처리합니다. 예를 들어, Transform 스트림의 _transform() 함수는 이전 호출의 callback()이 실행되어 완료될 때까지 다음 데이터 덩어리(chunk)와 함께 재호출되지 않습니다. 이것은 각 데이터 덩어리들을 올바른 순서로 처리하는데 있어 아주 중요한 스트림의 특징이지만, 스트림을 전통적인 제어 흐름 패턴의 세련된 대안으로 사용하는데 활용할 수도 있습니다.

'백문이 불여일견' 이라는 말이 있듯이 비동기 작업을 순차적으로 처리하는데 스트림을 어떻게 사용할 수 있는지 예제를 만들어 보도록 하겠습니다. 입력으로 받은 일련의 파일을 연결하여 공급된 순서를 따르도록 하는 함수를 만들어 봅시다. concatFile.js라는 새로운 모듈을 만들고 그 안에 종속성을 정의하는 것부터 시작해봅시다.

```
const fromArray = require('from2-array');
const through = require('through2');
const fs = require('fs');
```

우리는 through2를 사용하여 간단하게 Transform 스트림을 만들고, from2-array를 객체의 배열로부터 Readable 스트림을 만들기 위해 사용할 것입니다.

다음으로, concatFiles() 함수를 정의할 수 있습니다.

```
function concatFiles(destination, files, callback) {
  const destStream = fs.createWriteStream(destination);
  fromArray.obj(files) //[1]
    .pipe(through.obj((file, enc, done) => { //[2]
      const src = fs.createReadStream(file);
      src.pipe(destStream, {end: false});
      src.on('end', done) //[3]
    }))
    .on('finish', () => { //[4]
      destStream.end();
      callback();
    });
}
module.exports = concatFiles;
```

앞선 함수는 파일 배열을 스트림으로 변환하여 순차 반복을 구현하고 있습니다. 이 함수의 처리 과정에 대한 설명은 다음과 같습니다.

1. 먼저, from2-arry를 사용하여 파일 배열에서 Readable 스트림을 만듭니다.
2. 다음으로, 순차적으로 각 파일을 처리하기 위해 through(Transform) 스트림을 생성합니다. 각 파일에 대해 Readable 스트림을 만들고, 이를 출력 파일을 나타내는 destStream으로 연결(pipe)합니다. pipe 옵션으로 {end:false}를 정의함으로써 소스 파일의 읽기를 완료한 후에도 destStream을 닫지 않도록 합니다.
3. 소스 파일의 모든 내용이 destStream으로 전달되었을 때, through에 공개되어 있는 done 함수를 호출하여 현재 처리가 완료되었음을 알립니다. 이 경우 우리는 다음 파일의 처리를 시작시켜야 합니다.
4. 모든 파일이 처리되면 finish 이벤트가 시작됩니다. 마지막으로 destStream을 종료하고 concatFiles()의 callback() 함수를 호출하여 전체 작업이 완료되었음을 알릴 수 있습니다.

이제 방금 작성한 작은 모듈을 실행해 봅시다. 이 실행을 위해 concat.js라는 새로운 파일을 만듭니다.

```
const concatFiles = require('./concatFiles');
concatFiles(process.argv[2], process.argv.slice(3), () => {
  console.log('Files concatenated successfully');
});
```

아래 예와 같이, 대상 파일을 첫 번째 커맨드라인 인자로 하고 뒤이어 파일들의 목록을 열거합니다.

```
node concatallTogether.txt file1.txtf ile2.txt
```

이렇게 하면 file1.txt 및 file2.txt의 내용을 순서대로 포함하는 allTogether.txt라는 새 파일을 만들어 낼 것입니다.

concatFile() 함수에서 우리는 스트림만을 사용하여 비동기 순차 반복을 얻을 수 있었습니다. '3장. 콜백을 사용한 비동기 제어 흐름 패턴'에서 보았듯이 순수 Javascript로 구현된 경우에는 iterator 또는 async와 같은 외부의 라이브러리를 사용해야 했었습니다. 이제 동일한 결과를 얻기 위한 또 다른 옵션이 가능해졌으며, 이번 옵션은 작으며 매우 세련됩니다.

> **패턴**
> 스트림 또는 스트림 조합을 사용하여 일련의 비동기 작업을 순차적으로 쉽게 반복할 수 있습니다.

5.3.2 비순차 병렬 실행

지금까지 스트림이 각 데이터 덩어리들을 순차 처리하는 것을 보았습니다. 하지만 때때로 Node.js 동시성을 최대한 활용하지 못하기 때문에 병목 현상이 있을 수 있습니다. 모든 데이터 덩어리들에 대해 느린 비동기 작업을 실행해야 하는 경우, 실행을 병렬화하고 전체 프로세스의 속도를 높이는 것이 유리할 수 있습니다. 물론 이 패턴은 각각의 데이터 덩어리들이 서로 관계가 없는 경우에만 적용할 수 있습니다. 이런 경우는 객체 스트림에는 흔히 볼 수 있지만, 이진 스트림에서는 드물게 사용 가능한 경우를 볼 수 있습니다.

> **주의**
> 병렬 스트림은 데이터가 처리되는 순서가 중요한 경우에는 사용할 수 없습니다.

Transform 스트림의 실행을 병렬화하기 위해서는 3장에서 배웠던 콜백을 사용한 비동기 제어 흐름 패턴을 적용할 수도 있지만, 일부에서는 스트림을 사용할 수도 있습니다. 어떻게 작동하는지 보겠습니다.

비순차 병렬 스트림 구현

예제를 통해 이를 바로 살펴보도록 하겠습니다. paralelStream.js라는 모듈을 만들고 주어진 변환 함수를 병렬로 실행하는 일반적인 Transform 스트림을 정의해 보겠습니다.

```
const stream = require('stream');

class ParallelStream extends stream.Transform {
  constructor(userTransform) {
    super({objectMode: true});
    this.userTransform = userTransform;
    this.running = 0;
    this.terminateCallback = null;
  }

  _transform(chunk, enc, done) {
    this.running++;
    this.userTransform(chunk, enc, this.push.bind(this),
    this._onComplete.bind(this));
    done();
  }

  _flush(done) {
    if(this.running> 0) {
      this.terminateCallback = done;
  } else {
    done();
  }
}

  _onComplete(err) {
    this.running--;
    if(err) {
      return this.emit('error', err);
    }
    if(this.running === 0) {
      this.terminateCallback && this.terminateCallback();
    }
  }
}

module.exports = ParallelStream;
```

이 새로운 클래스를 분석해 봅시다. 보시다시피 생성자는 userTransform() 함수를 받아들여 내부 변수로 저장합니다. 또 부모의 생성자를 호출하여 편의상 디폴트로 객체 모드를 활성화합니다.

다음으로 _transform() 함수의 차례입니다. 이 메소드에서는 실행 중인 작업의 수를 늘린 후 userTransform() 함수를 실행합니다. 마지막에는 done()을 호출함으로써 현재 변환 과정이 완료되었음을 알립니다. 병렬로 다른 항목의 처리를 시작시키는 트릭이 바로 이것입니다. 우리는 done()을 호출하기 전에 userTransform() 함수가 완료되기를 기다리지 않고 바로 호출합니다. 한편으로는 this._onComplete() 메소드를 userTransform() 함수에 특별한 콜백으로 제공합니다. 이렇게 하여 userTransform()이 완료되었을 때 알림을 받을 수 있습니다.

_flush() 메소드는 스트림이 끝나기 직전에 호출됩니다. 따라서 실행 중인 작업이 있을 경우, 바로 done() 콜백을 호출하지 않도록 하여 finish 이벤트의 발생을 보류시킬 수 있습니다. 대신 this.terminateCallback 변수에 할당합니다. 스트림이 제대로 종료되는 방법을 이해하려면 _conComplelet() 메소드를 살펴봐야 합니다. 이 마지막 메소드는 비동기 작업이 완료될 때마다 호출됩니다. 실행 중인 작업이 있는지 확인하고, 없을 경우 this.terminateCallback() 함수를 호출하여 스트림을 종료시키고 _flush() 메소드에서 보류된 finish 이벤트를 발생시킵니다.

방금 만든 ParallelStream 클래스를 사용하면 작업을 병렬로 실행하는 Transform 스트림을 쉽게 만들 수 있지만, 주의해야 할 점은 항목들을 받은 순서대로 보존하지 않는다는 것입니다. 실제로 비동기식 작업은 시작 시점에 관계없이 언제든지 완료되거나 데이터를 푸시할 수 있습니다. 이 속성은 데이터의 순서가 중요한 바이너리 스트림에서는 잘 작동하지 않지만 일부 유형의 객체 스트림에서는 유용할 수 있다는 것을 바로 이해해야 합니다.

URL 상태 모니터링 어플리케이션의 구현

이제 ParallelStream을 구체적인 예에 적용해 보겠습니다. 커다란 URL 목록의 상태를 모니터링 할 수 있는 간단한 서비스를 만들어야 한다고 가정해 보겠습니다. 이 모든 URL이 단일 파일에 포함되어 있고 개행 문자로 구분되어 있다고 가정해 봅시다.

스트림은 이러한 문제에 매우 효과적이고 세련된 해결책을 제공할 수 있습니다. URL들의 검사를 병렬로 실행하기 위해 ParallelStream 클래스를 사용한다면 더욱 그렇습니다.

checkUrls.js라는 새로운 모듈로 이 간단한 어플리케이션을 바로 구현해 봅시다.

```
const fs = require('fs');
const split = require('split');
const request = require('request');
const ParallelStream = require('./parallelStream');
```

```
fs.createReadStream(process.argv[2]) //[1]
  .pipe(split()) //[2]
  .pipe(new ParallelStream((url, enc, push, done) => { //[3]
    if(!url) return done();
    request.head(url, (err, response) => {
      push(url + ' is ' + (err ? 'down' : 'up') + '\n');
      done();
    });
  }))
  .pipe(fs.createWriteStream('results.txt')) //[4]
  .on('finish', () => console.log('All urls were checked'));
```

예제에서 볼 수 있듯이 스트림을 사용하면 코드가 매우 세련되고 직관적으로 보입니다. 이것이 어떻게 동작하는지 살펴봅시다.

1. 먼저, 입력으로 주어진 파일로부터 Readable 스트림을 생성합니다.
2. 각각의 라인을 서로 다른 데이터 덩어리로 출력하는 Transform 스트림인 split(https://npmjs.org/package/split)을 통해 입력 파일의 내용을 연결(pipe)합니다.
3. 그런 다음, ParallelStream을 사용하여 요청 헤더를 보내고 응답을 기다려 URL을 검사합니다. 콜백이 호출될 때 작업 결과를 스트림으로 밀어냅니다.
4. 마지막으로 모든 결과가 results.txt. 파일에 파이프 됩니다.

자, 이제 다음과 같은 명령으로 checkUrls 모듈을 실행해 볼 수 있습니다.

```
node checkUrlsurlList.txt
```

다음은 urlList.txt. 파일에 들어있는 URL 목록의 예시입니다.

- http://www.mariocasciaro.me
- http://loige.co
- http://thiswillbedownforsure.com

명령의 실행이 끝나면 result.txt. 파일이 생성된 것을 볼 수 있습니다.

여기에는 작업 결과가 표시되는데, 다음은 그 예입니다.

```
http://thiswillbedownforsure.com is down
http://loige.co is up
http://www.mariocasciaro.me is up
```

결과가 작성되는 순서가 URL이 파일에 기록된 순서와 다를 확률이 높습니다. 이는 스트림이 작업을 병렬로 실행하고 스트림의 여러 데이터 덩어리들의 순서를 고려하지 않는다는 명백한 증가가 됩니다.

> 호기심을 불러 일으키기 위해 ParalleStream을 일반적인 through2 스트림으로 대체하고 두 가지의 동작과 성능을 비교해 볼 수 있습니다(이 작업은 여러분의 연습을 위해 남겨둡니다). 각 URL이 순서대로 검사되기 때문에 through2를 사용하는 것이 더 느리다는 것을 알 수 있을 뿐만 아니라 results.txt. 파일의 결과 순서가 유지되는 것을 볼 수 있습니다.

5.3.3 제한된 비순차 병렬 실행

수천 또는 수백만 개의 URL이 포함된 파일에 대해 checkUrls 어플리케이션을 실행하려 한다면 문제가 발생합니다. 우리의 어플리케이션은 한 번에 감당할 수 없는 연결을 한꺼번에 생성하여 상당한 양의 데이터를 동시에 보냄으로써 잠재적으로 어플리케이션의 안정성을 해치고 전체 시스템의 가용성을 떨어뜨릴 것입니다. 이미 알고 있듯이 부하와 리소스 사용을 제어하는 방법은 병렬 작업의 동시 실행을 제한하는 것입니다.

앞 섹션에서 작성한 parallelStream.js의 변형인 limitedParallelStream.js 모듈을 만들어 스트림에서 어떻게 작동하는지 살펴보겠습니다.

생성자에서 시작해서 어떤 모양인지 보도록 합시다(변경된 부분을 굵게 표시합니다).

```
class LimitedParallelStream extends stream.Transform {
  constructor(concurrency, userTransform) {
    super({objectMode: true});
    this.concurrency = concurrency;
    this.userTransform = userTransform;
    this.running = 0;
    this.terminateCallback = null;
    this.continueCallback = null;
  }
//...
```

동시실행 제한을 입력으로 받아야 하고, 이번에는 대기중인 _transform 메소드(continueCallback)와 _flush 메소드(terminateCallback)의 콜백을 위해 두 개의 콜백을 저장해야 합니다.

다음은 _transform() 메소드 차례입니다.

```
_transform(chunk, enc, done) {
  this.running++;
  this.userTransform(chunk, enc, this._onComplete.bind(this));
  if(this.running < this.concurrency) {
    done();
  } else {
    this.continueCallback = done;
  }
}
```

이번 _transform() 메소드에서는 done()을 호출하기 전에 실행을 위한 예비 슬롯이 남아있는지 확인하고 다음 항목의 처리를 작동시켜야 합니다. 이미 최대 동시 실행 스트림의 수에 도달한 경우, done() 콜백을 continueCallback 변수에 저장하여 작업이 완료되자마자 호출시킬 수 있습니다.

_flush 메소드는 ParallelStream 클래스와 완전히 동일하므로 _onComplete() 메소드의 구현 설명으로 바로 가도록 하겠습니다.

```
_onComplete(err) {
  this.running--;
  if(err) {
    return this.emit('error', err);
  }
  const tmpCallback = this.continueCallback;
  this.continueCallback = null;
  tmpCallback && tmpCallback();
  if(this.running === 0) {
    this.terminateCallback && this.terminateCallback();
  }
}
```

작업이 완료될 때마다 스트림의 차단을 해제할 저장된 continueCallback()을 호출하여 다음 항목의 처리를 시작시킵니다. LimitedParallelStream 모듈을 위한 것은 이것이 전부입니다. 이제 checkUrls 모듈에서 parallelStream 대신 이를 사용할 수 있으며, 작업의 동시성은 우리가 설정한 값으로 제한됩니다.

순차 병렬 실행

앞서 우리가 생성한 병렬 스트림은 발생한 데이터의 순서를 지키지 않지만, 이것이 허용되지 않는 상황이 있습니다. 실제로, 각 데이터 덩어리가 수신된 것과 동일한 순서로 발생시키는 것이 필요합니다. 그래서 병렬 실행을 아예 할 수 없는 것은 아니며, 순서를 지키면서도 여전히 transform 함수를 병렬로 실행할 수 있습니다. 여기서 우리가 해야 할 일은 데이터가 수신된 것과 동일한 순서를 따르도록 각 작업에 의해 발생한 데이터들을 정렬하는 것입니다.

이 기술은 데이터 덩어리들이 각 실행 작업에 의해 발생되는 동안 데이터 덩어리들을 재정렬하기 위한 버퍼를 사용합니다. 이 책의 범위에 비해 매우 장황한 내용이므로 간결함을 위해 그러한 스트림의 구현은 소개하지 않을 것입니다. 대신 through2-parallel(https://npmjs.org/package/through2-parallel)과 같이 이를 위한 특수한 목적으로 NPM에서 사용 가능한 패키지 중 하나를 재사용해볼 것입니다.

기존의 checkUrls 모듈을 수정하여 순차 병렬 실행의 동작을 신속하게 확인할 수 있습니다. 입력 파일 안에 있는 URL들이 기록된 순서에 맞춰 결과를 쓰기 원하고, URL에 대한 검사를 병렬로 실행할 필요가 있다고 생각해 봅시다. through2-parallel을 사용하여 이 작업을 수행할 수 있습니다.

```
//...
const throughParallel = require('through2-parallel');

fs.createReadStream(process.argv[2])
  .pipe(split())
  .pipe(throughParallel.obj({concurrency: 2},(url, enc, done) => {
      //...
    })
  )
  .pipe(fs.createWriteStream('results.txt'))
  .on('finish', () => console.log('All urls were checked'));
```

코드에서 알 수 있듯이 through2-parallel의 인터페이스는 through2의 인터페이스와 매우 유사합니다. 유일한 차이점은 우리가 제공하는 Transform 함수에 대한 동시 실행 제한을 지정할 수 있다는 것입니다. 이 새로운 버전의 checkUrl을 실행해 보면, result.txt 파일에 URL이 입력 파일에 기록된 것과 같은 순서로 결과가 나열되는 것을 볼 수 있을 것입니다.

> 출력 순서가 입력과 동일하더라도 비동기 작업은 여전히 병렬로 실행할 수 있으며, 원하는 순서로 결과를 나열할 수 있습니다.

이것으로 스트림을 이용한 비동기식 제어 흐름에 대한 분석을 마칩니다. 이제부터 몇몇 파이프 패턴에 초점을 맞출 것입니다.

5.4 파이프 패턴

실제 배관과 마찬가지로, Node.js 스트림도 서로 다른 패턴으로 함께 연결(pipe)될 수 있습니다. 두 개의 서로 다른 스트림의 흐름을 하나로 병합하고, 한 스트림의 흐름을 두 개 이상의 연결(pipe)들로 분할하거나 조건에 따라 흐름을 리다이렉션 할 수 있습니다. 이 섹션에서는 Node.js에 적용 가능한 가장 중요한 배관 기술에 대해 살펴보겠습니다.

5.4.1 스트림 결합(combine)하기

이 장에서 스트림이 코드를 모듈화하고 재사용할 수 있는 간단한 인프라를 제공한다는 사실을 강조하고 있지만, 뭔가 중요한 부분이 빠진 것 같습니다. 전체 파이프라인을 모듈화하고 재사용하려면 어떻게 해야 할까요? 여러 스트림들을 결합하여 외부에서 볼 때 하나인 것처럼 보이려면 어떻게 해야 할까요? 다음 그림은 이것이 의미하는 바를 보여주고 있습니다.

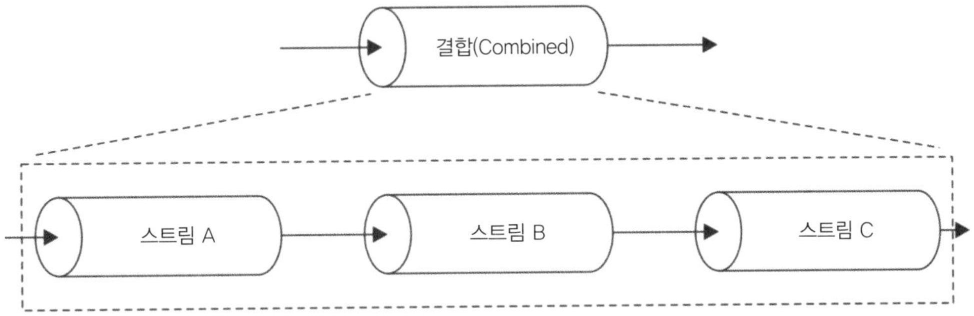

위 그림을 보고 어떻게 할 수 있을지 어렴풋이 생각이 떠올라야 합니다.

- 결합된 스트림에 쓸 때는 파이프라인의 첫 번째 스트림에 씁니다.
- 결합된 스트림으로부터 읽을 때는 파이프라인의 마지막 스트림에서 읽습니다.

결합된 스트림은 보통 이중(Duplex) 스트림이며, 첫 번째 스트림을 Writable 쪽에 연결하고 마지막 스트림을 Readable 쪽에 연결하여 만들어집니다.

> **TIP** 두 개의 서로 다른 스트림, 즉 Writable과 Readable에서 이중 스트림을 만들기 위해서는 duplexer2 (https://npmjs.org/package/duplexer2)와 같은 npm 모듈을 사용할 수 있습니다.

하지만 이것만으로는 충분하지 않습니다. 결합된 스트림의 또 다른 중요한 특성은 파이프라인 내부의 모든 스트림에서 발생되는 모든 오류를 포착해야 한다는 것입니다. 앞서 언급했듯이 오류 이벤트는 파이프라인을 따라 자동으로 전파되지 않습니다. 따라서, 적절한 오류 관리를 해야 한다면 각 스트림에 오류 리스너를 명시적으로 부착해야 할 것입니다. 그러나 결합된 스트림이 실제로 블랙박스라면 파이프라인 중간에 있는 스트림에 접근할 수 없으므로, 결합된 스트림에서는 스트림들에서 나오는 모든 에러를 수집하는 것이 매우 결정적이라 할 수 있을 것입니다.

요약하면, 결합된 스트림은 다음과 같은 두 가지 중요한 이점을 가집니다.

- 내부 파이프라인을 숨김으로써 블랙박스화 하여 재배포할 수 있습니다.
- 에러 리스너를 결합된 스트림 자체 외에 파이프라인의 각 스트림들에 첨부하지 않도록 하여 에러 관리를 간소화합니다.

스트림을 결합하는 것은 매우 평범하고 일반적인 관행입니다. 따라서 특별한 경우가 아니라면, multipipe(https://www.npmjs.org/package/multipipe)와 combine-stream(https://www.npmjs.org/package/combine-stream) 같은 기존 솔루션을 재사용하십시오.

결합된 스트림 구현하기

간단하게 예를 들기 위해 다음 두 개의 변환 스트림을 생각해 봅시다.

- 데이터 압축 및 암호화
- 데이터의 암호를 해독하고 압축을 해제

multipipe 같은 라이브러리를 사용하면, 코어 라이브러리 중 우리가 이미 사용할 수 있는 몇몇 스트림들과 결합하여 이러한 스트림을 쉽게 만들 수 있습니다.

```
const zlib = require('zlib');
const crypto = require('crypto');
const combine = require('multipipe');
```

```
module.exports.compressAndEncrypt = password => {
  return combine(
    zlib.createGzip(),
    crypto.createCipher('aes192', password)
  );
};
module.exports.decryptAndDecompress = password => {
  return combine(
    crypto.createDecipher('aes192', password),
    zlib.createGunzip()
  );
};
```

이제 이렇게 결합된 스트림을 블랙박스처럼 사용할 수 있습니다. 예를 들어, 압축 및 암호화하여 파일을 보관하는 작은 어플리케이션을 만들 수 있습니다. archive.js라는 새로운 모듈에서 그렇게 해봅시다.

```
const fs = require('fs');
const compressAndEncryptStream =
  require('./combinedStreams').compressAndEncrypt;

fs.createReadStream(process.argv[3])
  .pipe(compressAndEncryptStream(process.argv[2]))
  .pipe(fs.createWriteStream(process.argv[3] + ".gz.enc"));
```

만들어진 파이프라인 밖으로 결합된 스트림을 만들어 위의 코드를 더욱 향상시킬 수 있습니다. 이번에는 재사용 가능한 블랙박스를 얻는 것보다 수집된 에러 관리에 중점을 둡니다. 사실, 이미 여러 번 언급했듯이 다음과 같이 작성하면 마지막 스트림에서 발생하는 오류만을 잡을 수 있습니다.

```
fs.createReadStream(process.argv[3])
  .pipe(compressAndEncryptStream(process.argv[2]))
  .pipe(fs.createWriteStream(process.argv[3] + ".gz.enc"))
  .on('error', err => {
    //마지막 스트림에서 발생하는 에러만 처리
    console.log(err);
  });
```

그러나 모든 스트림을 하나로 결합하여 이 문제를 세련되게 해결할 수 있습니다. archive.js 파일을 다음과 같이 재작성 해봅시다.

```
const combine = require('multipipe');
const fs = require('fs');
const compressAndEncryptStream =
  require('./combinedStreams').compressAndEncrypt;

combine(
  fs.createReadStream(process.argv[3])
  .pipe(compressAndEncryptStream(process.argv[2]))
  .pipe(fs.createWriteStream(process.argv[3] + ".gz.enc"))
).on('error', err => {
  //파이프라인 내의 모든 에러들을 처리
  console.log(err);
});
```

여기서 알 수 있듯이 오류 리스너를 결합된 스트림에 직접 부착할 수 있으며, 모든 내부 스트림으로부터 발생된 에러를 수신할 수 있습니다.

archive 모듈을 실행하려면 커맨드 라인 인수에 암호와 파일을 지정하기만 하면 됩니다.

```
node archive mypassword /path/to/a/file.txt
```

이 예제를 통해 우리는 스트림을 결합하는 것이 얼마나 중요한지 확실히 알 수 있습니다. 한편으로는 스트림들을 재사용 가능한 조합으로 만들 수 있으며, 다른 한편으로는 파이프라인의 오류 관리를 단순화할 수 있습니다.

5.4.2 스트림 포크(Fork)하기

하나의 Readable 스트림을 여러 Writable 스트림으로 연결함으로써 스트림을 포크할 수 있습니다. 이는 서로 다른 대상(예: 서로 다른 두 개의 소켓 또는 서로 다른 두 개의 파일)에 동일한 데이터를 보내려는 경우에 유용합니다. 또한 동일한 데이터에 대해 여러 가지 변형을 수행하거나 어떤 기준에 따라 데이터를 분할하려는 경우에도 사용할 수 있습니다.

다음 그림은 이 패턴을 보여줍니다.

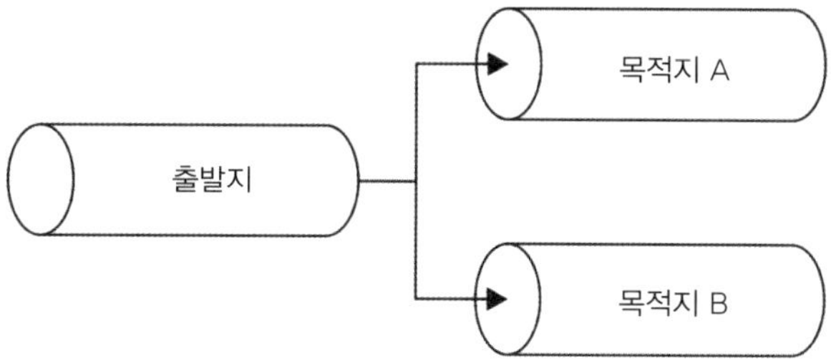

Node.js에서 스트림을 포킹하는 것은 쉬운 일이 아닙니다. 예제를 통해 왜 그런지 이유를 살펴보겠습니다.

다중 체크섬 생성기 구현

주어진 파일의 sha1과 md5 해시를 모두 출력하는 작은 유틸리티를 만들어 보겠습니다. 이 새로운 모듈을 generatehashes.js라고 하고, 체크섬 스트림의 초기화부터 시작해 보겠습니다.

```
const fs = require('fs');
const crypto = require('crypto');

const sha1Stream = crypto.createHash('sha1');
sha1Stream.setEncoding('base64');

const md5Stream = crypto.createHash('md5');
md5Stream.setEncoding('base64');
```

지금까지 특별한 것은 없습니다. 모듈의 다음 부분은 실제 파일에서 Readable 스트림을 생성하고, 하나는 sha1 해시를 포함하고 다른 하나는 md5 체크섬을 포함하는 두 개의 파일을 얻기 위해 서로 다른 두 개의 스트림으로 포크합니다.

```
const inputFile = process.argv[2];
const inputStream = fs.createReadStream(inputFile);
inputStream
   .pipe(sha1Stream)
   .pipe(fs.createWriteStream(inputFile + '.sha1'));

inputStream
   .pipe(md5Stream)
   .pipe(fs.createWriteStream(inputFile + '.md5'));
```

매우 간단하죠? inputStream 변수는 한쪽은 sha1Stream으로, 다른 한쪽은 md5Stream으로 파이프됩니다. 하지만 내부적으로 발생하는 몇 가지 주의해야 할 점이 있습니다.

- pipe()를 호출할 때 {end: false}를 옵션으로 지정하지 않으면 InputStream이 끝날 때 md5Stream과 sha2Stream 모두 자동으로 종료됩니다.
- 포크된 두 스트림은 동일한 데이터 덩어리를 수신하기 때문에 데이터에 대한 연산으로 부작용이 발생하지 않도록 매우 주의해야 합니다. 한곳에서 수정한 데이터는 포크된 다른 모든 스트림에 영향을 줄 수 있습니다.
- 백프레셔가 바로 발생할 것입니다. inputStream으로부터의 흐름은 분기된 스트림들 중 가장 느린 속도에 맞춰질 것입니다.

5.4.3 스트림 병합(merge)하기

병합은 분기와 반대되는 작업이며, 다음 그림과 같이 일련의 Readable 스트림을 하나의 Writable 스트림으로 파이프하는 것으로 구성됩니다.

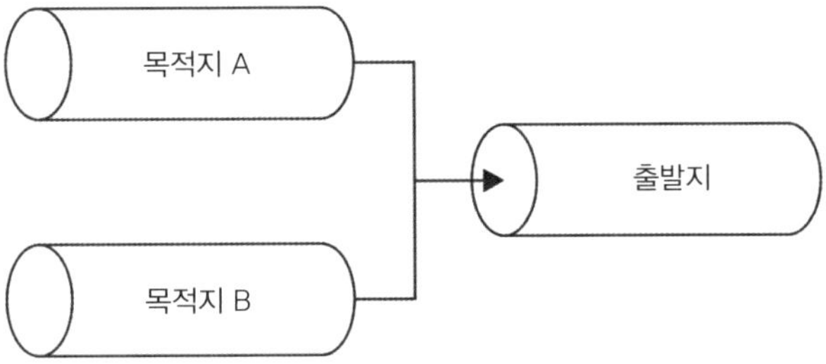

여러 스트림을 하나로 병합하는 것은 일반적으로 간단한 작업입니다. 그러나 auto end 옵션을 사용하는 연결(piping)은 소스 중 하나가 끝나는 즉시, 대상 스트림이 종료되도록 하므로 최종 이벤트를 처리하는 방식에 주의를 기울여야 합니다. 동작 중인 소스에서 이미 종료된 스트림에 쓰기를 계속하므로 이로 인한 오류가 종종 발생할 수 있습니다. 이 문제에 대한 해결책은 여러 소스들을 하나의 대상에 연결할 때 {end: false} 옵션을 사용하고 모든 소스들이 읽기를 완료한 경우에만 대상에서 end()를 호출하는 것입니다.

여러 디렉터리에 대한 압축 파일 만들기

예제를 위해 두 개의 서로 다른 디렉터리의 내용으로 하나의 압축파일(tarball)을 만드는 작은 프로그램을 구현해 보겠습니다. 이를 위해 두 개의 새로운 NPM 패키지를 소개합니다.

- **tar**(https://npmjs.org/package/tar): 압축 파일을 만드는 스트리밍 라이브러리
- **fstream**(https://npmjs.org/package/fstream): 파일 시스템의 파일로부터 객체 스트림을 생성하는 라이브러리

이 새로운 모듈을 mergeTar.js라고 할 것입니다. 몇 가지 초기화 단계부터 시작하여 내용을 정의해 나가겠습니다.

```
const tar = require('tar');
const fstream = require('fstream');
const path = require('path');

const destination = path.resolve(process.argv[2]);
const sourceA = path.resolve(process.argv[3]);
const sourceB = path.resolve(process.argv[4]);
```

위의 코드에서 모든 종속성을 로드하고 대상 파일의 이름과 두 소스 디렉터리(sourceA 그리고 sourceB)를 포함하여 변수들을 초기화합니다.

다음으로 tar 스트림을 생성하고 목적 대상에 연결(pipe)합니다.

```
const pack = tar.Pack();
pack.pipe(fstream.Writer(destination));
```

이제 소스 스트림들을 초기화할 차례입니다.

```
let endCount = 0;
function onEnd() {
  if(++endCount === 2) {
    pack.end();
  }
}

const sourceStreamA = fstream.Reader({type: "Directory", path: sourceA})
  .on('end', onEnd);

const sourceStreamB = fstream.Reader({type: "Directory", path: sourceB})
  .on('end', onEnd);
```

위 코드에서 우리는 두 개의 소스 디렉터리(streamA와 streamB)로부터 읽어들이는 스트림을 생성하였습니다. 그런 후 두 소스 스트림에 두 개의 디렉터리들이 모두 읽혀져야만 pack 스트림을 종료할 end 리스너를 부착하였습니다.

마지막으로 실제 병합을 수행할 차례입니다.

```
sourceStreamA.pipe (pack, {end: false});
sourceStreamB.pipe (pack, {end: false});
```

두 소스를 pack 스트림으로 연결하고 두 개의 pipe() 호출에 {end: false} 옵션을 지정하여 대상 스트림의 자동 종료를 사용하지 않도록 하였음에 유의하십시오.

이것으로 간단한 TAR 유틸리티를 완성했습니다. 이 유틸리티는 대상 파일을 첫 번째 커맨드 라인 인자로 제공하고 그 뒤에 두 개의 원본 디렉터리를 제공하여 실행할 수 있습니다.

```
node mergeTar dest.tar /path/to/sourceA /path/to/source
```

이 섹션을 끝내기 위해 npm에서 스트림 병합을 단순화할 수 있는 몇 가지 모듈을 찾을 수 있는데, 예를 들면 다음과 같습니다.

- merge-stream(https://npmjs.org/package/merge-stream)
- multistream-merge(https://npmjs.org/package/multistream-merge)

스트림 병합 패턴에 대한 마지막 주의점으로 대상 스트림으로 파이프된 데이터가 임의로 혼합된다는 점에 유의해야 합니다. 이 속성은 일부 유형의 객체 스트림에서 수용할 수 있는 속성이지만(마지막 예제) 바이너리 스트림을 처리할 때 종종 원하지 않은 영향을 끼칩니다.

그러나 스트림을 순서대로 병합할 수 있는 한 가지 변형 패턴이 있습니다. 소스 스트림을 하나씩 처리하면서 동작하며, 이전 스트림이 종료되면 다음 스트림이 시작됩니다(모든 소스의 출력을 사슬처럼 잇는 것과 같습니다). 항상 그렇듯이 NPM에서 이러한 상황을 다루는 패키지를 찾을 수 있습니다. 그 중 하나가 multistream(https://npmjs.org/package/multistream)입니다.

5.4.4 멀티플렉싱과 디멀티플렉싱

병합 스트림 패턴에는 특별한 변형이 있습니다. 이 패턴에서 여러 스트림을 함께 결합하지 않고 대신 공유 채널을 사용하여 일련의 스트림 데이터를 전달합니다. 이것은 소스 스트림이 공유 채널 내에서 논리적으로 분리되어 있기 때문에 개념적으로 다른 작업입니다. 데이터가 공유 채널의 다른 끝에 도달하면 스트림을 다시 분할할 수 있습니다. 다음 그림은 이 상황을 명확하게 보여줍니다.

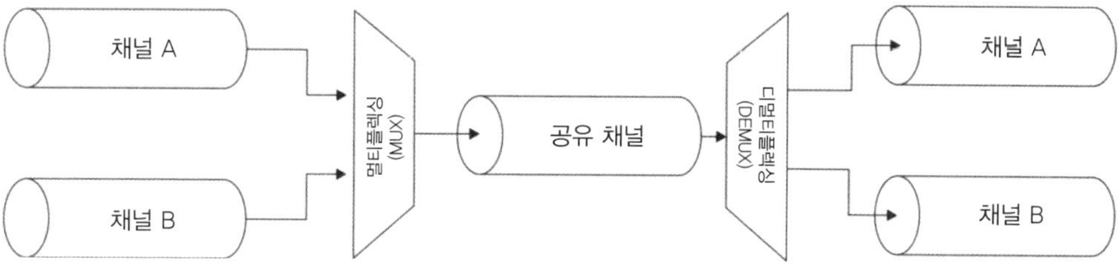

단일 스트림을 통한 전송을 가능하게 하기 위해 다중 스트림을 함께 결합하는 동작(이 경우 **채널**이라고 함)이 **멀티플렉싱**(다중화)이고, 반대 동작, 즉 공유 스트림으로부터 수신된 데이터로 원본 스트림을 재구성하는 동작이 **디멀티플렉싱**(역다중화)입니다. 이런 작업을 수행하는 장치를 각각 **멀티플렉서**(또는 mux) 그리고 **디멀티플렉서**(또는 demux)라고 합니다. 이는 컴퓨터 과학 및 통신 분야에서 널리 연구되고 있는 분야로 전화, 라디오, TV 및 인터넷과 같은 거의 모든 유형의 통신 매체의 토대 중 하나입니다. 이 책의 범위에 비해 광대한 주제이기 때문에 깊게 설명하지는 않을 것입니다.

대신 이 절에서 설명하고자 하는 것은 공유된(shared) Node.js 스트림을 사용하여 논리적으로 분리된 여러 스트림을 전달하고 공유 스트림의 다른 끝에서 다시 분할하는 방법이 될 것입니다.

원격 로거 만들기

이야기를 이끌어 내기 위해 예제를 사용하겠습니다. 우리는 자식 프로세스를 시작하고 표준 출력과 표준 오류를 모두 원격 서버로 리다이렉션하는 작은 프로그램을 만들 것입니다. 그러면 원격 서버에서 두 스트림을 두 개의 개별 파일에 저장합니다. 따라서 이 경우 공유된 매체는 TCP 연결이고 다중화될 두 개의 채널은 자식 프로세스의 stdout 및 stderr입니다. IP, TCP 또는 UDP와 같은 프로토콜에서 사용되는 것과 동일한 기법인 **패킷 스위칭**이라는 기술을 활용할 것인데, 이는 데이터 패킷으로 감싸 다양한 메타 정보를 지정할 수 있어 멀티플렉싱, 라우팅, 제어 흐름, 손상된 데이터 검사 등에 유용한 기술입니다 예제를 위해 구현하고자 하는 프로토콜은 매우 단순합니다. 사실, 우리는 다음과 같은 구조의 패킷으로 우리의 데이터를 간단하게 감쌀 것입니다.

1byte 채널 식별자	4byte 데이터 길이	데이터

앞의 그림에서 보듯이 패킷에는 실제 데이터뿐만 아니라 헤더(채널 ID + 데이터 길이)가 포함되어 있어 각 스트림의 데이터를 구분하고 디멀티플렉서에서 패킷을 올바른 채널로 라우팅할 수 있습니다.

클라이언트 측 – 멀티플렉싱

클라이언트 측에서부터 어플리케이션을 만들어 봅시다. 창의적으로 client.js라고 부르겠습니다. 이것은 어플리케이션의 일부로 자식 프로세스를 시작시키고 스트림을 멀티플렉싱하는 역할을 담당합니다.

자 그럼, 모듈을 정의해 보겠습니다. 먼저 몇 가지 종속성이 필요합니다.

```
const child_process = require('child_process');
const net = require('net');
```

그런 다음, 소스 목록의 멀티플렉싱을 수행하는 함수를 구현해 보겠습니다.

```
function multiplexChannels(sources, destination) {
  let totalChannels = sources.length;
  for(let i = 0; i <sources.length; i++) {
    sources[i]
      .on('readable', function() { //[1]
        let chunk;
        while((chunk = this.read()) !== null) {
          const outBuff = new Buffer(1 + 4 + chunk.length); //[2]
          outBuff.writeUInt8(i, 0);
          outBuff.writeUInt32BE(chunk.length, 1);
          chunk.copy(outBuff, 5);
          console.log('Sending packet to channel: ' + i);
          destination.write(outBuff); //[3]
        }
      })
      .on('end', () => { //[4]
        if(--totalChannels === 0) {
          destination.end();
        }
      });
  }
}
```

multiplexChannels() 함수는 다중화할 소스 스트림과 대상 채널을 입력으로 받은 다음, 아래의 과정을 수행합니다.

1. 각 소스 스트림에 non-flowing 모드로 스트림에서 데이터를 읽을 수 있도록 readable 이벤트에 대한 리스너를 등록합니다.
2. 데이터를 읽을 때 일련의 순서가 있는 패킷으로 감쌉니다. 패킷은 채널 ID 1바이트(UInt8), 패킷 사이즈 4바이트(UInt32BE) 그리고 실제 데이터 순입니다.
3. 패킷이 준비되면 대상 스트림에 기록합니다.
4. 마지막으로 모든 소스 스트림이 끝날 때 대상 스트림을 종료할 수 있도록 end 이벤트에 대한 리스너를 등록합니다.

> **TIP** 우리가 사용한 프로토콜은 채널을 식별하는데 1바이트 만을 사용하기 때문에 최대 256개의 소스 스트림을 멀티플렉싱할 수 있습니다.

클라이언트의 마지막 부분은 매우 간단합니다.

```
const socket = net.connect(3000, () => { //[1]
  const child = child_process.fork( //[2]
  process.argv[2],
  process.argv.slice(3),
    {silent: true}
  );
  multiplexChannels([child.stdout, child.stderr], socket); //[3]
});
```

앞의 마지막 코드에서는 다음과 같은 동작을 수행합니다.

1. 새로운 TCP 클라이언트 연결을 localhost: 3000에 대해 생성합니다.
2. 첫 번째 커맨드 라인 인자를 경로로 사용하여 자식 프로세스를 시작하고 나머지 process.argv 배열을 자식 프로세스의 인수로 제공합니다. 자식 프로세스가 부모의 stdout과 stderr을 상속받지 않도록 {silent: true} 옵션을 지정합니다.
3. 끝으로 자식 프로세스의 stdout과 stderr를 취하여 multiplexChannels() 함수를 사용하여 소켓으로 멀티플렉싱합니다.

서버 측 – 역다중화

이제 어플리케이션의 서버 측(server.js)을 만들어 보겠습니다. 여기서 우리는 원격 연결에서 스트림을 디멀티플렉싱하고 두 개의 서로 다른 파일로 연결합니다.

demultiplexChannel()이라는 함수를 만드는 것에서 시작해봅시다.

```
const net = require('net');
const fs = require('fs');

function demultiplexChannel(source, destinations) {
  let currentChannel = null;
  let currentLength = null;

  source
    .on('readable', () => { //[1]
      let chunk;
      if(currentChannel === null) { //[2]
        chunk = source.read(1);
        currentChannel = chunk && chunk.readUInt8(0);
      }

      if(currentLength === null) { //[3]
        chunk = source.read(4);
        currentLength = chunk && chunk.readUInt32BE(0);
        if(currentLength === null) {
          return;
        }
      }

      chunk = source.read(currentLength); //[4]
      if(chunk === null) {
        return;
      }
      console.log('Received packet from: ' + currentChannel);
      destinations[currentChannel].write(chunk); //[5]
      currentChannel = null;
      currentLength = null;
    })
    .on('end', ()=> { //[6]
      destinations.forEach(destination => destination.end());
```

```
        console.log('Source channel closed');
    });
}
```

위 코드는 복잡해 보이지만 실제 그렇지 않습니다. Node.js Readable 스트림의 특성상 아래 설명과 같이 우리는 우리가 만든 경량 프로토콜을 역다중화하도록 쉽게 구현할 수 있습니다.

1. non-flowing 모드를 사용하여 스트림을 읽는 것에서 시작합니다.
2. 먼저 기존의 채널 ID가 없으면 스트림에서 1바이트를 읽고 숫자로 변환합니다.
3. 다음 단계는 데이터의 길이를 읽는 것입니다. 이를 위해 4바이트가 필요한데. 가능성이 희박하지만 내부 버퍼에 충분한 데이터가 다 도달하지 않았을 수 있습니다. 이 경우 this.read() 호출은 null을 반환할 것입니다. 이 경우 구문 분석을 중단하고 다음 번 readable 이벤트에서 다시 시도하면 됩니다.
4. 마침내 데이터의 크기를 읽을 수 있게 되면, 내부 버퍼에서 가져올 데이터의 양을 알게 되므로 이를 모두 읽으려 시도합니다.
5. 모든 데이터를 읽으면 올바른 대상 채널에 데이터를 쓸 수 있으며, currentChannel과 currentLength 변수(다음 패킷을 분석하는데 사용됨)를 초기화해야 합니다.
6. 끝으로 소스 채널이 끝나면 모든 대상 채널을 종료합니다.

이제 소스 스트림을 역다중화 할 수 있게 되었으므로 새 기능을 시험해 봅시다.

```
net.createServer(socket => {
  const stdoutStream = fs.createWriteStream('stdout.log');
  const stderrStream = fs.createWriteStream('stderr.log');
  demultiplexChannel(socket, [stdoutStream, stderrStream]);
}).listen(3000, () => console.log('Server started'));
```

앞의 코드에서 먼저 3000번 포트에서 TCP 서버를 시작한 다음, 수신한 각 연결에 대해 두 개의 다른 파일을 가리키는 2개의 Writable 스트림을 생성합니다. 하나는 표준 출력용이고 다른 하나는 표준 오류용인데, 이들은 우리의 대상 채널이 됩니다. 마지막으로, 우리는 demultiplexChannel()을 사용하여 소켓 스트림을 stdoutStream과 stderrStream으로 역다중화 합니다.

mux/demux 어플리케이션 실행

이제 새로운 mux/demux 어플리케이션을 사용할 준비가 되었습니다. 하지만 그에 앞서 먼저 작은 node.js 프로그램을 작성하여 샘플 출력을 만들어 보겠습니다. 이 프로그램을 generateData.js라 합시다.

```
console.log("out1");
console.log("out2");
console.error("err1");
console.log("out3");
console.error("err2");
```

좋습니다. 이제 원격 로깅 어플리케이션을 사용할 준비가 끝났습니다. 일단 서버를 실행합니다.

```
node server
```

그런 다음, 클라이언트는 자식 프로세스로 시작하고자 하는 파일과 함께 아래와 같이 실행합니다.

```
node client generateData.js
```

클라이언트는 거의 즉시 실행되고, 실행이 끝나면 generateData 어플리케이션의 표준 입력과 표준 출력은 하나의 단일 TCP 연결을 통해 이동하여 서버에서 두 개의 개별 파일로 역다중화 됩니다.

> child_process.fork() (http://nodejs.org/api/child_process.html#child_process_ch ild_process_fork_modulepath_args_options)를 사용하므로 우리의 클라이언트는 Node.js 모듈만을 시작시킬 수 있습니다.

객체 스트림 다중화 및 역다중화

우리가 방금 본 예제는 바이너리/텍스트 스트림을 다중화 및 역다중화하는 방법을 보여주었습니다. 그러나 동일한 규칙이 객체 스트림에도 적용됩니다. 가장 큰 차이점은 객체를 사용하면 원자 메시지(automic message, 객체)를 사용하여 데이터를 전송하는 방법을 이미 가지고 있으므로 다중화하는 것은 각 객체 내 channelID 속성을 설정하는 것으로 간단하며, 역다중화는 단순히 channelID 속성을 읽고 각 객체를 해당 대상 스트림으로 라우팅하면 됩니다.

역다중화를 위한 또 다른 패턴은 일부 조건에 따라 소스에서 오는 데이터를 라우팅하는 것으로 구성됩니다. 이 패턴을 사용하면 다음 그림과 같은 복잡한 흐름을 구현할 수 있습니다.

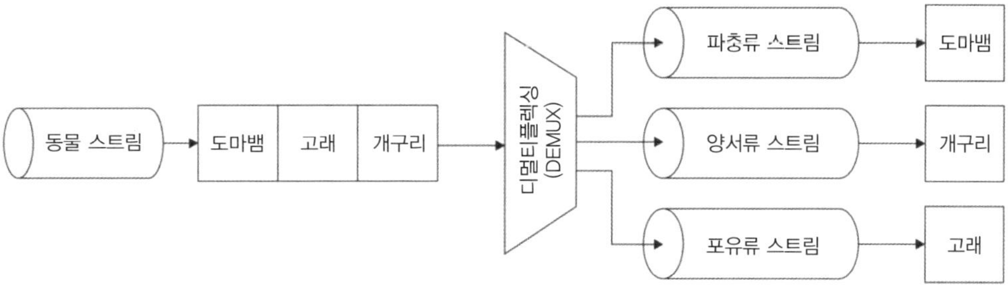

앞의 그림이 묘사하고 있는 시스템에서 사용되는 디멀티플렉서(역다중화)는 동물을 가리키는 객체의 스트림을 가져와서 동물의 클래스에 따라 파충류, 양서류 그리고 포유류의 해당 대상 스트림으로 각각 라우팅합니다.

동일한 원칙을 사용하여 스트림에 if...else 문을 구현할 수도 있습니다. 아이디어가 필요하다면, ternary-stream 패키지(https://npmjs.org/package/ternary-stream)을 살펴보십시오.

5.5 요약

이 장에서는 Node.js 스트림과 그 사용 사례에 대해 설명했지만, 동시에 무한한 가능성과 함께 프로그래밍 패러다임의 문호를 열어주고자 하였습니다. 우리는 스트림이 Node.js 커뮤니티에 의해 높이 평가받는 이유를 배웠으며, 기본적인 기능을 살펴봄으로써 더 많은 것을 발견하고 이 새로운 영역을 낯설지 않게 살펴볼 수 있는 지식을 가지게 되었습니다. 또 몇 가지 고급 패턴을 분석하고 다양한 구성으로 스트림을 연결하는 방법을 이해하고 스트림을 다양하고 강력하게 만드는 상호 운용성을 파악했습니다.

한 개의 스트림으로 작업을 수행할 수 없는 경우에는 다른 스트림을 서로 연결하여 수행할 수 있습니다. 그리고 이것은 모듈 철학에 따라 하나의 모듈로 잘 동작합니다. 이 시점에서 스트림은 Node.js의 기능을 이해하는데 좋을 뿐만 아니라, 바이너리 데이터, 문자열 및 객체를 처리하는데 중요한 패턴의 필수 요소라는 것을 인지해야 합니다. 우연히 이 장의 전체를 이 주제 하나로 채운 것이 아니라는 것입니다.

다음 장에서는 전통적인 객체지향 디자인 패턴에 중점을 둘 것입니다. 하지만 너무 고리타분한 편견을 가져서는 안됩니다. 비록 Javascript가 어느 정도 객체지향 언어라고 해도, Node.js에서는 함수 위주 혹은 하이브리드 방식이 주로 사용되는 경우가 많습니다. 다음 장을 읽기 전에 먼저 객체지향 디자인 패턴에 대해 고정관념을 버릴 것을 권합니다.

CHAPTER 06

디자인 패턴

- ▶ 팩토리(Factory)
- ▶ 공개 생성자(Revealing constructor)
- ▶ 프록시(Proxy)
- ▶ 데코레이터(Decorator)
- ▶ 어댑터(Adapter)
- ▶ 전략(Strategy)
- ▶ 상태(State)
- ▶ 템플릿(Template)
- ▶ 미들웨어(Middleware)
- ▶ 커맨드(Command)

디자인 패턴은 되풀이되는 문제에 대한 재사용 가능한 솔루션입니다. 이 용어는 정의가 매우 광범위하며 어플리케이션의 여러 도메인으로 확장될 수 있습니다. 그러나 이 용어는 90년대에 대중적으로 널리 알려진 객체지향 패턴 집합으로 **전설적인 4인방(GoF)** Erich Gamma, Richard Helm, Ralph Johnson, John Vlissides이 쓴 책인 "디자인 패턴: 재사용 가능한 객체지향 소프트웨어, 피어슨에듀케이션"과 관련되어 있습니다. 우리는 종종 이러한 특정 패턴의 집합을 "전통적인 디자인 패턴" 또는 "GoF 디자인 패턴"이라고 부릅니다.

JavaScript에서 객체지향 디자인 패턴들을 적용하는 것은 고전적인 객체지향 언어에서처럼 선형적이고 정석적이지 않습니다. 알다시피, JavaScript은 멀티패러다임, 객체지향, 프로토타입 기반이며 동적 자료형을 가지고 있습니다. 함수를 일급 객체로 취급하고 함수 중심 프로그래밍 스타일을 허용합니다. 이러한 특성은 JavaScript를 매우 다재 다능한 언어로 만들어 개발자에게 엄청난 힘을 부여하지만 동시에 프로그래밍 스타일, 규칙, 기술 그리고 궁극적으로는 생태계의 패턴을 분열시키는 원인이 됩니다. JavaScript를 사용하여 동일한 결과를 얻는데는 여러 가지 방식이 있습니다. 모든 사람들은 어떤 것이 문제에 대한 최선의 접근법인지에 대한 자신의 견해를 가지고 있습니다. 이를 명확하게 증명하듯이 JavaScript 생태계에는 풍부한 프레임워크와 독창적인 라이브러리가 많습니다. Node.js가 JavaScript에 새로운 가능성을 부여하고 새로운 시나리오를 만든 지금, 아마 다른 어떤 언어도 그렇게 많은 것은 보지 못했을 것입니다.

이러한 맥락에서 전통적인 디자인 패턴은 JavaScript의 특성에도 영향을 받았습니다. JavaScript에는 그들의 전통적이고 강력한 객체지향적인 구현체를 구현하는 방법이 수도 없이 많이 있기 때문에 더 이상 패턴이라 부를 수 없을 수도 있습니다. 어떤 경우는 JavaScript에 실제 클래스나 추상 인터페이스가 없기 때문에 불가능할 수도 있습니다. 그래도 각 패턴의 기반에 있는 독창적인 아이디어, 해결 해야 할 문제 그리고 해결책의 핵심에 있는 개념은 변하지 않습니다.

이 장에서는 가장 중요한 GoF 디자인 패턴 중 일부가 node.js와 그 철학에 어떻게 적용되는지를 살펴봄으로써 다른 관점에서 이들의 중요성을 재발견할 것입니다. 이러한 전통적인 패턴들 사이에, JavaScript 생태계 내에서 생성된 "덜 전통적인" 디자인 패턴들도 살펴 볼 것입니다.

이 장에서 살펴볼 디자인 패턴은 다음과 같습니다.

- 팩토리(Factory)
- 공개 생성자(Revealing constructor)
- 프록시(Proxy)
- 데코레이터(Decorator)

- ▶ 어댑터(Adapter)
- ▶ 전략(Strategy)
- ▶ 상태(State)
- ▶ 템플릿(Template)
- ▶ 미들웨어(Middleware)
- ▶ 명령(Command)

> 이 장에서는 여러분이 JavaScript에서 상속이 동작하는 방식에 대한 이해가 있다고 가정하겠습니다. 이 장의 전반에 걸쳐 제너릭(generic)을 사용하며 많은 패턴들이 클래스뿐만 아니라, 객체와 함수에 기반을 둔 구현을 가지기 때문에 패턴을 설명하는데 표준 UML을 대신하여 좀더 직관적인 그림을 사용합니다.

6.1 팩토리(Factory)

우리는 Node.js에서 아마도 가장 간단하고 공통적인 디자인 패턴인 **팩토리(factory)** 패턴에서부터 긴 여정을 시작할 것입니다.

6.1.1 객체를 생성하기 위한 제너릭 인터페이스

우리는 JavaScript에서 단순성, 유연성, 그리고 작은 공개 API를 위해 함수 위주의 패러다임이 순수한 객체지향 설계보다 더 선호된다는 사실을 이미 강조해 왔습니다. 이는 객체의 새 인스턴스를 작성할 때 특히 그렇습니다. 실제로, new 연산자 또는 Object.create()를 사용하여 프로토타입에서 직접 새 객체를 만드는 대신 팩토리를 호출하면 여러 면에서 훨씬 편리하고 유연합니다.

무엇보다 먼저 팩토리는 객체 생성을 구현과 분리할 수 있게 해줍니다. 근본적으로 팩토리는 새로운 인스턴스의 생성을 감싸서 우리가 하는 방식에 더 많은 유연성과 제어력을 제공합니다. 팩토리 내에서 클로저를 활용하고 프로토타입과 new 연산자, Object.create()를 사용하여 새로운 인스턴스를 만들거나 또는 특정 조건에 따라 다른 인스턴스를 반환할 수도 있습니다. 팩토리의 소비자는 인스턴스 생성이 수행되는 방법에 대해서는 전적으로 알 필요가 없습니다. new 연산자를 사용하면 객체 하나를 생성하는데 한 가지 특정한 방법으로만 코드를 바인드할 수 있으나 JavaScript에서는 더 유연하고 거의 제약이 없을 수 있습니다. 간단한 예로써 Image 객체를 만드는 간단한 팩토리를 생각해 보겠습니다.

```
function createImage(name) {
  return new Image(name);
}
const image = createImage('photo.jpeg');
```

createImage() factory는 전혀 필요없는 것처럼 보입니다. 다음 코드와 같이 직접 new 연산자를 사용하여 Image 클래스를 인스턴스화하는 것이 어떨까요?

```
const image = new Image(name)
```

이미 언급했듯이 new를 사용하면 하나의 특정한 유형의 객체 만을 코드에 바인딩할 수 있습니다. 위의 경우 Image 유형의 객체에 바인딩됩니다. 팩토리는 대신 더 많은 유연성을 제공합니다. Image 클래스를 각각의 이미지 형식에 맞는 더 작은 객체들로 나누어 리팩토링 한다고 생각해봅시다. 새로운 Image를 생성하는 유일한 방법으로 팩토리를 사용한 경우, 기존 코드의 변경을 최소화하여 다음과 같이 간단하게 작성할 수 있습니다.

```
function createImage(name) {
  if(name.match(/\.jpeg$/)) {
    return new JpegImage(name);
  } else if(name.match(/\.gif$/)) {
    return new GifImage(name);
  } else if(name.match(/\.png$/)) {
    return new PngImage(name);
  } else {
    throw new Exception('Unsupported format');
  }
}
```

factory는 또한 생성된 객체의 생성자를 노출시키지 않고 객체를 확장하거나 수정하지 못하도록 합니다(작은 표면적의 원칙- principle of small surface area을 기억하십니까?). Node.js에서는 각 생성자를 비공개로 유지하면서 팩토리만 내보내는 방법으로 이 작업을 수행할 수 있습니다.

6.1.2 캡슐화를 강제하기 위한 메커니즘

팩토리는 클로저 덕분에 캡슐화 메커니즘으로도 사용할 수 있습니다.

> 캡슐화(encapsulation)는 외부 코드가 내부 세부 정보에 대해 직접 조작하지 못하게 하여 객체의 접근을 제어하는 기술을 말합니다. 객체와의 상호작용은 공개된 인터페이스를 통해서만 발생하며 객체의 세부 구현에 대한 변경 사항과 외부 코드를 분리합니다. 이것을 정보 은닉(information hiding)이라고도 합니다. 캡슐화는 상속(inheritance), 다형성(polymorphism) 및 추상화(abstraction)와 함께 객체지향 디자인의 기본 원칙이기도 합니다.

JavaScript에서는 접근 수준 지정자가 없습니다(예를 들어, private 변수를 선언할 수 없습니다). 따라서 캡슐화를 적용하는 유일한 방법은 함수 범위(function scopes)와 클로저를 사용하는 것입니다. 팩토리는 private 변수를 적용하기가 쉽습니다. 예를 들어 다음 코드를 생각해봅시다.

```
function createPerson(name) {
  const privateProperties = {};

  const person = {
    setName: name => {
      if(!name) throw new Error('A person must have a name');
      privateProperties.name = name;
    },
    getName: () => {
      return privateProperties.name;
    }
  };

  person.setName(name);
  return person;
}
```

위 코드에서 클로저를 사용하여 두 개의 객체를 생성합니다. 팩토리에 의해 반환되는 공용 인터페이스를 나타내는 person 객체와 외부에서 액세스 할 수 없고 person 객체가 제공하는 인터페이스를 통해서만 조작할 수 있는 privateProperties 그룹이 그것입니다. 예를 들어, 위의 코드에서 우리는 person의 name이 비어있을 수 없도록 합니다. 이것은 name이 단순히 person의 속성일 경우에는 강제할 수 없습니다.

> 팩토리는 private 멤버를 생성하기 위한 기술 중 하나일 뿐입니다. 실제로 이것이 가능한 다른 접근 방법들은 다음과 같습니다.
>
> - 생성자에서 private 변수 정의하기(더글라스 크록포드의 권고 사항: http://JavaScript.crockford.com/private.html).
> - 규칙(convention) 사용하기. 예를 들어 속성의 이름 앞에 밑줄 "_" 또는 달러 기호 "$"를 붙입니다(그러나 이것은 기술적으로 멤버가 외부에서 접근되는 것을 막지는 못합니다).
> - ES2015 WeakMap 사용하기(http://fitzgeraldnick.com/weblog/53/): 이 주제에 대한 매우 완성도 높은 글이 Mozilla에 게시되어 있습니다(https://developer.mozilla.org/en-US/Add-ons/SDK/Guides/Contributor_s_Guide/Private_Properties).

6.1.3 간단한 코드 프로파일러 작성하기

이제 팩토리를 사용한 완전한 예제를 만들어 보겠습니다. 다음과 같은 속성을 가진 간단한 코드 프로파일러를 작성해 보겠습니다.

- ▶ 프로파일링 세션을 시작시키는 start() 메소드
- ▶ 세션을 종료하고 실행 시간을 콘솔에 기록하는 end() 메소드

profiler.js라는 파일을 만들고 다음의 내용을 작성합니다.

```
class Profiler {
  constructor(label) {
    this.label = label;
    this.lastTime = null;
  }

  start() {
    this.lastTime = process.hrtime();
  }

  end() {
    const diff = process.hrtime(this.lastTime);
    console.log(
      `Timer "${this.label}" took ${diff[0]} seconds and ${diff[1]}
        nanoseconds.`
    );
  }
}
```

이 클래스에는 아무것도 특이한 것이 없습니다. start()가 호출되면 단순히 세밀한 타이머를 사용하여, 현재의 시간을 저장하고, end()가 실행되면 경과 시간을 계산하여 결과를 콘솔에 출력합니다.

이제 실제 어플리케이션에서 이러한 프로파일러를 사용하여 다른 루틴의 실행시간을 계산할 경우, 특히 프로덕션 환경에서 표준 출력으로 생성될 엄청난 양의 로그를 쉽게 상상할 수 있을 것입니다. 여기서 우리가 정말 원하는 것은 프로파일링 정보를 다른 소스(예: 데이터베이스)로 리다이렉션하거나 어플리케이션이 프로덕션 모드에서 실행 중인 경우 프로파일러를 모두 비활성화 하는 것입니다. new 연산자를 사용하여 Profiler 객체를 직접 인스턴스화한 경우, 다른 로직을 적용하기 위해서는 클라이언트 코드 또는 Profiler 객체에 추가적인 로직을 적용해야 합니다. 대신 우리는 Profiler의 생성을 추상화하기 위해 팩토리를 사용할 수 있습니다. 어플리케이션이 프로덕션 모드에서 실행되는지, 개발 모드에서 실행되는지 여부에 따라 완벽하게 동작하는 Profiler 객체를 또는 동일한 인터페이스를 가진 빈 메소드가 있는 모의(mock) 객체를 반환할 수 있습니다. 아래는 이 코드입니다.

```
module.exports = function(label) {
  if(process.env.NODE_ENV === 'development') {
    return new Profiler(label); //[1]
  } else if(process.env.NODE_ENV === 'production') {
    return { //[2]
      start: function() {},
      end: function() {}
    }
  } else {
    throw new Error('Must set NODE_ENV');
  }
};
```

우리가 만든 팩토리는 구현으로부터 Profiler 객체의 생성을 추상화합니다.

- 어플리케이션이 개발 모드에서 실행 중인 경우, new를 사용해 완전한 기능을 갖춘 Profiler 객체를 반환합니다.
- 대신 어플리케이션이 프로덕션 모드로 실행 중이면 start()와 stop() 메소드가 비어있는 모의(Mock) 객체를 반환합니다.

강조할 만한 기능은 JavaScript의 동적형 결정(dynamic typing) 덕분에 한편으로는 new 연산자로 인스턴스화된 객체를, 다른 편으로는 간단한 객체 리터럴을 반환할 수 있다는 것입니다.

이것은 **덕 타이핑(duck typing)**이라고도 알려져 있습니다(https://en.wikipedia.org/wiki/Ducktyping). 우리의 팩토리는 완벽하게 동작합니다. 팩토리(factory) 함수를 사용하여 어떤 방식으로든 객체를 생성할 수 있으며, 추가적인 초기화 단계를 수행하거나 특정 조건을 기반으로 다른 유형의 객체를 반환할 수 있습니다. 그리고 이 모든 세부사항을 객체의 소비자로부터 격리할 수 있습니다. 우리는 단순한 패턴의 힘을 쉽게 이해할 수 있었습니다.

이제 Profiler를 사용할 수 있게 되었습니다. 앞서 만든 팩토리는 아래 코드와 같이 사용할 수 있습니다.

```
const profiler = require('./profiler');

function getRandomArray(len) {
  const p = profiler('Generating a ' + len + ' items long array');
  p.start();
  const arr = [];
  for(let i = 0; i < len; i++) {
    arr.push(Math.random());
  }
  p.end();
}

getRandomArray(1e6);
console.log('Done');
```

변수 p는 Profiler 객체의 인스턴스를 가지고 있지만, Profile 객체가 어떻게 생성되었는지 어떤 객체인지 실행 코드 만을 가지고는 알 수가 없습니다. 우리의 코드를 간단히 테스트해 보기 위해 위 코드를 profilerTest.js라는 파일로 저장합니다. 프로파일링을 활성화시켜 프로그램을 실행하고자 한다면 아래 명령을 실행합니다.

```
export NODE_ENV=development; node profilerTest
```

위 명령은 실제 프로파일러를 활성화하고 프로파일링 정보를 콘솔에 인쇄합니다. 대신 모의(mock) 프로파일러를 사용하려면 아래 명령을 실행할 수 있습니다.

```
export NODE_ENV=production; node profilerTest
```

여기서 제시한 예제는 팩토리 함수 패턴의 단순한 적용이지만, 구현으로부터 객체의 생성을 분리하는 장점을 분명하게 보여줍니다.

6.1.4 합성 가능한(Composable) 팩토리 함수

Node.js에서 팩토리 함수를 구현하는 방법에 대한 괜찮은 아이디어를 얻었으므로 이제 JavaScript 커뮤니티에서 최근 힘을 받고 있는 새로운 고급 패턴을 소개할 준비가 되었습니다. 우리는 **합성이 가능한 팩토리 함수**에 대해 이야기할 것입니다. 이는 향상된 팩토리 함수를 만들기 위해 함께 "조합(composed)"될 수 있는 특정 유형의 팩토리 함수를 말합니다. 이것은 복잡한 클래스 계층 구조를 만들지 않고도 다양한 소스에서 동작하면서 속성을 "상속(inherit)"하는 객체를 만들 때 특히 유용합니다.

간단하고 효율적인 예제를 통해 이 개념을 명확히 할 수 있을 것입니다. 화면의 캐릭터가 여러 가지 다른 동작을 할 수 있는 비디오 게임을 만들고 싶다고 가정해 보겠습니다. 캐릭터는 화면에서 움직일 수 있고 칼로 베고 총을 쏠 수 있습니다. 그리고 생명 포인트와 화면에서의 위치, 이름과 같은 몇몇 기본적인 속성을 가지고 있습니다.

특정 동작마다 하나씩 몇 가지 유형의 캐릭터를 정의할 것입니다.

- Character: 생명 포인트와 위치 그리고 이름을 가지고 있는 기본 캐릭터
- Mover: 움직일 수 있는 캐릭터
- Slasher: 베기가 가능한 캐릭터
- Shooter: (총알이 있다면) 사격을 할 수 있는 캐릭터

이상적으로 우리는 기존 캐릭터와 다른 동작들을 결합하여 새로운 유형의 캐릭터를 정의할 수 있어야 합니다. 우리는 제약이 없길 바랍니다. 예를 들어, 기존의 것 위에 아래와 같은 새로운 유형을 정의하기 원합니다.

- Runner: 움직일 수 있는 캐릭터
- Samurai: 움직이며 칼로 벨 수 있는 캐릭터
- Sniper: 총을 쏠 수 있는 캐릭터(움직이지 않습니다)
- Gunslinger: 움직이면서 총을 쏠 수 있는 캐릭터
- Western Samurai: 움직이면서 칼로 베고 총을 쏠 수 있는 캐릭터

보시다시피, 모든 기본 유형의 기능을 결합할 수 있는 자유로움이 필요하기 때문에 클래스와 상속을 사용하여 이 문제를 쉽게 모델링할 수 없음이 분명합니다.

따라서 대신 우리는 조합 가능한 팩토리 함수를 사용할 것이며, 특히 stampit 모듈(https://www.npmjs.com/package/stampit)에서 정의한 **stamp 스펙**을 사용할 것입니다.

이 모듈은 새로운 팩토리 함수들을 만들기 위해 함께 구성할 수 있는 팩토리 함수들을 정의하기 위한 직관적인 인터페이스를 제공합니다. 기본적으로 이것은 능수능란하고 편리한 인터페이스로 무엇을 원하는지 설명하게 함으로써, 우리가 정의한 일련의 속성과 메소드들로 함수를 생성하는 팩토리 함수를 정의할 수 있도록 해줍니다.

게임의 기본 유형을 얼마나 쉽게 정의할 수 있는지 살펴보겠습니다. 기본 캐릭터 유형을 가지고 시작하겠습니다.

```
const stampit = require('stampit');

const character = stampit().
  props({
    name: 'anonymous',
    lifePoints: 100,
    x: 0,
    y: 0
  });
```

위의 약간의 코드에서 기본 캐릭터의 새 인스턴스를 만드는데 사용할 수 있는 캐릭터 팩토리 함수를 정의했습니다. 모든 캐릭터는 name, lifePoints, x 그리고 y와 같은 속성을 가지며 기본값은 각각 anonymous, 100, 0 그리고 0입니다. stampit의 메소드 props를 사용하면 이러한 속성을 정의할 수 있습니다. 이 팩토리 함수를 사용하려면 다음과 같이 할 수 있습니다.

```
const c = character();
c.name = 'John';
c.lifePoints = 10;
console.log(c); // { name: 'John', lifePoints: 10, x:0, y:0 }
```

이제 mover 팩토리 함수를 정의해 보겠습니다.

```
const mover = stampit()
  .methods({
    move(xIncr, yIncr) {
      this.x += xIncr;
```

```
    this.y += yIncr;
    console.log(`${this.name} moved to [${this.x}, ${this.y}]`);
  }
});
```

이 경우 stampit 함수의 methods 함수를 사용하여 팩토리 함수에 의해 생성된 객체에서 사용할 수 있는 모든 메소드를 선언합니다. Mover 정의의 경우 인스턴스의 x와 y 위치를 증가시킬 수 있는 move 함수가 있습니다. 메소드 내부에서 this 키워드를 사용하여 인스턴스 속성에 접근할 수 있습니다.

이제 기본 개념을 이해했으므로 slasher 및 shooter 유형에 대한 팩토리 함수 정의를 쉽게 추가할 수 있습니다.

```
const slasher = stampit()
  .methods({
    slash(direction) {
      console.log(`${this.name} slashed to the ${direction}`);
    }
  });

  const shooter = stampit()
    .props({
      bullets: 6
    })
    .methods({
      shoot(direction) {
        if (this.bullets > 0) {
        --this.bullets;
          console.log(`${this.name} shoot to the ${direction}`);
        }
      }
    });
```

shooter 팩토리 함수를 정의하기 위해 props와 methods를 어떻게 사용하는지 유의해 주십시오. 이제 기본 유형을 모두 정의했으므로 새롭고 강력하면서 인상적인 팩토리 함수를 만들기 위한 합성 준비가 끝났습니다.

```
const runner = stampit.compose(character, mover);
const samurai = stampit.compose(character, mover, slasher);
const sniper = stampit.compose(character, shooter);
const gunslinger = stampit.compose(character, mover, shooter);
const westernSamurai = stampit.compose(gunslinger, samurai);
```

메소드 stampit.compose는 작성된 팩토리 함수의 메소드 및 속성을 기반으로 객체를 생성하는 새로 조합된 팩토리 함수를 정의합니다. 여러분이 알 수 있듯이, 이것은 우리에게 엄청난 자유를 제공하며 클래스의 관점보다는 동작의 관점에서 사고할 수 있는 강력한 메커니즘입니다.

예제를 마무리하기 위하여 새로운 wasternSamurai를 인스턴스화하고 사용해봅시다.

```
const gojiro = westernSamurai();
gojiro.name = 'Gojiro Kiryu';
gojiro.move(1,0);
gojiro.slash('left');
gojiro.shoot('right');
```

그러면 다음과 같은 결과가 출력됩니다.

```
Yojimbo moved to [1, 0]
Yojimbo slashed to the left
Yojimbo shoot to the right
```

stamp의 사양과 그 배경에 대한 자세한 내용은 원작자인 Eric Elliot가 작성한 게시물에서 찾을 수 있습니다.

- https://medium.com/JavaScript-scene/introducing-the-stamp-specification-77f8911c2fee

6.1.5 실전에서는 어떻게 사용되는가

언급했듯이, 팩토리는 Node.js에서 매우 유명합니다. 많은 패키지들이 새로운 인스턴스를 만드는데 있어 팩토리만을 제공합니다. 몇 가지 예는 다음과 같습니다.

- Dnode(https://npmjs.org/package/dnode): 이것은 Node.js용 **원격 프로시저 호출(RPC)** 시스템입니다. 소스코드를 살펴보면 로직이 D라는 클래스에 구현되어 있는 것을 볼 수 있을 것입니다. 그러나 노출된 유일한 인터페이스가 팩토리이고, 이를 통해 클래스의 새 인스턴스를 생성할 수 있기 때문에 외부에 노출되지 않습니다. 소스코드는 https://github.com/substack/dnode/blob/34d1c9aa9696f13bdf8fb99d 9d039367ad873f90/index.js#L7-9 에서 확인할 수 있습니다.
- Restify(https://npmjs.org/package/restify): 이것은 REST API를 만들기 위한 프레임워크입니다. restify.createServer() 팩토리를 통해 새로운 서버 인스턴스를 만들 수 있습니다. 이것은 내부적으로 Server 클래스(이것은 외부에 노출되지 않습니다)의 새 인스턴스를 생성합니다. 다음 링크에서 소스를 살펴볼 수 있습니다.
  - https://github.com/mcavage/noderestify/blob/5f31e2334b38361ac7ac1a5e5d852b7206ef7d94/lib/index.js#L91-116).

또 다른 모듈들은 클래스와 팩토리를 모두를 외부에 노출하고 있지만, 새로운 인스턴스를 작성하는 방법으로 팩토리를 주요 방법(혹은 가장 편리한 방법)으로 소개하고 있습니다. 일부 예제는 다음과 같습니다.

- http-proxy(https://npmjs.org/package/http-proxy): 이것은 프로그래밍 가능한 프록싱 라이브러리인데, httpProxy.createProxyServer(options)로 새로운 인스턴스가 생성됩니다.
- 코어 Node.js HTTP 서버: 여기서는 주로 http.createServer()를 사용하여 새로운 인스턴스를 생성합니다. 이는 기본적으로 http.Server()에 대한 바로 가기입니다.
- bunyan(https://npmjs.org/package/bunyan): 이것은 널리 사용되는 로깅 라이브러리입니다. readme 파일에서 새 인스턴스를 만드는 주요 방법으로 bunyan.createLogger()라는 팩토리를 소개합니다. 이는 new bunyan()을 실행하는 것과 같습니다.

일부 다른 모듈들은 다른 컴포넌트의 생성을 감싸는 팩토리를 제공합니다. 널리 쓰이는 예제는 throught2와 from2입니다('5장. 스트림 코딩'에서 이미 보았습니다). 팩토리 접근 방식을 사용하여 새로운 스트림 생성을 단순화하고, 개발자가 상속 및 new 연산자를 명시적으로 사용하지 못하도록 합니다.

마지막으로 내부적으로 stamp 스펙과 조합 가능한 팩토리 기능을 사용하는 일부 패키지들을 소개합니다. 조합 가능한 팩토리 함수의 능력을 프론트엔드로 가져와 위젯 동작을 쉽게 구성할 수 있는 react-stampit(https://www.npmjs.com/package/react-stampit), Redis 기반의 pub/sub 모듈인 remitter(https://www.npmjs.com/package/remitter)가 그것입니다.

6.2 공개 생성자(Revealing constructor)

공개 생성자 패턴은 Node.js와 JavaScript에서 상대적으로 새로운 패턴입니다. 특히 Promise와 같은 일부 핵심 라이브러리에서 사용되기 때문에 더욱 그렇습니다.

이미 4장에서 프라미스를 알아보면서 ES2015 이후의 비동기 제어 흐름 패턴에서 이 패턴을 암시적으로 살펴 보았습니다. 이제 다시 돌아가서 프라미스 생성자를 분석하여 더 자세히 설명해 보겠습니다.

```
const promise = new Promise(function (resolve, reject) {
  //...
});
```

이미 보았듯이 Promise는 생성자의 인자로 함수를 받아들입니다. 이 함수를 **executor 함수**라고 합니다. 이 함수는 Primise 생성자의 내부 구현에 의해 호출되고, 생성중인 프라미스의 내부 상태의 제한된 부분만 조작할 수 있게 하는데 사용됩니다. 다시 말해, 객체의 내부 상태를 변경할 수 있도록 resolve와 reject 함수를 외부에 노출하는 메커니즘을 제공합니다.

이것의 장점은 생성자 코드만 resolve와 reject에 접근할 수 있고, 일단 프라미스 객체가 생성되면 주위에 안전하게 전달될 수 있다는 것입니다. 다른 코드는 reject나 resolve를 호출할 수 없으며 프라미스의 내부 상태를 변경할 수 없습니다.

이것이 Domenic Denicola가 자신의 한 블로그 글에서 이 패턴을 "revealing constructor"라고 칭한 이유입니다.

> Domenic의 전체 게시물은 매우 유익합니다. 또한 패턴의 역사적 기원을 분석하고 이 패턴의 일부 측면을 노드 스트림에서 사용하는 템플릿 패턴 또는 앞서의 프라미스 라이브러리의 구현에서 사용된 생성자 패턴과 비교하고 있습니다. 이 게시물은 https://blog.domenic.me/the-revealing-constructor-pattern/에서 읽을 수 있습니다.

6.2.1 읽기 전용 이벤트 이미터

이 단락에서는 명시적인 생성자 패턴을 사용하여 읽기 전용 이벤트 이미터(Event Emitter)를 작성하겠습니다. 이 이미터는 emit 메소드를 호출할 수 없는(생성자에게 전달되는 함수를 제외하고는) 특별한 종류의 이미터입니다.

Roee(Read-only-event-emit: 읽기 전용 이벤트 이미터) 클래스의 코드를 roee.js라는 파일에 작성해 보겠습니다.

```
const EventEmitter = require('events');

module.exports = class Roee extends EventEmitter {
  constructor (executor) {
    super();
    const emit = this.emit.bind(this);
    this.emit = undefined;
    executor(emit);
  }
};
```

이 간단한 클래스에서 코어(core) EventEmitter 클래스를 확장하여 executor 함수를 유일한 생성자의 인자로 받아들입니다.

생성자의 내부에서 super 생성자를 호출하여 부모 생성자를 호출해 이벤트 이미터를 적절히 초기화한 다음, emit 함수를 백업해 둔 후 undefined를 할당하여 제거합니다.

마지막으로 emit 메소드 백업을 인자로 전달하여 executor 함수를 호출합니다. 여기서 중요한 것은 undefined가 emit 메소드에 할당된 후에는 코드의 다른 부분에서 더 이상 호출할 수 없다는 것입니다. 백업된 emit은 executor 함수에 전달될 로컬 변수로 정의됩니다. 이 메커니즘을 사용하면 executor 함수 내에서만 emit을 사용할 수 있습니다.

이제 이 새 클래스를 사용하여 간단한 ticker를 만들어 보겠습니다. 이 클래스는 매 초마다 틱을 발생시키고 발생시킨 모든 틱의 수를 유지합니다. 이것이 새로운 ticker.js의 내용입니다.

```
const Roee = require('./roee');

const ticker = new Roee((emit) => {
  let tickCount = 0;
  setInterval(() => emit('tick', tickCount++), 1000);
});

module.exports = ticker;
```

여기서 볼 수 있듯이 코드는 매우 간소합니다. 우리는 새로운 Roee를 인스턴스화하고 executor

함수 내에 이벤트를 발생시키는 로직을 전달합니다. executor 함수는 emit을 인자로 받습니다. 따라서 매 초마다 새로운 틱 이벤트를 발생시키는데 사용할 수 있습니다.

이제 이 ticker 모듈을 사용하는 방법에 대한 간단한 예를 보겠습니다.

```
const ticker = require('./ticker');

ticker.on('tick', (tickCount) => console.log(tickCount, 'TICK'));
// ticker.emit('something', {}); <-- 오류 발생
```

우리는 ticker 객체를 다른 이벤트 이미터 기반의 객체와 동일하게 사용하며 on 메소드로 여러 개의 리스너를 연결할 수 있지만, 이 경우 emit 메소드를 사용하려고 하면 "TypeError: ticker.emit is not a function" 에러가 발생하여 실행되지 않을 것입니다.

이 예제가 생성자 공개 패턴이 어떻게 사용되는지 보여주는 훌륭한 예라고 해도, 이벤트 이미터에 대한 읽기 전용 기능은 완벽하지 않으며 여러 가지 방법으로 무시할 수 있습니다. 예를 들어, 다음과 같이 원래의 emit 프로토타입을 직접 사용하여 ticker 인스턴스에서 이벤트를 발생시킬 수 있습니다.

```
require('events').prototype.emit.call(ticker,
'someEvent', {});
```

6.2.2 실전에서는 어떻게 사용되는가

이 패턴이 매우 흥미롭고 영리하다 할지라도 프라미스 생성자를 제외하고 일반적인 사용 사례를 찾는 것은 정말 어렵습니다.

이 책이 쓰여지는 시점에 개발중인 스트림에 대한 새로운 스펙이 있다는 것을 잠깐 언급할 필요가 있을 것 같습니다. 이 스펙은 현재 사용되는 템플릿 패턴보다 더 나은 대안으로 이 패턴을 채택하여 다양한 스트림 객체의 동작을 만들 수 있습니다. https://streams.spec.whatwg.org를 참조하십시오. 또한 우리는 "5장. 스트림 코딩"에서 ParallelStream 클래스를 구현할 때 이 패턴을 이미 사용했었습니다. 이 클래스는 생성자 인자로 userTransform 함수(executor 함수)를 받아들입니다.

이 경우에는 executor 함수가 생성시에는 호출되지 않지만, 스트림의 내부 _transform 메소드에서 이 패턴의 일반적인 개념이 유효하게 적용됩니다. 실제 이 방식은 스트림의 내부의 일부(예를 들어 push 함수)를 ParallelStream의 새 인스턴스를 생성할 때 지정하는 특정 변환 로직에만 공개할 수 있게 합니다.

6.3 프록시(Proxy)

프록시는 다른 객체에 대한 접근을 제어하는 객체입니다. 여기서 다른 객체를 **대상(Subject)**이라고 합니다. 프록시와 대상(Subject)은 동일한 인터페이스를 가지고 있으며 이를 통해 다른 인터페이스와 완전히 호환되도록 바꿀 수 있습니다. 실제 이 패턴의 다른 이름은 **서로게이트(surrogate)**입니다. 프록시는 대상(Subject)에서 실행될 작업의 전부 또는 일부를 가로채서 해당 동작을 향상시키거나 보완합니다. 다음 그림은 대략적인 개념을 보여줍니다.

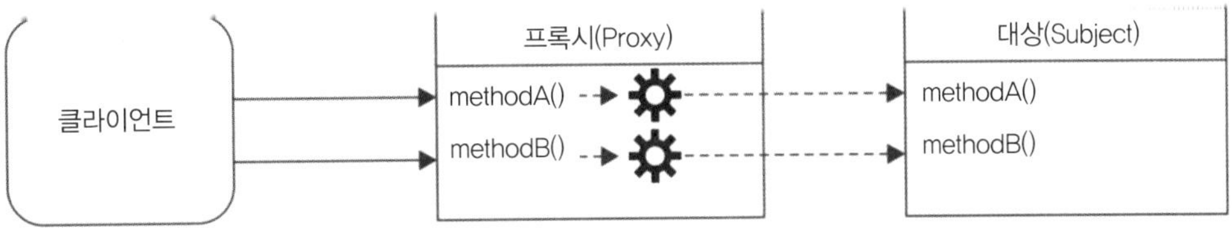

위 그림은 Proxy와 Subject가 동일한 인터페이스를 갖는 방식과 어떻게 이것이 클라이언트에게 투명하게 노출되어 둘 중 하나를 서로 교환하여 사용할 수 있는지 보여 줍니다. 프록시는 각 작업을 대상(Subject)으로 전달하여 추가적인 전처리 또는 후처리로 동작을 향상시킵니다.

> 클래스들 간의 프록시를 말하는 것이 아니라는 것을 이해하는 것이 중요합니다. 프록시 패턴은 대상(Subject)의 실제 인스턴스를 감싸서 해당 상태를 유지하는 것을 포함합니다.

프록시는 여러 상황에서 유용합니다. 예를 들면, 다음과 같은 상황을 고려할 수 있습니다.

- **데이터 유효성 검사(Data validation)**: 프록시가 입력을 대상(Subject)으로 전달하기 전에 유효성을 검사합니다.
- **보안(Security)**: 프록시는 클라이언트가 작업을 수행할 수 있는 권한이 있는지 확인하고 검사 결과가 긍정적인 경우에만 요청을 대상(Subject)으로 전달합니다.
- **캐싱(Caching)**: 프록시가 내부 캐시를 유지하여 데이터가 캐시에 아직 존재하지 않는 경우에만 대상(Subject)에서 작업이 실행되도록 합니다.
- **지연 초기화(Lazy initialization)**: 대상(Subject)의 생성 비용이 비싸다면 프록시는 그것을 필요로 할 때까지 연기할 수 있습니다.
- **로깅(Logging)**: 프록시는 메소드 호출과 상대 매개 변수를 인터셉트하고 이를 기록합니다.
- **원격 객체(Remote objects)**: 프록시는 원격 위치에 있는 객체를 가져와서 로컬처럼 보이게 할 수 있습니다.

물론 프록시에 대한 더 많은 어플리케이션이 있으며, 이들은 그 목적과 범위에 대한 아이디어를 줄 것입니다.

6.3.1 프록시 구현 기술

객체를 프록시할 때 우리는 모든 메소드를 가로채기로 결정할 수도 있고, 그 중 일부만 가로채고 나머지는 직접 대상(Subject)에 위임하기로 결정할 수도 있습니다. 이것을 달성할 수 있는 몇 가지 방법이 있는데, 그 중 일부를 분석해 보겠습니다.

오브젝트 컴포지션

컴포지션은 기능을 확장하거나 사용하기 위해 객체가 다른 객체와 결합되는 기술입니다. 특정 프록시 패턴의 경우, 대싱(Subject)과 동일한 인터페이스를 가진 새로운 객체가 작성되고 대상(Subject)에 대한 참조가 인스턴스 변수 혹은 클로저 변수 형식으로 프록시의 내부에 저장됩니다. 대상(Subject)은 작성 시 클라이언트로부터 주입되거나 프록시 자체에 의해 작성될 수 있습니다.

다음은 의사(pseudo) 클래스와 팩토리를 사용한 이 기법의 한 예입니다.

```
function createProxy(subject) {
  const proto = Object.getPrototypeOf(subject);

  function Proxy(subject) {
    this.subject = subject;
  }

  Proxy.prototype = Object.create(proto);

  //프록시된 메소드
  Proxy.prototype.hello = function(){
    return this.subject.hello() + ‘ world!’;
  };

  //델리게이트된 메소드
  Proxy.prototype.goodbye = function(){
    return this.subject.goodbye
      .apply(this.subject, arguments);
  };

  return new Proxy(subject);
}
module.exports = createProxy;
```

컴포지션을 사용해 프록시를 구현하려면, hello()와 같이 조작하고자 하는 메소드를 가로채고 나머지는 단순히 대상(Subject)에 위임해야 합니다(goodbye()와 마찬가지로).

위의 코드는 대상(Subject)이 프로토타입을 가지고 있고 제대로 된 프로토타입 체인을 유지하기 위한 특정한 사례를 보여주므로 proxy instanceof Subject를 실행하면 true가 반환됩니다. 우리는 이것을 달성하기 위해 의사고전(pseudo-classical) 상속을 사용했습니다.

이는 프로토타입 체인을 유지 관리하는 것이 중요한 경우에만 필요한 부수적인 단계입니다. 프록시 체인은 처음에 대상(Subject)과 관련된 코드와의 호환성을 개선하는데 유용할 수 있습니다.

하지만, JavaScript에는 동적 타입 결정이 있으므로 대부분의 경우 상속을 사용하지 않고 보다 즉각적인 접근 방식을 사용할 수 있습니다. 예를 들어, 앞의 코드에서 제시한 프록시의 대체 구현은 그냥 객체 리터럴과 팩토리를 사용하는 것일 것입니다.

```
function createProxy(subject) {
  return {
    //프록시된 메소드
    hello: () => (subject.hello() + ' world!'),

    //델리게이트된 메소드
    goodbye: () => (subject.goodbye.apply(subject, arguments))
  };
}
```

> 대부분의 메소드를 위임하는 프록시를 만들려면 delegates(https://npmjs.org/package/delegates)와 같은 라이브러리를 사용하여 자동으로 생성하는 것이 편리할 것입니다.

객체 증강(Object augmentation)

객체 증강(또는 몽키 패치)은 아마도 객체의 개별 메소드를 프록시하는 가장 실용적인 방법일 수 있는데, 메소드를 프록시된 구현체로 대체하여 직접 대상(Subject)을 수정하는 것으로 이루어집니다.

```
function createProxy(subject) {
  const helloOrig = subject.hello;
  subject.hello = () => (helloOrig.call(this) + ' world!');

  return subject;
}
```

이 기법은 하나 또는 몇 개의 메소드만 프록시할 필요가 있을 때 가장 편리한 메소드지만, 대상(Subject) 객체를 직접 수정하는 단점이 있습니다.

6.3.2 다른 기술의 비교

컴포지션은 프록시를 만드는 가장 안전한 방법으로 간주될 수 있습니다. 대상(Subject)을 그대로 두어 원래의 동작을 변경하지 않기 때문입니다. 유일한 단점은 모든 메소드를 수동으로 위임(delegate)해야 한다는 것입니다. 필요한 경우 대상(Subject)의 속성에 대한 액세스 권한을 위임해야 할 수도 있습니다.

> 객체의 속성은 Object.defineProperty()를 사용하여 위임할 수 있습니다. 자세한 내용은 다음을 참조하십시오.
>
> • https://developer.mozilla.org/en-US/docs/Web/JavaScript/Reference/Global_Objects/Object/defineProperty.

반면 객체 증강은 대상(Subject)을 수정하므로 위임과 관련된 여러 가지 불편함이 없습니다. 이러한 이유로 객체 증강은 JavaScript에서 프록시를 구현하는 가장 실용적인 방법이며, 대상(Subject)을 수정하는 것이 큰 문제가 되지 않는 모든 상황에서 선호되는 기술입니다.

그러나 컴포지션이 필요한 한 가지 상황이 있습니다. 예를 들어 대상(Subject)을 필요한 경우에만 생성(예: 지연 초기화-lazy initialization)하기 위해 대상(Subject)의 초기화를 제어하려는 경우입니다.

> 팩토리 함수(createProxy())를 사용하여 프록시를 생성하면, 사용된 기술로부터 코드를 보호할 수 있다는 점을 기억해 두십시오.

6.3.3 Writable 스트림 로그 작성

실제 예제에서 프록시 패턴을 보기 위하여, write() 메소드에 대한 모든 호출을 가로채고 이러한 상황이 발생할 때마다 메시지를 기록하는 Writable 스트림에 대한 프록시를 수행하는 객체를 만들어 봅시다. 프록시를 구현하기 위해 객체 컴포지션을 사용합니다. 다음은 이를 위한 loggingWritable.js입니다.

```
function createLoggingWritable(writableOrig) {
  const proto = Object.getPrototypeOf(writableOrig);

  function LoggingWritable(writableOrig) {
    this.writableOrig = writableOrig;
  }

  LoggingWritable.prototype = Object.create(proto);

  LoggingWritable.prototype.write = function(chunk, encoding, callback) {
    if(!callback && typeof encoding === 'function') {
      callback = encoding;
      encoding = undefined;
    }
    console.log('Writing ', chunk);
    return this.writableOrig.write(chunk, encoding, function() {
      console.log('Finished writing ', chunk);
      callback && callback();
    });
  };

  LoggingWritable.prototype.on = function() {
    return this.writableOrig.on
      .apply(this.writableOrig, arguments);
  };

  LoggingWritable.prototype.end = function() {
    return this.writableOrig.end
      .apply(this.writableOrig, arguments);
  };

  return new LoggingWritable(writableOrig);
}
```

앞의 코드에서 인자로 전달된 Writable 객체가 프록시된 버전을 반환하는 팩토리를 만들었습니다. 호출할 때마다 그리고 비동기 연산이 완료될 때마다 표준 출력에 메시지를 기록하도록 write() 메소드를 오버라이드 합니다. 또한 이것은 비동기 함수의 프록시를 만드는 훌륭한 예이기도 합니다. 이것은 Node.js와 같은 플랫폼에서 고려해야 할 중요한 세부 사항입니다. 나머지 메소드인 on() 및 end()는 원래의 writable 스트림에 위임됩니다(코드를 가볍게 유지하기 위해 쓰기 가능한 인터페이스의 다른 메소드는 고려하지 않습니다).

방금 생성한 프록시를 테스트하기 위해 loggingWritable.js에 몇 줄의 코드를 더 추가해보겠습니다.

```
const fs = require('fs');

const writable = fs.createWriteStream('test.txt');
const writableProxy = createLoggingWritable(writable);
writableProxy.write('First chunk');
writableProxy.write('Second chunk');
writable.write('This is not logged');
writableProxy.end();
```

프록시는 스트림의 원래 인터페이스나 외부 동작을 변경하지 않았지만, 위 코드를 실행하면 스트림에 기록된 모든 데이터가 그대로 콘솔에 기록됩니다.

6.3.4 생태계에서의 프록시 - 함수 후크(function hooks) 및 AOP

다양한 형태의 프록시는 Node.js 자체에서 뿐만 아니라 생태계에서도 널리 사용되는 패턴입니다. 사실, 우리는 프록시 생성을 단순화 할 수 있는 라이브러리들을 많이 볼 수 있습니다. 대부분의 경우 구현 방식으로 객체 증강(object augmentation)을 사용합니다.

커뮤니티에서 이 패턴은 **함수 후킹(function hooking)**이라고도 하며, 때로는 프록시 어플리케이션의 공통 영역인 **AOP(Aspect Oriented Programming)**라고도 합니다. AOP에서 이러한 라이브러리는 대개 개발자가 특정 메소드(혹은 메소드들) 전후에 실행 후크를 설정할 수 있도록 합니다. 이것은 권고된 메소드를 실행하기 전 혹은 후에 커스텀 코드를 실행할 수 있게 해줍니다.

종종 프록시를 **미들웨어**라고 합니다. 미들웨어 패턴(이장의 뒤에서 설명할 것입니다)에서 발생하는 것과 같이 어떤 함수의 입력/출력 전처리와 후처리를 할 수 있기 때문입니다. 때로는 미들웨어와 유사한 파이프라인을 사용하여 동일한 메소드에 대해 여러 후크를 등록할 수도 있습니다.

npm에는 몇 가지 라이브러리가 있어서 약간의 노력으로 함수 훅(hook)을 구현할 수 있습니다. 그 중에는 hooks(https://npmjs.org/package/hooks), hooker(https://npmjs.org/package/hooker) 및 meld(https://npmjs.org/package/meld)가 있습니다.

6.3.5 ES2015 Proxy

ES2015 사양에는 Proxy라는 전역 객체가 도입되었으며, 이 객체는 버전 6부터 Node.js에서 사용할 수 있습니다.

Proxy API에는 타겟(target) 및 핸들러를 인자로 허용하는 Proxy 생성자가 포함되어 있습니다.

```
const proxy = new Proxy(target, handler);
```

여기에서 타겟(target)은 프록시가 적용되는 객체(표준 정의의 대상(Subject))를 나타내며, handler는 프록시의 동작을 정의하는 특수한 객체입니다.

핸들러 객체에는 해당 작업이 프록시 인스턴스에서 수행될 때 자동으로 호출되는 트랩 메소드(예: apply, get, set 및 has)라는 사전에 정의된 이름을 가진 일련의 선택적 메소드들이 포함되어 있습니다.

이 API의 작동 방식을 더 잘 이해하기 위해 예제를 살펴보겠습니다.

```
const scientist = {
  name: 'nikola',
  surname: 'tesla'
};

const uppercaseScientist = new Proxy(scientist, {
  get: (target, property) => target[property].toUpperCase()
});

console.log(uppercaseScientist.name, uppercaseScientist.surname);
  // NIKOLA TESLA를 출력
```

이 예제는 프록시 API를 사용하여 target 객체인 scientist의 모든 속성에 대한 액세스를 가로채서 원래의 속성값을 대문자로 변환합니다.

예제를 주의깊게 살펴보면, 이 API에 대해 매우 특이한 점을 발견할 수 있을 것입니다. 이것은 target 객체 내의 일반 속성에 대한 접근을 가로챌 수 있습니다.

이는 API가 단순히 이 장의 이전 섹션에서 정의한 것과 같이 프록시 객체의 생성을 용이하게 하는 단순한 래퍼가 아니기 때문에 가능한 것입니다. 대신 JavaScript 언어 자체에 깊이 통합된 기능으로, 개발자가 객체에서 수행할 수 있는 많은 작업을 가로채서 사용자 정의화할 수 있습니다. 이 특성은 메타 프로그래밍, 연산자 오버로딩 및 객체 가상화와 같이 전에는 쉽게 달성할 수 없었던 새롭고 흥미로운 시나리오들을 가능하게 해줍니다.

이 개념을 명확히 하는 또 다른 예를 살펴보겠습니다.

```
const evenNumbers = new Proxy([], {
  get: (target, index) => index * 2,
  has: (target, number) => number % 2 === 0
});

console.log(2 in evenNumbers); //true
console.log(5 in evenNumbers); //false
console.log(evenNumbers[7]); // 14
```

이 예에서는 모든 짝수를 포함하는 가상의 배열을 만듭니다. 이것을 정규배열로 사용될 수 있습니다. 즉, 배열의 항목에 일반 배열 구문(예: evenNumbers[7])을 사용하여 액세스하거나 in 연산자를 사용하여 배열의 요소 존재 여부를 확인할 수 있습니다(예: 2 in evenNumbers). 이 배열은 내부에 데이터를 저장하지 않기 때문에 가상으로 간주됩니다.

구현을 살펴보면, 이 프록시는 빈 배열을 타겟(target)으로 사용하여 핸들러에 get과 has 두 개의 트랩을 정의합니다.

- get 트랩은 배열 요소에 대한 접근을 가로채 주어진 인덱스에 해당하는 짝수를 반환합니다.
- has 트랩은 in 연산자의 사용을 가로채 주어진 숫자가 짝수인지 여부를 검사합니다.

Proxy API는 set, delete 및 construct와 같은 그 외의 다른 여러 가지 흥미로운 트랩을 지원하며 언제든지 폐기될 수 있는 프록시를 생성하여 모든 트랩을 비활성화함으로써 target 객체의 원래 동작을 복원할 수 있도록 해줍니다.

API의 모든 기능을 분석하는 것은 이장의 범위를 벗어납니다. 여기서 중요한 점은 필요할 때 프록시 디자인 패턴을 사용할 수 있는 강력한 기반을 Proxy API가 제공한다는 것입니다.

> **TIP**
> 여러분이 Proxy API에 대해 진지하게 더 알아보고 싶거나, 모든 기능과 트랩 메소드를 보기 원한다면 Mozilla의 이 기사가 도움이 될 수 있습니다.
> - https://developer.mozilla.org/it/docs/Web/JavaScript/Reference/Global_Objects/Proxy.
>
> 또 다른 좋은 글은 다음 링크를 참조합니다.
> - https://developers.google.com/web/updates/2016/02/es2015-proxies

6.3.6 실전에서는 어떻게 사용되는가

Mongoose(http://mongoosejs.com)는 MongoDB에서 널리 사용되는 ODM(Object-Document Mapping) 라이브러리입니다. 내부적으로는 hooks 패키지(https://npmjs.org/package/hooks)를 사용하여 Document 객체의 init 메소드, validate 메소드, save 메소드 및 remove 메소드에 대한 실행 전후 실행 후크를 제공합니다. 자세한 내용은 http://mongoosejs.com/docs/middleware.html의 공식 문서를 참조하십시오.

6.4 데코레이터(Decorator)

데코레이터는 기존 객체의 동작을 동적으로 증강시키는 구조적 패턴(structural pattern)입니다. 이 동작은 동일한 클래스의 모든 객체에 추가되지 않고 명시적으로 데코레이트한 인스턴스에만 추가되기 때문에 고전적인 상속과는 다릅니다.

구현 방식은 프록시(Proxy) 패턴과 매우 유사하지만, 객체의 기존 인터페이스 동작을 향상하거나 수정하는 대신, 다음 그림에서 설명하는 것과 같이 새로운 기능으로 기능을 증가시킵니다.

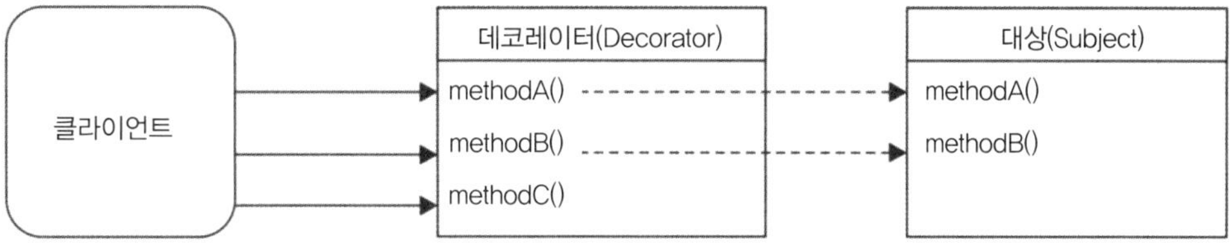

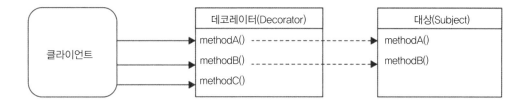

그림에서 Decorator 객체는 methodC() 기능을 추가하여 대상(Subject) 객체를 확장합니다. 기존의 메소드들은 추가적인 처리 없이 데코레이팅된 객체에 위임됩니다. 물론 필요한 경우 기존 메소드에 대한 호출을 가로채고 조작할 수 있도록 프록시(Proxy) 패턴을 쉽게 결합할 수 있습니다.

6.4.1 데코레이터 구현 기법

프록시(Proxy)와 데코레이터(Decorator)는 서로 다른 의도를 가진 개념적으로 다른 패턴이지만 실질적으로 구현 전략을 공유합니다. 그럼 한번 검토해 보겠습니다.

컴포지션

컴포지션을 사용하면 데코레이팅된 컴포넌트가 일반적으로 상속받은 새 객체로 둘러싸여 배치됩니다. 이 경우 데코레이터는 기존 메소드를 원래 컴포넌트로 위임하면서 새 메소드를 정의하기만 하면 됩니다.

```
function decorate(component) {
  const proto = Object.getPrototypeOf(component);

  function Decorator(component) {
    this.component = component;
  }
  Decorator.prototype = Object.create(proto);

  //새 메소드
  Decorator.prototype.greetings = function() {
    return 'Hi!';
  };

  //위임된 메소드
  Decorator.prototype.hello = function() {
    return this.component.hello.apply(this.component, arguments);
  };

  return new Decorator(component);
}
```

객체 증강

다음과 같이 데코레이팅된 객체에 직접 새 메소드를 연결하여 객체 데코레이션을 수행할 수도 있습니다.

```
function decorate(component) {
  //새 메소드
```

```
    component.greetings = () => {
      //...
    };
    return component;
  }
```

프록시(Proxy) 패턴을 분석하면서 논의했던 동일한 주의 사항은 데코레이터에서도 유효합니다. 이제 실습 예제로 패턴을 연습해 보겠습니다!

6.4.2 LevelUP 데이터베이스 장식하기

다음 예제를 코딩하기 전에, 우리가 작업할 모듈인 LevelUp에 대해 몇 마디 이야기해 보겠습니다.

LevelUP 및 LevelDB 소개

LevelUP(https://npmjs.org/package/levelup)은 원래 Chrome 브라우저에서 IndexedDB를 구현하기 위해 만들어진 키/값 저장소인 Google LevelDB와 관련한 Node.js 래퍼입니다. 그러나 그것이 전부는 아닙니다. LevelDB는 Dominic Tar에 의한 최소한의 확장으로 "데이터베이스 계의 Node.js"로 정의되었습니다. Node.js와 마찬가지로 LevelDB는 매우 빠른 성능과 가장 기본적인 기능 세트만을 제공하므로 개발자들은 모든 종류의 데이터베이스를 그 위에 구축할 수 있습니다.

Node.js 커뮤니티(이 경우 Rod Vagg)는 LevelUP을 사용하여 이 데이터베이스의 힘을 Node.js로 가져올 기회를 놓치지 않았습니다. LevelDB의 래퍼로 탄생한 후 인메모리 저장소에서 Riak, Redis와 같은 NoSQL 데이터베이스 그리고 IndexedDB, LocalStorage 같은 웹 저장소 엔진에 이르기까지 여러 가지 백엔드를 지원하여 서버와 클라이언트가 동일한 API를 사용할 수 있게 되었습니다. 정말 흥미로운 시나리오를 실현할 수 있게 되었습니다.

오늘날 LevelUP에는 복제, 보조색인, 실시간 업데이트, 쿼리엔진 등과 같은 기능을 구현하기 위해 작은 코어를 확장한 플러그인 및 모듈들로 구성된 완벽한 생태계가 구축되었습니다. 또한 ProuchDB(https://npmjs.org/package/pouchdb)와 CouchUP(https://npmjs.org/package/couchup) 같은 CouchDB 클론을 비롯하여 Levelgraph(https://npmjs.org/package/levelgraph)와 같은 그래프 데이터베이스까지 Node.js와 브라우저에서 동시에 동작하는 완전한 데이터베이스들이 LevelUP 위에서 구축되었습니다.

> LevelUP 생태계에 대한 자세한 내용은 다음을 참조하십시오.
> • https://github.com/rvagg/node-levelup/wiki/Modules.

LevelUP 플러그인 구현하기

다음 예제에서는 데코레이터 패턴을 사용하여 LevelUP을 위한 간단한 플러그인을 생성하는 방법과 특히 오브젝트 증강 기법을 보여줍니다. 가장 단순하지만 추가적인 기능으로 객체를 데코레이트 하는 가장 실용적이고 효과적인 방법입니다.

> 편의상 levelup과 levendown이라는 기본 어댑터를 묶은 level 패키지(http://npmjs.org/package/level)를 사용할 것입니다. 이것은 LevelDB를 백엔드로 사용합니다.

우리가 만들고자 하는 것은 특정 패턴으로 객체가 데이터베이스에 저장될 때마다 알림을 받을 수 있는 LevelUP용 플러그인 입니다. 예를 들어 {a: 1}과 같은 패턴을 구독하고 있는데, {a: 1, b: 3} 또는 {a : 1, c: 'x'}와 같은 객체가 데이터베이스에 저장되면 알림을 수신하려고 한다고 해봅시다.

levelSubscribe.js라는 새로운 모듈을 만들어 작은 플러그인을 만들어 보겠습니다. 그리고 해당 모듈에 다음 코드를 삽입합니다.

```
module.exports = function levelSubscribe(db) {

  db.subscribe = (pattern, listener) => { //[1]
    db.on('put', (key, val) => { //[2]
      const match = Object.keys(pattern).every(
        k => (pattern[k] === val[k]) //[3]
      );
      if(match) {
        listener(key, val); //[4]
      }
    });
  };

  return db;
};
```

이것이 우리의 플러그인입니다. 아주 간단합니다. 위의 코드에서 어떤 일이 발생했는지 간단히 살펴보겠습니다.

1. subscribe()라는 새로운 메소드로 db 객체를 데코레이트 하였습니다. 간단하게 제공된 db 인스턴스에 이 메소드를 직접 추가하였습니다(객체 증강).
2. 데이터베이스에서 수행되는 모든 put 연산을 청취(listen)합니다.
3. 매우 간단한 패턴 매칭 알고리즘을 수행했는데, 이를 통해 제공된 패턴의 모든 속성을 삽입된 데이터에서도 검사할 수 있습니다.
4. 일치하는 항목이 있으면 리스너에 통보합니다.

이제 levelSubscribeTest.js라는 새 파일에 간단하게 코드를 작성하여 새 플러그인을 시험해 보겠습니다.

```
const level = require('level'); //[1]
const levelSubscribe = require('./levelSubscribe'); //[2]

let db = level(__dirname + '/db', {valueEncoding: 'json'});
db = levelSubscribe(db);

db.subscribe(
  {doctype: 'tweet', language: 'en'}, //[3]
  (k, val) => console.log(val)
);
db.put('1', {doctype: 'tweet', text: 'Hi', language: 'en'}); //[4]
db.put('2', {doctype: 'company', name: 'ACME Co.'});
```

다음은 앞의 코드에 대한 설명입니다.

1. 먼저 LevelUP 데이터베이스를 초기화하고 파일이 저장될 디렉토리와 값의 기본 인코딩을 선택합니다.
2. 그런 다음, 원래 db 객체를 데코레이트하는 플러그인을 추가합니다.
3. 이제 플러그인에서 제공하는 새로운 기능인 subscribe() 메소드를 사용할 준비가 끝났습니다. 여기서 doctype:'tweet' 그리고 language:'en'을 가진 모든 객체를 리슨(listen)한다고 정의합니다.
4. 마지막으로 put을 사용하여 데이터베이스에 일부 값을 저장합니다. 첫 번째 호출은 우리의 구독(subscribe)과 관련된 콜백을 호출하여 저장된 객체를 콘솔에 출력할 것입니다. 이것은 객체가 우리가 구독하는 객체와 일치하기 때문입니다. 대신 두 번째 호출에서는 저장된 객체가 구독 기준과 일치하지 않으므로 저장 객체가 콘솔에 출력되지 않습니다.

이 예제는 객체 증강을 가장 단순하게 구현한 데코레이터 패턴의 실제 적용 사례를 보여주고 있습니다. 사소한 패턴처럼 보일지 모르지만 적절하게 사용되면 강력한 힘을 발휘합니다.

> **TIP** 여기서는 간단한 사례를 위해 put 작업과 결합하여 작동하지만, 배치 작업(https://github.com/rvagg/node-levelup#batch)과 함께 동작하도록 쉽게 확장할 수도 있습니다.

6.4.3 실전에서는 어떻게 사용되는가

실전에서 Decorator가 어떻게 사용되는지에 대한 더 많은 예제를 보려면 LevelUP 플러그인의 코드를 검사해 보십시오.

- level-inverted-index(https://github.com/dominictarr/level-inverted-index): LevelUP 데이터베이스에 역 색인을 추가하는 플러그인으로, 데이터베이스에 저장된 값을 통해 간단한 텍스트 검색을 수행할 수 있습니다.
- level-plus(https://github.com/eugeneware/levelplus): LevelUP 데이터베이스에 원자적 업데이트를 추가하는 플러그인입니다.

6.5 어댑터(Adapter)

어댑터 패턴을 사용하면 다른 인터페이스를 사용하여 객체의 함수를 액세스할 수 있습니다. 이름에서 알 수 있듯이 다른 인터페이스를 호출하는 요소들에 의해 사용될 수 있도록 객체를 조정합니다. 다음 그림은 상황을 명확하게 보여줍니다.

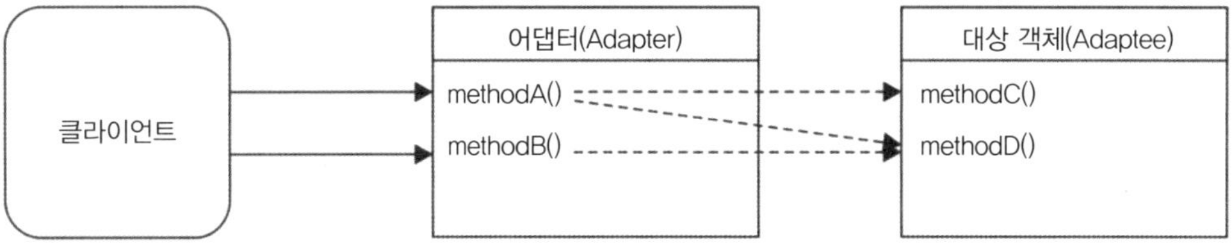

그림에서 어댑터(Adapter)가 본질적으로 다른 인터페이스를 노출하는 객체(Adaptee)의 래퍼(wrapper)임을 보여줍니다. 또한 어댑터(Adapter)의 동작이 대상 객체(Adaptee)에 대한 하나 이상의 메소드 호출로 구성될 수 있다는 것을 보여줍니다. 구현의 관점에서 가장 보편적인 기술은 컴포지션(Composition)입니다. 어댑터(Adapter)가 대상 객체(Adaptee)의 메소드에 대한 중재자 역할을 제공하도록 합니다. 이 패턴은 매우 직관적이므로 바로 예제로 넘어가겠습니다.

6.5.1 파일 시스템 API를 통한 LevelUP 사용

이제 LevelUP API를 가지고 어댑터를 구축하여 core fs 모듈과 호환되는 인터페이스로 변환하려고 합니다. 특히 readFile() 및 writeFile() 호출이 db.get() 및 db.put() 호출로 변환되도록 할 것입니다. 이 방법으로 우리는 간단한 파일 시스템 작업을 위해 LevelUP 데이터베이스를 저장소의 백엔드로 사용할 수 있게 될 것입니다.

fsAdapter.js라는 새로운 모듈을 만듭니다. 그리고 종속성을 로드하고 Adapter를 만드는데 사용할 createFsAdapter() 팩토리를 익스포트(export)하는 것으로 시작해 보겠습니다.

```
const path = require('path');

module.exports = function createFsAdapter(db) {
  const fs = {};
  //...다음 코드구문에 계속됨
```

다음으로 우리는 팩토리 내부에 readFile() 함수를 구현하는데, 이 인터페이스는 fs 모듈의 원래 함수 중 하나와 호환되어야 합니다.

```
fs.readFile = (filename, options, callback) => {
  if(typeof options === 'function') {
    callback = options;
    options = {};
  } else if(typeof options === 'string') {
    options = {encoding: options};
  }

  db.get(path.resolve(filename), { //[1]
      valueEncoding: options.encoding
    },
    (err, value) => {
      if(err) {
        if(err.type === 'NotFoundError') { //[2]
          err = new Error(`ENOENT, open "${filename}"`);
          err.code = 'ENOENT';
          err.errno = 34;
          err.path = filename;
        }
        return callback && callback(err);
```

```
            }
            callback && callback(null, value); //[3]
        }
    );
}
```

앞의 코드에서 우리는 새로운 함수의 동작이 원래 fs.readFile() 함수에 최대한 가깝도록 하기 위해 추가적인 작업을 해야 했습니다. 함수가 수행하는 과정에 대한 설명은 다음과 같습니다.

1. db 클래스에서 파일을 검색하기 위해 파일명을 키(key)로 사용하여 db.get()을 호출합니다. 이때 (path.resolve()를 사용하여) 파일의 전체 경로명을 사용해야 합니다. 데이터베이스에서 사용하는 valueEncoding 값을 입력으로 받은 최종 인코딩 옵션과 동일하도록 설정합니다.
2. 키(key)가 데이터베이스에서 발견되지 않으면 ENOENT를 오류 코드로 생성하는데, 이 오류 코드는 누락된 파일을 나타내기 위해 원래의 fs 모듈에서 사용하는 코드입니다. 다른 유형의 오류는 콜백으로 전달됩니다(이 예에서는 가장 일반적인 오류 조건만 적용함).
3. 키/값 쌍이 데이터베이스에서 성공적으로 검색되면 콜백을 사용하여 호출자에게 값을 반환합니다.

여기서 볼 수 있듯이, 우리가 만든 함수는 매우 개략적입니다. 이것은 fs.readFile() 함수를 완벽하게 대체하지는 않지만 일반적인 상황에서는 확실히 작업을 수행합니다.

이 작은 어댑터를 완성하기 위해, 이제 writeFile() 함수를 구현하는 방법을 살펴보겠습니다.

```
fs.writeFile = (filename, contents, options, callback) => {
    if(typeof options === 'function') {
        callback = options;
        options = {};
    } else if(typeof options === 'string') {
        options = {encoding: options};
    }

    db.put(path.resolve(filename), contents, {
        valueEncoding: options.encoding
    }, callback);
}
```

여기서도 역시 완벽한 래퍼는 아닙니다. 우리는 파일 사용 권한(options.mode)과 같은 몇 가지 옵션을 무시할 것이며, 데이터베이스로부터 받은 모든 오류를 그대로 전달할 것입니다.

끝으로 다음의 한 줄의 코드를 사용하여 fs 객체를 반환하고 팩토리 함수를 닫습니다.

```
    return fs;
  }
```

새로운 어댑터 작성이 끝났습니다. 작은 테스트 모듈을 작성하여 사용해 보겠습니다.

```
const fs = require('fs');

fs.writeFile('file.txt', 'Hello!', () => {
  fs.readFile('file.txt', {encoding: 'utf8'}, (err, res) => {
    console.log(res);
  });
});

//missing.txt 파일을 읽으려 시도
fs.readFile('missing.txt', {encoding: 'utf8'}, (err, res) => {
  console.log(err);
});
```

앞의 코드는 원래 fs API를 사용하여 파일 시스템에 대해 몇 가지 읽기와 쓰기 작업을 수행하고 다음과 같은 내용을 콘솔에 인쇄할 것입니다.

```
{ [Error: ENOENT, open 'missing.txt'] errno: 34, code: 'ENOENT', path:
'missing.txt' }
Hello!
```

이제 다음과 같이 fs 모듈을 어댑터로 교체할 수 있습니다.

```
const levelup = require('level');
const fsAdapter = require('./fsAdapter');
const db = levelup('./fsDB', {valueEncoding: 'binary'});
const fs = fsAdapter(db);
```

작성한 프로그램의 어떤 부분도 파일 시스템을 사용하여 읽거나 쓰지 않는다는 점을 제외하고는 동일한 출력이 생성됩니다. 대신, 어댑터를 사용하여 수행한 작업은 LevelUP 데이터베이스에서 수행된 작업으로 변환됩니다.

방금 만든 어댑터가 괜한 것처럼 보일 수 있을 것입니다. 왜 실제 파일 대신 데이터베이스를 사용할까요? 그러나 LevelUP에는 브라우저에서 데이터베이스를 실행할 수 있는 어댑터가 있습니다. 이 어댑터 중 하나가 level.js(https://npmjs.org/package/level-js) 입니다. 이제 어댑터(Adapter)가 제대로 이해되어야 합니다. 예를 들어, 3장에서 콜백을 사용한 비동기 제어 흐름 패턴으로 작성했던 웹 스파이더 어플리케이션은 fs API를 사용하여 작업 중에 다운로드한 웹 페이지를 저장합니다. 우리가 만든 어댑터를 조금 수정하여 이를 브라우저에서 실행할 수 있습니다. 브라우저와 코드를 공유할 때 어댑터가 매우 중요한 패턴이라는 것을 곧 알게 될 것입니다. 자세한 내용은 '8장. 웹 어플리케이션을 위한 범용 JavaScript'를 참조하십시오.

6.5.2 실전에서는 어떻게 사용되는가

실제로 어댑터 패턴에 대한 실제 사례는 매우 많습니다. 여기서 살펴보고 분석할 만한 몇 가지를 나열해 보겠습니다.

- 우리는 이미 LevelUP이 본래의 LevelDB에서부터 브라우저에서 쓸 수 있는 IndexedDB에 이르기까지 다양한 저장소의 백엔드로 사용된다는 것을 배웠습니다. 이는 내부(private) LevelUP API를 복제하기 위해 만들어진 다양한 어댑터를 통해 가능합니다. 그들 중 일부의 구현 방법을 확인해 보는 것도 좋을 것입니다. https://github.com/rvagg/node-levelup/wiki/Modules#storage-back-ends.
- Jugglingdb는 다중 데이터베이스 ORM이며, 다양한 데이터베이스와 호환을 위해 여러 어댑터를 사용합니다. 다음 사이트에서 그 중 일부를 살펴볼 수 있습니다. https://github.com/1602/jugglingdb/tree/master/lib/adapters.
- 우리가 만든 예제를 완벽하게 구현하고 있는 것이 level-filesystem(https://www.npmjs.org/package/level-filesystem)입니다. 이 파일 시스템은 LevelUP 위에 fs API를 알맞게 구현한 것입니다.

6.6 전략(Strategy)

전략(Strategy) 패턴은 컨텍스트(Context)라 불리는 객체를 사용하여 변수 부분을 상호 교환 가능한 개별 전략(Strategy)이라는 객체들로 추출함으로써 연산 로직의 변형을 지원합니다. 컨텍스트(Context)는 일련의 알고리즘의 공통 로직을 구현하는 반면, 개별 전략은 입력값, 시스템 구성 혹은 사용자 기본 설정 같은 다양한 요소들을 컨텍스트(context)의 동작에 적용할 수 있도록 변경 가능한 부분을 구현합니다. 개별 전략들은 대개 솔루션 제품군에 속하며 이들은 모두 동일한 인터페이스를 구현합니다. 이 인터페이스는 컨텍스트(context)에서 알 수 있는 인터페이스여야 합니다. 다음 그림은 방금 설명한 내용을 보여줍니다.

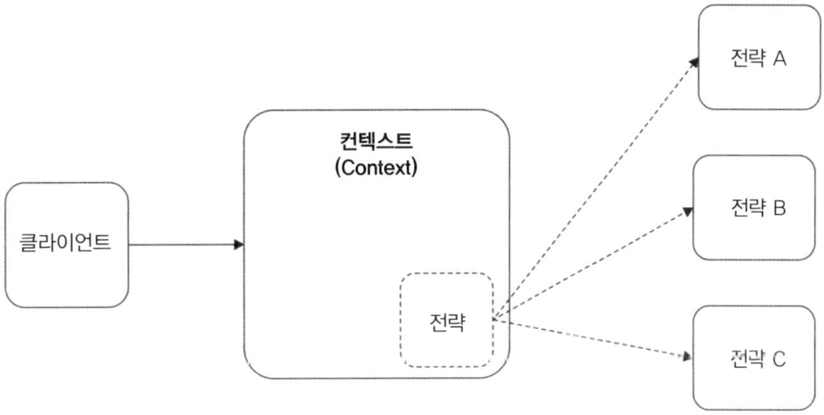

위의 그림은 컨텍스트(context) 객체가 어떻게 다양한 전략들을 마치 교체 가능한 기계 장치의 부속과 같이 교체하고 연결시킬 수 있는지를 보여주고 있습니다. 차를 한 번 상상해 봅시다. 타이어는 서로 다른 도로 상태에 적응시키기 위한 전략이라고 생각할 수 있을 것입니다. 우리는 체인 덕분에 겨울철 타이어를 눈 덮인 도로에 알맞게 맞출 수 있으며, 장거리 여행의 경우에는 고속도로를 주행하기 위한 고성능 타이어로 맞출 수도 있습니다. 생각해 보면, 우리는 환경에 맞추기 위해 차량 전체를 변경하지 않습니다. 또 다른 한편으로는 가능한 모든 도로를 계속 운행할 수 있도록 8개의 바퀴가 달린 자동차를 설계하지도 않습니다.

이 패턴이 얼마나 강력한 것인지 빨리 이해하는 것이 중요합니다. 알고리즘 내에서 문제를 분리하는데 도움이 될 뿐만 아니라, 더 나은 유연성을 제공하여 동일한 문제의 다양한 변형에 적용할 수 있습니다.

알고리즘의 변형을 지원하려면 복잡한 조건문(if...else 또는 switch 문)이 필요하거나 같은 유형의 다른 알고리즘을 함께 혼합하여 사용하는 모든 상황에서 전략 패턴은 매우 유용합니다. 전자상거래 웹 사이트의 온라인 주문을 나타내는 Order라는 객체를 상상해 봅시다. 객체에는 pay()라는 메소드가 있습니다. 이 메소드는 주문을 마무리하고 사용자의 돈을 온라인 상점으로 전송합니다.

다양한 지불 시스템을 지원하기 위해서 다음과 같은 몇 가지 옵션이 더 있을 수 있습니다.

- pay() 메소드에서 if...else 문을 사용하여 선택한 지불 옵션을 기반으로 작업을 완료합니다.
- 사용자가 선택한 특정 지불 게이트웨이(gateway)에 대한 로직을 구현하는 전략 객체에 지불 로직을 위임합니다.

첫 번째 솔루션에서는 주문 객체의 코드를 수정하지 않으면 다른 결제 수단을 지원할 수 없습니다. 또한 결제 옵션 수가 늘어나면 상당히 복잡해질 수 있습니다. 대신 전략 패턴을 사용하면 주문 객체가 사실상 무제한으로 지불 방법을 지원할 수 있게 되고 주문의 범위는 사용자, 구매 항목 및 해당 가격의 세부 사항 관리만으로 제한하고 지불을 완료하는 작업을 다른 객체에 위임할 수 있습니다.

이제 이 패턴을 간단하고 실제적인 예제로 설명해 보겠습니다.

6.6.1 다중 형식의 환경설정 객체

데이터베이스 URL, 서버의 리스닝 포트 등과 같은 어플리케이션에 의해 사용되는 일련의 환경설정 파라미터들을 보관하는 Config라는 객체를 생각해 봅시다. Config 객체는 이러한 파라미터에 접근할 수 있는 간단한 인터페이스를 제공해야 하며, 파일과 같은 영구 저장소를 사용하여 환경설정을 가져오거나 내보내는 방법도 제공해야 합니다. JSON, INI 또는 YAML과 같이 구성을 저장할 수 있는 다른 형식을 지원할 수 있어야 할 것입니다.

전략 패턴에 대해 배운 것을 적용함으로써 Config 객체가 구성을 직렬화 및 비직렬화 할 수 있는 함수를 이용하여 Config 객체의 변수 부분을 바로 식별할 수 있습니다. 이것이 우리의 전략이 될 것입니다.

config.js라는 새로운 모듈을 만들고 환경설정 관리자의 일반적인 부분을 정의해 보겠습니다.

```
const fs = require('fs');
const objectPath = require('object-path');

class Config {
  constructor(strategy) {
    this.data = {};
    this.strategy = strategy;
  }

  get(path) {
    return objectPath.get(this.data, path);
  }
//... 클래스의 나머지 부분
```

위 코드에서는 환경설정 데이터를 인스턴스 변수(this.data)에 캡슐화한 다음, 점 경로 표기법(dotted path notation: 예를 들어, property.subProperty와 같은 식으로)을 사용하여 환경설정 속성에 접근할 수 있는 set(), get() 메소드를 제공합니다. 점 경로 표기법은 npm 라이브러리에 의해 사용되는데 객체 경로(object-path: https://npmjs.org/

package/object-path)라고 합니다. 데이터를 분석하고 직렬화하는 알고리즘을 나타내는 변수 strategy를 생성자에서 입력으로 받습니다.

이제 Config 클래스의 나머지 부분을 작성하여 strategy를 사용하는 방법을 살펴 보겠습니다.

```
    set(path, value) {
      return objectPath.set(this.data, path, value);
    }

    read(file) {
      console.log(`Deserializing from ${file}`);
      this.data = this.strategy.deserialize(fs.readFileSync(file, 'utf-8'));
    }

    save(file) {
      console.log(`Serializing to ${file}`);
      fs.writeFileSync(file, this.strategy.serialize(this.data));
    }
  }
  module.exports = Config;
```

이전의 코드에서 파일로부터 환경설정을 읽을 때, 우리는 deserialization 작업을 strategy에 위임합니다. 그리고 환경설정을 파일에 저장할 때, strategy를 사용하여 환경설정을 시리얼라이즈합니다. 이 간단한 디자인은 Config 객체가 데이터를 로드하고 저장할 때 다른 파일 형식을 지원할 수 있게 합니다.

이것을 설명하기 위해 strategies.js라는 파일에 몇 가지 strategy들을 만들어 봅시다. JSON 데이터를 분석하고 직렬화하기 위한 strategy 부터 시작해 보겠습니다.

```
module.exports.json = {
  deserialize: data => JSON.parse(data),
  serialize: data => JSON.stringify(data, null, ' ')
}
```

아무것도 복잡하지 않습니다! 우리의 전략은 합의된 인터페이스만 구현하기 때문에 Config 객체에 의해 사용될 수 있습니다.

이와 유사하게, 다음 strategy는 INI 파일 형식을 지원하기 위한 것입니다.

```
const ini = require('ini'); //-> https://npmjs.org/package/ini
module.exports.ini = {
  deserialize: data => ini.parse(data),
  serialize: data => ini.stringify(data)
}
```

이제 모든 것을 함께 묶기 위해 configTest.js 파일을 만들고 서로 다른 형식으로 환경설정을 로드하고 저장해 보겠습니다.

```
const Config = require('./config');
const strategies = require('./strategies');

const jsonConfig = new Config(strategies.json);
jsonConfig.read('samples/conf.json');
jsonConfig.set('book.nodejs', 'design patterns');
jsonConfig.save('samples/conf_mod.json');

const iniConfig = new Config(strategies.ini);
iniConfig.read('samples/conf.ini');
iniConfig.set('book.nodejs', 'design patterns');
iniConfig.save('samples/conf_mod.ini');
```

우리의 테스트 모듈은 전략 패턴의 속성을 보여줍니다. 환경설정 관리의 일반적인 부분들만 구현한 Config 클래스 하나만을 정의했지만, 직렬화 및 역직렬화에 사용되는 strategy를 변경하면 다른 파일 형식을 지원하는 다른 Config 인스턴스를 만들 수 있습니다.

앞의 예는 strategy를 선택하는 방법에 있어 가능한 대안들 중 하나만 보여주고 있습니다. 다음과 같은 다른 유용한 접근법이 있을 수 있습니다.

- 두 개의 서로 다른 strategy 쌍을 생성합니다: 하나는 역직렬화를 위한 것이고 다른 하나는 직렬화를 위한 것입니다. 이렇게 하면 한 형식을 읽어서 다른 형식으로 저장할 수 있습니다.
- 제공된 파일의 확장자에 따라 동적으로 strategy를 선택합니다: Config는 파일의 확장자와 strategy를 쌍으로 담고 있는 맵을 보관하고 확장자에 따른 적절한 알고리즘을 선택하는데 사용합니다.

여기서 알 수 있듯이, 사용할 strategy를 선택하기 위한 몇 가지 옵션들이 존재하며 어떤 것이 올바른가는 요구사항과 달성하고자 하는 기능성/단순성 측면에서의 트레이드 오프(trade-off)에 달려 있습니다.

또한 패턴 자체의 구현은 매우 다양할 수 있습니다. 예를 들어, 가장 단순한 형식은 다음과 같으며 context와 strategy 모두 간단한 함수일 수 있습니다.

```
function context(strategy) {...}
```

위와 같은 상황이 대수롭지 않을 수도 있지만, 함수를 우선시하고 완전한 객체만큼이나 많이 사용되는 JavaScript과 같은 프로그래밍 언어에서는 과소평가되어서는 안됩니다.

그러나 이러한 모든 변이들 사이에서 변하지 않는 것은 패턴이 가지고 있는 기본적인 사상입니다. 언제나 그렇듯이 구현은 어느 정도 변경될 수 있지만, 패턴을 움직이는 핵심 개념은 항상 동일합니다.

6.6.2 실전에서는 어떻게 사용되는가

Passport.js(http://passportjs.org)는 웹 서버의 여러 인증 체계를 지원할 수 있는 Node.js의 인증(authentication) 프레임워크입니다. Passport를 사용하면 최소한의 노력으로 Facebook에 로그인하거나 트위터에 로그인하는 기능을 우리의 웹 어플리케이션에서 제공할 수 있습니다. Passport는 인증 프로세스 중에 필요한 공통적인 논리와 변경할 수 있는 부분, 즉 실제 인증 단계를 분리하는데 전략 패턴을 사용합니다. 예를 들어, Facebook이나 Twitter 프로필에 접근하기 위한 접근 토큰을 얻거나 단순히 로컬 데이터베이스를 사용하여 사용자명/비밀번호 쌍을 확인하기 위해 OAuth를 사용할 수 있습니다. Passport의 경우 인증 과정을 완료하기 위한 Strategy는 모두 다르기 때문에 우리가 상상해볼 수 있듯이, 라이브러리에서 사실상 무제한의 인증 서비스를 지원할 수 있습니다. Strategy 패턴이 무엇을 할 수 있는지에 대한 아이디어를 얻으려면 http://passportjs.org/guide/providers에서 지원되는 여러 인증 공급자의 수를 살펴 보십시오.

6.7 상태(State)

State는 컨텍스트의 상태에 따라 전략이 변경되는 전략 패턴의 변형입니다. 이전 섹션에서는 사용자 기본 설정, 환경설정 매개변수 및 제공된 입력 같은 다양한 변수를 기반으로 개별 전략을 선택하는 방법을 살펴보았습니다. 이 선택이 완료되면 전략은 컨텍스트(context)의 나머지 수명 동안 변경되지 않습니다.

대신, 상태(State) 패턴에서 전략(Strategy, 이 상황에서는 상태(state)라고도 함)는 동적이며 컨텍스트의 수명 동안 변경될 수 있으므로, 다음 그림과 같이 해당 동작은 내부의 상태에 따라 변경될 수 있습니다.

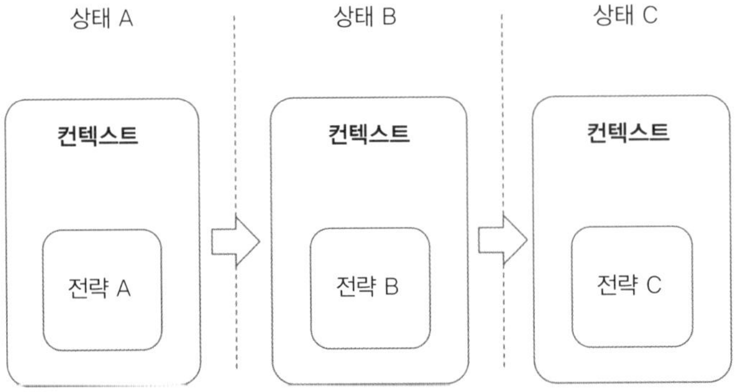

호텔 예약 시스템이 있습니다. 여기에 객실 예약 모델인 Reservation이라는 객체가 있다고 가정해 봅시다. 이것은 객체의 상태에 따라 객체의 동작을 조정해야 하는 고전적인 상황입니다. 다음 일련의 이벤트를 고려해봅시다.

1. 예약이 최초 생성되면, 사용자는 예약을 확인(confirm()을 사용)할 수 있습니다. 또한, 아직 확인되지 않은 예약은 취소(cancel()을 사용)할 수 없습니다. 그러나 구매 전에 마음이 바뀌면 delete()를 사용하여 삭제할 수 있습니다.
2. 일단 예약이 확인되면 confirm() 함수를 다시 사용하는 것은 의미가 없습니다. 그러나 예약을 취소할 수는 있습니다. 여기서는 레코드를 보관해야 하기 때문에 예약을 삭제해서는 안됩니다.
3. 예약일 전날에는 취소하기엔 너무 늦기 때문에 취소할 수 없습니다.

이제 하나의 모놀리식(monolithic) 객체에서 설명한 예약 시스템을 구현해야 한다고 상상해봅시다. 우리는 이미 예약된 상태에 따라 각 동작을 활성화/비활성화하기 위해 작성해야 하는 if ... else 또는 switch 문을 모두 그려볼 수 있을 것입니다.

이 상황에서는 전략(State) 패턴이 완벽합니다. 세 가지 전략, 즉 설명된 세가지 함수(confirm(), cancel(), delete())를 모두 구현하고 각각 모델링된 상태에 따라 하나의 동작만을 구현합니다. 이 패턴을 사용하면 Reservation 객체가 한 동작에서 다른 동작으로 전환하는 것이 매우 쉬워야 합니다. 이것은 단순히 각각의 상태 변경 시 다른 전략(strategy)을 활성화하는 것입니다.

상태 전이는 컨텍스트 객체, 클라이언트 코드 또는 상태 객체 자체에 의해 시작되고 제어될 수 있습니다. 상태 객체 자체에 의해 시작되고 제어되는 옵션은 일반적으로 컨텍스트가 모든 가능한 상태와 이들 사이를 전환하는 방법에 대해 알 필요가 없으므로 유연성 및 디커플링 측면에서 최상의 결과를 제공합니다.

6.7.1 기본적인 fail-safe-socket 구현하기

이제 상태 패턴에 대해 배운 것을 적용하기 위하여 구체적인 예제를 작성해 보겠습니다. 서버와의 연결이 끊어졌을 때 실패하지 않는 클라이언트 TCP 소켓을 만들어 봅시다. 대신 서버가 오프라인 상태인 동안 보낼 모든 데이터를 대기열(queue)에 넣고 연결이 다시 설정되자마자 다시 보내려고 합니다. 우리는 이 소켓을 간단한 모니터링 시스템의 컨텍스트 내에서 사용하려 합니다. 이 모니터링 시스템에서는 정기적으로 일련의 컴퓨터 리소스 사용률에 대한 통계를 보낸다고 가정하겠습니다.

컨텍스트 객체를 나타내는 failsafeSocket.js라는 새로운 모듈을 만들어 보겠습니다.

```
const OfflineState = require('./offlineState');
const OnlineState = require('./onlineState');

class FailsafeSocket{
  constructor (options) {                   //[1]
    this.options = options;
    this.queue = [];
    this.currentState = null;
    this.socket = null;
    this.states = {
      offline: new OfflineState(this),
      online: new OnlineState(this)
    };
    this.changeState('offline');
  }

  changeState (state) {                     //[2]
    console.log('Activating state: ' + state);
    this.currentState = this.states[state];
    this.currentState.activate();
  }

  send(data) {                              //[3]
    this.currentState.send(data);
  }
}
```

```
module.exports = options => {
  return new FailsafeSocket(options);
};
```

FailsafeSocket 클래스는 세 가지 주요 요소로 구성됩니다.

1. 생성자는 소켓이 오프라인일 때 보낼 데이터를 쌓아두는 대기열을 포함해 다양한 데이터 구조를 초기화합니다. 또한 소켓이 오프라인일 동안의 동작과 온라인일 때의 동작을 구현하기 위하여 두 가지의 상태 집합을 생성합니다.
2. changeState() 메소드는 한 상태에서 다른 상태로 전환하는 역할을 합니다. 단순히 currentState 인스턴스 변수를 업데이트하고 대상(Subject) 상태에서 activate()를 호출합니다.
3. send() 메소드는 소켓의 기능입니다. 이것은 오프라인/온라인 상태에 따라 다른 동작을 해야 합니다. 보시다시피, 이것은 현재 활성 상태를 작업에 위임하여 수행됩니다.

이제 offlineState.js 모듈에서 시작하여 두 상태가 어떤 모양인지 보겠습니다.

```
const jot = require('json-over-tcp');          //[1]

module.exports = class OfflineState {

  constructor (failsafeSocket) {
    this.failsafeSocket = failsafeSocket;
  }

  send(data) {                                  //[2]
    this.failsafeSocket.queue.push(data);
  }

  activate() {                                  //[3]
    const retry = () => {
      setTimeout(() => this.activate(), 500);
    }

    this.failsafeSocket.socket = jot.connect(
      this.failsafeSocket.options,
      () => {
        this.failsafeSocket.socket.removeListener('error', retry);
        this.failsafeSocket.changeState('online');
      }
    );
```

```
      this.failsafeSocket.socket.once('error', retry);
    }
  };
```

우리가 만든 모듈은 오프라인 상태에서 소켓의 동작을 관리합니다. 다음은 동작을 설명합니다.

1. 원시 TCP 소켓을 사용하는 대신 json-overtcp(https://npmjs.org/package/json-over-tcp)라는 작은 라이브러리를 사용하여 TCP 연결을 통해 JSON 객체를 쉽게 보낼 수 있습니다.
2. send () 메소드는 받은 데이터를 큐에 넣는 역할만 합니다. 우리는 일단 오프라인 상태라고 가정하고 있으므로 이것이 필요한 작업의 전부입니다.
3. activate() 메소드는 json-over-tcp를 사용하여 서버와의 연결을 설정하려고 시도합니다. 작업이 실패하면 500밀리 초 후에 다시 시도합니다. 유효한 연결이 설정될 때까지 계속 시도합니다. 연결이 설정되면 failsafeSocket의 상태가 온라인으로 전환됩니다.

다음으로 onlineState.js 모듈을 구현하여 다음과 같이 onlineState 전략을 만들어 보겠습니다.

```
module.exports = class OnlineState {
  constructor(failsafeSocket) {
    this.failsafeSocket = failsafeSocket;
  }

  send(data) { //[1]
    this.failsafeSocket.socket.write(data);
  };

  activate() { //[2]
    this.failsafeSocket.queue.forEach(data => {
      this.failsafeSocket.socket.write(data);
    });
    this.failsafeSocket.queue = [];

    this.failsafeSocket.socket.once('error', () => {
      this.failsafeSocket.changeState('offline');
    });
  }
};
```

OnlineState 전략은 매우 간단하며, 다음과 같이 설명할 수 있습니다.

1. 온라인 상태라는 가정하에 send() 메소드는 데이터를 소켓에 직접 씁니다.
2. activate() 메소드는 소켓이 오프라인 상태일 때 대기시켰던 모든 데이터를 소켓이 쓴(write) 후에 오류 이벤트를 수신하기 시작합니다. 편의상 오류를 소켓이 오프라인이라는 현상으로 간주합니다. 이 경우 오프라인 상태로 전환됩니다.

지금까지가 failsafeSocket을 위한 모든 것입니다. 이제 샘플 클라이언트와 서버를 만들 준비가 되었습니다. 서버 코드를 server.js라는 모듈에 넣겠습니다.

```
const jot = require('json-over-tcp');
const server = jot.createServer(5000);
server.on('connection', socket => {
  socket.on('data', data => {
    console.log('Client data', data);
  });
});
server.listen(5000, () => console.log('Started'));
```

그리고 우리가 실제로 관심을 가지는 클라이언트 측 코드는 client.js에 작성합니다.

```
const createFailsafeSocket = require('./failsafeSocket');
const failsafeSocket = createFailsafeSocket({port: 5000});

setInterval(() => {
  //메모리 사용량 전송
  failsafeSocket.send(process.memoryUsage());
}, 1000);
```

우리의 서버는 수신한 모든 JSON 메시지를 단순하게 콘솔에 출력하고, 클라이언트는 매 초마다 FailsafeSocket 객체를 활용하여 메모리 사용량의 측정치를 전송합니다.

우리가 만든 이 작은 시스템을 시험해 보기 위해서는 클라이언트와 서버를 모두 실행해야 합니다. 그런 다음 서버를 중지했다가 다시 시작하여 failsafeSocket의 기능을 테스트할 수 있습니다. 클라이언트 상태가 온라인과 오프라인 사이에서 변경되고 서버가 오프라인 상태일 때 수집된 모든 메모리 측정 값이 대기열에 들어간 다음, 서버가 다시 온라인 상태가 되면 즉시 재전송됩니다.

이 예제는 상태 패턴이 상태에 따라 동작을 조정해야 하는 구성 요소의 모듈화 및 가독성을 향상시키는데 어떻게 도움이 되는지를 명확히 보여줍니다.

이 절에서 만든 FailsafeSocket 클래스는 상태 패턴을 보여주기 위한 용도로만 사용되며 TCP 소켓 내의 연결 문제를 처리하는데 있어서 100% 완벽하게 신뢰할 수 있는 솔루션은 아닙니다. 예를 들어, 소켓 스트림에 기록된 모든 데이터가 서버에 의해 수신되었다는 것을 검증하지 않고 있으며, 우리가 설명하고 싶은 패턴과 관련 없는 세부적인 코드가 더 필요합니다.

6.8 템플릿(Template)

우리가 분석하려고 하는 다음 패턴은 **템플릿(Template)**이라고 불리며, 전략(Strategy) 패턴과 공통점이 많습니다. 템플릿은 알고리즘의 골격을 나타내는 추상 의사 클래스(abstract pseudo class)를 정의하는 것으로 구성됩니다. 이 클래스의 일부 단계는 정의되지 않은 채로 있습니다.

서브 클래스는 **템플릿 메소드**라는 누락된 단계를 구현하여 알고리즘의 비어있는 부분을 채울 수 있습니다. 이 패턴의 목적은 유사한 알고리즘의 모든 변형을 패밀리 클래스로 정의할 수 있게 하는 것입니다. 다음 UML 다이어그램은 방금 설명한 구조를 보여줍니다.

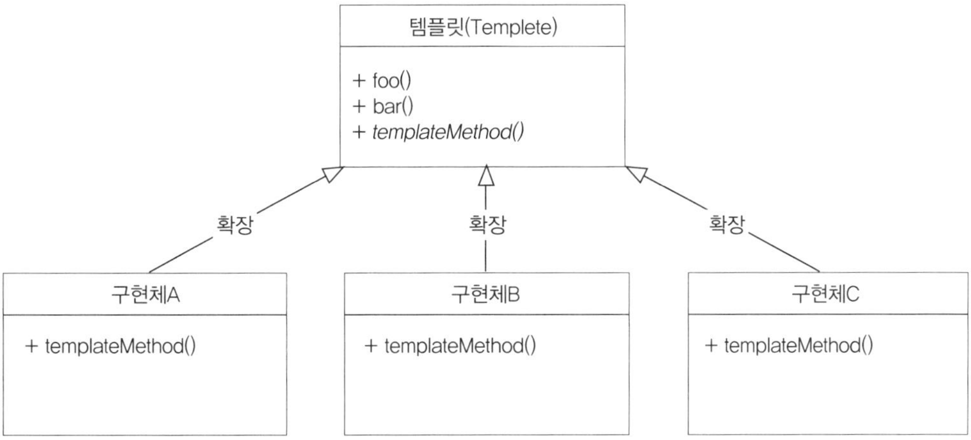

앞의 다이어그램에 표현된 세 가지 구현 클래스는 템플릿(Template)을 확장하여, C++ 용어로는 abstract 또는 pure virtual인 templateMethod()에 대한 구현을 제공합니다. JavaScript에서는 메소드가 undefined인 채로 남아 있거나 메소드가 구현되어야 한다는 것을 나타내기 위해, 항상 예외를 발생시키는(throw) 함수에 할당되어 있을 수 있다는 것을

의미합니다. 템플릿 패턴은 상속이 구현의 핵심 부분이기 때문에 우리가 지금까지 본 다른 패턴보다 더 고전적인 객체지향으로 간주될 수 있습니다.

템플릿(Template)과 전략(Strategy)의 목적은 매우 유사하지만 두 가지의 주요 차이점은 그 구조와 구현에 있습니다. 둘 다 공통 부분을 재사용하면서 알고리즘의 일부분을 변경할 수 있습니다. 그러나 Strategy를 사용하면 동적으로 런타임에 변경할 수 있지만, 템플릿은 구체적인 클래스가 정의되는 순간 알고리즘이 완성됩니다. 이러한 가정하에 템플릿 패턴은 미리 패키지화된 알고리즘의 변형을 만들어야 하는 상황에 더 적합할 수 있습니다. 항상 그렇듯이 한 패턴과 다른 패턴 사이의 선택은 개발자에게 달려 있으며, 개발자는 각 유스케이스에 대해 여러 가지 장단점을 고려해야 합니다.

6.8.1 환경설정 관리자 템플릿

전략(Strategy)과 템플릿(Template)의 차이점을 더 잘 이해하기 위해, 이제 전략 패턴에 관한 섹션에서 정의한 Config 객체를 다시 구현해 보겠습니다. 그러나 이번에는 템플릿(Template)을 사용하겠습니다. Config 객체의 이전 버전과 마찬가지로, 우리는 다른 파일 형식을 사용하여 환경설정 속성들을 로드하고 저장하는 기능을 구현할 것입니다.

템플릿 클래스를 정의하여 시작해 보겠습니다. 우리는 이것을 ConfigTemplate이라고 부르겠습니다.

```
const fs = require('fs');
const objectPath = require('object-path');

class ConfigTemplate {

  read(file) {
    console.log(`Deserializing from ${file}`);
    this.data = this._deserialize(fs.readFileSync(file, 'utf-8'));
  }

  save(file) {
    console.log(`Serializing to ${file}`);
    fs.writeFileSync(file, this._serialize(this.data));
  }

  get(path) {
    return objectPath.get(this.data, path);
  }
```

```
  set(path, value) {
    return objectPath.set(this.data, path, value);
  }

  _serialize() {
    throw new Error('_serialize() must be implemented');
  }

  _deserialize() {
    throw new Error('_deserialize() must be implemented');
  }
}
module.exports = ConfigTemplate;
```

새 ConfigTemplate 클래스는 _deserialize() 및 _serialize()와 같은 두 가지 템플릿 메소드를 정의하는데, 환경설정을 로딩하고 저장을 수행하는데 필요합니다. 함수명 시작 부분에 있는 밑줄은 내부에서만 사용할 수 있는 보호된(protect) 메소드를 표시하기 위한 간편한 방법입니다. JavaScript에서는 메소드를 추상적으로 선언할 수 없기 때문에 메소드를 단순히 **스텁**(내용 없는 메소드)으로 정의하고 호출될 때 예외를 던집니다(추상 클래스를 상속하한 서브 클래스에서 대체되지 않은 경우).

JSON 형식을 사용하여 환경설정을 로드하고 저장할 수 있도록 템플릿을 사용하여 구체적인 클래스를 작성해 보겠습니다.

```
const util = require('util');
const ConfigTemplate = require('./configTemplate');

class JsonConfig extends ConfigTemplate {

  _deserialize(data) {
    return JSON.parse(data);
  };

  _serialize(data) {
    return JSON.stringify(data, null, ' ');
  }
}
module.exports = JsonConfig;
```

JsonConfig 클래스는 템플릿인 ConfigTemplate 클래스에서 확장되며 _deserialize() 및 _serialize() 메소드에 대한 구체적인 구현을 제공합니다.

JsonConfig 클래스는 이제 직렬화(serialization)와 역직렬화(deserialization)를 위한 strategy를 지정할 필요없이 클래스 자체에서 수행되기 때문에 독립적인 환경설정 객체로 사용될 수 있습니다.

```
const JsonConfig = require('./jsonConfig');

const jsonConfig = new JsonConfig();
jsonConfig.read('samples/conf.json');
jsonConfig.set('nodejs', 'design patterns');
jsonConfig.save('samples/conf_mod.json');
```

최소한의 노력으로 템플릿 패턴을 사용하여 부모 템플릿 클래스에서 상속된 로직과 인터페이스를 재사용하고 몇 가지 추상 메소드를 구현하여 완전히 작동하는 새로운 환경설정 관리자를 얻을 수 있었습니다.

6.8.2 실전에서는 어떻게 사용되는가

이 패턴이 완전히 새로운 것은 아닙니다. '5장. 스트림 코딩'에서 다른 스트림 클래스를 확장하여 사용자 정의 스트림을 구현할 때 이미 한번 보았던 것입니다. 당시에 템플릿 메소드는 구현하고자 하는 스트림 클래스에 따라 _write(), _read(), _transform() 또는 _flush() 메소드였습니다. 새로운 커스텀 스트림을 생성하기 위해서는 특정 추상 스트림 클래스를 상속받아 템플릿 메소드 구현을 제공해야 했습니다.

6.9 미들웨어(Middleware)

Node.js의 가장 특징적인 패턴 중 하나는 역시 **미들웨어**입니다. 불행히도 경험이 없는 사용자, 특히 엔터프라이즈 프로그래밍 세계에서 온 개발자에게 가장 혼란스러운 부분이기도 합니다. 혼란의 이유는 아마도 그 용어에 있을 것입니다. 엔터프라이즈 아키텍처 영역에서 낮은 수준의 메커니즘을 추상화하는데 도움이 되는 다양한 소프트웨어 제품군을 나타내는 용어로 OS API, 네트워크 통신, 메모리 관리 등과 같은 기능을 제공하므로 개발자는 어플리케이션의 비즈니스 로직에만 집중할 수 있게 해줍니다.

이러한 맥락에서 볼 때 미들웨어라는 용어는 CORBA, Enterprise Service Bus, Spring, JBoss와 같은 주제를 떠오르게 합니다. 그러나 보다 일반적인 의미에서 하위 서비스와 어플리케이션 사이의 접착제처럼 작용하는 모든 종류의 소프트웨어 계층을 정의할 수도 있습니다(문자 그대로 중앙에 있는 소프트웨어).

6.9.1 미들웨어로서의 Express

Express(http://expressjs.com)는 Node.js 세계에서 미들웨어라는 용어를 대중화하여 특정 디자인 패턴에 바인딩했습니다. 실제로 Express에 있어서 미들웨어는 파이프라인에서 구성되고 들어오는 HTTP 요청 및 응답의 처리를 책임지는 일련의 서비스인 일반적인 함수들을 말합니다.

Express는 개발자에게 많은 권한을 주고 최소화된 웹 프레임워크로 유명합니다. 미들웨어 패턴은 개발자가 프레임워크 코어를 확장하지 않고도 현재 어플리케이션에 쉽게 추가할 수 있는 새 기능을 쉽게 만들고 배포할 수 있는 효과적인 전략입니다.

Express 미들웨어는 다음과 같은 특징을 가집니다.

```
function(req, res, next) { ... }}
```

여기서 req는 들어오는 HTTP 요청이고, res는 응답이며, next는 현재 미들웨어가 작업을 완료하고 차례로 파이프라인의 다음 미들웨어를 트리거할 때 호출되는 콜백입니다.

Express 미들웨어가 수행하는 작업은 다음과 같습니다.

- 요청 본문의 구문 분석
- 요청 및 응답 압축 및 해제
- 액세스 로그 생성
- 세션 관리
- 암호화된 쿠키 관리
- CSRF(Cross-Site Request Forgery) 보호 제공

생각해보면 이것들은 모두 어플리케이션의 주요 기능과 상관없는 작업들이거나 웹 서버의 최소한의 코어 부분과도 관련이 없는 작업들입니다. 오히려 이들은 어플리케이션의 나머지 부분을 지원하고 실제 요청(request)의 처리가 핵심 비즈니스 로직에만 집중할 수 있게 해주는 액세서리입니다. 기본적으로 이러한 작업은 중간에 위치한 소프트웨어들이 하게 됩니다.

6.9.2 패턴으로서의 미들웨어

Express에서 미들웨어를 구현하는데 사용된 기술은 사실 새로운 것이 아니며, 실제로 이것은 Intercepting Filter 패턴과 Chain of Responsibility 패턴의 Node.js 판이라 할 수 있습니다. 좀 더 일반적인 용어로 말해 스트림(Stream)과 유사한 처리(processing) **파이프라인**을 나타냅니다. 오늘날 Node.js에서 미들웨어라는 단어는 Express 프레임워크의 경계를 훨씬 넘어서 사용되며, 모든 종류의 데이터에 대한 전처리 및 후처리를 수행하기 위하여 함수의 형태로 처리 단위(processing unit), 필터(filter) 및 핸들러(handler)의 집합이 비동기 시퀀스의 형태로 연결된 특정 패턴을 나타냅니다. 사실상 이 패턴은 우리가 믿기 어려울 정도의 적은 노력으로 플러그 인을 가질 수 있는 기반을 얻을 수 있게 하여, 새로운 필터와 핸들러로 시스템을 확장하기 위한 간결한 방법을 제공합니다.

> **TIP**
> 인터셉터 필터(Intercepting Filter) 패턴에 대해 더 자세히 알고 싶다면 다음 문서를 참고하십시오.
> • http://www.oracle.com/technetwork/java/interceptingfilter-142169.html.
> 책임 사슬(Chain of Responsibility) 패턴에 대한 개요는 다음 URL에서 확인할 수 있습니다.
> • http://java.dzone.com/articles/design-patterns-uncoveredchain-of-responsibility.

다음 그림은 미들웨어 패턴의 구성 요소를 보여줍니다.

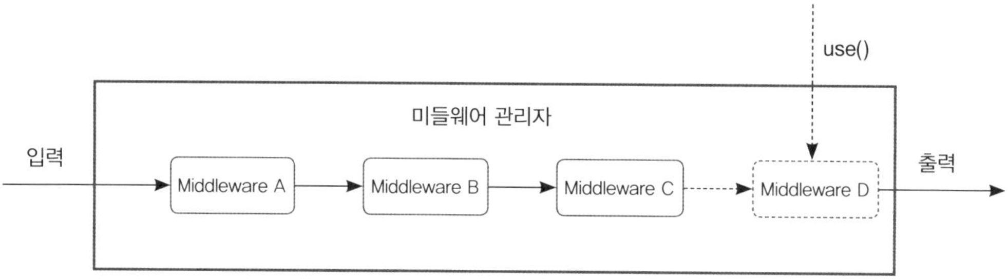

패턴의 핵심 컴포넌트는 미들웨어 기능을 구성하고 실행하는데 책임이 있는 미들웨어 관리자입니다. 패턴의 가장 중요한 구현의 세부 항목은 다음과 같습니다.

- ▶ 새로운 미들웨어는 use() 함수를 호출하여 등록할 수 있습니다(이 함수의 이름은 이 패턴의 많은 구현에서 공통된 관습이지만 임의의 이름을 선택할 수도 있습니다). 일반적으로 새로운 미들웨어는 파이프라인 끝에 추가할 수 있지만 엄격한 규칙은 아닙니다.
- ▶ 처리를 위해 새로 수신된 데이터의 처리는 비동기 순차 실행의 흐름으로 해당 등록된 미들웨어가 호출됩니다. 파이프라인의 각 유닛은 이전 유닛의 실행 결과를 입력으로 받습니다.

- 각각의 미들웨어는 콜백을 호출하지 않거나 에러를 콜백에 전달함으로써 데이터 처리를 중단할 수 있습니다. 오류 상황은 대개 오류 처리 전용인 다른 일련의 미들웨어를 실행시킵니다.

파이프라인에서 데이터가 처리되고 전파되는 방식에 대한 엄격한 규칙은 없습니다.

미들웨어의 전략에는 다음이 포함됩니다.

- 추가 속성 또는 기능을 사용한 데이터 추가
- 데이터를 일련의 처리 결과로 바꾸기
- 데이터의 불변성을 유지하고 처리 결과로 항상 새로운 사본을 반환

올바른 전략의 선택은 미들웨어 관리자(Middleware Manager)가 구현되는 방식과 미들웨어 자체에서 수행되는 처리 방식에 따라 다릅니다.

6.9.3 ØMQ용 미들웨어 프레임워크 만들기

이제 ØMQ(http://zeromq.org) 메시징 라이브러리를 중심으로 미들웨어 프레임워크를 구축함으로써 패턴을 설명해 보겠습니다. **ØMQ**(ZMQ 또는 ZeroMQ라고도 함)는 다양한 프로토콜을 사용하여 네트워크를 통해 원자 메시지를 교환하기 위한 간단한 인터페이스를 제공합니다. 이것은 성능 면에서 빛을 발하고 기본적인 추상화 집합은 맞춤형 메시징 아키텍처의 구현을 용이하게 하기 위해 특별히 만들어졌습니다. 이러한 이유로 ØMQ는 종종 복잡한 분산 시스템을 구축하기 위해 선택됩니다.

> '11장. 메시징과 통합 패턴'에서 ØMQ의 기능을 더 자세히 분석할 기회가 있을 것입니다.

ØMQ의 인터페이스는 꽤 낮은 수준입니다. 메시지에 문자열과 바이너리 버퍼를 사용할 수 있기 때문에 라이브러리의 사용자가 데이터의 인코딩이나 사용자 지정 형식을 구현해야 합니다.

다음 예제에서는 ØMQ 소켓을 통과하는 데이터의 전처리 및 후 처리를 추상화하는 미들웨어 인프라를 구축합니다. 이를 통해 JSON 객체로 투명하게 작업할 수 있을 뿐만 아니라 처리 절차에 따라 이동하는 메시지를 완벽하게 압축할 수 있습니다.

> 예제를 계속하기 전에 다음 URL의 지침에 따라 ØMQ 기본 라이브러리를 설치하십시오. 이 예제는 http://zeromq.org/intro:get-the-software. 4.0의 버전의 모든 브랜치(branch)에서 작동합니다.

미들웨어 관리자

ØMQ를 중심으로 미들웨어 인프라를 구축하기 위한 첫 번째 단계는 새 메시지를 받거나 보낼 때 미들웨어 파이프라인을 실행하는 컴포넌트를 만드는 것입니다. 이를 위해 zmqMiddlewareManager.js라는 새 모듈을 만들고 정의해 보겠습니다.

```
module.exports = class ZmqMiddlewareManager {
  constructor(socket) {
    this.socket = socket;
    this.inboundMiddleware = []; //[1]
    this.outboundMiddleware = [];
    socket.on('message', message => { //[2]
      this.executeMiddleware(this.inboundMiddleware, {
        data: message
      });
    });
  }

  send(data) {
    const message = {
      data: data
    };

    this.executeMiddleware(this.outboundMiddleware, message,
      () => {
        this.socket.send(message.data);
      }
    );
  }

  use(middleware) {
    if (middleware.inbound) {
      this.inboundMiddleware.push(middleware.inbound);
    }
    if (middleware.outbound) {
      this.outboundMiddleware.unshift(middleware.outbound);
    }
  }

  executeMiddleware(middleware, arg, finish) {
    function iterator(index) {
```

```
      if (index === middleware.length) {
        return finish && finish();
      }
      middleware[index].call(this, arg, err => {
        if (err) {
          return console.log('There was an error: ' + err.message);
        }
        iterator.call(this, ++index);
      });
    }

    iterator.call(this, 0);
  }
};
```

클래스의 처음 부분에서는 이 새 컴포넌트의 생성자를 정의합니다. 인수로 ØMQ 소켓을 허용한 후 다음 작업을 수행합니다.

1. 미들웨어 함수들을 포함할 두 개의 빈 list를 만듭니다. 하나는 인바운드 메시지 용이고, 다른 하나는 아웃바운드 메시지 용입니다.
2. 'message' 메시지 이벤트에 대한 새로운 리스너를 연결하여 소켓에서 오는 새 메시지를 수신하는 즉시 시작합니다. 리스너에서 inboundMiddleware 파이프라인을 실행하여 인바운드 메시지를 처리합니다.

ZmqMiddlewareManager 클래스의 다음 메소드인 send는 새로운 메시지가 소켓을 통해 전송될 때 미들웨어를 실행하는 역할을 합니다.

이번에는 메시지가 outboundMiddleware 목록의 필터들을 사용하여 처리된 다음, 실제 네트워크 전송을 위해 socket.send()로 전달됩니다.

이제, use 메소드에 대해 이야기해 보겠습니다. 이 메소드는 우리의 파이프라인에 새로운 미들웨어 기능을 추가할 때 필요합니다. 각 미들웨어는 쌍으로 제공됩니다. 우리의 구현에서 이들은 각 목록에 추가될 미들웨어 함수를 담을 inbound 및 outbound라는 두 개의 속성을 가진 객체입니다.

여기에서 인바운드 미들웨어는 inboundMiddleware 목록의 끝으로 푸시(push)되는 반면, 아웃바운드 미들웨어는 outboundMiddleware 목록의 시작 부분에 (unshift를 사용하여) 삽입되는 것이 중요합니다. 상호 보완적인 인바운드/아웃바운드 미들웨어 함수는 일반적으로 역순으로 실행되어야 하기 때문입니다.

예를 들어, JSON을 사용하여 인바운드 메시지의 압축을 풀고 역직렬화하려는 경우 이것에 상응하는 아웃바운드는 먼저 직렬화한 다음 압축해야 합니다.

> 쌍으로 미들웨어를 구성하기 위한 이 규약은 엄격하게 일반적인 패턴의 일부가 아니라 구체적인 예에 대한 구현의 세부적인 사항이라고 이해하는 것이 좋습니다.

마지막 함수인 executeMiddleware는 컴포넌트의 핵심을 나타내며, 미들웨어 기능을 실행하는 함수입니다. 이 함수의 코드는 매우 친숙해야 합니다. 실제로 이것은 '3장. 콜백을 사용한 비동기 제어 흐름 패턴'에서 배운 비동기 순차 반복 패턴을 간단하게 구현한 것입니다. 입력으로 받은 미들웨어 배열의 각 함수는 하나씩 차례로 실행되며, 동일한 arg 객체가 각 미들웨어 함수에 인자로 제공됩니다. 이는 하나의 미들웨어에서 다음 미들웨어로 데이터를 전파할 수 있게 해주는 트릭입니다. 반복이 끝나면 finish() 콜백이 호출됩니다.

> 간결함을 위해 우리는 오류 미들웨어 파이프라인은 지원하지 않기로 했습니다. 일반적으로는 미들웨어 함수가 오류를 전달할 때 오류 처리를 위하여 전용으로 일련의 다른 미들웨어들이 실행됩니다. 이것은 여기에서 설명하는 것과 동일한 기술을 사용하여 쉽게 구현할 수 있습니다.

JSON 메시지를 지원하는 미들웨어

Middleware Manager를 구현했으므로 인바운드와 아웃바운드 메시지를 처리하는 방법을 보여주기 위해 미들웨어 함수의 쌍을 생성할 수 있습니다. 앞서 말했듯이, 미들웨어 인프라의 목표 중 하나가 JSON 메시지를 직렬화 및 역직렬화 하는 필터를 갖는 것이므로 새로운 미들웨어를 만들어 보겠습니다. jsonMiddleware.js라는 새로운 모듈에 다음 코드를 작성해보겠습니다.

```
module.exports.json = () => {
  return {
    inbound: function (message, next) {
      message.data = JSON.parse(message.data.toString());
      next();
    },
    outbound: function (message, next) {
      message.data = new Buffer(JSON.stringify(message.data));
      next();
    }
  }
};
```

방금 만든 json 미들웨어는 매우 간단합니다.

- inbound 미들웨어는 입력으로 받은 메시지를 역직렬화(deserialize)하고 메시지의 데이터 속성에 결과를 다시 할당하여 파이프라인을 따라 추가적인 처리를 할 수 있습니다.
- outbound 미들웨어는 모든 데이터를 message.data에 직렬화합니다.

우리의 프레임워크가 지원하는 미들웨어가 Express에서 사용되는 것과 어떻게 다른지 주목하십시오. 이는 지극히 일반적이며, 구체적인 필요에 맞게 이 패턴을 어떻게 적용할 수 있는지에 대한 완벽한 예시입니다.

ØMQ 미들웨어 프레임워크의 사용

이제 우리는 방금 만든 미들웨어 인프라를 사용할 준비가 되었습니다. 이를 위해 클라이언트가 정기적으로 서버에 ping을 보내고, 메시지를 수신하는 서버가 받은 메시지를 그대로 되돌려 주는(echoing back) 서버가 메시지를 수신하는 아주 간단한 어플리케이션을 만들 계획입니다.

구현 관점에서 우리는 ØMQ(http://zguide.zeromq.org/page:all#Ask-and-Ye-Shall-Receive)에서 제공하는 req/rep 소켓 쌍을 사용하여 요청(request)/응답(reply) 메시징 패턴을 사용할 것입니다.

그런 다음 zmqMiddlewareManager로 소켓을 감싸 직렬화/역직렬화를 위해 우리가 만든 미들웨어 인프라의 모든 장점을 활용할 것입니다.

서버

서버 측(server.js)을 만들어 보겠습니다. 모듈의 첫 번째 부분에서는 컴포넌트들을 초기화합니다.

```
const zmq = require('zmq');
const ZmqMiddlewareManager = require('./zmqMiddlewareManager');
const jsonMiddleware = require('./jsonMiddleware');
const reply = zmq.socket('rep');
reply.bind('tcp://127.0.0.1:5000');
```

위의 코드에서 필요한 종속성을 로드하고 ØMQ 'rep' (응답) 소켓을 로컬 포트에 바인딩했습니다. 다음으로 미들웨어를 초기화합니다.

```
const zmqm = new ZmqMiddlewareManager(reply);
zmqm.use(jsonMiddleware.json());
```

새로운 ZmqMiddlewareManager 객체를 만든 다음, 메시지 압축/해제용과 JSON 메시지의 파싱/직렬화를 위한 두 가지 미들웨어 항목들을 추가했습니다.

> 여기서는 zlib을 사용한 압축/해제용 미들웨어 구현을 보여주지는 않았지만, 책과 함께 제공되는 샘플 코드에서 찾을 수 있을 것입니다.

이제 클라이언트에서 오는 요청을 처리할 준비가 되었습니다. 이번에는 요청을 처리하는 핸들러(handler)로 사용할 미들웨어를 추가하면 됩니다.

```
zmqm.use({
  inbound: function (message, next) {
    console.log('Received: ', message.data);
    if (message.data.action === 'ping') {
      this.send({action: 'pong', echo: message.data.echo});
    }
    next();
  }
});
```

이 마지막 미들웨어 항목은 zlib 및 json 미들웨어 이후에 정의되므로 message.data 변수에서 사용할 수 있는 압축 해제와 역직렬화된 메시지를 그대로 사용할 수 있습니다. 반면에, send()에 전달된 모든 데이터는 직렬화한 다음 데이터를 압축하는 아웃바운드 미들웨어에 의해 처리됩니다.

클라이언트

간단한 어플리케이션인 'client.js'라는 클라이언트 측에서는 우선 서버에서 사용하는 포트 5000에 연결된 새로운 ØMQ 'req'(요청) 소켓을 초기화해야 합니다.

```
const zmq = require('zmq');
const ZmqMiddlewareManager = require('./zmqMiddlewareManager');
const jsonMiddleware = require('./jsonMiddleware');

const request = zmq.socket('req');
request.connect('tcp://127.0.0.1:5000');
```

그런 다음 서버용 방식과 동일한 방식으로 미들웨어 프레임워크를 설정해야 합니다.

```
const zmqm = new ZmqMiddlewareManager(request);
zmqm.use(jsonMiddleware.json());
```

다음으로 서버에서 오는 응답을 처리할 수 있는 인바운드 미들웨어 항목을 만듭니다.

```
zmqm.u3c([
  inbound: function (message, next) {
    console.log('Echoed back: ', message.data);
    next();
  }
});
```

앞의 코드에서 우리는 단순하게 인바운드 응답을 가로채서 콘솔에 출력합니다.

마지막으로 zmqMiddlewareManager를 사용하여 정기적으로 ping 요청을 보내는 타이머를 설정해 놓았는데, 미들웨어의 모든 이점을 활용하기 위해 항상 zmqMiddlewareManager를 사용합니다.

```
setInterval( () => {
  zmqm.send({action: 'ping', echo: Date.now()});
}, 1000);
```

화살표 함수 구문을 사용하지 않고 function 키워드를 사용하여 모든 인바운드 및 아웃바운드 함수를 명시적으로 정의한다는 점에 유의하십시오. 이는 '1장. Node.js 플랫폼에 오신 것을 환영합니다'에서 배웠듯이 화살표 함수 선언은 함수 범위(scope)를 해당 어휘 범위(lexical scope)로 차단하기 때문에 의도적인 것입니다. 화살표 함수로 정의된 함수에서 호출을 사용하면 내부 범위는 변경되지 않습니다. 즉, 화살표 함수를 사용하면 미들웨어가 이것을 zmqMiddlewareManager의 인스턴스로 인식하지 못하고 "TypeError: this.send is not a function"가 발생합니다.

이제 서버를 처음 시작시켜 어플리케이션을 시험해보겠습니다.

```
node server
```

그런 다음 아래 명령을 사용하여 클라이언트를 시작할 수 있습니다.

```
node client
```

우리의 미들웨어가 작동합니다! 메시지를 압축해제/압축하고 역직렬화/직렬화하여 핸들러가 비즈니스 로직에만 집중할 수 있게 했습니다.

6.9.4 Koa에서 제너레이터를 사용한 미들웨어

앞의 단락에서 우리는 콜백과 메시징 시스템에 적용된 예제를 사용하여 미들웨어 패턴을 구현하는 것에 대하여 살펴 보았습니다.

도입부에서 보았듯이 미들웨어 패턴은 웹 프레임워크에서 데이터가 어플리케이션의 핵심을 통과하여 흐를 때 입력과 출력을 다룰 수 있는 논리적인 "계층"을 구축하는 유용한 메커니즘으로 실제로 유용함을 알 수 있습니다.

Express 외에도 미들웨어 패턴을 많이 사용하는 다른 웹 프레임워크로 Koa(http://koajs.com/)가 있습니다. Koa는 콜백을 사용하는 대신, ES2015 제너레이터 함수를 사용하는 미들웨어 패턴을 구현하는 급진적인 선택 때문에 매우 흥미로운 프레임워크입니다. 이 선택이 미들웨어를 작성하는 방법을 어떻게 극적으로 간소화하는지 잠시 후에 살펴보겠습니다. 바로 코드를 작성하기 전에 이 웹 프레임워크에 특정한 미들웨어 패턴을 시각화하는 또 다른 관점을 생각해보겠습니다.

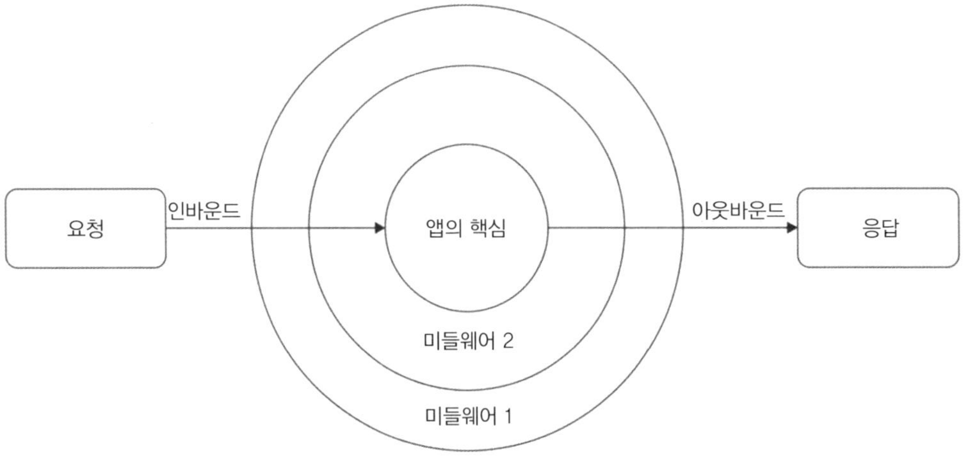

이 그림에서 우리 앱의 핵심(core)에 도달하기 전에 여러 가지 미들웨어를 가로지르는 요청

(request)을 받았습니다. 이 부분의 화살표 흐름을 **인바운드** 또는 **다운스트림**이라고 합니다. 이 흐름이 앱의 핵심에 도달하면 모든 미들웨어를 다시 거쳐가게 되지만 이번에는 역순으로 수행합니다. 이것은 미들웨어가 앱의 메인 로직이 실행된 후 응답이 사용자에게 전송될 준비가 된 다음에, 또 다른 액션들을 수행할 수 있게 합니다. 화살표 흐름의 이 부분을 **아웃바운드** 또는 **업스트림(Upstream)**이라고 합니다.

위의 표현은 때로는 Core App을 미들웨어가 감싸는 방식으로 양파의 껍질을 상기시키기 때문에 프로그래머들 사이에서 "양파(the onion)"라고 불립니다.

이제 Koa를 사용한 새로운 웹 어플리케이션을 제너레이터 함수를 사용해 작성함으로써 사용자 정의 미들웨어를 쉽게 작성하는 방법을 살펴보겠습니다.

우리의 어플리케이션은 서버의 현재 타임스탬프를 반환하는 매우 간단한 JSON API입니다.

우선 Koa를 설치해야 합니다.

```
npm install koa
```

그리고 다음처럼 새로운 app.js를 작성할 수 있습니다.

```
const app = require('koa')();

app.use(function *(){
  this.body = {"now": new Date()};
});

app.listen(3000);
```

app.use를 호출하여 제너레이터 함수를 전달해 우리 어플리케이션의 핵심(core)을 정의한다는 것이 중요합니다. 잠시 후 미들웨어가 정확히 같은 방식으로 app에 추가되는 것을 확인할 수 있을 것입니다. 또한, 우리 앱의 핵심(core)은 어플리케이션에 추가될 마지막 미들웨어가 될 것입니다(또한 뒤의 다른 미들웨어 항목을 yield할 필요가 없습니다).

첫 번째 프로토타입이 준비되었기 때문에 실행해 볼 수 있습니다.

```
node app.js
```

그런 다음 브라우저를 http://localhost:3000으로 지정하면 동작하는 것을 볼 수 있습니다.

Koa는 JavaScript 객체를 현재 응답 본문에 설정하면, 알아서 응답을 JSON 문자열로 변환하고 알맞은 content-type 헤더를 추가합니다.

작성된 API는 제대로 동작하지만, 여기에 이 API를 악용하는 사람들로부터 보호하기 위해 1초 이내 하나 이상의 요청을 하지 못하도록 해야 한다고 가정해 보겠습니다. 이 로직은 API의 비즈니스 로직 외부에서 수행해야 한다고 한다면, 새로운 전용 미들웨어 항목을 작성하여 추가해야 합니다. rateLimit.js라는 별도의 모듈을 작성해 보겠습니다.

```
const lastCall = new Map();

module.exports = function *(next) {

   //인바운드
   const now = new Date();
   if (lastCall.has(this.ip) && now.getTime() -
      lastCall.get(this.ip).getTime() < 1000) {
   return this.status = 429; //Too Many Requests
   }
   yield next;

   //아웃바운드
   lastCall.set(this.ip, now);
   this.set('X-RateLimit-Reset', now.getTime() + 1000);
};
```

우리의 모듈은 미들웨어의 로직을 구현한 제너레이터 함수를 익스포트 합니다.

가장 먼저 주목해야 할 것은 지정된 IP 주소에서 마지막 호출을 받은 시간을 저장하기 위해 Map 객체를 사용한다는 것입니다. 이 맵을 일종의 메모리 내장 데이터베이스로 사용하여 특정 사용자가 초당 두 개 이상의 요청으로 서버가 과부하 상태인지 여부를 확인할 수 있습니다. 물론 이 구현은 단지 예일 뿐이기 때문에 실제 시나리오에서는 적합하지 않습니다. Redis 또는 Memcache와 같은 외부 저장소와 과부하를 감지하는 보다 세련된 논리를 사용하는 것이 더 좋습니다.

미들웨어의 본체는 yield next 호출로 분할되어 인바운드 및 아웃바운드 이렇게 두 가지 논리적인 부분으로 나누어져 있습니다. 인바운드 부분에서는 요청이 아직 어플리케이션의 코어에 닿지 않은 상황이어서 사용자가 접근 제한을 초과했는지 확인할 수 있습니다.

접근 제한을 초과한 경우, 응답의 HTTP 상태 코드를 429(너무 많은 요청)로 설정하고 처리의 실행을 중단하기 위해 반환합니다.

미들웨어의 다음 항목으로 진행할 수 있는 또 다른 방법은 yield next를 호출하는 것입니다. 여기가 바로 마법이 일어나는 곳입니다. 제너레이터 함수와 yield를 사용함으로써 미들웨어의 실행이 일시 중지되어 목록 내 다른 모든 미들웨어가 순차적으로 실행되고, 미들웨어의 마지막 항목이 실행될 때만(앱의 핵심(core)) 아웃바운드 흐름이 시작될 수 있으며, 제어는 첫 번째 미들웨어가 다시 호출될 때까지 역순으로 모든 미들웨어를 흐르게 됩니다.

우리의 미들웨어가 다시 제어를 돌려 받아 제너레이터의 함수가 재개되면, 성공적인 호출에 대해 타임스탬프를 저장하고 사용자의 새로운 요청을 처리할 수 있는 시기를 알리기 위해 요청(request)에 X-RateLimit-Reset 헤더를 추가합니다.

> 접근 횟수를 제한하는 미들웨어를 보다 완벽하고 안정적으로 구현해야 하는 경우라면 koajs/ratelimit 모듈을 검토해 볼 수 있습니다.
>
> • https://github.com/koajs/ratelimit

이 미들웨어를 사용하려면 app.js에 앱의 핵심 로직이 있는 app.use 줄 다음에 아래 행을 추가해야 합니다.

```
app.use(require('./rateLimit'));
```

이제 우리의 새로운 앱이 실제로 작동하는지 확인하기 위해 서버를 다시 시작하고 브라우저를 엽니다. 페이지를 빠르게 몇 번 새로 고치면 접근 횟수 제한에 도달하게 되며 "Too Many Requests"이라는 오류 메시지가 나타납니다. 이 메시지는 상태 코드를 429로 설정하고 응답 본문을 비움으로써 Koa에 의해 자동으로 추가된 것입니다.

> Koa 프레임워크에서 사용되는 제너레이터를 기반으로 하는 미들웨어 패턴의 실제 구현에 대해 궁금하다면 koajs/compose 저장소(https://github.com/koajs/compose)를 살펴보십시오. 이것은 일련의 제너레이터들의 파이프라인에서 원래 제너레이터들을 실행할 수 있는 새로운 제너레이터로 변환하는 핵심적인 모듈입니다.

6.10 커맨드(Command)

Node.js에서 중요한 다른 디자인 패턴이 **커맨드(Command)**입니다. 가장 일반적인 정의로, 커맨드는 나중에 수행할 동작에 필요한 모든 정보를 캡슐화하는 객체로 생각할 수 있습니다. 따라서 메소드나 함수를 직접 호출하는 대신, 그러한 호출을 수행할 목적을 나타내는 객체를 생성합니다. 그런 다음 이 목적을 구체화하여 실제 수행으로 전환시키는 것은 다른 컴포넌트의 책임입니다. 전통적으로 이 패턴은 다음 그림과 같은 네 가지 주요 컴포넌트를 중심으로 구성됩니다.

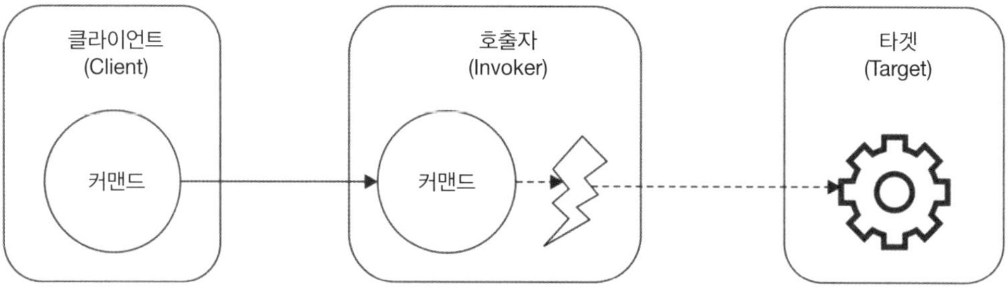

Command 패턴의 일반적인 구성은 다음과 같이 설명할 수 있습니다.

- **커맨드**(Command): 이것은 메소드 또는 함수를 호출하는데 필요한 정보를 캡슐화하는 객체입니다.
- **클라이언트**(Client): 이것은 명령을 생성하고 그것을 호출자에게 제공합니다
- **호출자**(Invoker): 이것은 대상(Subject)에서 명령을 실행하는 역할을 합니다.
- **타겟**(Target 또는 Receiver): 이것은 호출의 대상(Subject)으로 단일 함수거나 한 객체의 메소드일 수 있습니다.

앞으로 살펴 보겠지만, 이 네 가지 구성 요소는 패턴을 구현하는 방식에 따라 크게 달라질 수 있습니다. 여러분은 이제 이런 말에 익숙할 것입니다.

직접 연산을 실행하는 대신 커맨드 패턴을 사용하면 몇 가지 장점이 있는데, 어플리케이션에서 다음과 같이 할 수 있습니다.

- 커맨드(Command)를 나중에 실행하도록 예약할 수 있습니다.
- 커맨드는 쉽게 직렬화되어 네트워크를 통해 전송될 수 있습니다. 이 간단한 속성을 사용하여 원격 컴퓨터 간에 작업을 배포하고, 브라우저에서 서버로 명령을 전송하고, RPC 시스템을 만드는 등의 작업을 수행할 수 있습니다.
- 커맨드를 사용하면 시스템에서 실행되는 모든 작업의 내역을 쉽게 유지할 수 있습니다.
- 커맨드는 데이터 동기화 및 충돌 해결을 위한 일부 알고리즘에서 중요한 부분입니다.

- 실행이 예정된 커맨드가 아직 실행되지 않은 경우 취소할 수 있습니다. 이렇게 하여 어플리케이션의 상태를 커맨드를 실행하기 전의 상태로 되돌릴 수도 있습니다(실행 취소).
- 몇 가지 명령들을 함께 그룹화할 수 있습니다. 이것은 원자성을 가진 트랜잭션(atomic transactions)을 만들거나 그룹의 모든 작업을 한번에 실행하는 메커니즘을 구현하는데 사용할 수 있습니다.
- 중복 제거, 결합 및 분할 혹은 오늘날의 실시간 협업 소프트웨어(공동 텍스트 편집 같은)의 기반인 **운영 변환(Operational Transformation: OT)**과 같은 더 복잡한 알고리즘을 적용하는 일련의 커맨드들로 다양한 종류의 변환을 수행할 수 있습니다.

> TIP
> OT가 어떻게 작동하는지에 대한 좋은 설명을 아래 주소에서 찾을 수 있습니다.
> • http://www.codecommit.com/blog/java/understanding-andapplying-operational-transformation.

앞선 목록은 특히 네트워킹 및 비동기 실행이 필수적인 Node.js와 같은 플랫폼에서 커맨드 패턴이 얼마나 중요한지 가늠할 수 있게 합니다.

6.10.1 유연한 패턴

앞서 언급했듯이 JavaScript의 커맨드 패턴은 다양한 방법으로 구현될 수 있습니다. 그 범위에 대한 아이디어를 제공하기 위하여 몇 가지만 살펴보겠습니다.

작업 패턴(Task pattern)

우리는 가장 기본적이고 간단한 구현인 **작업 패턴(Task pattern)**에서 시작할 것입니다. JavaScript에서 호출을 표현하는 객체를 만드는 가장 쉬운 방법은 클로저를 만드는 것입니다.

```
function createTask(target, args) {
  return () => {
    target.apply(null, args);
  }
}
```

이것이 전혀 새로운 것은 아닙니다. 이 패턴을 책 전체에서 여러 번 사용했으며, 특히 '3장. 콜백을 사용한 비동기 제어 흐름 패턴'에서 많이 사용했습니다. 이 기술을 사용하면 별도의 컴포넌트를 사용하여 작업 실행을 제어하고 예약할 수 있었습니다. 이는 본질적으로 커맨드 패턴의 호출자(Invoker)와 같습니다. 예를 들어, Async 라이브러리에 전달할 작업을 어떻게 정의했었는지 기억하십니까? 아니면, 우리가 제너레이터와 함께 썽크(thunk)를 어떻게 사용했었는지 기억하십니까? 콜백 패턴 자체는 매우 간단한 커맨드 패턴의 버전이라고 생각할 수 있습니다.

6.10.2 보다 복잡한 명령

이제 보다 복잡한 커맨드의 예를 살펴보겠습니다. 이번에는 실행 취소 및 직렬화를 지원하려 합니다. 우선 Twitter와 같은 서비스에 상태 업데이트를 전송하는 작은 객체인 커맨드의 target부터 시작하겠습니다. 단순화를 위해 이러한 서비스의 모형(mock-up)을 사용할 것입니다.

```
const statusUpdateService = {
  statusUpdates: {},
  sendUpdate: function(status) {
    console.log('Status sent: ' + status);
    let id = Math.floor(Math.random() * 1000000);
    statusUpdateService.statusUpdates[id] = status;
    return id;
  },

  destroyUpdate: id => {
    console.log('Status removed: ' + id);
    delete statusUpdateService.statusUpdates[id];
  }
};
```

이제 새로운 상태 업데이트를 게시하는 명령을 작성해 보겠습니다.

```
function createSendStatusCmd(service, status) {
  let postId = null;

  const command = () => {
    postId = service.sendUpdate(status);
  };

  command.undo = () => {
    if(postId) {
      service.destroyUpdate(postId);
      postId = null;
    }
  };

  command.serialize = () => {
```

```
      return {type: 'status', action: 'post', status: status};
   };

   return command;
}
```

앞의 함수는 새로운 sendStatus 커맨드를 생성하는 팩토리입니다. 각 커맨드는 다음 세 가지 기능을 구현합니다.

1. 커맨드 자체는 호출될 때 행위를 시작시키는 함수입니다. 다시 말해, 앞서 본 작업 패턴(task pattern)을 구현합니다. 커맨드가 실행되면 target 서비스의 메소드를 사용하여 새로운 상태 업데이트 정보를 보냅니다.
2. 메인 작업에 첨부된 undo() 함수는 동작의 결과를 되돌립니다. 여기에서는 target 서비스에서 destroyUpdate() 메소드를 호출하기만 합니다.
3. serialize() 함수는 동일한 커맨드 객체를 재구성하기 위해 필요한 모든 정보를 담은 JSON 객체를 만드는 함수입니다.

이 후에 Invoker를 만들 수 있습니다. 생성자와 run() 메소드의 구현부터 시작하겠습니다.

```
class Invoker {

   constructor() {
      this.history = [];
   }

   run (cmd) {
      this.history.push(cmd);
      cmd();
      console.log('Command executed', cmd.serialize());
   }
}
```

앞서 정의한 run() 메소드는 Invoker의 기본 기능입니다. 커맨드를 history 인스턴스 변수에 저장한 다음 커맨드 자체를 시작시킵니다. 이제 다음으로, 새로운 메소드를 추가하여 커맨드의 실행을 지연시킬 수 있습니다.

```
delay (cmd, delay) {
   setTimeout(() => {
```

```
      this.run(cmd);
    }, delay)
  }
```

그런 다음, 마지막 커맨드를 되돌리기 위한 undo() 메소드를 구현합니다.

```
  undo () {
    const cmd = this.history.pop();
    cmd.undo();
    console.log('Command undone', cmd.serialize());
  }
```

마지막으로 웹 서비스를 사용하여 네트워크를 통해 직렬화한 다음, 전송하여 원격 서버에서 커맨드를 실행할 수 있을 것입니다.

```
      runRemotely (cmd) {
        request.post('http://localhost:3000/cmd',
          {json: cmd.serialize()},
          err => {
            console.log('Command executed remotely', cmd.serialize());
          }
        );
    }
  }
```

이제 Command, Invoker 및 Target이 있으므로 클라이언트가 누락된 유일한 구성 요소입니다. Invoker를 인스턴스화하는 것으로 시작합시다.

```
const invoker = new Invoker();
```

그런 다음 아래 코드를 사용하여 커맨드를 만들 수 있습니다.

```
const command = createSendStatusCmd(statusUpdateService, 'HI!');
```

이제 상태 메시지 게시를 나타내는 명령을 만들었습니다. 즉시 실행해 봅시다.

```
invoker.run(command);
```

앗! 상태 업데이트에서 실수를 했습니다. 마지막 메시지를 보내기 전과 같은 타임라인의 상태로 되돌립시다.

```
invoker.undo();
```

또한 지금부터 1시간 후에 메시지를 보내도록 스케줄을 잡을 수도 있습니다.

```
invoker.delay(command, 1000 * 60 * 60);
```

또는 작업을 다른 시스템으로 이동시켜 어플리케이션의 로드를 분산시킬 수 있습니다.

```
invoker.runRemotely(command);
```

방금 만든 이 작은 예시는 커맨드의 연산을 감쌈으로써 어떻게 새로운 방식의 사용이 가능한지를 보여주지만, 이는 빙산의 일각에 불과합니다.

마지막으로, 커맨드(Command) 패턴의 전체에서 실제로 필요한 것은 단순한 명령 실행이 다가 아니라는 사실을 알아 두는 것이 중요합니다. 실제로 statusUpdateService 메소드를 호출하기 위해 얼마나 많은 코드를 작성해야 하는지를 보았습니다. 우리가 필요로 하는 모든 것이 단지 호출일 뿐이라면 복잡한 커맨드는 오히려 해가 될 것입니다. 작업의 실행을 예약하거나 비동기 작업을 실행해야 하는 경우에는 간단한 작업(task) 패턴이 최상의 절충안을 제공할 수 있습니다. 대신 이전에 설명한 실행 취소, 변환, 충돌 해결 같은 고급 기능이 필요한 경우에는 보다 복잡한 표현들을 가지는 커맨드 패턴의 사용이 필수적일 것입니다.

6.11 요약

이 장에서는 전통적인 GoF 디자인 패턴 중 일부를 JavaScript, 특히 Node.js 식으로 적용하는 방법을 배웠습니다. 그들 중 일부는 변형되었고, 일부는 단순화되었고, 다른 일부는 언어, 플랫폼 및 커뮤니티에 의해 그 일부로 동화되어 채택되거나 새로운 이름으로 변경되었습니다.

또 팩토리와 같은 간단한 패턴이 코드의 유연성을 얼마나 크게 향상시킬 수 있는지에 대해 프록시(Proxy), 데코레이터(Decorator) 및 어댑터(Adapter)를 사용하여 기존 객체의 인터페이스를 조작, 확장 및 조정할 수 있는 방법을 중요하게 설명했습니다. 전략(Strategy), 상태(State) 및 템플릿(Template)은 거대한 알고리즘을 정적(static) 및 가변(variable) 파트로 분할하여 코드 재사용 및 컴포넌트의 확장성을 향상시키는 방법을 보여주었습니다. 미들웨어(Middleware) 패턴을 학습함으로써, 우리는 이제 간단하고 확장 가능하며 세련된 패러다임을 사용하여 데이터를 처리할 수 있게 되었습니다. 마지막으로 커맨드(Command) 패턴은 모든 작업을 보다 유연하고 강력하게 만드는 간단한 추상화를 제공했습니다.

이렇게 널리 받아들여지는 디자인 패턴의 JavaScript에서의 재탄생을 관찰하는 것 외에도 생성자 노출(revealing constructor) 및 합성 가능한 팩토리(Composable factory) 함수 패턴과 같이 JavaScript 커뮤니티에서 특별히 생성되고 제시된 몇 가지 새로운 디자인 패턴을 볼 수 있었습니다. 이러한 패턴은 비동기 및 프로토타입 기반 프로그래밍과 같은 JavaScript 언어의 특정 측면을 다루는데 도움이 됩니다.

마지막으로 JavaScript로 더 많은 일들을 처리할 수 있다는 확신을 가질 수 있었고, 많은 작은 클래스나 인터페이스를 확장하는 대신 다른 재사용 가능한 객체 또는 함수를 작성하여 소프트웨어를 작성할 수 있음을 알게 되었습니다. 다른 객체지향 언어를 사용하는 개발자의 경우, JavaScript에서 구현되었을 때 일부 디자인 패턴이 얼마나 다른지를 설명하는 것이 생소하게 보였을 수 있습니다. 어떤 사람들은 디자인 패턴을 구현하는 방법이 하나가 아니라 오히려 다양할 수도 있다는 것을 알고 길을 잃은 느낌을 받았을 지도 모릅니다.

JavaScript는 실용적인 언어이기 때문에 우리는 어떤 구조나 지침도 없이 신속하게 일을 처리할 수 있다고 말했습니다. 바로 그 점이 이 책, 특히 이 장을 유용하게 만듭니다. 우리는 창조성과 엄격함 사이의 올바른 균형적인 감각을 주고자 노력했습니다. 코드를 개선하고 재사용하기 위해 사용될 수 있는 패턴이 있을 뿐만 아니라, 그 패턴들의 구현에 대한 세부 사항이 중요한 부분이 아니라는 것을 보여 주었습니다. 정말로 중요한 것은 전체의 큰 그림, 지침 및 패턴의 기반에 깔려있는 개념입니다. 이것은 우리가 재미있게 Node.js 어플리케이션을 디자인할 수 있는, 실제로 재사용 가능한 정보 중 한가지입니다.

다음 장에서는 가장 유익한 프로그래밍 측면 중 하나인 모듈을 구성하고 연결하는 방법에 대해 초점을 맞춤으로써 좀 더 많은 디자인 패턴을 분석할 것입니다.

CHAPTER 07

모듈 연결

▶ 모듈과 의존성

▶ 모듈 연결 패턴

▶ 연결(Wiring)을 위한 플러그인

Node.js의 모듈 시스템은 코드를 자체적인 독립된 유닛으로 구성할 수 있는 네이티브적인 방법이 부족한 JavaScript 언어와의 그간의 격차를 훌륭하게 메워 줍니다. 가장 큰 장점 중 하나는, 간단하지만 강력한 접근 방식인 require() 함수(2장. Node.js 필수 패턴 참조)를 사용하여 이들 모듈들을 서로 연결할 수 있다는 것입니다.

그러나 Node.js를 처음 사용하는 많은 개발자들은 혼란을 느낄 수 있습니다. 실제로 가장 자주 접하는 질문 중 하나가 "모듈 X의 인스턴스를 모듈 Y로 전달하는 가장 좋은 방법은 무엇입니까?"입니다.

이러한 혼란으로 인해, 모듈들을 서로 연결하는 더 친숙한 방법을 찾기 위해 싱글톤(Singleton) 패턴을 간절히 추구하게 됩니다. 또 다른 일부는 종속성 삽입 패턴(Dependency Injection pattern)을 과도하게 사용하여 특별한 이유 없이 모든 유형의 종속성(심지어는 stateless까지)에 사용합니다. **모듈 연결(wiring)** 기술이 Node.js에서 가장 논란의 여지가 있으며 독창적인 주제 중 하나라는 것은 놀라운 일이 아닙니다.

이 영역에 영향을 미치는 많은 이론이 있지만 그 중 어느 것도 명확한 정답이라고 보장할 수는 없습니다. 실제로 모든 접근법에는 장단점이 있으며, 종종 동일한 어플리케이션에서 함께 사용되거나 다른 이름으로 변경되거나 커스터마이징 되어 사용됩니다.

이 장에서는 모듈 연결(wiring)에 대한 다양한 접근법을 분석하고 장점과 단점을 강조하여 단순성, 재사용성 및 확장성의 기준에 따라 합리적으로 선택하고 혼합하여 사용할 수 있게 할 것입니다. 특히 이 주제와 관련된 가장 중요한 패턴을 다음과 같이 제시합니다.

- 하드코딩된 종속성
- 의존성 주입
- 서비스 로케이터
- 의존성 주입 컨테이너

그런 다음 밀접하게 관련된 문제로 플러그인을 연결하는 방법을 살펴 봅니다. 이것은 전문적인 모듈 연결(wiring)으로 간주될 수 있으며 대부분 동일한 특성을 나타내지만, 특히 플러그인이 별도의 Node.js 패키지로 배포되는 경우 어플리케이션의 내용에 따라 조금씩 차이가 있으며 자체적인 문제점이 존재합니다. 우리는 플러그인이 가능한 구조를 만드는 주요 기술을 먼저 배우게 될 것이며, 그런 후에 이 플러그인을 메인 어플리케이션의 흐름에 통합하는 방법을 알아볼 것입니다.

이 장의 끝에 다다르면, Node.js 모듈 연결(wiring)이라는 모호한 기술이 더 이상 우리를 어렵게 하지는 못할 것입니다.

7.1 모듈과 의존성

모든 최신 어플리케이션은 여러 컴포넌트들을 결합한 결과이며, 어플리케이션이 커짐에 따라 이러한 컴포넌트를 연결하는 방식이 승패 요건이 됩니다. 확장성과 같은 기술적 측면과 관련된 문제일 뿐만 아니라 시스템을 이해하는 방식에 대한 인식도 있습니다. 얽힌 **종속성 그래프**는 골칫거리가 되며 프로젝트의 **기술적 부채**가 됩니다. 이러한 상황에서 기능을 수정하거나 확장하려는 코드의 변경은 엄청난 노력을 초래할 수 있습니다.

최악의 경우 컴포넌트들이 너무 밀접하게 연결되어 있어 리팩토링이나 어플리케이션 전체 부분을 완전히 다시 작성하지 않고는 기능을 추가하거나 변경할 수 없게 됩니다. 물론 이 말이 첫 모듈부터 시작해서 설계를 지나치게 엔지니어링을 해야 한다는 것을 의미하지는 않지만, 처음부터 좋은 균형을 찾는 것이 큰 차이를 만들 수 있습니다.

Node.js는 어플리케이션의 컴포넌트를 구성하고 묶는 유용한 도구들을 제공하는데, 이 모듈이 CommonJS 모듈 시스템(module system)입니다. 그러나 모듈 시스템만으로는 성공을 보장할 수는 없습니다. 다른 한편으로는 클라이언트 모듈과 종속성 사이에 간접적인 수준의 참조를 추가하여 적절하게 사용하지 않으면 더 엄격한 결합을 만들게 될 수 있습니다. 이 절에서는 Node.js의 종속성 연결(wiring)의 몇 가지 기본적인 측면에 대해 설명하겠습니다.

7.1.1 Node.js의 가장 일반적인 종속성

소프트웨어 아키텍처에서는 컴포넌트의 동작이나 구조에 영향을 미치는 엔티티, 상태 또는 데이터 형식을 종속성으로 간주할 수 있습니다. 예를 들어 어떤 컴포넌트가 다른 컴포넌트가 제공하는 서비스를 사용하거나 시스템의 특정 전역 상태에 의존하거나, 다른 컴포넌트와 정보를 교환하기 위해 특정 통신 프로토콜을 구현하는 등의 경우를 들 수 있습니다. 종속성의 개념은 매우 광범위하며 때로는 평가하기도 어렵습니다.

하지만 Node.js에서는 가장 일반적이며 쉽게 식별할 수 있는 필수 유형의 종속성을 바로 식별해낼 수 있습니다. 모듈(Module)은 코드를 구성하고 구조화하는데 필요한 기본적인 메커니즘입니다. 모듈 시스템에 전혀 의지하지 않고 큰 어플리케이션을 만드는 것은 무리입니다. 어플리케이션의 다양한 요소들을 그룹화하는데 제대로 사용된다면 많은 이점을 얻을 수 있습니다. 실제 모듈의 속성은 다음과 같이 요약할 수 있습니다.

- 모듈은 (이상적으로는) 보다 집중적이기 때문에 더 가독성이 높고 이해하기 쉽습니다.
- 별도의 파일로 표현되기 때문에 쉽게 식별할 수 있습니다.
- 모듈을 다른 어플리케이션보다 쉽게 재사용할 수 있습니다.

모듈은 정보 은닉을 수행하는 완벽한 수준의 세분화된 단위를 나타내며(module.exports를 사용한) 컴포넌트의 공개 인터페이스 만을 노출하는 효과적인 메커니즘을 제공합니다.

그러나 단순히 어플리케이션이나 라이브러리의 기능을 여러 모듈에 분산시키는 것만으로는 성공적인 디자인이라 할 수 없습니다. 잘못된 사용 중 한 가지는 모듈 간의 관계가 매우 강해서 독특한 모놀리식(monolithic) 개체를 만들어 내는 것이며, 그 상태에서 모듈을 제거하거나 교체하는 것이 아키텍처의 대부분을 뒤흔들게 되는 것입니다. 우리는 코드를 모듈로 구성하는 방식과 모듈을 서로 연결하는 방식이 전략적 역할을 하며, 소프트웨어 설계의 모든 문제와 마찬가지로 여러 가지 평가 항목늘 사이에서 적절한 균형을 찾아야 하는 문제라는 것을 직감적으로 알 수 있습다.

7.1.2 응집력과 결합력

모듈을 만들 때 가장 중요한 두 가지 특성은 응집력과 결합력이 균형을 이루는 것입니다. 이것들은 소프트웨어 아키텍처에서 모든 유형의 컴포넌트 또는 하위 시스템에 적용될 수 있으므로 Node.js 모듈을 구축할 때 지침으로 사용할 수 있습니다.

이 두 속성은 다음과 같이 정의할 수 있습니다.

- **응집력**(Cohesion): 이는 컴포넌트 기능 간의 상관 관계에 대한 측도입니다. 예를 들어, 단 한가지의 작업만 하는 모듈은, 모듈의 모든 부분이 그 하나의 단일 업무에서만 역할을 할 경우 높은 응집력을 가진다고 할 수 있습니다. saveProduct(), saveInvoice(), saveUser() 등과 같이 모든 유형의 객체를 데이터베이스에 저장하는 함수를 가진 모듈은 낮은 응집력을 가집니다.
- **결합력**(Coupling): 구성 요소가 시스템의 다른 구성 요소에 얼마나 의존하는지에 대한 측도입니다. 예를 들어, 모듈이 다른 모듈의 데이터를 직접 읽거나 수정한다면 다른 모듈과 밀접하게 연결됩니다. 또한 전역이나 공유된 상태를 통해 상호작용하는 모듈들은 밀접한 결합(tightly coupled)입니다. 반면에 매개 변수 전달을 통해서만 두 모듈이 통신한다면 느슨한 결합(loosely coupled)이라고 할 수 있습니다.

바람직한 시나리오는 높은 응집도와 느슨한 결합을 갖는 것이고, 이는 일반적으로 이해하기 쉽고 재사용 가능하며 확장 가능한 모듈을 만듭니다.

7.1.3 상태 저장(Stateful) 모듈

JavaScript에서는 모든 것이 하나의 객체입니다. 인터페이스(Interface)나 클래스(class)와 같은 추상적인 개념이 없습니다. 동적 타이핑(dynamic typing)은 이미 **인터페이스**(또는 **정책**)를 **구현**(또는 **세부사항**)에서 분리하는 자연스러운 메커니즘을 제공합니다. 그것이 6장에서 본 디자인 패턴 중 일부가 기존 패턴과 비교해 매우 다르면서, 단순해 보이는 이유 중 하나입니다.

그러나 JavaScript에서는 구현과 인터페이스를 분리할 때 작은 문제점을 가지고 있습니다. 이미 간단하게 Node.js 모듈 시스템을 사용함으로써 특정 구현체와의 하드코드된 관계를 볼 수 있었습니다. 정상적인 상태에서는 이 문제가 발생하지 않지만, require()를 사용하여 DB 핸들, HTTP 서버 인스턴스, 서비스 인스턴스 같은 상태 저장(stateful) 인스턴스를 외부에 익스포트하는 모듈을 로드하거나 상태 저장이 아닌(stateless) 일반 객체를 익스포트하는 모듈을 로드할 경우, 우리는 실제 싱글톤과 매우 유사한 것을 참조하게 됨으로써 몇 가지 주의 사항과 함께 장단점을 고스란히 이어받게 됩니다.

Node.js의 싱글톤 패턴

Node.js를 처음 사용하는 사람들은 대부분의 경우 어플리케이션의 다양한 모듈 간에 단일한 인스턴스를 공유하기 위한 방법으로 싱글톤 패턴을 선호하게 되고, 어떻게 싱글톤 패턴을 올바르게 구현할 수 있는지를 혼란스러워 합니다. 그러나 Node.js의 대답은 우리의 생각보다 쉽습니다. 단순히 module.exports를 사용하여 인스턴스를 내보내는 것만으로 이미 싱글톤(Singleton) 패턴과 비슷한 것을 얻을 수 있습니다. 예를 들어 다음과 같은 코드를 생각해 봅시다.

```
//'db.js' 모듈
module.exports = new Database('my-app-db');
```

단순히 데이터베이스의 새로운 인스턴스를 내보내는 것만으로도 현재 패키지(어플리케이션의 전체 코드가 될 수 있음) 내에서 이미 db 모듈의 인스턴스가 하나만 있다고 가정할 수 있습니다. 우리가 이미 알다시피 Node.js는 require()의 첫 번째 호출 이후에 모듈을 캐시할 것이고, 이후의 호출에서 다시 실행하지 않고 캐시된 인스턴스를 반환하기 때문에 가능합니다. 예를 들어, 앞에서 정의한 db 모듈의 공유 인스턴스를 다음과 같은 코드를 써서 쉽게 얻을 수 있습니다.

```
const db = require('./db');
```

그러나 유의사항이 있습니다. 모듈은 전체 경로를 검색 키로 사용하여 캐시되므로 현재 패키지 내에서만 싱글톤이 보장됩니다. 우리는 '2장. Node.js 필수 패턴'에서 각 패키지가 자신의 'node_modules' 디렉토리 내에 일련의 자신만의 종속성들을 가질 수 있다는 것을 살펴 보았으며, 이는 동일한 패키지의 다중 인스턴스를 초래할 수 있습니다. 결국 동일한 모듈의 서로 다른 인스턴스가 될 수도 있으며, 그 결과 더 이상 싱글톤이 아닐 수도 있게 됩니다. 예를 들어, db 모듈이 mydb라는 패키지에 래핑된 경우를 생각해 봅시다.

해당 패키지의 package.json 파일에는 다음과 같은 코드가 있을 것입니다.

```
{
  "name": "mydb",
  "main": "db.js"
}
```

이제 다음과 같은 종속성 트리를 생각해 봅시다.

```
app/
└── node_modules
    ├── packageA
    │   └── node_modules
    │       └── mydb
    └── packageB
        └── node_modules
            └── mydb
```

packageA와 packageB는 모두 mydb 패키지에 종속성을 가지고 있습니다. 다음으로 메인 어플리케이션인 app 패키지는 packageA와 packageB에 종속성을 가집니다. 지금 보고 있는 시나리오는 데이터베이스 인스턴스의 고유성에 대한 가정을 깨뜨릴 것입니다. 실제로 packageA와 packageB는 다음과 같은 명령을 사용하여 데이터베이스 인스턴스를 로드합니다.

```
const db = require('mydb');
```

그러나 mydb 모듈은 필요로 하는 패키지에 따라 다른 디렉토리로 해석되기 때문에 packageA와 packageB는 실제로 싱글톤처럼 보이는 두 개의 서로 다른 인스턴스를 로드합니다.

이 시점에서 우리는 다음과 같이 실제 전역 변수를 사용하여 저장하지 않는 한, 앞서 설명된 싱글톤 패턴은 Node.js에 존재하지 않는다고 쉽게 말할 수 있습니다.

```
global.db = new Database('my-app-db');
```

이렇게 하면 인스턴스가 유일한 패키지가 될 뿐만 아니라 동일한 패키지가 아닌 전체 어플리케이션에서 공유됩니다. 하지만 이것은 어떤 일이 있어도 피해야 하는 습관입니다. 대부분의 경우 싱글톤 패턴이 필요하지 않습니다. 그리고 나중에 보게 되겠지만, 인스턴스를 공유하기 위한 다른 패턴이 있습니다.

> 이 책 전체에서 단순함을 유지하기 위해 싱글톤이라는 용어를 엄격한 정의로 사용하지 않고, 모듈로 익스포트된 상태저장(stateful) 객체의 의미로 싱글톤(Singleton)이라는 용어를 사용합니다. 서로 다른 컴포넌트 간에 쉽게 상태를 공유할 수 있다는 점에서, 원래의 패턴과 동일한 실용적인 목적을 달성한다고 말할 수 있을 것입니다.

7.2 모듈 연결 패턴

지금까지 우리는 의존성과 결합성에 관한 몇 가지 기본적인 사항에 대해 논의했기 때문에, 이제 좀 더 실제적인 개념을 살펴볼 준비가 되었습니다. 이 섹션에서는 모듈 연결 패턴을 제시할 것입니다. 여기서 우리의 초점은 주로 어플리케이션에서 의심할 여지 없이 가장 중요한 유형의 종속성인 상태 저장(Stateful) 인스턴스의 연결(wiring)입니다.

7.2.1 하드코드된 종속성

하드코딩된 의존성을 가지는 두 모듈 간의 가장 일반적인 관계를 살펴봄으로써 분석을 시작해 봅시다. Node.js에서 이것은 클라이언트 모듈이 require()를 사용하여 다른 모듈을 명시적으로 로드할 때 발생합니다. 이 절에서 보게 되겠지만 모듈 종속성을 설정하는 이 방법은 간단하고 효과적이지만, 모듈의 재사용을 제한하기 때문에 상태 저장(stateful) 인스턴스와의 종속성을 하드코딩할 때는 더 주의를 기울여야 합니다.

하드코드된 종속성을 사용한 인증 서버 구축

아래 그림과 같은 구조를 보면서 분석을 시작해 보겠습니다.

그림은 계층화된 아키텍처의 전형적인 예를 보여주는데, 이것은 간단한 인증 시스템의 구조를 표현합니다. AuthController는 클라이언트로부터의 입력을 받아, 요청으로부터 로그인 정보

를 추출하고 예비 검증을 수행합니다. 그런 다음 AuthService를 사용하여 제공된 자격 증명이 데이터베이스에 저장된 정보와 일치하는지 확인합니다. 이것은 데이터베이스와 통신하는 수단으로 db 모듈을 사용하여 특정 쿼리를 실행함으로써 수행됩니다. 이 세 가지 컴포넌트가 함께 연결되는 방식은 재사용성, 테스트 편리성 및 유지관리 가능성 수준을 결정합니다.

이러한 구성 요소를 연결하는 가장 자연스러운 방법은 AuthService에서 db 모듈을 요구한 다음, AuthController에서 AuthService를 요구하는 것입니다. 이것이 우리가 말하는 하드 코딩된 종속성입니다.

방금 설명한 시스템을 실제로 구현하여 이를 설명하겠습니다. 그런 다음 간단한 **인증 서버**를 설계해 봅시다. 이 서버는 다음 두 HTTP API를 제공합니다.

- POST '/ login': 인증할 사용자의 이름과 암호 쌍을 포함하는 JSON 객체를 받습니다. 성공하면 후속 요청에서 사용자의 신원을 확인하는데 사용할 수 있는 **JSON 웹 토큰(JWT)**을 반환합니다.

> JSON Web Token은 당사자 간의 클레임을 표현하고 공유하기 위한 형식입니다. **단일 페이지 어플리케이션** 및 **Cross-Origin Resource Shared(CORS)**가 폭발적으로 증가함에 따라 쿠키 기반 인증보다 유연한 대안으로 인기가 높아지고 있습니다. JWT에 대한 자세한 내용을 보려면 http://self-issued.info/docs/draft-ietf-oauth-json-web-to ken.html의 스펙(현재 초안)을 참조하십시오.

- GET '/ checkToken': GET 쿼리의 매개 변수에서 토큰을 읽고 유효성을 확인합니다.

이 예제에서는 몇 가지 기술을 사용할 것인데, 그 중 일부는 우리에게 새로운 것이 아닙니다. 특히 express(https://npmjs.org/package/express)를 사용하여 웹 API를 구현하고 levelup(https://npmjs.org/package/levelup)을 사용하여 사용자 데이터를 저장하는 부분은 눈에 익을 것입니다.

db 모듈

상향식(bottom up) 방식으로 어플리케이션 작성을 시작하겠습니다. 먼저 필요한 것은 levelUp 데이터베이스 인스턴스를 익스포트하는 모듈입니다. lib/db.js 라는 이름의 새 파일을 만들고 다음 내용을 작성합니다.

```
const level = require('level');
const sublevel = require('level-sublevel');

module.exports = sublevel(
  level('example-db', {valueEncoding: 'json'})
);
```

앞의 모듈은 ./example-db 디렉토리에 저장된 LevelDB 데이터베이스에 대한 연결을 생성한 다음, sublevel 플러그인(https://npmjs.org/package/level-sublevel)을 사용하여 인스턴스를 데코레이트(decorate)합니다. 이는 데이터베이스에 개별 섹션을 만들고 질의(query)할 수 있도록 돕습니다(SQL 테이블 또는 MongoDB 컬렉션과 비교할 수 있음). 모듈에서 내보내는 객체는 데이터베이스 핸들 자체이며, 상태 저장(stateful) 인스턴스입니다. 따라서 단일 개체를 생성합니다.

authService 모듈

이제 db 싱글톤이 생겼으므로 데이터베이스의 정보에 대해 사용자의 자격 증명을 확인하는 구성 요소인 lib/authService.js 모듈을 구현하는데 사용할 수 있습니다. 코드는 다음과 같습니다(관련 부분만 표시함).

```
// ...
const db = require('./db');
const users = db.sublevel('users');

const tokenSecret = 'SHHH!';

exports.login = (username, password, callback) => {
  users.get(username, function(err, user) {
    //...
  });
};

exports.checkToken = (token, callback) => {
//...
  users.get(userData.username, function(err, user) {
    //...
  });
};
```

authService 모듈은 데이터베이스의 정보로 사용자 이름/비밀번호 쌍을 검사하는 login() 서비스와 토큰을 가져와서 유효성을 확인하는 checkToken() 서비스를 구현하고 있습니다.

또한 앞의 코드는 모듈의 종속성을 하드코드한 첫 번째 예를 보여줍니다. db 모듈을 require 하는 부분이 바로 그것입니다. 이때 db 변수에는 쿼리를 수행하는데 즉시 사용할 수 있는 미리 초기화된 데이터베이스 핸들이 들어 있습니다.

여기서 우리는 authService 모듈 내 작성된 코드가 모두 직접적으로 db 모듈의 인스턴스를 다루지 않는다는 것을 알 수 있을 것입니다. 우리가 만든 모든 인스턴스들은 간단하게 동작하지만, 특정 db 인스턴스에 대한 종속성을 하드코딩했기 때문에 코드를 건드리지 않고는 authService를 다른 데이터베이스 인스턴스와 함께 재사용할 수 없습니다.

authController 모듈

어플리케이션의 계층을 계속해서 살펴보면 이제 lib/authController.js 모듈의 형태를 알 수 있습니다. 이 모듈은 HTTP 요청 처리를 담당하며 기본적으로 Express 라우트들(routes)의 집합입니다. 모듈의 코드는 다음과 같습니다.

> **라우트**
> URI 또는 HTTP 요청 메소드를 이용한 클라이언트 요청에 대해 각 요청을 처리하도록 만든 핸들러를 Express에서 표현하는 용어

```
const authService = require('./authService');

exports.login = (req, res, next) => {
  authService.login(req.body.username, req.body.password,
    (err, result) => {
      //...
    }
  );
};

exports.checkToken = (req, res, next) => {
  authService.checkToken(req.query.token,
    (err, result) => {
      //...
    }
  );
};
```

authController 모듈은 두 개의 Express 라우트를 구현한 모듈인데, 하나는 로그인을 수행하여 해당 인증 토큰을 반환하고(login()) 다른 하나는 토큰에 대한 유효성을 검사합니다(checkToken()). 두 라우트(route) 모두 로직의 대부분을 authService에 위임하므로, HTTP 요청 및 응답을 처리하는 것이 유일한 작업입니다.

여기서도 상태 유지 모듈인 authService에 대한 종속성을 하드코딩하고 있음을 알 수 있습니다. 그렇습니다. authService 모듈은 db 모듈에 직접 의존하기 때문에 포함 관계로 인한 이행성(transitivity) 때문에 상태가 유지 모듈이 됩니다. 이런 식으로 하드코딩된 종속성이 전체 어플리케이션의 구조 전반에 쉽게 전파될 수 있다는 것을 염두에 두어야 합니다. authController 모듈은 authService 모듈에 종속되며, authService 모듈은 db 모듈에 의존합니다. 이행성(transitivity)이란 authService 모듈 자체가 특정 db 인스턴스에 간접적으로 연결됨을 의미합니다.

앱 모듈

마지막으로 어플리케이션의 진입점(entry point)을 구현하여 모든 요소를 함께 배치할 수 있습니다. 규칙에 따라 다음과 같이 프로젝트의 루트에 위치하는 app.js라는 모듈에 이 로직을 작성할 것입니다.

```
const express = require('express');
const bodyParser = require('body-parser');
const errorHandler = require('errorhandler');
const http = require('http');

const authController = require('./lib/authController');

const app = module.exports = express();
app.use(bodyParser.json());

app.post('/login', authController.login);
app.get('/checkToken', authController.checkToken);
app.use(errorHandler());

http.createServer(app).listen(3000, () => {
  console.log('Express server started');
});
```

보시다시피, 우리의 app 모듈은 매우 기본적입니다. 이것은 데이터 처리를 위한 미들웨어와 authController에 의해 익스포트된 두 가지 라우트(route)를 등록한 간단한 Express 서버입니다. 물론 우리에게 가장 중요한 코드는 authController가 상태 유지 인스턴스로 하드코드되어 종속성이 만들어지는 부분일 것입니다.

인증 서버 실행

방금 구현한 인증 서버를 실행하기 전에 이 책의 샘플 코드와 함께 제공된 populate_db.js 스크립트를 사용하여 데이터베이스에 몇 가지 샘플 데이터를 채울 필요가 있습니다. 그렇게 한 후 다음 명령을 실행하여 서버를 시작합니다.

```
node app
```

그 다음 우리가 만든 두 개의 웹 서비스를 호출합니다. 우리는 이를 위해 REST 클라이언트를 사용할 수 있습니다. 예를 들어 로그인을 실행하려면 다음 명령을 실행하면 됩니다.

```
curl -X POST -d '{"username": "alice", "password":"secret"}'
http://localhost:3000/login -H "Content-Type: application/json"
```

앞의 명령은 /checkLogin 웹 서비스를 테스트(그냥 다음 명령에서 〈TOKEN HERE〉을 반환된 토큰으로 대체하면 됩니다)하는데 사용할 수 있는 토큰을 반환해야 합니다.

```
curl -X GET -H "Accept: application/json"
http://localhost:3000/checkToken?token=<TOKEN HERE>
```

위의 명령은 다음과 같이 서버가 예상대로 동작하는지 확인하는 문자열을 반환해야 합니다.

```
{"ok":"true","user":{"username":"alice"}}
```

하드코딩된 종속성의 장단점

방금 구현한 샘플은 모듈 시스템의 모든 기능을 활용하여 Node.js에서 어플리케이션의 다양한 컴포넌트 간에 종속성을 관리하고 모듈을 연결하는 일반적인 방법을 보여줍니다. 우리는 모듈에서 상태 저장(Stateful) 인스턴스를 내보내서(export) 호출자에서 생명 주기를 관리하게 한 다음, 그것들을 어플리케이션의 다른 부분에서 직접 require 했습니다. 그 결과 직관적인 구성으로 이해하기 쉽고 디버깅하기 쉬우며, 각 모듈은 외부에서 개입하지 않아도 초기화되고 연결됩니다.

그러나 상태 유지 인스턴스에 대한 종속성을 하드코딩하면 모듈을 다른 인스턴스에 연결하는 가능성이 제한되어 재사용성이 낮아지며 단위 테스트가 어려워집니다. 예를 들어 다른 데이터베이스 인스턴스와 함께 authService를 재사용하는 것은 특정 인스턴스와의 종속성이 하드코딩되어 있기 때문에 거의 불가능합니다. 마찬가지로 authService를 독립적으로 테스트하는 것은 어려운 작업입니다. 모듈에서 사용하는 데이터베이스를 쉽게 모형화(mock) 할 수 없기 때문입니다.

마지막으로 하드코딩된 종속성 사용의 단점은 대부분 상태 유지(stateful) 인스턴스와 관련되어 있음을 이해하는 것이 중요합니다. 이것은 우리가 require()를 사용하여 상태가 없는 모듈(예: 팩토리, 생성자 또는 일련의 상태 비저장(stateless) 함수)을 로드하는 경우에는 동일한 종류의 문제가 발생하지 않는다는 것을 의미합니다. 다시 말해 특정 구현과의 긴밀한 결합은 여전히 존재하지만, Node.js에서는 특정 상태와의 결합성(coupling)을 발생시키지 않으므로 일반적으로 컴포넌트의 재사용성에 영향을 주지 않습니다.

7.2.2 의존성 주입(DI)

DI(Dependency Injection) 패턴은 아마도 소프트웨어 설계에서 가장 잘못 이해되고 있는 개념 중 하나일 것입니다. 많은 사람들은 Spring(Java 및 C#의 경우) 또는 Pimple(PHP의 경우)과 같은 프레임워크 및 DI 컨테이너와 용어를 일치시켜 생각하지만, 실제로는 훨씬 간단한 개념입니다. DI 패턴의 주요 아이디어는 컴포넌트의 종속성들을 외부 개체에 의해 입력으로 제공하는 것입니다.

이러한 개체는 시스템의 모든 모듈의 연결을 중앙 집중화하는 클라이언트 컴포넌트 또는 전역 컨테이너일 수 있습니다. 이 접근법의 가장 큰 장점은 특히 상태 저장 인스턴스 모듈에 대해 디커플링이 향상된다는 것입니다. DI를 사용하여 각 종속성은 모듈에 하드코딩되지 않고 외부에서 수신됩니다. 즉, 모듈이 어떤 종속성이든 사용하도록 설정할 수 있으므로 다른 컨텍스트에서 재사용할 수 있습니다.

실제로 이 패턴을 보여주기 위해 이전 섹션에서 작성한 인증 서버를 리팩토링하고 DI를 사용하여 모듈을 연결해 봅시다.

DI를 사용한 인증 서버 리팩토링

DI를 사용하도록 모듈을 리팩토링하기 위해 아주 간단한 레시피를 사용합니다. 상태 저장 인스턴스에 대한 종속성을 하드코딩하는 대신에, 일련의 종속성을 인수로 취하는 팩토리를 생성하는 것입니다.

이 리팩토링을 바로 시작해 봅시다. 다음과 같이 lib/db.js 모듈에 대해 작업해 보겠습니다.

```
const level = require('level');
const sublevel = require('level-sublevel');

module.exports = dbName => {
  return sublevel(
    level(dbName, {valueEncoding: 'json'})
  );
};
```

리팩토링 프로세스의 첫 번째 단계는 db 모듈을 팩토리로 변경하는 것입니다. 결과적으로 이제는 원하는 만큼의 데이터베이스 인스턴스를 생성할 수 있습니다. 이는 전체 모듈이 이제 재사용 가능하며 상태 비저장(stateless)임을 의미합니다.

lib/authService.js 모듈의 새로운 버전에 대한 구현으로 옮겨가 보겠습니다.

```
const jwt = require('jwt-simple');
const bcrypt = require('bcrypt');

module.exports = (db, tokenSecret) => {
  const users = db.sublevel('users');
  const authService = {};

  authService.login = (username, password, callback) => {
    //이전 버전과 동일
  };

  authService.checkToken = (token, callback) => {
    //이전 버전과 동일
  };

  return authService;
};
```

또한 authService 모듈은 이제 상태 비저장(stateless)이 됩니다. 더 이상 특정한 인스턴스를 익스포트하는 것이 아니라 단순한 팩토리를 익스포트 합니다. 가장 중요한 사항은 이전에 하드 코딩된 db 종속성을 제거하고 팩토리 함수의 인수로 주입할 수 있다는 것입니다. 이 간단한 변경을 통해 모든 데이터베이스 인스턴스에 연결할 수 있는 새로운 authService 모듈을 만들 수 있습니다.

다음과 같이 lib/authController.js 모듈을 리팩토링 할 수 있습니다.

```
module.exports = (authService) => {
  const authController = {};

  authController.login = (req, res, next) => {
    //이전 버전과 동일
  };

  authController.checkToken = (req, res, next) => {
    //이전 버전과 동일
  };

  return authController;
};
```

authController 모듈에는 하드코딩된 의존성이 전혀 없으며, 심지어는 상태 비저장(stateless)도 없습니다! 유일한 의존성인 authService 모듈은 호출하는 순간 팩토리에 입력으로 제공됩니다.

이제는 이 모든 모듈들이 실제로 생성되고 서로 연결되어 있는 곳을 볼 시간입니다. 그 답은 어플리케이션의 최상위 레이어를 나타내는 app.js 모듈에 있습니다. 코드는 다음과 같습니다.

```
// ...
const dbFactory = require('./lib/db'); //[1]
const authServiceFactory = require('./lib/authService');
const authControllerFactory = require('./lib/authController');

const db = dbFactory('example-db'); //[2]
const authService = authServiceFactory(db, 'SHHH!');
const authController = authControllerFactory(authService);

app.post('/login', authController.login); //[3]
app.get('/checkToken', authController.checkToken);
// ...
```

위 코드는 다음과 같이 요약할 수 있습니다.

1. 먼저, 우리는 서비스의 팩토리들을 로드합니다. 이 시점에서 그들은 여전히 상태 비저장(stateless) 객체입니다.

2. 다음으로 필요한 종속성들을 제공하여 각 서비스를 인스턴스화합니다. 이것은 모든 모듈들이 만들어지고 연결되는 단계입니다.
3. 마지막으로 authController 모듈의 라우트들을 일반적인 방식으로 Express 서버에 등록합니다.

우리의 인증 서버는 이제 DI(Dependency Injection)를 통해 연결되어 다시 한번 사용할 준비가 되었습니다.

다양한 유형의 DI

우리가 방금 제시한 예에서는 한 가지 유형의 DI(**팩토리 인젝션**)를 보여 주었지만 몇 가지 더 언급할만한 것들이 있습니다.

- 생성자 인젝션: 이 유형의 DI에서는 의존성이 생성 순간에 생성자에게 전달됩니다. 한 가지 예를 든다면 다음과 같습니다.

```
const service = new Service(dependencyA, dependencyB);
```

- 속성 인젝션(Property injection): 이 유형의 DI에서는 종속성이 생성된 객체에 다음 코드에서 보이는 것처럼 첨부됩니다.

```
const service = new Service(); //팩토리를 사용할 수도 있습니다.
service.dependencyA = anInstanceOfDependencyA;
```

속성 인젝션(Property injection)은 객체가 종속성과 연결되지 않기 때문에, 객체가 일관성 없는 상태로 생성된다는 것을 의미하므로 덜 강력하지만, 종속성 간의 순환이 있을 때는 유용할 수 있습니다. 예를 들어 팩토리 또는 생성자 주입을 사용하는 A와 B 두 가지 컴포넌트가 있는데, 두 컴포넌트가 서로에게 종속성이 있는 경우 둘 중 하나는 인스턴스화할 수 없습니다. 왜냐하면 둘 다 생성되기 위해서는 상대 컴포넌트가 요구되기 때문입니다. 다음과 같은 간단한 예제를 살펴보겠습니다.

```
function Afactory(b) {
  return {
    foo: function() {
      b.say();
    },
    what: function() {
      return 'Hello!';
    }
  }
}
```

```
function Bfactory(a) {
  return {
    a: a,
    say: function() {
      console.log('I say: ' + a.what);
    }
  }
}
```

앞의 소스에서 두 팩토리 간의 종속성 교착 상태는 속성 삽입을 사용하여 해결할 수 있습니다. 예를 들어 불완전한 B 인스턴스를 먼저 생성한 다음, A를 생성하는데 사용할 수 있습니다. 마지막으로 다음과 같이 상대 속성을 설정하여 A에 B를 삽입합니다.

```
const b = Bfactory(null);
const a = Afactory(b);
a.b = b;
```

드문 경우지만, 종속성 그래프에서 순환을 쉽게 피할 수 없을 수 있습니다. 그러나 이것은 설계가 좋지 않다는 반증이기도 합니다.

DI의 찬반론

DI를 사용한 인증 서버 예제에서 모듈을 특정 종속성 인스턴스로부터 분리할 수 있었습니다. 그 결과 우리는 최소한의 노력으로 코드를 변경하지 않고 각 모듈을 재사용할 수 있게 되었습니다. DI 패턴을 사용한 모듈을 테스트하는 작업 또한 매우 간단합니다. 우리는 간단하게 모형(Mock up)으로 의존성을 제공하여 모듈을 시스템의 나머지 상태와 분리하여 테스트 할 수 있습니다.

앞에서 설명한 예제에서 강조해야 할 또 다른 중요한 점은 의존 관계를 연결하는 책임을 아키텍처의 맨 아래에서 맨 위로 옮겼다는 것입니다. 이 아이디는 상위 수준의 컴포넌트가 하위 수준의 컴포넌트보다 재사용성이 낮으며 어플리케이션의 계층이 올라갈수록 컴포넌트가 더 많이 구체화된다는 것에 기반합니다.

이 가정을 바탕으로, 우리는 상위 수준 컴포넌트가 그들의 낮은 수준의 종속성에 관여하지 않는다는 어플리케이션 아키텍처를 보는 전통적인 방식을 뒤집을 수 있다는 것을 알 수 있습니다.

하위 수준의 컴포넌트는 인터페이스에만 의존하므로(JavaScript에서는 종속성은 인터페이스일 뿐입니다) 종속성 구현을 정의하는 책임은 상위 수준 컴포넌트에 부여됩니다. 실제, 우리의 인증 서버에서는 모든 의존성이 가장 위의 컴포넌트, 즉 재사용성이 낮고 결합 측면에서 가장 소모적인 app 모듈에서 인스턴스화되고 결합됩니다.

그러나 디커플링 및 재사용성 측면에서 이러한 모든 장점은 비용을 지불해야 합니다. 일반적으로 코딩을 할 때 의존성을 해결할 수 없으면 시스템의 다양한 컴포넌트들 간의 관계를 이해하기가 더욱 어려워집니다. 또한 앱 모듈의 모든 종속성을 인스턴스화하는 방식을 살펴보면 특정 순서를 따라야 한다는 것을 알 수 있습니다. 사실상 우리는 전체 어플리케이션의 종속성 그래프를 수동으로 구축하였습니다. 이것은 연결해야 할 모듈 수가 많아질 때 관리하기 어려워질 수 있습니다.

이 문제에 대한 실행 가능한 솔루션은 여러 컴포넌트들 간의 종속성 소유권을 분할하는 것입니다. 이렇게 하면 각 컴포넌트가 특정 종속성 하위 그래프만 담당하므로 기하급수적으로 증가하는 종속성을 관리하는 복잡함을 줄일 수 있습니다. 어플리케이션의 모든 종속성에 DI를 적용하는 대신, 필요할 때 부분적으로 DI를 사용하는 방법을 선택할 수도 있습니다.

이 장의 뒷부분에서 보게 될 복잡한 아키텍처에서 모듈들의 연결을 단순화하는 또 다른 해결책은 어플리케이션의 모든 종속성을 인스턴스화하고 연결해주는 것을 독점적으로 책임지는 컴포넌트인 DI 컨테이너를 사용하는 것입니다.

DI를 사용하면 모듈의 복잡성과 장황함이 증가하지만, 이전에 보았듯이 이렇게 하는데는 여러 가지 이유가 있습니다. 여러분이 얻고자 하는 단순성과 재사용성 사이의 균형에 따라 알맞은 접근법을 선택하는 것은 여러분의 몫입니다.

> DI는 종종 의존관계 역전(Dependency Inversion) 원리와 제어 반전(Inversion of Control)과 함께 언급되지만, 그것들은 모두 서로 다른 개념입니다(상관 관계는 있지만).

7.2.3 서비스 로케이터

이전 섹션에서 우리는 재사용 가능하고 분리된 모듈을 가지고, DI가 우리가 종속성을 연결하는 방식을 어떻게 변형시킬 수 있는지를 배웠습니다. 매우 유사한 의도를 가진 또 다른 패턴이 **서비스 로케이터(Service locator)**입니다. 핵심 원칙은 시스템의 컴포넌트를 관리하고 모듈이 종속성을 로드해야 할 때마다 중재자 역할을 수행할 수 있도록 중앙의 레지스트리를 갖는 것입니다. 방식은 하드코딩을 대신해서 서비스 로케이터에게 종속성을 요청하는 것입니다.

서비스 로케이터를 사용하여 모듈에 연결하는 방식에 따라 **커플링**(coupling)의 수준과 재사용성이 결정된다는 점을 이해해야 합니다. Node.js에서는 시스템의 다양한 컴포넌트들에 연결되는 방식에 따라 세 가지 유형의 서비스 로케이터로 구분할 수 있습니다.

- 종속성이 하드코딩된 서비스 로케이터
- 주입식(injected) 서비스 로케이터
- 글로벌 서비스 로케이터

첫 번째는 디커플링(decoupling) 측면에서 가장 적은 장점을 가진 것으로, require()를 사용하여 서비스 로케이터의 인스턴스를 직접 참조하는 것으로 구성됩니다. Node.js에서 이것은 더 나은 분리(디커플링)를 제공하기 위해 의도된 특정 컴포넌트와 밀접한 결합을 유도하기 때문에 안티패턴(anti-pattern)으로 간주될 수 있습니다. 이 경우의 서비스 로케이터는 재사용성 측면에서 어떤 가치도 제공하지 않고 오히려 부정적인 영향과 복잡성만이 추가됩니다.

반면, 주입식(injected) 서비스 로케이터는 DI를 통해 컴포넌트에서 참조됩니다. 이는 전체 종속성 세트를 하나씩 제공하는 대신 전체 종속성 세트를 한 번에 주입하는 보다 편리한 방법으로 간주될 수 있습니다. 그리고 그 장점은 여기서 끝나지 않습니다.

서비스 로케이터를 참조하는 세 번째 방법은 전역 범위에서 직접 가져 오는 것입니다. 하드코딩된 서비스 로케이터의 단점과 동일한 단점이 있지만, 전역적이고 실제 싱글톤이므로 패키지 간에 인스턴스를 공유하기 위한 패턴으로 쉽게 사용할 수 있습니다. 이 장의 뒷부분에서 어떻게 작동하는지 보게 되겠지만, 지금은 글로벌 서비스 로케이터를 사용할 이유가 거의 없다고 말할 수 있겠습니다.

> Node.js 모듈 시스템은 이미 서비스 로케이터 패턴의 변형을 구현하고 있는데, require()는 서비스 로케이터 자체의 전역 인스턴스를 나타냅니다.

실제 예제에서 서비스 로케이터 패턴을 사용하기 시작하면 여기에서 논의된 모든 고려 사항이 명확해질 것입니다. 이제 우리가 말한 것을 적용하기 위해 인증 서버를 다시 리팩토링 해보겠습니다.

서비스 로케이터를 사용한 인증 서버 리팩토링

우리는 이제 인증 서버 예제가 주입식(injected) 서비스 로케이터를 사용하도록 변환할 것입니다. 이를 위해 첫 번째 단계로 lib/serviceLocator.js라는 새로운 모듈에 서비스 로케이터 자체를 구현할 것입니다.

```
module.exports = function() {
  const dependencies = {};
  const factories = {};
  const serviceLocator = {};

  serviceLocator.factory = (name, factory) => { //[1]
    factories[name] = factory;
  };

  serviceLocator.register = (name, instance) => { //[2]
    dependencies[name] = instance;
  };

  serviceLocator.get = (name) => { //[3]
    if(!dependencies[name]) {
      const factory = factories[name];
      dependencies[name] = factory && factory(serviceLocator);
      if(!dependencies[name]) {
        throw new Error('Cannot find module: ' + name);
      }
    }
    return dependencies[name];
  };

  return serviceLocator;
};
```

우리의 서비스 로케이터 모듈은 다음 세 개의 함수를 가지는 객체를 반환하는 팩토리입니다.

- factory()는 컴포넌트의 이름을 해당 팩토리와 연결시키기 위해 사용됩니다.
- register()는 컴포넌트 이름을 인스턴스와 직접 연관시키는데 사용됩니다.
- get()은 이름으로 컴포넌트를 검색합니다. 인스턴스가 이미 사용 가능한 경우 인스턴스를 반환하기만 하면 됩니다. 그렇지 않으면 등록된 팩토리를 호출하여 새 인스턴스를 얻으려고 시도합니다. 모듈 팩토리들에 서비스 로케이터의 현재 인스턴스(servicceLocator)를 주입하여 호출하는 것을 유의해 주십시오. 이것이 우리 시스템의 의존성 그래프를 자동으로 그리고, 필요 시에 만들 수 있게 해주는 이 패턴의 핵심 메커니즘입니다. 이것이 어떻게 작동하는지 잠시 후 보게 될 것입니다.

> 서비스 로케이터와 거의 유사한 간단한 패턴은 일련의 종속성에 대한 네임 스페이스로 객체를 사용하는 것입니다.
>
> ```
> const dependencies = {};
> const db = require('./lib/db');
> const authService = require('./lib/authService');
> dependencies.db = db();
> dependencies.authService = authService(dependencies);
> ```

lib/db.js 모듈을 바로 변환하여 serviceLocator가 어떻게 작동하는지 보도록 합시다.

```
const level = require('level');
const sublevel = require('level-sublevel');

module.exports = (serviceLocator) => {
  const dbName = serviceLocator.get('dbName');

  return sublevel(
    level(dbName, {valueEncoding: 'json'})
  );
}
```

db 모듈은 입력으로 전달된 서비스 로케이터를 사용하여 인스턴스화 할 데이터베이스의 이름을 검색합니다. 이것은 중요한 부분입니다. 서비스 로케이터는 컴포넌트의 인스턴스를 반환하는 데 사용할 수 있을 뿐만 아니라, 생성하려는 전체 종속성 그래프의 동작을 정의하는 환경 변수를 제공하는데도 사용할 수 있습니다.

다음 단계는 lib/authService.js 모듈을 변환하는 것입니다.

```
// ...
module.exports = (serviceLocator) => {
  const db = serviceLocator.get('db');
  const tokenSecret = serviceLocator.get('tokenSecret');

  const users = db.sublevel('users');
  const authService = {};

  authService.login = (username, password, callback) => {
    //이전 버전과 동일
```

```
    }

    authService.checkToken = (token, callback) => {
      //이전 버전과 동일
    }

    return authService;
  };
```

authService 모듈 역시 서비스 로케이터를 입력으로 사용하는 팩토리입니다. 모듈의 두 가지 종속성인 db 핸들러와 tokenSecret(또 다른 환경 변수)은 서비스 로케이터의 get() 메소드를 통해 조회됩니다.

비슷한 방법으로 lib/authController.js 모듈을 변환할 수 있습니다.

```
module.exports = (serviceLocator) => {
  const authService = serviceLocator.get('authService');
  const authController = {};

  authController.login = (req, res, next) => {
    //이전 버전과 동일
  };

  authController.checkToken = (req, res, next) => {
    //이전 버전과 동일
  };

  return authController;
}
```

이제 서비스 로케이터가 어떻게 인스턴스화되고 구성되는지 볼 수 있습니다. 물론 이것은 app.js 모듈에서 합니다.

```
//...
const svcLoc = require('./lib/serviceLocator')(); //[1]

svcLoc.register('dbName', 'example-db'); //[2]
svcLoc.register('tokenSecret', 'SHHH!');
svcLoc.factory('db', require('./lib/db'));
```

```
svcLoc.factory('authService', require('./lib/authService'));
svcLoc.factory('authController', require('./lib/authController'));

const authController = svcLoc.get('authController'); //[3]

app.post('/login', authController.login);
app.all('/checkToken', authController.checkToken);
// ...
```

새로운 서비스 로케이터를 사용하여 연결(wiring) 작업을 수행한 과정은 다음과 같습니다.

1. 팩토리를 호출하여 새로운 서비스 로케이터를 인스턴스화합니다.
2. 서비스 로케이터에 대해 환경 변수 및 모듈 팩토리를 등록합니다. 이 시점에서 우리의 모든 종속성은 아직 인스턴스화되지 않습니다. 단지 방금 팩토리를 등록한 것뿐입니다.
3. 서비스 로케이터에서 authController를 로드합니다. 이것은 어플리케이션의 전체 종속성 그래프를 인스턴스화하는 시작점입니다. authController 컴포넌트의 인스턴스를 요청하면 서비스 로케이터는 자신의 인스턴스를 주입하여 관련 팩토리를 호출하게 되고, authController 팩토리가 authService 모듈을 로드하려고 시도하여 결과적으로 db 모듈을 인스턴스화하게 됩니다.

서비스 로케이터의 지연(lazy) 생성의 특성이 재미있는 점인데, 각 인스턴스는 필요한 경우에만 만들어집니다. 그러나 또 다른 중요한 의미가 있습니다. 실제로 모든 종속성은 수동으로 미리 수행할 필요없이 자동으로 연결되는 것을 알 수 있습니다. 장점은 모듈을 인스턴스화하고 연결하기 위한 올바른 순서가 무엇인지 미리 알 필요가 없다는 것입니다. 모든 것이 자동 및 필요 시에 발생합니다. 이것은 단순한 DI 패턴에 비해 훨씬 편리합니다.

TIP 또 다른 공통적인 패턴은 Express 서버 인스턴스를 간단한 서비스 로케이터로 사용하는 것입니다. 이것은 expressApp.set(name, instance)을 사용하여 서비스를 등록하고 expressApp.get(name)을 사용하여 등록된 서비스를 조회할 수 있습니다. 이 패턴의 편리한 부분은 서비스 로케이터 역할을 하는 서버 인스턴스가 이미 각 미들웨어에 주입되어 있으며 request.app 속성을 통해 액세스할 수 있다는 것입니다. 이 패턴의 예제는 이 책의 예제 코드에서 찾을 수 있습니다.

서비스 로케이터의 장단점

서비스 로케이터와 의존성 주입(DI)은 공통점이 많습니다. 둘 다 의존성 처리의 책임을 컴포넌트의 외부 개체로 이관시킵니다. 여기서는 서비스 로케이터를 연결하는 방법이 전체 아키텍처의 유연성을 결정하게 됩니다. 종속성이 하드코딩되거나 글로벌 서비스 로케이터와 달리 예제를 구현하기 위해 주입식(injected) 서비스 로케이터를 선택한 것은 우연이 아닙니다. 앞의 두 가지 변형은 이 패턴의 장점을 훼손시킵니다. 따라서 require()를 사용하여 컴포넌트를 의존성에 직접 결합하는 것을 대신하여 서비스 로케이터의 특정 인스턴스와 결합하였습니다. 또한 하드코딩된 서비스 로케이터는 컴포넌트를 특정 이름에 연결하는 설정에 더 많은 유연성을 제공하지만 재사용 측면에서는 큰 이점이 없습니다.

또한 DI와 마찬가지로 서비스 로케이터를 사용하면 컴포넌트가 런타임에 해결(resolve)되기 때문에 컴포넌트 간의 관계를 식별하기가 더 어려워집니다. 오히려, 서비스 로케이터를 사용하면 특정 컴포넌트에 어떤 종속성이 필요한지 정확히 파악하기가 더 어렵습니다. DI를 사용하면 팩토리 내에 선언하거나 생성자의 인자를 사용하여 훨씬 더 명확한 방법으로 표현됩니다. 서비스 로케이터의 경우 이 방법이 명확하지 않으므로 코드 검사 도구 또는 어떤 컴포넌트가 어떤 종속성을 사용하는지 설명하는 명시적인 문서가 필요합니다.

마지막으로 서비스 로케이터가 DI 컨테이너와 동일한 역할을 공유하기 때문에 이를 잘못 해석하는 경우가 많다는 점을 아는 것이 중요합니다. 이 두 가지 사이에는 커다란 차이점이 존재합니다. 서비스 로케이터를 사용하면 각 컴포넌트가 서비스 로케이터로부터 명시적으로 자신의 종속성을 로드합니다. 대신 DI 컨테이너를 사용하는 경우 컴포넌트는 컨테이너에 대해 알지 못합니다.

이 두 가지 접근 방식의 차이는 두 가지 이유에서 두드러집니다.

- **재사용성** : 서비스 로케이터에 의존하는 컴포넌트는 시스템에서 서비스 로케이터를 사용할 수 있어야 하기 때문에 재사용성이 적습니다.
- **가독성** : 이미 말했듯이, 서비스 로케이터는 컴포넌트가 필요로 하는 종속성 식별이 불분명합니다.

재사용성 측면에서 서비스 로케이터 패턴이 하드코딩된 종속성과 DI 사이에 위치한다고 할 수 있습니다. 편리하고 간단하다는 점에서는 전체 종속성 그래프를 수동으로 작성하지 않아도 되기 때문에 수동 DI 보다는 훨씬 낫습니다.

이러한 가정하에 DI 컨테이너가 컴포넌트 및 편의성 측면에서 최상의 타협안을 제공합니다. 우리는 다음 섹션에서 이 패턴을 더 자세히 분석할 것입니다.

7.2.4 의존성 주입 컨테이너

서비스 로케이터를 DI(Dependency Injection) 컨테이너로 변환하는 단계는 어렵지 않지만 앞서 언급했듯이 디커플링 측면에서 큰 차이가 있습니다. 이 패턴으로 인해 사실상 각 모듈은 서비스 로케이터에 의존할 필요가 없습니다. 필요 종속성을 표현할 수 있으며 DI 컨테이너가 나머지를 원활하게 수행해 줄 것입니다. 앞으로 살펴 보겠지만, 이 메커니즘의 큰 장점은 모든 모듈이 컨테이너 없이도 재사용될 수 있다는 것입니다.

DI 컨테이너에 대한 종속성 선언

DI 컨테이너는 본질적으로 모듈을 인스턴스화하기 전에 모듈이 필요로 하는 종속성을 식별하는 기능을 추가한 서비스 로케이터입니다. 이것을 위해 모듈은 어떤 식으로든 의존성을 선언해야 합니다. 앞으로 보게 되겠지만 이를 위한 여러 가지 방법이 있습니다.

가장 많이 사용되는 첫 번째 기법은 팩토리 또는 생성자에서 사용되는 인수의 이름을 기반으로 일련의 종속성을 주입하는 것입니다. 예를 들어, authService 모듈을 예로 들어 보겠습니다.

```
module.exports = (db, tokenSecret) => {
  //...
}
```

앞서 정의한 모듈은 매우 간단하고 직관적인 매커니즘인 db 그리고 tokenSecret이라는 종속성 이름을 사용하여 DI 컨테이너에 의해 인스턴스화 됩니다. 그러나 함수 인자의 이름을 읽는데는 약간의 트릭이 필요합니다. JavaScript에서는 함수를 직렬화하여 런타임에 소스코드를 얻을 수 있습니다. 이는 함수 참조에서 toString()을 호출하는 것만큼 쉽습니다. 정규표현식을 사용하면 인자들의 목록을 얻는 것이 분명 불가사의한 일만은 아닐 것입니다.

> **TIP** 함수의 인자 명을 사용하여 종속성 집합을 주입하는 이 기법은 Google에서 개발했으며, DI 컨테이너 위에 구축된 클라이언트 측 JavaScript 프레임워크인 AngularJS(http://angularjs.org)에 의해 널리 보급되었습니다.

이 방법의 가장 큰 문제는 소스코드의 크기를 최소화하기 위해, 클라이언트 측 JavaScript에서 광범위하게 사용되는 특정 코드로의 변환하는 방식인 **최소화(minification)**와 잘 맞지 않는다는 점입니다. 많은 minificators는 기본적으로 길이를 줄이기 위해 로컬 변수의 이름을 일반적으로 단일 문자로 바꾸는 **네임 맹글링(name mangling)**으로 알려진 기술을 적용합니다. 나쁜 소식은 함수 인자는 일반적으로 지역 변수여서 이 프로세스의 영향을 받음으로써, 종속성을 선언하기 위해 사용하는 이 메커니즘을 무너뜨린다는 것입니다. 서버 측 코드에서 최소화(minification)가 실제로 필요한 것은 아니지만 Node.js 모듈이 브라우저와 공유되는 경우가 많다는 것을 생각한다면, 우리의 논의에서 고려해야 할 중요한 요소입니다.

다행히 DI 컨테이너는 다른 기술을 사용하여 어떤 종속성을 주입할 지를 알 수 있습니다.

이 기술은 다음과 같습니다.

- 팩토리 함수에 추가된 특수한 속성을 사용할 수 있습니다. 예를 들어, 주입(Inject)을 위한 모든 종속성을 명시적으로 나열한 배열을 사용할 수 있습니다.

```
module.exports = (a, b) => {};
module.exports._inject = ['db', 'another/dependency'];
```

- 모듈을 종속성 이름과 팩토리 함수를 담은 배열로 지정할 수 있습니다.

```
module.exports = ['db', 'another/depencency',(a, b) => {}];
```

- 함수의 각 인수에 추가되는 주석 어노테이션을 사용할 수 있습니다(그러나 이것은 minification과 잘 맞지 않습니다).

```
module.exports = function(a /*db*/, b /*another/depencency*/) {};
```

이 모든 기술들은 꽤나 독창적인 것으로 예제에서는 함수의 인자를 사용하여 종속성 이름을 얻는 가장 단순하고 대중적인 것을 사용할 것입니다.

DI 컨테이너를 사용한 인증 서버 리팩토링

DI 컨테이너가 서비스 로케이터보다 훨씬 더 독립적인 방식이라는 것을 보여주기 위해 앞서 만든 인증 서버를 다시 리팩토링할 것인데, 그렇게 하기 위해 평범한 DI 패턴을 사용한 버전을 가지고 작업을 할 것입니다. 실제로 우리가 할 일은 컨테이너의 초기화를 담당하는 모듈로 사용할 app.js 모듈을 제외한 어플리케이션의 모든 컴포넌트를 그대로 둘 것입니다.

그러기 전에 일단 DI 컨테이너를 구현해야 합니다. lib/ 디렉터리 아래에 diContainer.js라는 새로운 모듈을 만들어 보겠습니다. 이것은 초기화 부분입니다.

```
const fnArgs= require('parse-fn-args');

module.exports = function() {
  const dependencies = {};
  const factories = {};
  const diContainer = {};

  diContainer.factory = (name, factory) => {
    factories[name] = factory;
};

diContainer.register = (name, dep) => {
  dependencies[name] = dep;
};
```

```
diContainer.get = (name) => {
  if(!dependencies[name]) {
    const factory = factories[name];
    dependencies[name] = factory &&
      diContainer.inject(factory);
    if(!dependencies[name]) {
      throw new Error('Cannot find module: ' + name);
    }
  }
  return dependencies[name];
};
//...
```

diContainer 모듈의 첫 번째 부분은 이전에 본 서비스 로케이터와 기능적으로 동일합니다. 주목할만한 차이점은 다음과 같습니다.

- args-list(https://npmjs.org/package/args-list)라는 새로운 npm 모듈이 필요합니다. 이 모듈은 함수 인자들의 이름을 추출하는데 사용할 것입니다
- 이번에는 모듈 팩토리를 직접 호출하는 대신 diContainer 모듈의 또 다른 메소드인 inject()를 사용합니다. 이 메소드는 모듈의 종속성을 해결(resolve)하고 이를 사용하여 팩토리를 호출합니다

diContainer.inject() 메소드에 대해 알아보겠습니다.

```
diContainer.inject = (factory) => {
  const args = fnArgs(factory)
  .map(dependency => diContainer.get(dependency));
    return factory.apply(null, args);
  };

}; //end of module.exports = function() {
```

위의 방법은 DI 컨테이너와 서비스 로케이터의 차이점입니다. 그 논리는 매우 간단합니다.

1. parse-fn-args 라이브러리를 사용하여 입력으로 받은 팩토리 함수에서 인자들의 목록을 추출합니다.
2. 그런 다음 각 인자 이름을 get() 메소드를 사용하여 조회된 해당 종속성 인스턴스에 맵핑합니다.
3. 마지막으로 우리가 방금 생성한 종속성 목록을 제공하여 팩토리를 호출하면 됩니다.

이것이 diContainer의 실질적인 목표입니다. 앞에서 보았듯이 서비스 로케이터와 크게 다르

지는 않지만 의존성을 주입하여 모듈을 인스턴스화하는 간단한 과정은(서비스 로케이터 전체를 주입하는 것과 비교하여) 큰 차이를 만듭니다.

인증 서버의 리팩토링을 완료하려면 app.js 모듈을 수정해야 합니다.

```
// ...
const diContainer = require('./lib/diContainer')();

diContainer.register('dbName', 'example-db');
diContainer.register('tokenSecret', 'SHHH!');
diContainer.factory('db', require('./lib/db'));
diContainer.factory('authService', require('./lib/authService'));
diContainer.factory('authController', require('./lib/authController'));

const authController = diContainer.get('authController');

app.post('/login', authController.login);
app.get('/checkToken', authController.checkToken);
// ...
```

소스에서 보이는 것처럼 app 모듈의 코드는 이전 섹션에서 서비스 로케이터를 초기화할 때 사용했던 코드와 동일합니다. 또한 DI 컨테이너를 로딩하여 전체 종속성 그래프를 시작시키기 위해 여전히 diContainer.get('authController')를 호출하여 서비스로케이터로 사용해야 합니다. 이 시점부터 DI 컨테이너에 등록된 모든 모듈이 인스턴스화되고 자동으로 연결됩니다.

DI 컨테이너의 장단점

DI 컨테이너는 모듈이 DI 패턴을 사용하므로 대부분의 장단점을 상속받았다고 할 수 있습니다. 특히 디커플링과 테스트 가능성이 향상되었지만, 반면에 의존성이 런타임에 해결되기 때문에 복잡성이 더 증가하였습니다. 또한 DI 컨테이너는 서비스 로케이터 패턴과 많은 특성을 공유하지만 실제로 의존성을 제외한 추가적인 서비스에 의존하도록 모듈을 강제하지는 않습니다. 이는 간단한 수작업으로 DI 컨테이너 없이도 각 모듈을 사용할 수 있기 때문에 큰 장점입니다.

이 섹션에서는 기본적으로 일반 DI 패턴을 사용한 인증 서버의 구현체를 가져와 해당 컴포넌트(App모듈 제외)를 수정하지 않고도 모든 종속성 주입을 자동화할 수 있었습니다.

> **TIP** npm 상(https://www.npmjs.org/search?q=dependency%20injection)에서 여러분은 재사용 가능하고 참신한 DI 컨테이너들을 찾아볼 수 있습니다.

7.3 연결(Wiring)을 위한 플러그인

소프트웨어 엔지니어의 꿈의 아키텍처는 플러그인을 사용하여 필요에 따라 확장 가능한 작고 최소한의 코어를 갖춘 아키텍처입니다. 불행히도 대부분의 경우 시간, 자원 및 복잡성 측면에서 비용이 발생하므로 항상 쉽게 얻을 수 있는 것이 아닙니다.

그럼에도 불구하고, 시스템의 일부분에 국한된 경우라 해도 외부 확장성을 지원하는 것은 언제나 바람직합니다. 이 섹션에서 우리는 이 매혹적인 세계로 뛰어 들어 원론적인 문제에 집중해 볼 것입니다.

- ▶ 플러그인에 어플리케이션의 서비스를 공개하기
- ▶ 부모 어플리케이션의 흐름에 플러그인 통합하기

7.3.1 패키지로서의 플러그인

종종 Node.js에서 어플리케이션의 플러그인은 프로젝트의 node_modules 디렉터리에 패키지로 설치됩니다. 이렇게 하는데는 두 가지 장점이 있습니다. 첫째, 우리는 npm의 기능을 활용하여 플러그인을 배포하고 종속성을 관리할 수 있습니다. 둘째, 패키지에는 자체적인 종속성 그래프가 있을 수 있으므로 플러그인이 상위 프로젝트의 종속성을 사용하는 것과는 달리 종속성 간에 충돌 및 비호환성이 발생할 가능성이 줄어 듭니다.

다음 디렉터리의 구조는 두 개의 플러그인이 패키지로 배포된 어플리케이션의 예를 보여주고 있습니다.

```
application
'-- node_modules
    |-- pluginA
    '-- pluginB
```

Node.js 세계에서 이것은 매우 일반적인 관행입니다. 대표적인 예가 express(http://express.com)와 express의 미들웨어인 gulp(http://gulpjs.com), grunt(http://gruntjs.com), nodebb(http://nodebb.org) 그리고 docpad(http://docpad.org) 입니다.

그러나 패키지 사용의 이점은 외부 플러그인에만 국한되지 않습니다. 실제로 한가지 잘 사용되는 패턴은 어플리케이션이 자신의 모든 컴포넌트들을 내부 플러그인 인 것처럼 패키지 안에 감싸서 어플리케이션 전체를 빌드하는 것입니다.

따라서 어플리케이션의 메인 패키지 내에 모듈들을 구성하는 대신, 기능의 큰 덩어리 별로 별도의 패키지를 만들어 node_modules 디렉토리에 설치할 수 있습니다.

> 패키지는 개인용일 수 있으며, 공개 npm 레지스트리에서 반드시 사용할 수 있다고 보장할 수는 없습니다. 우발적인 게시를 방지하기 위해 private 플래그를 package.json으로 설정할 수 있습니다. 그런 다음 패키지를 git과 같은 버전 제어 시스템에 커밋하거나 사적인(private) npm 서버를 활용하여 다른 팀과 공유할 수 있습니다.

왜 이런 패턴을 따르는 걸까요? 우선, 편의성입니다. 사람들이 상대 경로 표기법을 사용하여 패키지의 로컬 모듈을 참조하는 것이 비현실적이거나 너무 장황한 경우가 종종 있습니다. 예를 들어 다음과 같은 디렉토리 구조를 생각해 봅시다.

```
application
¦-- componentA
¦    ‘-- subdir
¦         ‘-- moduleA
‘-- componentB
     ‘-- module
```

moduleA에서 moduleB를 참조하려면 다음과 같이 작성해야 합니다.

```
require(‘../../componentB/moduleB’);
```

대신 ‘2장. Node.js 필수 패턴’에서 보았듯이 require()의 resolve 알고리즘 특징을 활용하여 전체 컴포넌트 디렉토리를 패키지에 넣을 수 있습니다. 이를 node_modules 디렉토리에 설치하면 다음과 같이 작성할 수 있습니다(어플리케이션의 메인 패키지 어디서나 가능).

```
require ( ‘componentB / module’);
```

프로젝트를 패키지로 분할하는 두 번째 이유는 물론 재사용입니다. 패키지는 자체적인 private 의존성을 가질 수 있으며, 이것은 개발자로 하여금 전체 어플리케이션의 디커플링과 정보 은닉에 유익한 영향을 줄 수 있도록 메인 어플리케이션에 무엇을 노출시킬 것인지 그리고 무엇을 사적(private)으로 유지할 것인지를 고려하도록 합니다.

> **패턴**
> npm과의 조합으로 코드를 배포하는 것만이 아니라 패키지를 어플리케이션을 구성하는 수단으로 사용하십시오.

우리가 지금 설명한 사례(use case)는 상태 정보를 저장하지 않는(대부분의 npm 상의 패키지들과 마찬가지로) 재사용 가능한 라이브러리로서뿐만 아니라, 패키지를 활용하여 특정 어플리케이션의 통합된 일부로서 서비스를 제공하여 그 기능을 확장하거나 그 동작을 변경할 수 있습니다. 가장 큰 차이점은 이러한 유형의 패키지는 그냥 사용되는 것이 아니라 어플리케이션 내부에 통합된다는 것입니다.

> 간단히 하기 위해, 특정 어플리케이션과 통합할 패키지를 설명하는데 plugin이라는 용어를 사용합니다.

앞으로 살펴 보겠지만 이 유형의 아키텍처를 지원하기로 결정하는 순간 직면하는 공통적인 문제는 메인 어플리케이션의 일부를 플러그인에 노출시키는 것입니다. 사실 상태를 유지하지 않는 플러그인(stateless plugins) 만 생각할 수는 없습니다. 물론 이것은 완벽한 확장성을 위한 것입니다. 왜냐하면, 종종 플러그인이 작업을 수행하기 위해 부모 어플리케이션의 일부 서비스를 사용해야 하기 때문입니다. 이 측면은 부모 어플리케이션에서 모듈을 연결하는데 사용되는 기술에 크게 의존합니다.

7.3.2 확장 포인트

말 그대로 어플리케이션을 확장 가능하게 만드는 방법은 무한히 존재합니다. 예를 들어 '6장. 디자인 패턴'에서 다룬 디자인 패턴 중 일부는 정확히 이에 대한 것입니다. 프록시(Proxy) 또는 데코레이터(Decorator)를 사용하여 서비스의 기능을 변경하거나 향상시킬 수 있습니다. 전략(Strategy)를 사용하면 알고리즘의 일부를 교체할 수 있습니다. 미들웨어로는 기존의 처리 파이프라인에 다른 처리 단위를 삽입할 수 있습니다. 또한 스트림은 구성 가능한 그 특성으로 인해 큰 확장성을 제공할 수 있습니다.

반면 **이벤트 이미터(EventEmitters)**를 사용하면 이벤트로 게시(publish)/구독(subscribe) 패턴을 사용하여 컴포넌트를 분리할 수 있습니다. 또 다른 중요한 기술은 어플리케이션에서 새로운 기능을 추가하거나 기존 기능을 수정할 수 있는 지점을 명시적으로 정의하는 것입니다. 어플리케이션의 이러한 지점을 일반적으로 후크(hook)라고 합니다. 요약하면 플러그인을 지원하기 위한 가장 중요한 요소는 일련의 확장 포인트(extension point)들입니다.

컴포넌트를 연결하는 방식도 플러그인에 어플리케이션의 서비스를 노출시키는 방법에 영향을 줄 수 있으므로 결정적인 역할을 합니다. 이 섹션에서는 주로 이 부분에 초점을 맞출 것입니다.

7.3.3 플러그인 제어와 어플리케이션 제어 확장

바로 진행하여 예제를 제시하기 전에 우리가 사용할 기술의 배경을 이해하는 것이 중요합니다. 어플리케이션의 컴포넌트를 확장하는데는 주로 두 가지 방법이 있습니다.

- 명시적인 확장
- **IoC**(Inversion of Control: 제어 반전)를 통한 확장

첫 번째 경우에는 인프라를 명시적으로 확장하는 보다 구체적인 컴포넌트(새로운 기능을 제공하는)를 가집니다. 반면에 두 번째 경우는 새로운 특정 컴포넌트를 로드, 설치 또는 실행하여 확장을 제어하는 인프라입니다. 두 번째 시나리오에서는 다음 그림과 같이 제어 흐름이 반전됩니다.

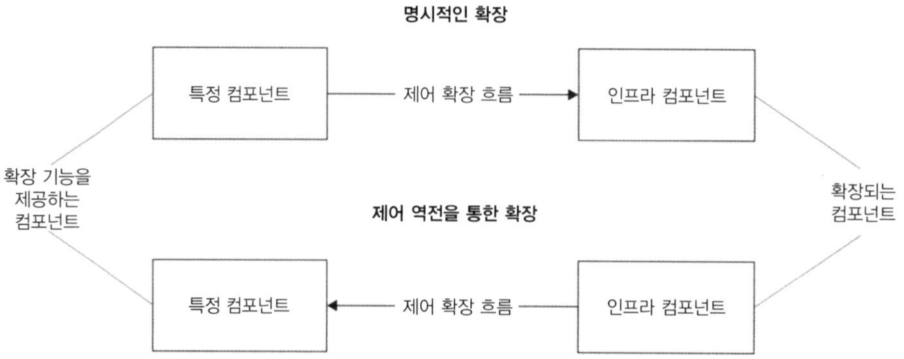

IoC는 어플리케이션 확장성의 문제뿐만 아니라 매우 광범위하게 사용되는 원칙입니다. 실제로 인프라 스트럭처를 제어하는 맞춤형 코드 대신 특정 형식의 IoC를 구현하면 인프라 스트럭처가 사용자 지정 코드를 제어하는 것이라고 할 수 있습니다. IoC를 사용하면 어플리케이션의 다양한 컴포넌트가 흐름을 제어하는 능력을 상실하는 대신 디커플링의 수준을 향상시킵니다. 이것은 **할리우드의 원칙**(Hollywood principle) 또는 "연락은 우리가 하겠습니다(don't call us, we'll call you)"로도 알려져 있습니다.

예를 들어, DI 컨테이너는 종속성 관리라는 특정 사례에 적용되는 IoC 원칙의 일례입니다. Observer 패턴은 상태 관리에 적용되는 IoC의 또 다른 예입니다. 템플릿(Template), 전략(Strategy), 상태(State) 그리고 미들웨어(Middleware)도 동일한 원칙의 보다 특성화된 표현입니다. 브라우저는 UI 이벤트를 JavaScript 코드로 보낼 때 IoC 원칙을 구현하고 있습

니다(JavaScript 코드가 브라우저에서 이벤트를 적극적으로 폴링하지 않습니다). 짐작컨데, Node.js 자체도 다양한 콜백의 실행을 제어할 때 IoC 원칙을 따릅니다.

> IoC 원리에 대해 더 많이 알고 싶다면 http://martinfowler.com/bliki/InversionOfControl.html에서 마스터(마틴 파울러, Martin Fowler)의 말을 토대로 직접 이 주제를 공부하는 것이 좋을 것입니다.

특정 사례의 플러그인에 이 개념을 적용하면 두 가지 형태의 확장을 확인할 수 있습니다.

- 플러그인이 제어하는 확장(Plugin-controlled extension)
- 어플리케이션이 제어하는 확장(IoC)

첫 번째 경우에는 필요에 따라 어플리케이션의 컴포넌트를 플러그인에 제공하여 확장하는 플러그인인 반면, 두 번째 경우는 어플리케이션의 확장 지점 중 한 곳에 플러그인을 통합하여 제어가 어플리케이션에 맡겨집니다.

빠른 예제를 만들기 위해, 새로운 라우터를 가지고 Express 어플리케이션을 확장하는 플러그인을 생각해 봅시다. 플러그인이 제어하는 확장을 사용하면 다음과 같은 형식이 됩니다.

```
//어플리케이션에서의 코드:
const app = express();
require('thePlugin')(app);

//플러그인에서의 코드:
module.exports = function plugin(app) {
  app.get('/newRoute', function(req, res) {...})
};
```

대신 어플리케이션이 제어하는 확장(IoC)을 사용하려는 경우 위의 예는 다음과 같이 됩니다.

```
//어플리케이션에서의 코드:
const app = express();
const plugin = require('thePlugin')();
app[plugin.method](plugin.route, plugin.handler);

//플러그인에서의 코드:
  module.exports = function plugin() {
  return {
    method: 'get',
```

```
      route: '/newRoute',
      handler: function(req, res) {...}
    }
  }
```

마지막 코드의 일부에서 우리는 플러그인이 어떻게 확장이라는 전반적인 프로세스에서 수동적으로 적용되는지를 보았습니다. 제어는 플러그인을 받아들이게 만들어진 프레임워크를 가진 어플리케이션에 있습니다.

앞의 예에 기초하여, 우리는 두 접근 방식 사이의 몇 가지 중요한 차이를 바로 확인할 수 있습니다.

- 어플리케이션 내부에 대한 액세스 권한이 있는 경우가 많으므로 플러그인이 제어하는 확장이 더 강력하고 유연하며, 플러그인이 어플리케이션 자체의 일부가 아니어서 자유롭게 이동할 수 있습니다. 그러나 이것은 때때로 장점보다는 책임 문제일 수 있습니다. 사실, 어플리케이션의 모든 변경 사항이 플러그인에 보다 쉽게 영향을 미치기 때문에 메인 어플리케이션이 변경됨에 따라 지속적인 플러그인의 업데이트가 필요합니다.
- 어플리케이션이 제어하는 확장을 사용하기 위해서는 기본 어플리케이션에 플러그인을 위한 인프라가 필요합니다. 플러그인이 제어하는 확장의 경우 유일한 요건은 어플리케이션의 컴포넌트를 어떤 방식으로든 확장할 수 있어야 한다는 것입니다.
- 플러그인이 제어하는 확장을 사용하면 어플리케이션의 내부 서비스를 플러그인과 공유해야 합니다(앞의 간단한 예에서는 공유할 유일한 서비스가 어플리케이션 자체의 인스턴스였습니다). 그렇지 않으면, 우리는 플러그인을 이용하여 기능을 확장할 수 없습니다. 어플리케이션이 제어하는 확장을 사용하면, 확장만이 아니라 사용을 위해서라도 어플리케이션의 일부 서비스에 액세스할 수 있어야 합니다. 예를 들어 플러그인으로 db 인스턴스에 쿼리를 하거나 몇 가지 시나리오의 이름을 기록하기 위해 메인 어플리케이션의 로거를 활용할 수 있습니다

마지막 항목의 경우, 어플리케이션의 서비스를 플러그인에 노출하는 것이 얼마나 중요한지에 대해 생각해 볼 필요가 있습니다. 바로 그것이 우리가 주로 이야기하고자 하는 내용입니다. 이를 위한 가장 좋은 방법은 인프라스트럭처 측면에서 많은 노력이 필요없는 플러그앤플레이 방식의 확장에 대해 실질적인 예를 보여주는 것인데, 여기서는 어플리케이션의 상태를 플러그인과 공유하는 문제에 대해 중점을 두겠습니다.

7.3.4 로그아웃 플러그인 구현하기

이제 인증 서버를 위한 작은 플러그인을 만드는 작업을 시작하겠습니다. 이전에 작성한 어플리케이션은 명시적으로 토큰을 무효화 할 수 없었습니다. 이것을 간단하게 만료 시 토큰이 유효하지 않게 만들 것입니다. 이제 이 기능에 대한 지원, 즉 logout을 추가하려고 합니다. 메인 어플

리케이션 코드를 수정하지 않고 외부 플러그인에 작업을 위임하여 이를 수행하려 합니다.

이 새로운 기능을 지원하려면 데이터베이스를 만든 후에 각 토큰을 데이터베이스에 저장한 다음, 유효성을 검사할 때마다 해당 토큰을 확인해야 합니다. 토큰을 무효화하려면 데이터베이스에서 토큰을 제거하기만 하면 됩니다.

이를 위해, authService.login() 및 authService.checkToken()에 대한 호출을 프록시 처리하기 위하여 플러그인이 제어하는 확장을 사용합니다. 그런 다음 logout()이라는 새로운 메소드로 authService를 데코레이트해야 합니다. 이 작업을 마친 후에는 메인 Express 서버에 대해 새 라우트를 등록하여 새로운 엔드 포인트(/logout)를 오픈한 후, HTTP 요청을 사용하여 토큰을 무효화 할 수 있습니다.

방금 설명한 플러그인을 다음과 같이 4가지 변형으로 구현할 것입니다.

- ▶ 하드코딩된 의존성 사용하기
- ▶ 종속성 주입(DI) 사용하기
- ▶ 서비스 로케이터 사용하기
- ▶ DI 컨테이너 사용하기

하드코드된 종속성 사용하기

우리가 구현하려는 플러그인의 첫 번째 유형은 어플리케이션이 주로 자신의 상태 유지 모듈을 연결하기 위해 하드코딩된 종속성을 사용하는 경우입니다. 이런 경우 플러그인이 node_modules 디렉터리 밑에 있는 패키지에 있다면, 메인 어플리케이션의 서비스를 사용하기 위해 상위 패키지에 액세스 할 수 있어야 합니다. 이렇게 하기 위한 두 가지 방법이 있습니다.

- ▶ require()를 사용하여 상대 또는 절대 경로를 사용하여 어플리케이션 루트를 탐색합니다.
- ▶ 부모 어플리케이션 모듈의 require()를 참조하여 사용합니다. 일반적으로 이 모듈이 플러그인을 인스턴스화 합니다. 이렇게 하면, 플러그인이 아닌 부모 어플리케이션에서 호출된 것처럼 require()를 사용하여 어플리케이션의 모든 서비스에 쉽게 액세스 할 수 있습니다.

첫 번째 기술은 패키지가 메인 어플리케이션의 위치를 알고 있다고 가정하므로 그리 강력한 것은 아닙니다. 부모 모듈을 가장하는(impersonating) 패턴은 패키지의 위치에 상관없이 사용될 수 있으며, 그렇기 때문에 우리의 샘플을 구현하는데 이 방법을 사용할 것입니다.

플러그인을 빌드하려면 먼저 node_modules 디렉터리에 authsrv-plugin-logout이라는 새로운 패키지를 만들어야 합니다. 코딩을 시작하기 전에 패키지를 설명하는 최소한의 package.json을 만들고 필수 매개 변수를 채워야 합니다(파일의 전체 경로는 node_modules/authsrv-pluginlogout/package.json 입니다).

```
{
  "name": "authsrv-plugin-logout",
  "version": "0.0.0"
}
```

이제 플러그인의 메인 모듈을 만들 준비가 되었습니다. index.js 파일을 사용하겠습니다. 이 모듈은 패키지를 요구할 때 Node.js가 로드하고자 시도하는 디폴트 모듈입니다(package.json에 main 속성이 정의되지 않은 경우). 지금까지와 같이 모듈의 초기 라인들은 종속성을 로드하는데만 사용됩니다. 이러한 종속성을 요구하는 방법을 주의해서 보십시오(node_modules/authsrv-plugin-logout/index.js 파일).

```
const parentRequire = module.parent.require;

const authService = parentRequire('./lib/authService');
const db = parentRequire('./lib/db');
const app = parentRequire('./app');

const tokensDb = db.sublevel('tokens');
```

코드의 첫 줄이 바로 차이를 만드는 부분입니다. 이것은 플러그인을 로드하는 부모 모듈의 require() 함수에 대한 참조를 얻습니다. 이 경우, 부모는 메인 어플리케이션의 app 모듈이 될 것이며, 이것은 우리가 parentRequire()를 사용할 때마다 app.js에서 모듈을 로드하는 것처럼 로드한다는 것을 의미합니다.

다음 단계는 authService.login() 메소드에 대한 프록시를 작성하는 것입니다. 우리는 '6장. 디자인 패턴'에서 이 패턴을 학습했기 때문에 어떻게 작동하는지 이미 알고 있습니다.

```
const oldLogin = authService.login; //[1]
authService.login = (username, password, callback) => {
  oldLogin(username, password, (err, token) => { //[2]
    if(err) return callback(err); //[3]

    tokensDb.put(token, {username: username}, () => {
      callback(null, token);
    });
  });
}
```

앞의 코드에서 수행된 단계는 다음과 같이 설명될 수 있습니다.

1. 먼저 기존 login() 메소드에 대한 참조를 저장한 후 프록시 버전으로 대체합니다.
2. 프록시 함수에서 우리는 원래의 반환값을 가로채기 위해 사용자 정의 콜백을 제공하여 원래의 login() 메소드를 호출합니다.
3. 원래 login()이 오류를 반환하면 콜백에 전달하기만 하면 됩니다. 그렇지 않으면 토큰을 데이터베이스에 저장합니다.

비슷한 방식으로, 사용자 정의 로직을 추가하기 위해 checkToken() 호출을 가로채야 합니다.

```
const oldCheckToken = authService.checkToken;

authService.checkToken = (token, callback) => {
  tokensDb.get(token, function(err, res) {
    if(err) return callback(err);

    oldCheckToken(token, callback);
  });
}
```

이번에는 원래의 checkToken() 메소드를 제어하기 전에 토큰이 데이터베이스에 존재하는지 확인해야 합니다. 토큰이 발견되지 않으면 get() 함수는 오류를 반환합니다. 이것은 토큰이 무효화 되었다는 것을 의미하므로 콜백으로 즉시 오류를 반환합니다.

authService의 확장을 마무리하기 위해 이제 토큰을 무효화하는데 사용할 새 메소드를 추가(Decorate)해야 합니다.

```
authService.logout = (token, callback) => {
  tokensDb.del(token, callback);
}
```

logout() 메소드는 매우 간단합니다. 그냥 데이터베이스에서 토큰을 삭제하면 됩니다.

마지막으로 Express 서버에 새로운 라우트를 추가하여 웹 서비스를 통해 새로운 기능을 제공할 수 있습니다.

```
app.get('/logout', (req, res, next) => {
  authService.logout(req.query.token, function() {
```

```
    res.status(200).send({ok: true});
  });
});
```

이제 플러그인을 메인 어플리케이션에 연결할 준비가 되었습니다. 그러기 위해서는 어플리케이션의 기본 디렉터리로 돌아가서 app.js 모듈을 수정해야 합니다.

```
// ...
let app = module.exports = express();
app.use(bodyParser.json());

require('authsrv-plugin-logout');

app.post('/login', authController.login);
app.all('/checkToken', authController.checkToken);
// ...
```

보시다시피, 플러그인을 연결하기 위해서는 단순히 플러그인을 require() 하면 됩니다. 어플리케이션이 시작되면 즉시 제어 흐름이 플러그인에 제공되며, 이 플러그인을 통해 이전에 보았던 authService와 app 모듈이 확장됩니다.

이제 우리의 인증 서버가 토큰의 무효화도 지원하게 되었습니다. 재사용 가능한 방식으로 이 작업을 수행했으므로 어플리케이션의 핵심은 거의 변경되지 않았습니다. 프록시 및 데코레이터 패턴을 간단하게 적용하여 기능을 확장할 수 있었습니다.

이제 어플리케이션을 다시 시작합니다.

```
node app
```

그런 다음 새로운 /logout 서비스가 실제 제대로 동작하는지 확인할 수 있습니다. curl로 다음과 같이 /login을 사용하여 새로운 토큰을 얻을 수 있습니다.

```
curl -X POST -d '{"username": "alice", "password":"secret"}'
http://localhost:3000/login -H "Content-Type: application/json"
```

그런 후, 다음과 같이 /checkToken을 사용하여 토큰이 유효한지 확인할 수 있습니다.

```
curl -X GET -H "Accept: application/json"
http://localhost:3000/checkToken?token=<TOKEN>
```

이제 토큰을 /logout 에 전달하여 무효화 할 수 있습니다. 다음과 같은 curl 명령으로 이 작업을 수행합니다.

```
curl -X GET -H "Accept: application/json"
http://localhost:3000/logout?token=<TOKEN>
```

이제 토큰의 유효성을 다시 검사하려고 하면 응답으로 에러를 받음으로써 플러그인이 완벽하게 동작하는지 확인할 수 있습니다.

방금 구현한 것이 작은 플러그인을 사용한 것일 뿐이라도 플러그인 기반의 확장성이 지원하는 장점은 분명히 알 수 있을 것입니다. 또한 모듈 위장(impersonation)을 사용하여 다른 패키지에서 메인 어플리케이션의 서비스에 액세스하는 방법을 배웠습니다.

> 모듈 위장(impersonation) 패턴은 꽤 많은 NodeBB 플러그인에서 사용됩니다. 이것이 실제 어플리케이션에서 어떻게 사용되는지에 대해 궁금한 분들도 있을 것입니다. 몇 가지 주목할 만한 예를 볼 수 있는 url들은 다음과 같습니다.
>
> - nodebb-plugin-poll : https://github.com/Schamper/nodebb-plugin-poll/blob/b4a46561aff279e19c23b7c635fda5037c534b84/lib/nodebb.js
> - nodebb-plugin-mentions : https://github.com/julianlam/nodebb-plugin-mentions/blob/9638118fa7e06a05ceb24eb521427440abd0dd8a/library.js#L4-13

물론 모듈 위장(impersonation)은 하드코딩된 종속성의 한 형태이며, 장단점을 공유하고 있습니다. 한편으로는 최소한의 노력과 최소한의 인프라 조건으로 메인 어플리케이션의 모든 서비스에 액세스 할 수 있지만, 다른 한편으로는 서비스의 특정 인스턴스 뿐만 아니라 그 위치와도 밀접한 커플링을 만들어 냅니다. 이것은 플러그인이 메인 어플리케이션의 변경과 리팩토리에 더 쉽게 영향을 받도록 합니다.

서비스 로케이터를 사용한 서비스 노출

모듈 위장(impersonation)과 마찬가지로 어플리케이션의 모든 컴포넌트를 해당 플러그인에 노출하려는 경우에는 서비스 로케이터가 좋은 선택입니다. 그 밖에도 플러그인이 서비스 로케이터를 사용하여 자신의 서비스를 어플리케이션 또는 다른 플러그인에 노출할 수 있다는 큰 장점이 있습니다.

서비스 로케이터를 사용하기 위해 logout 플러그인을 다시 리팩토링 하겠습니다. node_modules/authsrv-plugin-logout/index.js 파일에서 플러그인의 메인 모듈을 리팩토링 합니다.

```
module.exports = (serviceLocator) => {
  const authService = serviceLocator.get('authService');
  const db = serviceLocator.get('db');
  const app = serviceLocator.get('app');

  const tokensDb = db.sublevel('tokens');

  const oldLogin = authService.login;
  authService.login = (username, password, callback) => {
    //이전 버전과 동일
  }

  const oldCheckToken = authService.checkToken;
  authService.checkToken = (token, callback) => {
    //이전 버전과 동일
  }

  authService.logout = (token, callback) => {
    //이전 버전과 동일
  }

  app.get('/logout', (req, res, next) => {
    //이전 버전과 동일
  });
};
```

이제 플러그인은 부모 어플리케이션의 서비스 로케이터를 입력을 받기 때문에 필요에 따라 모든 서비스에 액세스 할 수 있습니다. 어플리케이션이 종속성 측면에서 플러그인에 필요한 것이 무엇인지 미리 알 필요가 없다는 것을 의미합니다. 이것은 플러그인이 제어하는 확장을 구현할 때 확실한 장점임이 틀림없습니다.

다음 단계는 메인 어플리케이션에서 플러그인을 실행하는 것인데, 이를 위해서는 app.js 모듈을 수정해야 합니다. 서비스 로케이터 패턴에 따라 이미 사용되는 인증 서버 버전을 사용할 것입니다. 필요한 변경 사항은 다음 코드 블록에 나와 있습니다.

```
// ...
const svcLoc = require('./lib/serviceLocator')();
svcLoc.register(...);
//...

svcLoc.register('app', app);
const plugin = require('authsrv-plugin-logout');
plugin(svcLoc);

// ...
```

변경사항들은 앞의 코드에서 강조하여 표시하고 있습니다. 이 변경사항들은 다음과 같은 작업을 합니다.

- 플러그인이 서비스에 접근할 수 있도록 하기 위해 해당 어플리케이션 모듈 자체를 서비스 로케이터에 등록합니다.
- 플러그인을 require 합니다.
- 서비스 로케이터를 인자로 제공하여 플러그인의 메인 함수를 호출합니다.

이미 언급했듯이, 서비스 로케이터의 주요 장점은 어플리케이션의 모든 서비스를 플러그인에 공개할 수 있는 간단한 방법을 제공한다는 것이지만 플러그인에서 부모 어플리케이션으로 또는 다른 플러그인으로 서비스를 공유할 수 있는 메커니즘으로도 사용할 수 있습니다. 이 마지막 사항은 플러그인 기반 확장성 측면에서 서비스 로케이터 패턴의 핵심적인 장점일 것입니다.

DI를 사용한 서비스 공개

DI를 사용하여 서비스에 플러그인을 적용하는 것은 어플리케이션 자체에서 사용하는 것만큼 쉽습니다. 이 패턴이 이미 부모 어플리케이션에서 종속성을 연결하는 주요 방법인 경우에는 이 패턴의 사용이 거의 필수 요건이 되지만, 일반적인 종속성 관리의 형태가 하드코딩되어 있거나 서비스 로케이터인 경우라 하더라도 이 기능을 사용할 수 있습니다.

또한 DI는 플러그인과 공유되는 것을 보다 잘 제어할 수 있기 때문에 어플리케이션이 제어하는 확장(application-controlled-extension)을 지원하고자 할 경우, 이상적인 선택이 될 것입니다. 이러한 가정을 테스트하기 위해, 바로 logout 플러그인을 리팩토링하여 DI를 사용하도록 하겠습니다. 필요한 변경사항은 최소한이므로 플러그인의 메인 모듈(node_modules/authsrv-plugin-logout/index.js)에서 시작하겠습니다.

```
module.exports = (app, authService, db) => {
  const tokensDb = db.sublevel('tokens');

  const oldLogin = authService.login;
  authService.login = (username, password, callback) => {
    //이전 버전과 동일
  }

  let oldCheckToken = authService.checkToken;
  authService.checkToken = (token, callback) => {
    //이전 버전과 동일
  }

  authService.logout = (token, callback) => {
    //이전 버전과 동일
  }

  app.get('/logout', (req, res, next) => {
    //이전 버전과 동일
  });
};
```

우리가 한 것은 부모 어플리케이션의 서비스들을 입력으로 받기 위해 플러그인의 코드를 팩토리로 래핑하는 것뿐입니다. 나머지는 변경되지 않은 상태로 남아 있습니다.

리팩토링을 완료하기 위해 부모 어플리케이션에서 플러그인을 연결하는 방식도 변경해야 합니다. 그런 다음 app.js 모듈에서 플러그인이 필요한 라인 하나를 변경하겠습니다.

```
// ...
const plugin = require('authsrv-plugin-logout');
plugin(app, authService, authController, db);
// ...
```

의도적으로 이러한 종속성이 어떻게 획득되었는지를 보여주지 않았습니다. 사실, 아무 차이가 없습니다. 어떤 방법으로든 똑같이 효과가 있을 것이기 때문입니다. 하드코딩된 종속성을 사용하거나 팩토리나 서비스 로케이터로부터 인스턴스를 가져올 수 있습니다. 이것은 부모 어플리케이션에서 서비스를 연결하는 방법에 관계없이 DI를 유연한 패턴으로 사용할 수 있다는 것을 말합니다.

그러나 그 차이는 훨씬 더 많은 것을 가지고 있습니다. DI는 플러그인에 일련의 서비스를 제공하는 가장 깔끔한 방법이면서 공개되는 내용을 제어하기 위한 최상의 수준을 제공하여 과도한 확장에 대하여 정보 숨기기나 보호 기능이 향상된다는 점입니다. 그러나 메인 어플리케이션이 플러그인이 필요로 하는 서비스를 항상 알 수는 없기 때문에 장점이 단점으로 여겨질 수도 있습니다. 그래서 우리는 비실용적으로 모든 서비스를 주입하거나 부모 어플리케이션의 기본적인 핵심 서비스와 같은 일부만 주입하도록 할 수 있을 것입니다. 이러한 이유만으로 우리가 주로 플러그인이 제어하는 확장(plugin-controlled extensibility)을 지원하고자 한다면, DI가 이상적인 선택은 아닐 것입니다. 그러나 DI 컨테이너를 사용하면 이러한 문제를 쉽게 해결할 수 있습니다.

Node.js의 작업자인 Grunt(http://gruntjs.com)는 DI를 사용하여 각 플러그인에 핵심적인 Grunt 서비스의 인스턴스를 제공합니다. 그런 다음 각 플러그인은 새로운 작업을 첨부하거나, 첨부한 새 작업을 사용하여 환경 변수를 검색하거나, 다른 작업을 실행하여 플러그인을 확장할 수 있습니다. Grunt 플러그인의 형태는 다음과 같습니다.

```
module.exports = function(grunt) {
  grunt.registerMultiTask('taskName', 'description',
    function(...) {...}
  );
};
```

DI 컨테이너를 사용한 서비스 노출

이전 예제를 기반으로 다음 코드와 같이 어플리케이션 모듈에 작은 변경 사항을 적용하여 DI 컨테이너를 플러그인과 함께 사용할 수 있습니다.

```
// ...
const diContainer = require('./lib/diContainer')();
diContainer.register(...);
//...
//플러그인 초기화
diContainer.inject(require('authsrv-plugin-logout'));
// ...
```

팩토리나 어플리케이션 인스턴스를 등록한 후에 DI 컨테이너를 사용하여 종속성을 주입하고 플러그인을 인스턴스화하면 됩니다. 이렇게 하면 플러그인은 부모 어플리케이션이 알 필요가 없는 일련의 자체 의존성들을 요구(require) 할 수 있습니다.

모든 연결은 DI 컨테이너에 의해 자동으로 재수행됩니다.

DI 컨테이너를 사용하면 각 플러그인이 잠재적으로 어플리케이션의 모든 서비스에 액세스할 수 있으므로 정보 은닉과 사용 또는 확장할 수 있는 것들에 대한 통제가 줄어듭니다. 이 문제에 대한 해결책은 플러그인에 공개하려는 서비스만 등록하는 별도의 DI 컨테이너를 만드는 것입니다. 이렇게 하면 각 플러그인이 메인 어플리케이션에서 볼 수 있는 것을 제어할 수 있습니다. 이것은 DI 컨테이너가 캡슐화와 정보 은닉 측면에서 매우 좋은 선택이 될 수 있음을 보여줍니다.

이것으로 logout 플러그인과 인증 서버에 대한 마지막 리팩토링을 마칩니다.

7.4 요약

종속성 연결에 관한 주제는 확실히 소프트웨어 공학에서 가장 주장이 많은 것 중 하나지만, 이 장에서는 가장 중요한 연결 패턴에 대한 객관적인 개요를 제공하기 위해 가능한 사실적인 분석을 유지하려고 노력하였습니다. Node.js의 싱글톤과 인스턴스에 대한 가장 일반적인 개념을 익힌 후 하드코딩된 의존성, DI 및 서비스 로케이터를 사용하여 모듈을 연결하는 방법을 배웠습니다. 인증 서버를 예제로 각 기법을 연습하여 각 접근 방식의 장단점을 파악할 수 있었습니다.

이 장의 두 번째 파트에서 어플리케이션이 플러그인을 지원하는 방법을 배웠지만, 가장 중요한 것은 플러그인을 메인 어플리케이션에 연결하는 방법들입니다. 우리는 이 장의 첫 번째 부분에서 제시된 것과 동일한 기법들을 적용했지만 그것들을 다른 관점에서 분석하였습니다. 우리는 플러그인이 메인 어플리케이션의 적절한 서비스에 액세스하는 것이 얼마나 중요하며, 이것이 그 기능에 얼마나 많은 영향을 미칠 수 있는지를 알게 되었습니다.

지금까지 잘 이해했다면, 어플리케이션에서 얻고자 하는 디커플링, 재사용성 및 단순성의 수준을 위한 최상의 접근 방법을 선택하는 것이 더 이상은 어렵지 않을 것입니다. 동일한 어플리케이션에서 둘 이상의 패턴을 사용할 수도 있게 되었습니다. 예를 들어 하드코딩된 종속성을 주요 기법으로 사용하고 플러그인 연결과 관련해서는 서비스 로케이터를 사용할 수도 있습니다. 이제 각 기법에 대한 최상의 사용 사례를 보았기 때문에 우리가 못할 것은 없을 것입니다.

지금까지 이 책에서는 매우 일반적이고 커스터마이징 가능한 패턴에 대한 분석을 집중적으로 다루었지만, 다음 장부터는 좀더 구체적인 기술 문제를 해결하기 위해 주제를 옮겨 갈 것입니다. 다음에 다룰 주제들은 CPU 바인딩 작업, 비동기 캐싱 및 브라우저와 코드 공유에 관련된 특정 문제를 해결하는데 사용할 수 있는 일련의 레시피들입니다.

CHAPTER 08

웹 어플리케이션을 위한 범용 JavaScript

- ▶ 브라우저와 코드 공유하기
- ▶ Webpack 소개
- ▶ 크로스 플랫폼 개발의 기본
- ▶ 리액트(React) 소개
- ▶ 범용 JavaScript 앱 만들기

JavaScript는 웹 개발자들에게 직접 브라우저에서 코드를 실행하여 보다 동적이고 상호작용이 뛰어난 웹 사이트를 구축할 수 있도록 한다는 목표를 가지고 1995년에 탄생하였습니다. 그 이후로 JavaScript는 많이 성장을 거쳐 현재는 세계에서 가장 유명하고 널리 보급된 언어 중 하나입니다. 초창기 JavaScript는 매우 간단하고 제한된 언어였지만, 오늘날 거의 모든 종류의 어플리케이션을 만들기 위해 브라우저 외부에서도 사용할 수 있는 완전한 범용 언어로 간주될 수 있습니다. 사실 JavaScript는 이세 웨어러블 장치, 사동 온노 소설 및 비행 로봇과 같은 임베디드 장치뿐만 아니라 프론트엔드 어플리케이션, 웹 서버 및 모바일 어플리케이션에서도 사용되고 있습니다.

플랫폼과 장치 전반에 걸친 이러한 가용성은 동일한 프로젝트의 여러 환경에서 코드의 재사용성을 단순화할 수 있는 새로운 경향을 JavaScript 개발자들 사이에 촉진시키고 있습니다. Node.js와 관련하여 가장 의미있는 사례는 서버(백엔드)와 브라우저(프론트엔드) 사이에 코드를 공유하기 쉬운 웹 어플리케이션을 만들 수 있는 기회에 관한 것입니다. 코드 재사용을 위한 이 질문은 원래 **동형 JavaScript**(Isomorphic JavaScript)로 구분되었지만 이제는 **범용 JavaScript**(Universal JavaScript)로 널리 인식되고 있습니다.

이 장에서는 웹 개발 분야의 범용 JavaScript에 대해 알아보고 서버와 브라우저 간에 대부분의 코드를 공유할 수 있는 많은 도구와 기법을 살펴보겠습니다. 특히 모듈을 서버 및 클라이언트에서 모두 사용하는 방법과 Webpack 및 Babel과 같은 도구를 사용하여 브라우저에 패키지를 패키징하는 방법을 배우게 됩니다.

우리는 React 라이브러리와 다른 유명한 모듈들을 사용하여, 웹 인터페이스를 구축하고 웹 서버의 상태를 프론트엔드와 공유할 것이며, 마지막으로 어플리케이션 내에서 범용 라우팅(universal routing) 및 범용 데이터 검색(universal data retrieval)을 가능하게 하는 흥미로운 솔루션들에 대해 알아볼 것입니다.

이 장의 마지막 부분에서는 Node.js 서버에 이미 만들어진 대부분의 코드를 재사용하는 React를 사용한 Single-Page Application(SPA)를 작성하여 일관성 있고 추론하기 쉬우며 유지하기 쉬운 어플리케이션을 만들어 봅니다.

8.1 브라우저와 코드 공유하기

Node.js의 주요 특징 중 하나는 JavaScript를 기반으로 하며 V8에서 실행된다는 것입니다. 실제로 V8을 사용하는 가장 유명한 브라우저 중 하나가 Chrome입니다. Node.js와 브라우저 사이에서 코드를 공유하는 것이 쉬운 일이라고 결론을 내릴 수도 있습니다.

그러나 곧 알게 되겠지만 작고 독립적이며 일반적인 일부의 코드만을 공유하는 것에 만족하지 않는 한, 항상 그렇지는 않습니다. 클라이언트와 서버 모두를 위한 코드를 개발하는 것은 본질적으로 다른 두 환경에서 동일한 코드가 올바르게 실행될 수 있도록 하기 위한 무시할 수 없는 양의 노력이 필요합니다. 예를 들어, Node.js에는 DOM이나 long-living 뷰가 없으며, 브라우저에는 파일 시스템이나 새 프로세스를 시작할 수 있는 기능이 없습니다. 또한 Node.js에서는 새로운 ES2015 기능을 안전하게 사용할 수 있다는 점을 고려해야 합니다. 대부분의 브라우저가 여전히 ES5에 고착되어 있어 브라우저에서 동일한 작업을 수행할 수 없으며, 클라이언트에서 ES5 코드를 실행하는 것이 ES2015 지원 브라우저가 널리 퍼지기 전까지 가장 안전한 옵션으로 남아 있을 것입니다.

따라서 두 플랫폼 모두를 위한 개발을 할 때 필요한 노력의 대부분은 이러한 차이를 최소로 줄이는 것입니다. 이는 어플리케이션이 브라우저 호환 코드와 Node.js 코드 사이에서 동적으로 또는 빌드할 때 전환할 수 있도록 해주는 추상화 및 패턴을 사용하여 수행할 수 있습니다.

운 좋게도 이 새로운 가능성에 대한 관심이 높아짐에 따라 생태계 내의 많은 라이브러리와 프레임워크가 두 환경을 모두 지원하기 시작했습니다. 이러한 발전은 또한 새로운 종류의 워크플로우를 지원하는 점점 더 많은 도구들에 의해 뒷받침되고 있으며, 이 도구들은 몇 년 동안 정교하고 완벽하게 개선되었습니다. 이 말은 Node.js에서 npm 패키지를 사용하는 경우 브라우저에서도 원활하게 작동할 확률이 높다는 것입니다. 그렇다 해도 어플리케이션이 브라우저와 Node.js 모두에서 문제 없이 실행될 수 있다는 것을 보증하기에는 충분하지 않습니다. 앞으로 살펴보겠지만 크로스 플랫폼(cross platform) 코드를 개발할 때는 항상 신중한 설계가 필요합니다.

이 절에서는 Node.js와 브라우저 모두를 위한 코드를 작성할 때 발생할 수 있는 근본적인 문제에 대해 살펴보고, 이 새롭고 흥미진진한 문제들을 해결하는데 도움이 되는 몇 가지 도구와 패턴을 제시하려고 합니다.

8.1.1 모듈 공유

브라우저와 서버 사이에서 코드를 공유하고자 할 때 우리가 처음 부딪히는 벽은 Node.js가 사용하는 모듈 시스템과 브라우저에서 사용되는 모듈 시스템의 이기종 환경으로 인한 불일치입니다. 또 다른 문제는 브라우저에는 require() 함수 혹은 모듈을 해석할 수 있는 파일 시스템이 없다는 것입니다. 따라서 두 플랫폼 모두에서 작동할 수 있는 많은 양의 코드를 작성하고 CommonJS 모듈 시스템을 계속 사용하고자 한다면, 추가적인 단계를 수행해야 합니다. 빌드 시에 모든 종속성들을 함께 번들링하고 브라우저에서 require() 메커니즘을 추상화하는데 도움을 줄 수 있는 도구가 필요합니다.

범용 모듈 정의

Node.js에서 CommonJS 모듈이 컴포넌트 간의 종속성을 설정하기 위한 기본 매커니즘이라는 것은 이미 잘 알고 있을 것입니다. 안타깝게도 브라우저 공간에서의 상황은 더 세분화되어 있습니다.

- 모듈 시스템이 전혀 없는 환경이 있을 수 있습니다. 즉, 전역(global)이 다른 모듈들을 액세스하기 위한 주된 메커니즘입니다.
- RequreJS(http://requirejs.org)와 같이 **비동기 모듈 정의(Asynchronous Module Definition: AMD)** 로더 기반의 환경을 가지고 있을 수 있습니다.
- CommonJS 모듈 시스템을 추상화한 환경을 가지고 있을 수 있습니다.

다행스럽게도, 여러 환경에 사용되는 모듈 시스템에서 우리의 코드를 추상화하도록 도와주는 UMD(범용 모듈 정의: Universal Module Definition)라는 패턴이 있습니다.

UMD 모듈 만들기

UMD는 아직 표준화되지 않았기 때문에 지원해야 하는 컴포넌트 및 모듈 시스템의 요구 사항에 따라 다양한 변형이 있을 수 있습니다. 그러나 UMD의 다양한 변형들 중 가장 인기있는 하나의 형식이 있는데 AMD, CommonJS 및 브라우저 전역(global)과 같은 가장 일반적인 모듈 시스템들을 지원할 수 있습니다.

어떤 형태인지 간단한 예를 봅시다. 새 프로젝트에 umdModule.js라는 새 모듈을 만듭니다.

```
(function(root, factory) { //[1]
  if(typeof define === 'function' && define.amd) { //[2]
    define(['mustache'], factory);
  } else if(typeof module === 'object' && //[3]
      typeof module.exports === 'object') {
    var mustache = require('mustache');
    module.exports = factory(mustache);
  } else { //[4]
    root.UmdModule = factory(root.Mustache);
  }
}(this, function(mustache) { //[5]
  var template = '<h1>Hello <i>{{name}}</i></h1>';
  mustache.parse(template);

  return {
    sayHello:function(toWhom) {
      return mustache.render(template, {name: toWhom});
```

```
        }
    };
}));
```

이 예제 소스는 간단한 템플릿 엔진인 mustache(http://mustache.github.io)에 대한 외부 종속성을 가진 모듈을 정의합니다. 이 UMD 모듈이 최종적으로 제공하는 것은 sayHello() 라는 하나의 메소드를 가진 객체로 mustache 템플릿을 렌더링하여 호출자에게 반환합니다. UMD의 목표는 다른 환경에서 사용 가능하도록 다른 모듈 시스템과 통합하는 것입니다. 다음은 이것이 어떻게 동작하는지에 대한 설명입니다.

1. 모든 코드는 '2장. Node.js 필수 패턴'에서 보았던 **노출식 모듈(Revealing Module)** 패턴과 매우 유사한 익명의 자체 실행(anonymous self-executing) 함수로 둘러 싸여집니다. 이 함수는 시스템에서 사용할 수 있는 전역 네임스페이스 객체인 root(예: 브라우저의 window)를 받습니다. 이것은 앞으로 보게 되겠지만, 주로 종속성을 글로벌 변수로 등록하는데 필요합니다. 두 번째 인수는 모듈의 factory()인데, 모듈의 인스턴스를 반환하고 종속성을 입력으로 받아들이는 함수입니다(Dependency Injection).
2. 우리가 첫 번째 할 일은 AMD가 시스템에서 사용 가능한지 확인하는 것입니다. define 함수와 AMD 플래그의 존재를 검증함으로써 이를 수행합니다. 발견되면 시스템에 AMD 로더가 있음을 의미하므로 define을 사용하여 모듈을 등록하고 factory()에 종속성 mustache을 주입해야 합니다.
3. 그 다음 우리는 mudule과 module.exports 객체의 존재를 검사하여 Node.js와 호환성이 있는(Node.js-flavored) CommonJS 환경인지 여부를 확인합니다. 이 경우 require()를 사용하여 모듈의 종속성을 로드하고 factory()에 제공합니다. factory의 반환값은 module.exports에 할당됩니다.
4. 마지막으로, AMD나 CommonJS가 없다면 root 객체를 사용하여 전역 변수에 모듈을 할당합니다. 브라우저 환경에서 이 root 객체는 일반적으로 window 객체입니다. 또한 글로벌에 존재할 것으로 예상되는 종속성인 mustache를 어떻게 획득하는지도 볼 수 있습니다.
5. 마지막 단계에서 래퍼 함수는 this 객체를 root(브라우저에서는 window 객체가 될 것입니다)에 제공하고 두 번째 인자로 모듈 팩토리를 제공하여 자가 호출(self-invoke)됩니다. 팩토리가 필요한 종속성을 인수로 받아들이는 방식을 볼 수 있을 것입니다.

또한 모듈에서 ES2015 기능을 사용하지 않았음에 주의할 필요가 있습니다. 이는 코드를 수정하지 않고도 브라우저에서 제대로 실행되도록 보장하기 위한 것입니다.

이제 이 UMD 모듈을 Node.js와 브라우저에서 어떻게 사용할 수 있는지 살펴보겠습니다.

우선, testServer.js라는 새로운 파일을 만듭니다.

```
const umdModule = require('./umdModule');
console.log(umdModule.sayHello('Server!'));
```

이 스크립트를 실행하면 다음과 같은 결과가 출력될 것입니다.

```
<h1>Hello <i>Server!</i></i></ h1>
```

이제 막 새로 만든 모듈을 사용하기 위해서는 다음과 같은 내용을 가진 testBrowser.html을 만들어야 합니다.

```
<html>
  <head>
    <script src="node_modules/mustache/mustache.js"></script>
    <script src="umdModule.js"></script>
  </head>
  <body>
    <div id="main"></div>
    <script>
      document.getElementById('main').innerHTML =
        UmdModule.sayHello('Browser!');
    </script>
  </body>
</html>
```

이렇게 하면 Hello Browser! 라는 멋진 문구가 페이지에 표시됩니다.

여기서 일어난 일은 페이지의 head에서 종속성(mustache와 umdModule)을 일반 스크립트로 포함시킨 후에 UmdModule(브라우저에서 전역 변수로 사용 가능)을 사용하여 main 블록에 끼워 넣을 짧은 HTML 코드를 생성하는 것입니다.

> TIP 이 책의 코드 예제에서 방금 만든 UMD 모듈이 AMD 로더 및 commonJS 시스템과 함께 사용될 수 있는 방법을 보여주는 다른 예제를 찾아볼 수 있습니다.

UMD 패턴에 대한 고려 사항

UMD 패턴은 가장 많이 사용되는 모듈 시스템과 호환성을 갖춘 모듈을 만들 때 사용되는 효과적이고 간단한 기술입니다. 그러나 각 환경에서 테스트하기 어렵고 오류가 발생하기 쉬운 많은 상용구들을 필요로 합니다. 즉, UMD 상용구를 수동으로 작성한다는 것은 이미 개발 및 테스트된 단일 모듈을 랩핑하는 것이라는 것을 의미합니다. 처음부터 새로운 모듈을 작성할 때는 사용하지 않는 것이 좋습니다. 따라서 이 경우 프로세스를 자동화하는데 도움이 되는 도구에 작업을 맡기는 것이 좋습니다. 이러한 도구 중 한가지가 이 장에서 사용할 Webpack입니다.

AMD, CommonJS 및 브라우저 전역(global)이 유일한 모듈 시스템이 아니라는 점도 생각해 봐야 합니다. 우리가 제시한 패턴은 일반적인 사용자 환경을 다루지만, 다른 모듈 시스템을 지원할 수 있는 방법도 필요합니다. 예를 들어 ES2015 모듈 스펙은 다른 솔루션에 비해 많은 이점을 제공하며, 새로운 ECMAScript 표준의 일부이기 때문에 이 장의 다음 섹션에서 논의할 것입니다(이 글의 작성 당시에도 Node.js에서는 기본적으로 지원되지 않았습니다).

> TIP 공식적인 UMD 패턴의 광범위한 목록은 https://github.com/umdjs/umd에서 찾아볼 수 있습니다.

8.1.2 ES2015 모듈

ES2015 사양에서 소개된 기능 중 하나는 **내장(build-in) 모듈 시스템**입니다. 유감스럽게도 이 책의 작성 당시 ES2015 모듈은 현재 Node.js 버전에서 아직 지원되지 않았기 때문에 문제가 발생될 수도 있습니다. 이 기능에 대해서는 여기서는 자세히 설명하지 않겠지만, 향후 몇 년간 모듈 구문(module syntax)으로 전환할 가능성이 높기 때문에 알아두는 것이 중요합니다. 표준이라는 점 이외에도 ES2015 모듈은 방금 설명한 다른 모듈 시스템에 비해 더 나은 구문과 여러 가지 장점들을 제공합니다.

ES2015 모듈의 목표는 CommonJS 및 AMD 모듈을 최대한 활용하는 것입니다.

- 이 규격은 CommonJS와 마찬가지로 압축된 구문과 단일 exports를 선호하며 종속성 순환 지원을 제공합니다.
- AMD와 마찬가지로 비동기 로드 및 환경설정 가능한 모듈 로드를 직접 지원합니다.

또한 선언적 구문(declarative syntax) 덕분에 정적 분석기(static analyzers)를 사용하여 정적 검사 및 최적화 같은 작업을 수행할 수 있습니다. 예를 들어, 스크립트의 종속성 트리를 분석하여 가져온 모듈의 사용되지 않는 모든 기능을 제거한 브라우저용 번들 파일을 생성함으로써 클라이언트에 보다 컴팩트한 파일을 제공하여 로딩 타임을 줄일 수 있습니다.

> ES2015 모듈의 구문에 대한 자세한 내용은 ES2015 스펙을 참조하십시오.
> • http://www.ecma-international.org/ecma-262/6.0/#sec-scripts-and-modules

현재, Node.js에 Babel과 같은 변환기를 채택하여 이러한 새로운 모듈 구문을 사용할 수도 있습니다. 실제로 많은 개발자들이 Universal JavaScript 어플리케이션을 구축하기 위한 자체 솔루션을 제시하면서 이를 지지하고 있습니다. 이 기능이 이미 표준화되어 있고 결국에는 Node.js 코어의 일부가 될 것이므로 미래에도 호환성을 갖추도록 하는 것은 나쁠 것이 없습니다. 단순함을 위해 이장 전체에 걸쳐 CommonJS 구문을 계속 사용할 것입니다.

8.2 Webpack 소개

Node.js 어플리케이션을 작성할 때, 마지막으로 해야 할 일은 플랫폼에서 기본으로 제공되는 것과 다른 모듈 시스템에 대한 지원을 수동으로 추가하는 것입니다. 이상적인 상황은 우리가 항상 했던 것처럼 require()와 module.exports를 사용하여 모듈을 계속 작성한 후 도구를 사용하여 코드를 브라우저에서 쉽게 실행할 수 있는 번들로 변환하는 것입니다. 다행히 이 문제는 이미 많은 프로젝트에서 해결되어 왔으며, 그 중에서도 Webpack은 가장 널리 사용되고 광범위하게 채택된 프로젝트 중 하나입니다.

Webpack은 Node.js 모듈 규칙을 사용하여 모듈을 작성한 다음, 컴파일 단계에서 모듈이 브라우저에서 작업하는데 필요한 모든 종속성(require() 함수의 추상화를 포함)을 포함하는 번들(단일 JavaScript 파일)을 작성합니다. 그런 다음 번들을 웹 페이지에 쉽게 불러오고 브라우저 내에서 실행할 수 있습니다. Webpack은 재귀적으로 소스를 스캔하고 require() 함수의 참조를 찾아서 해결한 다음 참조된 모듈을 번들에 포함시킵니다.

> Webpack은 Node.js 모듈에서 브라우저 번들을 생성할 수 있는 유일한 도구는 아닙니다. 다른 인기 있는 대안으로는 Browserify(http://browserify.org), RollupJs(http://rollupjs.org) 및 Webmake(https://npmjs.org/package/webmake)가 있습니다. 또한 require.js는 클라이언트와 Node.js 모듈을 모두 만들 수 있지만 CommonJS(http://requirejs.org/docs/node.html) 대신 AMD를 사용합니다.

8.2.1 Webpack의 마력 탐구

이 마술이 어떻게 작동하는지를 빨리 보여 주기 위해, 우리가 Webpack을 사용할 경우 이전 섹션에서 만든 umdModule이 어떻게 되는지 보겠습니다. 먼저 Webpack을 설치해야 합니다.

```
npm install webpack -g
```

-g 옵션은 Webpack을 전역적으로 설치하도록 npm에 지시하므로 콘솔에서 간단한 명령을 사용하여 Webpack에 액세스 할 수 있습니다.

다음으로, 새로운 프로젝트를 만들고 전에 작성했던 umd 모듈과 동일한 모듈을 만들어 봅시다. Node.js(sayHello.js 파일)로 구현한다면 다음과 같습니다.

```
var mustache = require('mustache');
var template = '<h1>Hello <i>{{name}}</i></h1>';
mustache.parse(template);
module.exports.sayHello = function(toWhom) {
  return mustache.render(template, {name: toWhom});
};
```

확실히 UMD 패턴을 적용한 것보다 간단합니다. 이제 브라우저 코드의 시작점이 될 main.js라는 파일을 작성해 보겠습니다.

```
window.addEventListener('load', function(){
  var sayHello = require('./sayHello').sayHello;
  var hello = sayHello('Browser!');
  var body = document.getElementsByTagName("body")[0];
  body.innerHTML = hello;
});
```

앞의 코드에서 sayHello 모듈은 Node.js에서와 똑같은 방법으로 require하므로 종속성을 관리하거나 경로를 구성하는데 별다른 신경을 쓰지 않아도 됩니다. 간단하게 require()가 작업을 수행합니다.

다음으로 프로젝트에 mustache를 설치합니다.

```
npm install mustache
```

이제 마법의 발걸음을 내디뎠습니다. 다음 명령을 실행해 봅시다.

```
webpack main.js
```

앞의 명령은 main 모듈을 컴파일하고 ./dist라는 폴더에 main.js라는 파일로 번들을 생성하여 필요한 모든 종속성을 단일 파일로 묶습니다. 이제 브라우저에서 사용할 준비가 되었습니다!

이 가정을 빨리 테스트하려면 다음 코드가 포함된 magic.html이라는 HTML 페이지를 만들어야 합니다.

```
<html>
  <head>
    <title>Webpack magic</title>
    <script src="bundle.js"></script>
  </head>
    <body>
    </body>
</html>
```

브라우저에서 코드를 실행할 수 있습니다. 페이지를 열고 어떤 일이 일어나는지 봅시다.

> TIP 개발 중 소스를 변경할 때마다 수동으로 Webpack을 실행하고 싶진 않을 것입니다. 대신, 소스가 변경되면 번들을 다시 생성하는 자동 메커니즘이 필요합니다. 이를 위해 Webpack 명령을 실행할 때, --watch 옵션을 사용할 수 있습니다. 이 옵션을 사용하면 Webpack이 계속 실행되어 관련 소스 파일 중 하나가 변경될 때마다 번들을 다시 컴파일합니다.

8.2.2 Webpack 사용의 이점

Webpack의 마법은 여기서 끝나지 않습니다. 다음은 브라우저와 코드 공유를 더 간단하고 원활하게 만들기 위한(완전하진 않지만) 기능들의 목록입니다.

- Webpack은 브라우저와 호환되는 많은 Node.js 코어 모듈용 버전을 자동으로 제공합니다. 이는 브라우저에서 https, claim, event 등의 모듈을 사용할 수 있다는 것을 의미합니다.

> TIP fs 모듈은 지원되지 않는 모듈 중 하나입니다.

- 브라우저와 호환되지 않는 모듈이 있는 경우, 이를 빌드에서 제외하거나 빈 객체나 다른 모듈로 대체하거나 브라우저와 호환 구현을 제공하는 다른 모듈로 바꿀 수 있습니다. 이것은 중요한 기능이며, 우리가 곧 보게 될 예제에서 사용할 기회를 갖게 될 것입니다.
- Webpack은 다른 모듈에 대한 번들을 생성할 수 있습니다.

- Webpack은 서드파티(third-party) **로더**와 **플러그인**을 사용하여 소스 파일의 추가적인 처리를 가능하게 합니다. 컴파일을 위한 CoffeScript, TypeScript 또는 ES2015로부터 시작하여 AMD 로드를 지원하기 위해 require()를 사용하는 Bower(http://bower.io)와 Component(http://component.github.io) 패키지에 이르기까지, 또 최소화에서 템플릿과 스타일시트와 같은 다른 리소스들의 컴파일과 번들링에 이르기까지 필요한 거의 모든 로더와 플러그인이 존재합니다.
- Gulp(https://npmjs.com/package/gulp-webpack) 및 Grunt(https://npmjs.org/package/grunt-webpack)와 같은 작업 관리자에서 Webpack을 쉽게 호출할 수 있습니다.
- Webpack을 사용하면 JavaScript 파일뿐 아니라 스타일시트(stylesheets), 이미지, 폰트 및 템플릿과 같은 모든 프로젝트 리소스를 관리하고 전처리 할 수 있습니다.
- 또한 종속 트리를 분할하여 브라우저에서 필요할 때마다 로드할 수 있도록 Webpack을 구성할 수도 있습니다.

Webpack의 강력함과 유연성으로 많은 사람들이 클라이언트 측 코드를 관리하는데 사용하기 시작하였습니다. 이것은 또한 많은 클라이언트 측 라이브러리가 기본적으로 CommonJS와 npm을 지원하기 시작하여 새롭고 흥미로운 시나리오가 펼쳐지고 있다는 이야기입니다. 예를 들어 다음과 같이 jQuery를 설치할 수 있습니다.

```
npm install jquery
```

그런 다음 간단하게 아래 코드를 통해 우리의 코드로 로드할 수 있습니다.

```
const $ = require ( 'jquery');
```

CommonJS 및 Webpack을 이미 지원하는 클라이언트 측 라이브러리의 수는 놀랄 만큼 많습니다.

8.2.3 Webpack과 함께 ES2015 사용하기

이전 단락에서 말한 것처럼 Webpack의 주요 장점 중 하나는 로더(loaders)와 플러그인을 사용하여 소스코드를 번들링하기 전에 변환할 수 있는 기능입니다.

이 책 전체에서 우리는 ES2015 표준이 제공하는 새롭고 편리한 기능을 많이 사용하고 있으며 범용 JavaScript(Universal JavaScript) 어플리케이션에서 작업하는 경우에도 지속적으로 사용할 것입니다. 이 섹션에서는 Webpack의 로더 기능을 활용해 소스 모듈에서 ES2015 구문을 사용하여 이전의 예제를 다시 작성하는 방법을 살펴보겠습니다.

적절한 환경설정을 사용하면 Webpack은 현재 사용 가능한 모든 브라우저와의 호환성을 최대한 보장하기 위해 결과 코드를 브라우저의 ES5로 전환할 것입니다.

먼저 모듈을 새로운 src 폴더로 옮기겠습니다. 이렇게 하면 코드를 체계화하고 변형된 코드를 원본 소스코드와 쉽게 구분할 수 있습니다. 이렇게 분리하면 쉽게 Webpack을 설정할 수 있으며, 커맨드 라인에서 호출하는 방식을 단순화 할 수 있습니다.

이제 모듈을 다시 작성할 준비가 되었습니다. src/sayHello.js의 ES2015는 아래와 같은 형태가 될 것입니다.

```
const mustache = require('mustache');
const template = '<h1>Hello <i>{{name}}</i></h1>';
mustache.parse(template);
module.exports.sayHello = toWhom => {
  return mustache.render(template, {name: toWhom});
};
```

const, let 및 arrow 함수 구문을 사용하는데 유의하십시오.

이제 src/main.js 파일을 ES2015로 업데이트 하겠습니다. src/main.js 파일은 다음과 같이 다시 작성할 수 있습니다.

```
window.addEventListener('load', () => {
  const sayHello = require('./sayHello').sayHello;
  const hello = sayHello('Browser!');
  const body = document.getElementsByTagName("body")[0];
  body.innerHTML = hello;
});
```

이제 webpack.config.js 파일을 정의할 준비가 되었습니다.

```
const path = require('path');

module.exports = {
  entry: path.join(__dirname, "src", "main.js"),
  output: {
    path: path.join(__dirname, "dist"),
    filename: "bundle.js"
```

```
    },
    module: {
      loaders: [
        {
          test: path.join(__dirname, "src"),
          loader: 'babel-loader',
          query: {
            presets: ['es2015']
          }
        }
      ]
    }
  };
```

이 파일은 커맨드 창에서 아무런 인자 없이 호출할 때 Webpack이 읽을 환경설정 객체를 익스포트(export)하는 모듈입니다.

환경설정 객체에서 src/main.js 파일을 진입점(entry point)로 정의하고 dis/bundle.js을 번들 파일의 대상으로 정의합니다.

이 부분은 이해하기 어렵지 않으므로 배열 loader에 대해 살펴보겠습니다. 이 배열을 사용하면 Webpack이 번들 파일을 생성하는 동안 소스 파일의 내용을 변경할 수 있도록 일련의 로더를 지정할 수 있습니다. 각 로더는 특정한(이 경우, Babel 로더를 사용하여 ES2015를 ES5로) 변환을 나타내며, 현재 소스 파일이 로더에 정의된 특정 test 표현식과 일치하는 경우에만 적용됩니다. 이 예에서는 우리의 src 폴더 안의 모든 파일에 Babel-loader를 사용하고 ES2015 사전설정(preset)을 Babel 옵션으로 적용하라고 Webpack에 지시하고 있습니다.

이제 거의 준비가 완료되었습니다. Webpack을 실행하기 전에 남은 유일한 단계는 Babel과 ES2015 사전설정(preset)을 다음 명령을 통해 설치하는 것입니다.

```
npm install babel-core babel-loader babel-preset-es2015
```

이제 번들을 생성하기 위해 다음을 실행합니다.

```
webpack
```

magic.html 파일에서 새로운 dist/boundle.js를 참조하도록 하는 것을 잊지 마십시오.

브라우저를 열어서 모든 것이 제대로 동작하는지 확인할 수 있습니다.

궁금한 사항이 있는 경우, 새로 생성된 번들 파일의 내용을 읽어 보면 소스 파일에 사용된 모든 ES2015 기능이 현재 대부분의 브라우저에서 잘 돌아가도록 ES5에서 실행 가능한 적절한 코드로 변환되어 있음을 발견할 것입니다.

8.3 크로스 플랫폼 개발의 기본

다른 플랫폼용으로 개발할 때 우리가 직면하는 가장 일반적인 문제는 플랫폼에 종속적인 세부 사항들에 대해 서로 다른 구현을 제공하면서 컴포넌트의 공통적인 부분을 공유하는 것입니다. 이제 이 문제에 직면할 때 사용할 몇 가지 원칙과 패턴을 살펴보겠습니다.

8.3.1 런타임 코드 분기(branching)

호스트의 플랫폼에 따라 다양한 구현을 제공하는 가장 간단하고 직관적인 기술은 코드를 동적으로 분기하는 것입니다. 이렇게 하려면 런타임에 호스트 플랫폼을 인식한 후 if...else 문을 사용하여 구현을 동적으로 전환하는 메커니즘이 필요합니다. 일반적인 몇몇 접근 방식은 Node.js 또는 브라우저에서만 사용할 수 있는 전역 변수(global variable)를 체크하는 것입니다. 예를 들어, 전역변수 window의 존재 여부를 확인할 수 있습니다.

```
if(typeof window !== “undefined” && window.document) {
  //클라이언트 측 코드
  console.log(‘Hey browser!’);
} else {
  //Node.js 코드
  console.log(‘Hey Node.js!’);
}
```

Node.js와 브라우저 사이의 전환을 위해 런타임 분기(branching)을 사용하는 것은 분명 우리가 사용할 수 있는 가장 직관적이고 간단한 패턴이지만, 몇 가지 불편한 점이 있습니다.

- 두 플랫폼의 코드가 동일한 모듈에 포함됨으로써, 최종적인 번들에 포함되어 감당할 수 없이 코드의 크기가 커집니다.
- 너무 광범위하게 사용하면 비즈니스 로직이 플랫폼 간 호환성을 위해 추가한 로직과 뒤섞여 코드의 가독성을 상당히 떨어뜨릴 수 있습니다.

▶ 동적 분기를 사용하여 플랫폼에 따라 다른 모듈을 로드하면 대상 플랫폼과 상관없이 모든 모듈이 최종 번들에 추가됩니다. 예를 들어 다음 코드 조각을 고려해 본다면, clientModule과 serverModule은 빌드에서 한 가지를 명시적으로 제외시키지 않을 경우 모두 Webpack이 생성한 번들에 포함됩니다.

```
if(typeof window !== "undefined" && window.document) {
  require('clientModule');
} else {
  require('serverModule');
}
```

이런 불편함은 번들을 만드는 번들러가(변수가 상수가 아닌 한) 빌드 시 런타임 변수의 값을 알 수 있는 확실한 방법이 없어서 도달 가능한 코드 또는 도달할 수 없는 코드의 여부에 관계없이 모든 모듈을 포함하기 때문입니다.

이 마지막 특성의 결과로 변수를 동적으로 사용해야 하는 모듈은 번들에 포함되지 않습니다. 예를 들어, 다음 코드에서는 모듈이 번들로 제공되지 않습니다.

```
moduleList.forEach(function(module) {
  require(module);
});
```

Webpack은 이러한 제약 사항의 일부를 극복하고, 특정 상황에서 동적 요구 사항에 대해 가능한 모든 값을 추측할 수 있다는 점을 눈여겨 볼 필요가 있습니다. 예를 들어 다음과 같은 코드가 있는 경우, 모든 모듈들을 controller 폴더에 넣을 수 있습니다.

```
function getController(controllerName) {
  return require("./controller/" + controllerName);
}
```

지원 가능한 모든 사례를 이해하기 위해서는 공식 문서를 살펴보는 것이 좋습니다.

8.3.2 빌드 타임 코드 분기

이 절에서는 Webpack을 사용하여 빌드할 때 서버에서만 사용할 코드의 모든 부분을 제거하는 방법을 살펴보겠습니다. 이렇게 하면 더 가벼운 번들 파일을 얻을 수 있고, 실수로 서버에만 있어야 할 유용한 코드가 노출되는 것을 방지할 수 있습니다.

로더 외에도 Webpack은 플러그인 지원을 제공하므로, 번들 파일을 작성하는데 사용되는 프로세스 파이프라인을 확장할 수 있습니다. 빌드 시 코드 분기(브랜칭)를 수행하기 위해서는 두 개의 내장된 플러그인으로 DefinePlugin과 UglifyJsPlugin이라는 파이프라인을 사용할 수 있습니다.

DefinePlugin은 사용자 정의 코드 또는 변수로 소스 파일의 특정 코드 항목을 대처하는데 사용할 수 있습니다. 대신, UglifyJsPlugin을 사용하면 결과 코드를 압축하고 도달하지 않는(실행 시 도달하지 않는) 문장(dead code)들을 제거할 수 있습니다.

이러한 개념을 더 잘 이해할 수 있는 실제 사례를 살펴보겠습니다. main.js 파일에 다음 내용이 있다고 가정해 보겠습니다.

```
if (typeof __BROWSER__ !== "undefined") {
  console.log('Hey browser!');
} else {
  console.log('Hey Node.js!');
}
```

그런 다음, webpack.config.js 파일에 다음과 같이 정의할 수 있습니다.

```
const path = require('path');
const webpack = require('webpack');

const definePlugin = new webpack.DefinePlugin({
  "__BROWSER__": "true"
});

const uglifyJsPlugin = new webpack.optimize.UglifyJsPlugin({
  beautify: true,
  dead_code: true
});

module.exports = {
  entry: path.join(__dirname, "src", "main.js"),
  output: {
    path: path.join(__dirname, "dist"),
    filename: "bundle.js"
  },
  plugins: [definePlugin, uglifyJsPlugin]
};
```

이 코드에서 중요한 부분은 우리가 소개한 두 플러그인을 정의하고 구성하는 것입니다.

첫 번째 플러그인인 DefinePlugin을 사용하면 소스코드의 특정 부분을 동적 코드 또는 상수 값으로 바꿀 수 있습니다. 이 예제는 환경설정 방식은 좀 까다롭지만 작동 방식을 이해하는데 도움이 됩니다. 이 경우 코드에서 __BROWSER__라는 모든 항목을 찾아서 true로 바꾸도록 플러그인을 구성합니다.

모든 환경설정 객체의 값(boolean 값이 아닌 "true"라는 문자열)은 빌드 타임에 평가되어 일치하는 코드로 대체하기 위해 사용되는 코드 문장을 나타냅니다. 이것은 환경 변수의 내용, 현재 타임스탬프 또는 마지막 git commit의 해시를 포함하는 외부의 동적 값들을 번들에 넣을 수 있도록 합니다. __BROWSER__를 치환하고 나면, 첫 번째 if 문장은 내부적으로 if(true !== "undefine")이 될 것 같겠지만, Webpack은 이것이 항상 true로 평가되어야 한다는 것을 이해하기 때문에 이 결과 코드를 if(true)로 변경합니다.

두 번째 플러그인(UglifyJsPlugin)은 **UglifyJs**(https://github.com/mishoo/UglifyJS)를 사용하여 번들 파일의 JavaScript 코드를 난독화하고 최소화(minify)하는데 사용됩니다. dead_code 옵션을 플러그인에 제공하면 UglifyJs는 모든 dead code를 제거할 수 있으므로 이제 다음과 같은 코드를 처리하여,

```
if (true) {
  console.log('Hey browser!');
} else {
  console.log('Hey Node.js!');
}
```

다음과 같이 쉽게 변환할 수 있습니다.

```
console.log ('Hey browser!');
```

beautify: true 옵션은 모든 들여 쓰기 및 공백을 제거하지 않으므로 여러분이 호기심이 많다면 결과 번들 파일을 읽어 볼 수 있을 것입니다. 배포용 번들을 작성할 때 이 옵션을 지정하지 않는 것이 좋으며, 디폴트 값은 false 입니다.

> **TIP** 이 책의 예제 코드에서는 Webpack DefinePlugin을 사용하여 특정 상수를 번들이 만들어진 타임스탬프, 현재 사용자 및 현재 운영체제와 같은 동적 변수로 변경하는 방법을 볼 수 있습니다.

비록 이 기술이 더 효율적인 번들 파일을 생성하기 때문에 런타임 코드 분기보다 훨씬 더 좋다고 하더라도, 남용한다면 여전히 소스코드를 복잡하고 무겁게 만들 수 있습니다. 브라우저에서 실행될 어플리케이션의 전체 코드에 걸쳐서 서버 코드의 분기하는 문장을 항상 작성해야 한다면, 이 또한 바람직하지 않을 것이기 때문입니다.

8.3.3 모듈 교환(module swapping)

대부분의 경우, 빌드 타임에 클라이언트 번들에 포함되어야 하는 코드와 그렇지 않은 것들은 이미 알고 있습니다. 이것은 우리가 이 결정을 미리 정의하여 번들러에게 빌드시 모듈의 구현을 바꾸도록 지시할 수 있음을 의미합니다. 이렇게 하면 불필요한 모듈을 제외할 수 있기 때문에 더 작은 번들이 생성되는 경우가 많으며, 런타임과 빌드타임의 브랜치에 필요한 if...else 문을 모두 갖고 있지 않아 더 가독성 있는 코드가 됩니다.

아주 간단한 예제를 통해 Webpack으로 모듈 교환(module swapping)을 적용하는 방법을 알아보겠습니다.

alert라고 하는 함수를 익스포트하는 모듈을 만들려고 합니다. 이 모듈은 단순히 경고 메시지를 표시합니다. 서버용과 브라우저용 두 가지 서로 다른 구현이 존재할 수 있습니다. alertServer.js부터 시작하겠습니다.

```
module.exports = console.log;
```

그리고, alertBrowser.js는 다음과 같습니다.

```
module.exports = alert;
```

코드는 매우 단순합니다. console.log는 서버의 디폴트 함수이며, alert는 브라우저 용입니다. 둘 다 인수로 문자열을 받지만 처음 것은 콘솔에 문자열을 출력하는 반면, 두 번째는 팝업 윈도우에 표시합니다.

이제 기본적인 main.js 코드를 작성해 보겠습니다. 이 코드는 기본적으로 서버용 모듈을 사용합니다.

```
const alert = require ( './ alertServer');
alert('알람을 켜든 말든 아침은 옵니다.');
```

여기서는 아무런 문제가 없습니다. 단순하게 alert 모듈을 가져와 사용하고 있습니다. 다음과 같이 실행하면,

```
node.js main.js
```

콘솔에 "알람을 켜든 말든 아침은 옵니다."가 출력될 것입니다.

이제 흥미로운 부분이 있습니다. 우리의 wegback.config.js가 브라우저용 번들을 생성할 때 어떻게 alertServer의 요청을 alertBrowser와 바꿀 수 있는지 알아보겠습니다.

```
const path = require('path');
const webpack = require('webpack');

const moduleReplacementPlugin =
  new webpack.NormalModuleReplacementPlugin(/alertServer.js$/,
  './alertBrowser.js');

module.exports = {
  entry: path.join(__dirname, "src", "main.js"),
  output: {
    path: path.join(__dirname, "dist"),
    filename: "bundle.js"
  },
  plugins: [moduleReplacementPlugin]
};
```

우리는 두 개의 인자를 받아들이는 NormalModuleReplacementPlugin을 사용하였습니다. 첫 번째 인자는 정규 표현식이고, 두 번째 인자는 리소스에 대한 경로를 나타내는 문자열입니다. 빌드 시에 리소스가 주어진 정규식과 일치하면 두 번째 인자에서 제공된 리소스로 대체됩니다.

이 예제에서는 alertServer 모듈과 일치하는 정규식을 제공하고 이를 alertBrowser로 바꿉니다.

> 이 예제에서 const 키워드를 사용했지만 간결함을 위해 ES2015을 ES5로 변환하여 컴파일하기 위한 설정을 코드에 추가하지 않았으므로 오래된 브라우저에서는 동작하지 않을 수도 있습니다.

물론 npm에서 가져온 외부 모듈에서도 동일한 교체(swapping) 기술을 사용할 수 있습니다. 이전의 예제를 개선하여 모듈 교체(swapping)와 함께 하나 이상의 외부 모듈을 사용하는 방법에 대해 알아보겠습니다.

오늘날에는 대부분 alert 함수를 사용하려고 하지 않습니다. 이 함수는 실제로 사용자가 닫을 때까지 브라우저를 차단하는 매우 보기가 좋지 않은 창을 표시합니다. 멋진 경고 메시지를 표시하려면 토스트 팝업(toast popup)을 사용하는 것이 훨씬 더 좋을 것입니다. npm에는 이 토스트 기능을 제공하는 많은 라이브러리가 있으며, 그 중 하나가 매우 간단한 프로그래밍 인터페이스와 멋진 룩앤필을 제공하는 toastr(https://npmjs.com/package/toastr)입니다.

toastr은 jQuery에 의존하기 때문에 우리가 해야 할 첫 번째 일은 두 가지를 모두 설치하는 것입니다.

```
npm install jQuery toastr
```

이제 alertBrowser 모듈을 디폴트 alert 함수 대신 toastr을 사용하도록 다시 작성할 수 있습니다.

```
const toastr = require('toastr');
module.exports = toastr.info;
```

toastr.info 함수는 문자열을 인자로 받아들여 호출된 후 브라우저 윈도우의 오른쪽 상단 구석에 지정된 메시지를 상자로 출력합니다.

Webpack 설정 파일은 동일하게 유지하지만, 이번에 Webpack은 alertBrowser 모듈의 새 버전에 대한 전체 종속성 트리를 분석하므로 결과 번들 파일에 JQuery 및 Toastr이 포함됩니다.

또한 모듈의 서버 버전과 main.js 파일은 변경되지 않았으므로 이 솔루션으로 코드를 훨씬 쉽게 유지 관리할 수 있습니다.

> 이 예제가 브라우저에서 제대로 작동하도록 하려면 HTML 파일에 toastr CSS 파일을 추가해야 합니다.

Webpack 및 모듈 교체를 위한 플러그인 덕분에 플랫폼 간의 구조적인 차이를 쉽게 다룰 수 있게 되었습니다. 우리는 플랫폼 별 코드를 제공하는 별도의 모듈을 작성하는데 주력할 수 있으며, 그런 다음 최종 번들에 특정 브라우저 전용 모듈만 포함하여 해당 모듈을 교체할 수 있습니다.

8.3.4 크로스 플랫폼 개발을 위한 디자인 패턴

이제 우리는 Node.js와 브라우저 코드 사이를 전환하는 방법을 알게 되었습니다. 나머지 퍼즐 조각들은 우리의 디자인에 어떻게 이것을 통합하는가와 그들을 부품처럼 일부를 교체할 수 있는 방식으로 어떻게 컴포넌트를 만드는가 하는 것입니다. 이제 이러한 도전은 여러분에게 전혀 새로운 것이 아닙니다. 실제로 우리는 이 책을 통해 다양한 패턴을 보고 분석했으며, 목적을 달성하기 위해 사용해 왔기 때문입니다.

그 중 일부를 수정하여 어떻게 교차 플랫폼 개발에 적용할 수 있는지 설명합니다.

- 전략(Strategy)와 템플릿(Template): 이 두 가지는 아마도 브라우저와 코드를 공유할 때 가장 유용한 패턴일 것입니다. 이것들의 의도는 사실 알고리즘의 공통 단계를 정의하여 일부를 교체할 수 있게 하는 것인데, 이것이 정확히 우리가 필요로 하는 것입니다. 교차 플랫폼 개발에서 이러한 패턴을 통해 플랫폼에 제한되지 않는 컴포넌트를 공유할 수 있으며, 이를 통해 플랫폼별 부품이 다른 전략(Strategy)이나 템플릿(Template) 메소드를 사용하도록 변경할 수 있습니다(런타임 또는 컴파일 타임 분기).
- 어댑터(Adapter): 이 패턴은 아마도 컴포넌트 전체를 교환해야 할 때 가장 유용합니다. '6장. 디자인 패턴'에서 브라우저와 호환되지 않는 전체 모듈을 브라우저 호환 인터페이스 위에 구축된 어댑터로 어떻게 대체할 수 있는지에 대한 예제를 이미 보았습니다. fs 인터페이스용 LevelUP 어댑터가 기억나시나요?
- 프록시(Proxy): 서버에서 실행되도록 한 코드를 브라우저에서 실행할 때 우리는 종종 서버에 있는 것들도 브라우저에서 사용할 수 있기를 기대하는 경우가 많습니다. 여기서 원격 프록시 패턴이 적용됩니다. 브라우저에서 서버의 파일 시스템에 액세스하려는 경우를 상상해 봅시다. Ajax나 Web Socket를 사용하여 명령과 반환값을 교환하도록, 서버에 상주해 있는 fs 모듈에 대한 모든 요청을 프록시하는 fs 객체를 클라이언트에 생성하는 것을 생각해 볼 수도 있습니다.
- 옵저버(Observer): 옵저버 패턴은 이벤트를 발생시키는 컴포넌트와 이벤트를 수신하는 컴포넌트 사이의 자연스러운 추상화를 제공합니다. 크로스 플랫폼 개발에서는 리스너에 영향을 미치지 않고 emitter를 브라우저에 맞춘 구현체로 대체할 수 있으며 그 반대의 경우도 가능하다는 것을 의미합니다.
- DI 및 서비스 로케이터(Service Locator): DI와 서비스 로케이터는 모두 주입 순간에 모듈의 구현을 대체하는데 유용하게 사용할 수 있습니다.

우리가 처리해온 패턴의 무기들은 매우 강력하지만, 가장 강력한 무기는 가장 좋은 접근 방식을 선택하고 그것을 당장의 특정한 문제에 적응시키는 개발자의 능력입니다. 다음 섹션에서는 지금까지 보아 왔던 몇 가지 개념과 패턴을 활용하여 배운 것을 실천해 볼 것입니다.

8.4 리액트(React) 소개

지금부터는 Facebook(http://facebook.github.io/react/)에서 처음 발표된 JavaScript 라이브러리인 React(ReacJs라고도 함)를 사용하여 우리의 어플리케이션에서 뷰 계층을 구축하기 위해 포괄적인 기능 및 도구 집합을 제공하는데 집중할 것입니다. React는 컴포넌트의 개념에 초점을 맞추어 뷰의 추상화를 제공합니다. 여기서 컴포넌트는 버튼, 입력 폼, HTML의 div 또는 사용자 인터페이스의 다른 모든 엘리먼트 같은 간단한 컨테이너입니다. 이 개념은 특정한 책임을 가진, 고도로 재사용 가능한 컴포넌트를 정의하고 구성하는 것만으로 어플리케이션의 사용자 인터페이스를 구축할 수 있어야 한다는 것입니다.

React가 웹에 대한 다른 뷰의 구현체들과 다른 점은 설계 상 DOM에 바인딩되어 있지 않다는 것입니다. 실제로 웹과 매우 잘 어울리는 Virtual DOM(가상 DOM)이라는 더 높은 수준의 추상화를 제공하지만 다른 영역에서도 사용될 수 있습니다. 예를 들면 모바일 어플리케이션 구축과 3D 환경 모델링, 더 나아가 하드웨어 컴포넌트 간의 상호작용 정의와 같은 것들이 있습니다.

"한번 배우고 모든 곳에 사용하세요(Learn it once, use it everywhere)"

이것은 React를 소개하기 위해 Facebook에서 자주 사용하는 모토입니다. 이것은 "한 번 작성하여 모든 곳에서 실행하십시오(Write once, run it everywhere)"라는 유명한 Java의 모토를 흉내내지만, 그와는 다르게 모든 다른 상황에 맞도록 특정한 구현이 필요하다는 것을 분명히 함과 동시에 일단 여러분이 한번 배우고 나면 다양한 환경에 걸쳐 편리한 원리와 도구를 재사용할 수 있다는 말입니다.

> 엄격하게 웹 개발 분야와 관련이 없는 환경에서 React의 어플리케이션을 살펴보고자 하는 경우, 다음 프로젝트를 참고할 수 있습니다.
>
> - 모바일 앱용 **React Native**: https://facebook.github.io/react-native
> - 3D 장면을 만들기 위한 **React Three**: https://github.com/Izzimach/react-three
> - **React Hardware**: https://github.com/iamdustan/react-hardware

React가 범용(Universal) JavaScript 개발과 관련해 매우 흥미로운 주된 이유는 거의 동일한 코드를 사용하여 서버와 클라이언트 모두에서 뷰(view) 코드를 렌더링할 수 있기 때문입니다. 바꿔 말하면, React를 사용하여 사용자가 Node.js 서버에서 직접 요청한 페이지를 표시하는데 필요한 모든 HTML 코드를 렌더링한 후 페이지가 로드될 때 추가적인 상호 작용이나 렌더링을 브라우저에서 직접 수행할 수 있습니다. 이를 통해 대부분의 작업이 브라우저에서 이루어지고 변경해야 할 페이지의 일부만 새로 고쳐지는 SPA(Single-PageApplications)를 구축할 수 있습니다. 동시에 사용자가 로드하는 첫 번째 페이지를 서버에서 제공함으로써 로딩 시간이 단축되고 검색 엔진의 콘텐츠 색인 기능이 향상됩니다.

또한 React의 Virtual DOM(가상 DOM)은 변경 사항이 렌더링되는 방식을 최적화 할 수 있습니다. 즉, 모든 변경 후에 DOM이 전체적으로 렌더링되지 않는 대신 React는 스마트 인메모리 분산 알고리즘을 사용하는데, 이 알고리즘은 뷰를 업데이트하기 위해 DOM에 적용할 최소한의 변경 사항을 미리 계산할 수 있습니다. 결과적으로 브라우저의 렌더링 속도가 매우 빨라지고, React가 다른 라이브러리 및 프레임워크 보다 많은 인기를 끌고 있는 또 다른 중요한 이유가 됩니다.

더 이상의 설명을 생략하고 React를 사용하는 구체적인 예를 들어 보겠습니다.

8.4.1 첫 번째 React 컴포넌트

React를 다루기 위해 브라우저 윈도우에 엘리먼트의 목록을 보여주는 매우 간단한 위젯 컴포넌트를 만들어 보겠습니다.

이 예제에서는 Webpack 및 Babel과 같이 이 장에서 이미 본 도구 중 일부를 사용하기 때문에 일부 코드를 작성하기 전에 필요한 모든 종속성을 설치해야 합니다..

```
npm install webpack babel-core babel-loader babel-preset-es2015
```

또한, React 코드를 동등한 ES5 코드로 변환하기 위해 React와 Bavel의 사전 설정(preset)이 필요합니다.

```
npm install react react-dom babel-preset-react
```

이제 src/joyceBooks.js라는 모듈에 첫 번째 react 컴포넌트를 작성할 준비가 되었습니다.

```
const React = require('react');

const books = [
  'Dubliners',
  'A Portrait of the Artist as a Young Man',
  'Exiles and poetry',
  'Ulysses',
```

```
    'Finnegans Wake'
];

class JoyceBooks extends React.Component {
  render() {
    return (
      <div>
        <h2>James Joyce's major works</h2>
        <ul className="books">{
          books.map((book, index) =>
            <li className="book" key={index}>{book}</li>
          )
        }</ul>
      </div>
    );
  }
}

module.exports = JoyceBooks;
```

코드의 처음 부분은 크게 어렵지 않습니다. React 모듈을 가져오고 책들의 제목을 가지고 있는 배열을 정의하는 것입니다.

두 번째 부분이 가장 흥미로운 부분으로 여기가 컴포넌트의 핵심입니다. 주의할 것은 React 코드를 처음 본다면 이상하게 보일 수 있습니다.

따라서 React 컴포넌트를 정의하려면 React.Component로부터 확장된 클래스를 만들어야 합니다. 이 클래스는 반드시 render라는 함수를 정의해야 하는데, 이 함수는 컴포넌트가 담당하는 DOM의 일부를 표현하는데 사용됩니다.

그러나 render 함수 내부에 있는 것은 도대체 뭘까요? 내부에서는 따옴표로 감싸지도 않은 일종의 JavaScript 코드와 함께 일종의 HTML을 반환하고 있습니다. 혹시 궁금해 하실지 모르겠지만, 이건 JavaScript가 아닌 **JSX**라는 것입니다.

8.4.2 JSX가 뭐지?!

앞에서 말했듯이 React는 가상 DOM을 생성하고 조작하기 위한 높은 수준의 API를 제공합니다. DOM은 그 자체만으로 훌륭한 개념이며 쉽게 XML 또는 HTML로 표현할 수 있지만, 만약 우리가 Node, Parent 그리고 Child와 같은 낮은 수준의 개념을 다루면서 Tree를 동적으로 조작해야 한다면 매우 성가시게 됩니다. 이 고유의 복잡성을 처리하기 위해 React는 가상 DOM을 기술하고 조작하기 위해 고안된 중간 형식으로 JSX를 도입했습니다.

사실, JSX는 자체적으로 언어가 아니며, 실제로 JavaScript를 실행하기 위해 일반 JavaScript로 변환해야 하는 JavaScript의 슈퍼셋입니다. 그러나 개발자들은 여전히 JavaScript를 사용하여 XML 기반 구문을 사용하는 이점을 누리 수 있습니다. 브라우저를 대상으로 개발할 때, 앞의 예에서 보셨듯이 JSX는 웹 컴포넌트를 정의하는 HTML 코드를 기술하는데 사용되며, 마치 향상된 JavaScript 구문의 일부를 보는 것처럼 JSX 코드의 중간에 직접 HTML 태그를 넣을 수 있습니다.

이 접근 방식은 근본적인 이점을 제공합니다. 즉, 현재 HTML 코드는 빌드 시에 동적으로 검증되며, 어떤 태그를 닫는 것을 잊어 버리는 등의 경우 미리 오류가 발생합니다.

이제 JSX의 중요한 세부 사항을 이해하기 위해 이전 예제의 render 함수를 분석해 보겠습니다.

```
render() {
  return (
    <div>
      <h2>James Joyce's major works</h2>
      <ul className="books">{
        books.map((book, index) =>
          <li className="book" key={index}>{book}</li>
          )
      }</ul>
    </div>
  );
}
```

앞서 보았듯이, JSX 코드 내 임의의 위치에 특정 표시기나 래퍼를 둘 필요 없이 HTML 코드를 삽입할 수 있습니다. 이 경우에는 div 태그를 정의하며, div 태그는 우리 컴포넌트의 컨테이너 역할을 합니다.

이 HTML 블록 내에 JavaScript 로직을 넣을 수도 있습니다. ul 태그 내 대괄호에 유의하십시오. 이 방법을 사용하면 많은 템플릿 엔진으로 수행할 수 있는 것과 유사한 방식으로 HTML 코드의 일부를 동적으로 정의할 수 있습니다. 이 경우에는 기본 JavaScript의 map 함수를 사용하여 배열에 있는 사용 가능한 모든 책에 대한 반복을 수행하면서, 각 책에 대해 또 다른 HTML 조각을 만들어 책이름을 목록에 추가합니다.

중괄호는 HTML 블록 내에서 표현식을 정의하는데 사용되며, 가장 간단한 사용 사례는 {book} 와 같이 쓰인 곳에 변수의 내용을 출력하는데 사용됩니다.

끝으로 이 JavaScript 콘텐츠 내에 또 다른 HTML 코드 블록을 다시 넣을 수 있으므로, HTML 및 JavaScript 콘텐츠를 가상 DOM을 표현하는 모든 레벨에서 혼합해서 중첩시킬 수 있습니다.

React로 개발할 때 JSX를 사용하는 것은 필수 사항은 아닙니다. JSX는 React 가상 DOM JavaScript 라이브러리 위에 있는 훌륭한 인터페이스일 뿐입니다. 추가적인 노력을 들여 이러한 함수를 직접 호출하고 JSX 및 해당 추출 단계를 완전히 건너 뛰어도 동일한 결과를 얻을 수도 있습니다. JSX 없이 React 코드가 어떻게 보이는지에 대한 아이디어를 얻기 위해서는 예제의 변환된 reader 함수를 살펴보십시오.

```
function render() {
  return React.createElement(
    'div',
    null,
    React.createElement(
      'h2',
      null,
      'James Joyce's major works'
    ),
    React.createElement(
      'ul',
      { className: 'books' },
      books.map(function (book) {
        return React.createElement(
          'li',
          { className: 'book' },
          book
        );
      })
    )
  );
}
```

보시다시피 이 코드는 읽기 쉽지 않고 오류가 발생하기 쉽기 때문에, 될 수 있으면 JSX를 사용하고 변환기(transpiler)를 통해 동일한 JavaScript 코드를 생성하는 것이 좋습니다.

JSX에 대한 간단한 개요를 마치기 위해, 이 코드가 실행될 때 최종적으로 HTML로 어떻게 렌더링되는지 살펴봅시다.

```
<div data-reactroot="">
  <h2>James Joyce's major works</h2>
    <ul class="books">
      <li class="book">Dubliners</li>
      <li class="book">A Portrait of the Artist as a Young Man</li>
      <li class="book">Exiles and poetry</li>
      <li class="book">Ulysses</li>
      <li class="book">Finnegans Wake</li>
    </ul>
</div>
```

여기서 마지막으로 주목해야 할 것은 코드의 JSX/JavaScript 버전에서는 calssName 어트리뷰트(attribute)를 사용했으며 이것은 클래스로 변환됩니다. 가상 DOM으로 작업할 때 HTML 어트리뷰트에 대해 DOM과 동일한 어트리뷰트을 사용해야 한다는 점이 중요합니다.

> React의 모든 지원 태그 및 속성 목록은 https://facebook.github.io/react/docs/tags-and-attributes.html의 공식 문서에서 볼 수 있습니다.
>
> JSX 구문에 대해 더 알고 싶다면 Facebook에서 제공하는 공식 문서를 참고할 수 있습니다.
>
> • https://facebook.github.io/jsx.

8.4.3 JSX 변환을 위한 Webpack 설정

이 섹션에서는 JSX 코드를 브라우저에서 실행될 수 있는 JavaScript 코드로 변환하는데 사용할 수 있는 Webpack의 설정 예제를 보겠습니다.

```
const path = require('path');
module.exports = {
  entry: path.join(__dirname, "src", "main.js"),
  output: {
    path: path.join(__dirname, "dist"),
    filename: "bundle.js"
  },
  module: {
```

```
      loaders: [
        {
          test: path.join(__dirname, "src"),
          loader: 'babel-loader',
          query: {
            cacheDirectory: 'babel_cache',
            presets: ['es2015', 'react']
          }
        }
      ]
    }
  };
```

이미 알고 있겠지만, 이 설정은 이전 ES2015 Webpack 예제에서 본 구성과 거의 동일합니다. 차이점이라면 다음과 같습니다.

- Babel의 react preset을 사용하고 있습니다.
- cacheDirectory 옵션을 사용하고 있습니다. 이 옵션을 사용하면 Babel은 특정 디렉터리를 캐시 폴더(여기서는 babel_cache 폴더)로 사용하고 더 신속하게 번들 파일을 만들 수 있습니다. 반드시 필요한 것은 아니지만 개발 속도를 높이는데 도움이 됩니다.

8.4.4 브라우저에서 렌더링하기

첫 번째 React 컴포넌트가 준비되었으므로 이를 사용하여 브라우저에서 렌더링하겠습니다. JoyceBooks 컴포넌트를 사용하기 위해 src/main.js JavaScript 파일을 생성합니다.

```
const React = require('react');
const ReactDOM = require('react-dom');
const JoyceBooks = require('./joyceBooks');

window.onload = () => {
  ReactDOM.render(<JoyceBooks/>, document.getElementById('main'))
};
```

이 코드에서 가장 중요한 부분은 ReactDom.render 함수 호출입니다. 이 함수는 JSX 코드 블록과 DOM의 엘리먼트를 인자로 취하여 JSX 블록을 HTML 코드로 렌더링하고 두 번째 인자로 지정된 DOM 노드에 적용합니다. 또한 여기서 전달하는 JSX 블록은 사용자 정의 태그

(JoyceBooks) 만을 가지고 있습니다. 컴포넌트가 필요할 때마다 JSX 태그(여기서 태그의 이름이 컴포넌트의 클래스 이름으로 지정됩니다)로 사용할 수 있으므로 컴포넌트의 새 인스턴스를 다른 JSX 블록에 쉽게 삽입할 수 있습니다. 이것은 개발자가 화면을 여러 개의 결합된 컴포넌트로 분할할 수 있게 해주는 기본적인 메커니즘입니다.

이제 첫 번째 React 예제를 실제로 확인하기 위해 수행해야 할 마지막 단계는 index.html 페이지를 만드는 것입니다.

```
<!DOCTYPE html>
<html>
  <head>
    <meta charset="utf-8" />
    <title>React Example - James Joyce books</title>
  </head>
  <body>
    <div id="main"></div>
    <script src="dist/bundle.js"></script>
  </body>
</html>
```

이것은 매우 간단하여 많은 설명이 필요하지 않습니다. React 어플리케이션의 컨테이너 역할을 담당하는 id가 "main"인 div를 가지고 있는 일반 HTML 페이지에 bundle.js 파일을 추가하기만 하면 됩니다.

이제 커맨드 라인에서 webpack을 실행한 후, 브라우저에서 index.html 페이지를 열면 됩니다.

여기서 이해해야 할 중요한 점은 사용자가 페이지를 로드할 때, 클라이언트 측 렌더링이 어떻게 되는가 하는 것입니다.

1. 페이지의 HTML 코드가 브라우저에 의해 다운로드 된 후 렌더링됩니다.
2. 번들 파일이 다운로드 되고 JavaScript 내용이 평가됩니다.
3. 평가된 코드는 페이지의 실제 내용을 동적으로 생성하여 DOM을 업데이트하여 표시합니다.

즉, JavaScript를 사용하지 않도록 설정한(예: 검색 엔진 봇) 브라우저에서 이 페이지를 로드할 경우, 우리 웹 페이지는 별 내용을 가지지 않은 빈 웹 페이지처럼 보일 것입니다. 이것은 특히 SEO(Search Engine Optimization) 측면에서 심각한 문제일 수 있습니다.

이 장의 뒷부분에서는 이러한 제약을 극복하기 위해 서버에서 동일한 React 컴포넌트를 렌더링하는 방법에 대해 알아볼 것입니다.

8.4.5 React Router 라이브러리

이 섹션에서는 몇 개의 화면으로 구성된 매우 간단한 탐색 앱을 만들어 이전의 예제를 개선하겠습니다. 여기에는 세가지 영역이 있습니다. 인덱스 페이지와 James Joyce의 책들에 대한 페이지 그리고 H.G.Wells의 책들에 대한 페이지가 그것입니다. 또한 사용자가 존재하지 않는 URL에 접근하려 할 경우 표시해야 할 페이지가 있습니다.

이 어플리케이션을 빌드하기 위해서는 React Router 라이브러리(https://github.com/reactjs/react-router)를 사용해야 합니다. 이것은 React 내 컴포넌트들을 쉽게 탐색할 수 있도록 해주는 모듈입니다. 따라서, 우리가 제일 먼저 해야 할 일은 프로젝트에서 React Router를 다운로드하는 것입니다.

```
npm install react-router
```

이제 이 새로운 앱의 각 부분을 만드는데 필요한 모든 컴포넌트를 만들 준비가 되었습니다. src/components/authorsIndex.js에서 시작해 보겠습니다.

```
const React = require('react');
const Link = require('react-router').Link;

const authors = [
  {id: 1, name: 'James Joyce', slug: 'joyce'},
  {id: 2, name: 'Herbert George Wells', slug: 'h-g-wells'}
];

class AuthorsIndex extends React.Component {
  render() {
    return (
      <div>
        <h1>List of authors</h1>
        <ul>{
          authors.map( author =>
            <li key={author.id}><Link to={`/author/${author.slug}`}>
                   {author.name}</Link></li>
          )
```

```
          }</ul>
        </div>
      )
    }
  }

module.exports = AuthorsIndex;
```

이 컴포넌트는 어플리케이션의 인덱스를 나타냅니다. 여기에는 두 명의 저자 이름이 표시됩니다. 간단히 말해, 단순함을 유지하기 위해 이 컴포넌트를 렌더링하는데 필요한 데이터를 각 작가를 나타내는 일련의 배열 객체인 authors에게 저장합니다. 또 다른 새로운 요소는 Link 컴포넌트입니다. 예상했다시피 이 컴포넌트는 React Router 라이브러리를 이용하며 앱의 영역들을 탐색할 수 있도록 클릭 가능한 링크를 렌더링합니다. 이해해야 할 중요한 점은 Link 컴포넌트의 to 속성(property)입니다. 링크를 클릭할 때 표시할 특정 라우트(route)를 나타내는 상대 URI를 지정하는데 사용됩니다. 따라서 일반 HTML의 〈a〉 태그와 크게 다르지 않습니다. 유일한 차이점은 전체 페이지를 새로 고침하여 새 페이지로 이동하는 대신 React Router가 새로운 URI와 관련된 컴포넌트를 표시하기 위해 변경해야 하는 페이지의 부분을 동적으로 새로 고친다는 점입니다. 이 메커니즘이 어떻게 동작하는지는 라우터(router)의 설정을 작성할 때 더 잘 알 수 있을 것입니다. 지금은 앱에서 사용하려는 다른 컴포넌트들을 만드는데 집중하겠습니다. 자 이제 JoyceBooks 컴포넌트를 다시 작성해 보겠습니다. 이번에 이 컴포넌트는 components/joyceBooks.js에 저장됩니다.

```
const React = require('react');
const Link = require('react-router').Link;

const books = [
  'Dubliners',
  'A Portrait of the Artist as a Young Man',
  'Exiles and poetry',
  'Ulysses',
  'Finnegans Wake'
];

class JoyceBooks extends React.Component {
  render() {
    return (
      <div>
```

```
          <h2>James Joyce's major works</h2>
          <ul className="books">{
            books.map( (book, key) =>
              <li key={key} className="book">{book}</li>
            )
          }</ul>
          <Link to="/">Go back to index</Link>
        </div>
      );
    }
  }

module.exports = JoyceBooks;
```

기대했던 대로 이 컴포넌트는 이전의 버전과 매우 유사해 보입니다. 유일한 차이점은 컴포넌트의 마지막에 있는 "Go back to index" 링크를 추가하고 map 함수 내에서 key 어트리뷰트를 사용한다는 것입니다. 마지막 변경을 통해, React에게 특정 엘리먼트가 고유한 키로 식별된다고 알리고 있습니다(이 경우 단순함을 위해 배열의 인덱스를 사용합니다). 이렇게 하면 목록을 다시 렌더링해야 할 때마다 여러 가지 최적화를 수행할 수 있습니다. 이 마지막 변경이 필수적이지는 않지만 대용량 어플리케이션의 경우 권장됩니다.

이제 동일한 스키마로 components/wellsBooks.js 컴포넌트를 작성할 수 있습니다.

```
const React = require('react');
const Link = require('react-router').Link;

const books = [
  'The Time Machine',
  'The War of the Worlds',
  'The First Men in the Moon',
  'The Invisible Man'
];

class WellsBooks extends React.Component {
  render() {
    return (
      <div>
        <h2>Herbert George Wells's major works</h2>
          <ul className="books">{
            books.map( (book, key) =>
```

```
                <li key={key} className="book">{book}</li>
              )
            }</ul>
          <Link to="/">Go back to index</Link>
        </div>
      );
    }
  }

  module.exports = WellsBooks;
```

이 컴포넌트는 이전 컴포넌트와 거의 동일하기 때문에 낯설지 않을 것입니다. 보다 일반적인 AuthorPage 컴포넌트를 작성하고 코드 중복을 피할 수 있겠지만, 이는 다음 섹션에서 다루기로 하겠습니다. 여기서는 라우팅에만 집중하기 바랍니다.

이제 오류 메시지를 표시하기 위한 components/notFound.js 컴포넌트가 필요합니다. 간결함을 위해 구현은 건너 뛰겠습니다.

이제 라우팅의 로직을 정의하는 흥미로운 부분인 routes.js로 넘어가겠습니다.

```
const React = require('react');
const ReactRouter = require('react-router');
const Router = ReactRouter.Router;
const Route = ReactRouter.Route;
const hashHistory = ReactRouter.hashHistory;
const AuthorsIndex = require('./components/authorsIndex');
const JoyceBooks = require('./components/joyceBooks');
const WellsBooks = require('./components/wellsBooks');
const NotFound = require('./components/notFound');

class Routes extends React.Component {
  render() {
    return (
      <Router history={hashHistory}>
        <Route path="/" component={AuthorsIndex}/>
        <Route path="/author/joyce" component={JoyceBooks}/>
        <Route path="/author/h-g-wells" component={WellsBooks}/>
        <Route path="*" component={NotFound} />
      </Router>
    )
```

```
    }
  }
  module.exports = Routes;
```

여기서 분석해야 할 첫 번째 사항은 앱의 라우팅 컴포넌트를 구현하는데 필요한 모듈들의 목록입니다. React Router에는 라우터(Router), 라우트(Route) 그리고 hasHistory 3가지 모듈이 필요합니다.

라우터(Router)는 모든 라우팅 구성을 보유하는 핵심 컴포넌트입니다. 이것은 우리의 라우트(Route) 컴포넌트들의 루트 노드로 사용하는 엘리먼트입니다. history 속성은 사용자가 링크를 클릭할 때마다 브라우저 바(browser bar)의 URL을 업데이트하는 방법과 액티브(active) 라우트를 탐지하는데 사용되는 메커니즘을 정의합니다. 일반적으로 hsahHistory와 browserHistory 두 가지 전략이 있습니다. 첫 번째 전략은 URL의 일부분을 사용합니다(해시 기호로 구분된 부분). 이 전략을 사용하면 링크가 다음과 같이 표시됩니다. index.html#/author/hg-wells.

두 번째 전략은 URL의 일부를 사용하지 않지만, 보다 일반적인 URL로 표시하기 위해 HTML5 **history API**(https://developer.mozilla.org/en-US/docs/Web/API/HistoryAPI)를 활용합니다. 이 전략을 사용하면 모든 경로는 http://example.com/author/h-g-wells 와 같은 고유한 전체 URI를 가집니다.

이 예제에서는 가장 간단하고 웹 서버가 페이지를 새로 고칠 필요가 없는 hashHistory 전략을 사용하겠습니다. 이 장의 뒷부분에서 우리는 browserHistory 전략을 사용하게 될 것입니다.

라우트(Route) 컴포넌트를 통해 경로와 컴포넌트 간의 연결을 정의할 수 있습니다. 이 컴포넌트는 경로가 일치할 경우 렌더링됩니다.

render 함수 내에서 우리는 이러한 개념을 모두 요약 및 구성하고 있으며, 이제 여러분은 모든 컴포넌트와 옵션의 의미를 파악하고 이를 이해할 수 있을 것입니다.

여기서 이해해야 할 중요한 점은 Router 컴포넌트가 HTML과 같은 선언적인 구문과 함께 동작하는 방식입니다.

- 먼저 이 구문은 컨테이너의 역할을 합니다. HTML 코드를 렌더링하지는 않지만 Route 정의 목록을 담습니다.
- 모든 라우트(Route) 정의는 컴포넌트와 연결됩니다. 이번의 컴포넌트는 그래픽 컴포넌트로, 페이지의 현재 URL 경로와 일치하는 경우에만 페이지의 HTML 코드로 렌더링된다는 것을 의미합니다.
- 특정 URI에 대해 단 하나의 라우트(Route)만 일치할 수 있습니다. 모호한 경우 라우터(Router)는 다음으로 포괄적인 경로(route)를 선택하게 됩니다(예:/author/joyce는 /author로).

- ▶ 다른 모든 경로가 일치하지 않는 경우를 위해서 *를 사용한 포괄 경로(catch-all route)를 정의할 수 있습니다. 여기서는 "not found" 메시지를 표시하기 위해 사용하고 있습니다.
- ▶ 이제 이 예제를 완성하는 마지막 단계로 Route 컴포넌트들을 메인 컴포넌트로 사용하도록 main.js를 수정하겠습니다.

```
const React = require('react');
const ReactDOM = require('react-dom');
const Routes = require('./routes');
window.onload = () => {
  ReactDOM.render(<Routes/>, document.getElementById('main'))
};
```

이제 Webpack을 실행하여 번들 파일을 만들고 어플리케이션이 작동하는 것을 확인하기 위해 index.html을 엽니다.

링크들을 클릭하고 URL이 어떻게 업데이트되는지 보십시오. 또한 디버그 도구를 사용하면 한 곳에서 다른 곳으로 전환할 때 페이지를 완전히 새로 고치지 않고 새로운 요청을 트리거하는 방식을 알 수 있을 것입니다. 실제로 인덱스 페이지를 열면 앱의 전체 내용이 로드되는데, 여기에서 라우터(Router)는 현재 URI가 지정된 올바른 컴포넌트를 표시하고 나머지를 숨기는데 사용됩니다. 어쨌든 라우터(Router)는 특정 URI(예: index.html#/authro/joyce)로 페이지를 새로 고치면 해당하는 컴포넌트를 즉시 표시합니다.

React Router는 매우 강력한 컴포넌트이며 여러 가지 흥미로운 기능들이 있습니다. 예를 들어 여러 수준의 사용자 인터페이스를 나타내는 중첩 경로(중첩된 섹션이 있는 컴포넌트)가 있을 수 있습니다. 이 장에서는 컴포넌트와 데이터를 필요할 때 확장할 수 있는 방법을 설명합니다. 그 전까지는 컴포넌트의 공식 문서를 참고하여 사용 가능한 모든 기능들을 찾을 수 있을 것입니다.

8.5 범용 JavaScript 앱 만들기

지금까지 샘플 앱을 완전한 범용(Universal) JavaScript 앱으로 만들기 위해 필요한 기본적인 것들의 대부분을 살펴보았습니다. Wetpack, Reac.js를 살펴보았고 필요에 따라 플랫폼 사이의 코드를 구분할 때 도움이 되는 대부분의 패턴을 분석했습니다.

이 섹션에서는 범용 라우팅 및 렌더링을 추가하여 재사용 가능한 컴포넌트를 생성하고, 끝으로 범용 데이터 탐색을 추가하여 예제를 개선해 보겠습니다.

8.5.1 재사용 가능한 컴포넌트 만들기

앞의 예에서 JoyceBooks와 WellsBooks라는 매우 유사한 두 개의 컴포넌트를 만들었습니다. 이 두 컴포넌트는 거의 동일합니다. 이제 수백 또는 수천 명의 저자가 있을 수 있는 시나리오를 상상해 봅시다. 그렇습니다. 모든 저자에 대해 전용 컴포넌트를 계속 유지하는 것은 그다지 좋은 생각이 아닐 것입니다.

이 섹션에서는 더 일반적인 컴포넌트를 만들고 매개 변수화된 경로를 가질 수 있도록 라우팅을 수정해 보겠습니다.

일반적인 컴포넌트로 compoents/authorPage.js 컴포넌트를 만들어봅시다.

```
const React = require('react');
const Link = require('react-router').Link;
const AUTHORS = require('../authors');

class AuthorPage extends React.Component {
  render() {
    const author = AUTHORS[this.props.params.id];
    return (
      <div>
        <h2>{author.name}'s major works</h2>
        <ul className="books">{
          author.books.map( (book, key) =>
            <li key={key} className="book">{book}</li>
          )
        }</ul>
        <Link to="/">Go back to index</Link>
      </div>
    );
  }
}
module.exports = AuthorPage;
```

물론 이 컴포넌트는 앞서 살펴본 두 컴포넌트와 매우 유사합니다. 두 가지 큰 차이점은 컴포넌트 내에서 데이터를 가져오는 방법과 표시할 저자를 나타내는 매개 변수를 받는 방법이 필요하다는 것입니다.

간단히 하기 위해, 여기서는 authors.js를 사용합니다. 이 모듈은 간단한 데이터베이스로 사용할 저자에 대한 데이터가 들어있는 JavaScript 객체를 반환합니다. 변수 this.props.

params.id는 표시해야 하는 저자의 식별자를 나타냅니다. 이 매개 변수는 라우터에 의해 채워지며, 어떻게 그렇게 할지는 곧 보게 될 것입니다. 이 매개 변수를 사용함으로써 데이터베이스 객체에서 저자를 추출한 후 컴포넌트를 렌더링하는데 필요한 모든 정보가 만들어집니다.

다음은 데이터를 가져오는 방법을 이해하기 위해 authros.js 모듈의 형태를 보여주는 예입니다.

```
module.exports = {

'joyce': {
   'name': 'James Joyce',
      'books': [
         'Dubliners',
         'A Portrait of the Artist as a Young Man',
         'Exiles and poetry',
         'Ulysses',
         'Finnegans Wake'
      ]
   },

   'h-g-wells': {
      'name': 'Herbert George Wells',
      'books': [
         'The Time Machine',
         'The War of the Worlds',
         'The First Men in the Moon',
         'The Invisible Man'
      ]
   }
};
```

저자들(authors)을 니모닉(mnemonic: 연상 기호) 문자열 식별자로 색인화하는 매우 간단한 객체입니다.

이제 마지막으로 route.js 컴포넌트를 살펴보겠습니다.

```
const React = require('react');
const ReactRouter = require('react-router');
const Router = ReactRouter.Router;
const hashHistory = ReactRouter.hashHistory;
const AuthorsIndex = require('./components/authorsIndex');
```

```
const AuthorPage = require('./components/authorPage');
const NotFound = require('./components/notFound');

const routesConfig = [
  {path: '/', component: AuthorsIndex},
  {path: '/author/:id', component: AuthorPage},
  {path: '*', component: NotFound}
];

class Routes extends React.Component {
  render() {
    return<Router history={hashHistory} routes={routesConfig}/>;
  }
}
module.exports = Routes;
```

이번에는 이전 예제에서 사용한 두 개의 지정된 컴포넌트 대신 이를 일반화하여 재사용 가능한 새로운 AuthorPage 컴포넌트를 사용합니다. 또한 사용하는 라우터 설정 방식이 다릅니다.

이번에는 routes(routes.js) 컴포넌트의 render 함수 내에 라우트(Route) 컴포넌트를 넣는 대신 일반 JavaScript 배열을 사용하여 Route들을 정의합니다. 그런 후 이 배열 객체는 Router 컴포넌트의 routes 속성에 전달됩니다. 이 구성은 앞의 예제에서 본 태그 기반의 구성과 완전히 동일하며 경우에 따라 작성하기도 쉽습니다. 예를 들어 중첩된 경로가 많은 경우는 태그 기반 구성을 사용하는 것이 더 편할 수도 있습니다. 여기서 중요한 변화는 /author/:id 형식의 경로입니다. 이것은 우리의 새로운 컴포넌트에 연결되며 이전에 지정한 저자에 대한 경로를 대체합니다. 이 경로는 매개 변수를 표시하며(이름이 지정된 매개변수는 이와 같이 "column-prefixed-syntax"로 정의됨), 이전의 컴포넌트를 예로 들자면 /author/joyce와 /author/h-g-wells 와 매치될 것입니다. 물론 이 경로는 이런 형식을 가진 다른 이름의 경로와도 일치할 것입니다. id 매개 변수에 해당하는 문자열은 컴포넌트로 직접 전달될 것이며, 해당 컴포넌트는 props.params.id를 읽어 액세스할 수 있습니다.

이것으로 예제가 완성되었습니다. 이를 실행하려면 Webpack을 사용하여 번들 파일을 다시 생성하고 index.html 페이지를 새로 고침 합니다. 여기서 html 파일과 main.js 파일은 변경되지 않습니다.

일반화된 컴포넌트와 매개 변수화된 경로를 사용하면 유연성이 뛰어나므로 매우 복잡한 앱을 구축할 수 있습니다.

8.5.2 서버 측 렌더링

Universal JavaScript를 통해 우리의 작업을 조금 더 발전시켜 보겠습니다. React의 가장 흥미로운 기능 중 하나는 서버 측에서도 컴포넌트를 렌더링할 수 있다는 것입니다. 이번 섹션에서는 이 기능을 활용하여 앱을 수정함으로써 서버에 직접 렌더링하겠습니다.

우리는 Express(http://expressjs.com)를 웹 서버로 사용하고 ejs(http://npmjs.com/package/ejs)를 내부 템플릿 엔진으로 사용할 것입니다.

JSX를 활용할 수 있도록 Babel 위에서 서버의 스크립트를 실행해야 하기 때문에 먼저 다음과 같이 새로운 종속성들을 모두 설치해야 합니다.

```
npm install express ejs babel-cli
```

모든 컴포넌트는 이전 예제와 동일하게 유지되므로 서버에 중점을 두겠습니다. 서버에서 라우팅 설정에 액세스해야 하므로 작업을 단순화하기 위해 routes.js 파일에서 reoutesConfig.js라는 전용 모듈로 라우팅 설정 객체(routesConfig)를 이관할 것입니다.

```
const AuthorsIndex = require('./components/authorsIndex');
const AuthorPage = require('./components/authorPage');
const NotFound = require('./components/notFound');

const routesConfig = [
  {path: '/', component: AuthorsIndex},
  {path: '/author/:id', component: AuthorPage},
  {path: '*', component: NotFound}
];
module.exports = routesConfig;
```

또한 정적 index.html 파일을 views/index.ejs라는 ejs 템플릿으로 변환할 것입니다.

```
<!DOCTYPE html>
<html>
  <head>
    <meta charset="utf-8" />
    <title>React Example - Authors archive</title>
  </head>
```

```
    <body>
      <div id="main">
        <%- markup -%>
      </div>
      <!--<script src="dist/bundle.js"></script>-->
    </body>
  </html>
```

여기서 특별한 내용은 없습니다. 설명할 만한 세부 사항은 다음과 같습니다.

▶ <%- markup -%> 태그는 페이지를 브라우저에 내보내기 전에 서버 측에서 렌더링할 React 컨텐츠로 동적으로 대치될 템플릿의 일부분입니다.

▶ 이 섹션에서는 서버 측 렌더링에만 집중할 것이기 때문에 번들 스크립트 부분은 주석처리를 하였습니다. 다음 섹션에서 완벽한 범용 렌더링 솔루션으로 통합할 것입니다.

▶ 이제 server.js 스크립트를 만들 수 있습니다.

```
const http = require('http');
const Express = require('express');
const React = require('react');
const ReactDom = require('react-dom/server');
const Router = require('react-router');
const routesConfig = require('./src/routesConfig');

const app = new Express();
const server = new http.Server(app);
app.set('view engine', 'ejs');

app.get('*', (req, res) => {
  Router.match(
    {routes: routesConfig, location: req.url},
    (error, redirectLocation, renderProps) => {
      if (error) {
        res.status(500).send(error.message)
      } else if (redirectLocation) {
        res.redirect(302, redirectLocation.pathname +
          redirectLocation.search)
      } else if (renderProps) {
        const markup = ReactDom.renderToString(<Router.RouterContext
                        {...renderProps} />);
        res.render('index', {markup});
      } else {
```

```
            res.status(404).send('Not found')
          }
        }
    );
});

server.listen(3000, (err) => {
    if (err) {
        return console.error(err);
    }
    console.info('Server running on http://localhost:3000');
});
```

이 코드에서 중요한 부분은 app.get('*', (req, res) => {...}) 으로 정의된 Express route입니다. 이것은 서버의 모든 URL에 대해 GET request를 가로채라는 Express 함수입니다. 이 route에서는 앞서 클라이언트 측 어플리케이션에서 설정한 라우팅 로직을 React Router에 위임(delegating)합니다.

> **패턴**
>
> 서버 router 컴포넌트(Express의 router)는 여기서 클라이언트와 서버의 모든 경로를 일치시키기 위해서 범용 라우터로(React Router)로 대체됩니다.

서버에서 React Router를 적용하기 위해 Router.match 함수를 사용합니다. 이 함수는 두 개의 매개변수를 받습니다. 첫 번째 매개변수는 **설정(configuration) 객체**이고 두 번째 매개변수는 **콜백 함수**입니다. 설정(configuration) 객체는 두 개의 키가 있어야 합니다.

- routes: 이것은 React Router의 경로 설정을 전달하는데 사용합니다. 여기서는 클라이언트 측 렌더링에 사용한 설정과 완전히 동일한 설정을 전달하므로 이 섹션의 시작 부분에서 전용 컴포넌트(routesConfig)로 추출했었습니다.
- location: 라우터가 앞서 정의된 경로들과 비교할 현재 요청된 URL을 지정하는데 사용됩니다.

콜백 함수는 경로가 일치할 경우 호출됩니다. 콜백은 error, redirectLocation 그리고 renderProps 이렇게 세 개의 인자를 받는데, 이것은 매치 연산의 결과가 정확히 무엇인지 결정하는데 사용할 것입니다. 여기서 우리가 처리해야 할 네 가지 경우가 존재합니다.

- 첫 번째 경우는 라우팅 해결(routing resolution) 중에 오류가 발생했을 경우입니다. 이 경우를 처리하기 위해 브라우저에 **500번 내부 서버 오류** 응답을 반환하면 됩니다.
- 두 번째 경우는 리다이렉션 경로와 일치하는 경우입니다. 이 경우 브라우저에 새 대상으로 이동하도록 알리는 서버 리다이렉션 메시지(**302 리다이렉션**)를 만들어야 합니다.

- 세 번째 경우는 경로와 일치하고 관련된 컴포넌트를 렌더링해야 하는 경우입니다. 이 경우 rederProps 인자는 컴포넌트를 렌더링하는데 사용해야 하는 일부 데이터가 들어있는 객체입니다. 이것은 서버 측 라우팅 메커니즘의 핵심이며, ReactDOM.renderToString 함수를 사용하여 현재 일치하는 경로와 관련된 컴포넌트를 나타내는 HTML 코드를 렌더링할 수 있습니다. 그런 다음, 브라우저에 보낼 전체 HTML 페이지를 가져오기 위하여 앞서 정의한 index.ejs 템플릿에 결과 HTML을 주입합니다.
- 마지막의 경우는 경로가 일치하지 않는 경우로, 이 때는 간단하게 **404 not found** 에러를 브라우저로 보냅니다.

따라서 이 코드에서 가장 중요한 부분은 다음과 같습니다.

```
const markup = ReactDom.renderToString(<Router.RouterContext {...renderProps} />
```

renderToString 함수의 동작을 자세히 살펴보겠습니다.

- 이 함수는 모듈 react-dom/server에서 제공되며, React 컴포넌트를 문자열로 렌더링할 수 있습니다. HTML 코드를 서버에서 렌더링하여 즉시 브라우저로 전송하여 페이지 로드 시간을 단축하고 페이지를 SEO 친화적으로 만드는데 사용됩니다. ReactDom.render()를 브라우저에 있는 동일한 컴포넌트에 대해 호출하면 react는 다시 렌더링하지 않고 이벤트 리스너를 기존 DOM 노드에 연결합니다.
- 우리가 렌더링할 컴포넌트는 RouterContext(react-router 모듈에 포함되어 있음)이며, 이 컴포넌트는 주어진 라우터 상태에 대한 컴포넌트 트리를 렌더링하는 작업을 담당합니다. 우리는 일련의 속성(attribute)들을 이 컴포넌트에 전달하는데, 모두 renderProps 객체의 필드들입니다. 이 객체를 확장하기 위해, 객체의 모든 키/값 쌍들을 컴포넌트 속성으로 추출하는 JSXspread attribute(https://facebook.github.io/react/docs/jsx-spread.html#spread-attributes) 연산자를 사용합니다.

이제 server.js 스크립트를 다음과 같이 실행합니다.

```
node server
```

그런 다음 브라우저를 열고 http://localhost:3000을 입력하여 서버에서 렌더링된 앱이 실행되는 것을 볼 수 있습니다.

번들 파일을 포함하지 않도록 설정했으므로 당장은 클라이언트 측 JavaScript 코드가 실행되지 않고 모든 상호작용이 서버에 새로운 요청을 발생시켜 페이지가 완전히 새로 고침됩니다. 뭔가 부족합니다. 그렇지 않나요?

다음 섹션에서는 클라이언트 및 서버 렌더링을 모두 사용하는 방법과 샘플 어플리케이케이션에 효과적인 범용 라우팅 및 렌더링 솔루션을 추가하는 방법을 살펴보겠습니다.

8.5.3 범용 렌더링 및 라우팅

이 단락에서는 서버 및 클라이언트 측 렌더링 및 라우팅을 모두 활용할 수 있도록 샘플 어플리케이션을 갱신할 것입니다. 우리는 이미 개별적인 부분들이 작동하는 것을 보았기 때문에 이제는 이것들을 조금 손질하는 것에 불과합니다.

우리가 할 첫 번째 일은 메인 뷰 파일(views/index.ejs)에서 bundle.js에 대한 주석을 해제하는 것입니다.

그런 다음 클라이언트 측 앱(main.js)에서 history 전략(strategy)을 변경해야 합니다. 우리가 해시 히스토리 전략(hash history strategy)를 사용했던 것을 기억하십니까? 클라이언트와 서버 라우팅에서 정확히 동일한 URL이 필요하기 때문에 범용 렌더링에서는 이 전략이 잘 통하지 않습니다. 서버에서는 브라우저 history 전략(strategy)만을 사용할 수 있으므로 routes.js 모듈을 클라이언트에서도 사용하도록 다시 작성해보겠습니다.

```
const React = require('react');
const ReactRouter = require('react-router');
const Router = ReactRouter.Router;
const browserHistory = ReactRouter.browserHistory;
const routesConfig = require('./routesConfig');
class Routes extends React.Component {
  render() {
    return<Router history={browserHistory} routes={routesConfig}/>;
  }
}
module.exports = Routes;
```

보시다시피, 유일한 변경 사항은 ReactRouter.browserHistory 함수를 사용하여 Router 컴포넌트에 전달한다는 것입니다.

거의 끝나갑니다. 서버에서 정적 리소스로 bundle.js 파일을 클라이언트에 제공할 수 있도록 서버 측 앱을 몇 가지만 변경하면 됩니다.

이것을 위해, 특정 경로의 폴더 내용을 정적 리소스들로 노출시킬 수 있는 Express.static 미들웨어를 사용할 것입니다. 우리의 경우에는 dist 폴더를 노출시켜야 하기 때문에, 주요 서버 라우팅을 설정하기 전에 다음 라인을 추가해야 합니다.

```
app.use ('/dist', Express.static ( 'dist'));
```

그리고 이것이 거의 끝입니다. 이제 앱을 실제로 보기 위해 Webpack으로 번들 파일을 다시 생성하고 서버를 다시 시작합니다. 그런 다음 이전과 마찬가지로 http://localhost:3000에서 앱을 탐색할 수 있습니다. 모든 것이 똑같아 보일 것입니다. 그러나 관리자 또는 디버거를 사용해보면, 이번에는 첫 번째 요청만 서버에 의해 완전히 렌더링되고 다른 요청은 브라우저에 의해 관리되는 것을 볼 수 있습니다. 좀더 살펴보고자 한다면, 특정 URI의 페이지를 강제로 새로 고침하여 라우팅이 서버와 브라우저에서 원활하게 작동하는지 테스트해볼 수 있을 것입니다.

8.5.4 범용 데이터 조회

이제 샘플 앱이 알차져서 더 완벽하고 확장 가능한 앱으로 탄탄한 구조를 갖기 시작했습니다. 그러나 우리가 아직 적절히 다루지 않은 매우 기본적인 점, 즉 데이터 검색이 남아 있습니다. JSON 데이터만 가진 모듈을 사용했었던 것을 기억하십니까? 현재 우리는 이 모듈을 일종의 데이터베이스로 사용하고 있지만, 여러 가지 이유에서 차선책으로 선택한 것입니다.

- 앱 상의 어디에서나 JSON 파일을 공유하고, 프론트엔드, 백엔드 및 모든 React 컴포넌트에서 데이터를 직접 액세스합니다.
- 프론트엔드에서도 데이터에 액세스하려면, 결국 전체 데이터베이스를 프론트엔드 번들에도 넣어주어야 합니다. 이것은 실수로 민감한 정보가 노출될 수 있기 때문에 위험합니다. 또한 번들 파일이 데이터베이스가 커짐에 따라 커질 수 있으며, 데이터를 변경할 때마다 다시 컴파일 해야 합니다.

더 나은 솔루션이 필요한 것이 분명합니다. 더 독립적이고 확장 가능한 솔루션이 필요합니다.

이 섹션에서는 데이터를 비동기적으로 그리고 필요에 따라 가져올 수 있는 전용 REST API 서버를 구축하여 예제를 개선합니다. 실제로 앱의 현재 섹션을 렌더링하려는 일련의 특정 하위 데이터들이 필요한 경우만 적용합니다.

API 서버

우리는 API 서버가 백엔드 서버와 완전히 분리되기를 바랍니다. 이상적으로는 이 서버를 나머지 어플리케이션과 독립적으로 확장할 수 있어야 합니다.

더 이상 끌지 않고 바로 apiServer.js의 코드를 보겠습니다.

```
const http = require('http');
const Express = require('express');

const app = new Express();
const server = new http.Server(app);
const AUTHORS = require('./src/authors'); //[1]
```

```
app.use((req, res, next) => { //[2]
  console.log(`Received request: ${req.method} ${req.url} from
    ${req.headers['user-agent']}`);
  next();
});

app.get('/authors', (req, res, next) => { //[3]
  const data = Object.keys(AUTHORS).map(id => {
    return {
      'id': id,
      'name': AUTHORS[id].name
    };
  });
  res.json(data);
});

app.get('/authors/:id', (req, res, next) => { //[4]
  if (!AUTHORS.hasOwnProperty(req.params.id)) {
    return next();
  }
  const data = AUTHORS[req.params.id];
  res.json(data);
});

server.listen(3001, (err) => {
  if (err) {
    return console.error(err);
  }
  console.info('API Server running on http://localhost:3001');
});
```

소스코드에서 알 수 있듯이 Express를 웹 서버 프레임워크로 다시 사용하고 있습니다. 주요 부분을 분석해 보겠습니다.

- 데이터들은 여전히 JSON 파일(src/authors.js)로 모듈에 있습니다. 이는 단순함을 위해 사용되었으며 예제에서는 작동하지만, 실제 시나리오에서는 MongoDB, MySQL 또는 LevelDB와 같은 실제 데이터베이스로 교체되어야 합니다. 이 예제에서는 필요한 JSON 객체에서 직접 데이터에 액세스하지만 실제 어플리케이션에서는 데이터를 읽을 때 외부 데이터 소스에 쿼리를 수행할 수 있을 것입니다.
- 요청을 받을 때마다, 유용한 정보를 콘솔에 인쇄하는 미들웨어를 사용합니다. 나중에 이 로그가 API를 호출하는 사용자(프론트엔드 혹은 백엔드)를 식별하고 전체 앱이 예상대로 작동하는지 확인하는데

도움이 될 것입니다.

▶ 사용 가능한 모든 저자를 포함하는 JSON 배열을 반환하는 URI/authors 경로에 대한 GET 메소드(엔드포인트)를 엽니다. 모든 저자에 대해 필드의 id와 name이 공개됩니다. 여기서도 데이터베이스로 사용하는 JSON 파일에서 직접 데이터를 추출합니다. 실제 시나리오에서는 실제 데이터베이스에 대한 쿼리를 여기서 수행하는 것이 좋을 것입니다.

▶ 또 다른 GET 메소드로 URI/authors/:id 도 공개합니다. 여기서 id는 데이터를 읽으려는 특정 저자의 ID를 가리키는 제너릭 플레이스 홀더(generic placeholder)입니다. 지정된 ID가 유효하면(해당 ID에 대하여 JSON 파일에 항목이 있음) API는 저자의 이름과 책의 배열을 포함하는 객체를 반환합니다.

이제 다음과 같이 API 서버를 실행할 수 있습니다.

```
node apiServer
```

서버에는 http://localhost:3001 주소로 액세스할 수 있는데, 테스트를 위해서 몇 가지 curl 요청을 실행해 볼 수 있습니다.

```
curl http://localhost:3001/authors/
[{"id":"joyce","name":"James Joyce"},{"id":"h-g-wells","name":"Herbert
George Wells"}]

curl http://localhost:3001/authors/h-g-wells
{"name":"Herbert George Wells","books":["The Time Machine","The War of the
Worlds","The First Men in the Moon","The Invisible Man"]}
```

프론트엔드에 대한 프록시 요청

방금 만든 API는 백엔드와 프론트엔드 모두에서 액세스할 수 있어야 합니다. 프론트엔드는 AJAX 요청으로 API를 호출해야 합니다. 아마도 브라우저가 페이지가 로드된 도메인의 URL에만 AJAX 요청을 할 수 있도록 제한하는 보안 정책이 있다는 것은 알고 있을 것입니다. 즉, localhost:3001에서 API 서버를 실행하고 localhost:3000에서 웹 서버를 실행하면 실제로 두 개의 다른 도메인을 사용하기 때문에 브라우저에서 해당 API를 직접 호출할 수가 없습니다. 이 제한을 극복하기 위해서는 다음 그림과 같이 내부에 임의의 경로(localhost:3000/api)를 사용하여 서버를 통해 API 서버에 접근하도록 프록시를 구성해야 합니다.

웹 서버에 프록시 컴포넌트를 만들기 위해 많이 사용하는 httpproxy 모듈(http://npmjs.com/package/http-proxy)을 사용할 것이기 때문에 npm을 사용하여 설치해야 합니다.

```
npm install http-proxy
```

이것이 어떻게 웹 서버에 포함되고 설정되는지 잠시 살펴보겠습니다.

범용 API 클라이언트

현재 환경에서 두 개의 서로 다른 접두사를 사용하여 API를 호출합니다.

- 웹 서버에서 API를 호출할 때 http://localhost:3001
- 브라우저에서 API를 호출할 때 /api

또한 브라우저에는 비동기 HTTP 요청을 만들 수 있는 XHR/AJAX 메커니즘만 존재하는 반면, 서버에서는 request와 같은 라이브러리 혹은 내장 http 라이브러리를 사용해야 한다는 것을 고려해야 합니다.

이러한 모든 차이점을 극복하고 범용 API 클라이언트 모듈을 만들기 위해 axios(https://npmjs.com/package/axios)라는 라이브러리를 사용할 것입니다.

따라서, axios를 다음과 같이 설치합니다.

```
npm install axios
```

그런 다음, 설정된 axios의 인스턴스를 익스포트하기 위해 간단한 래퍼 모듈을 만들어야 합니다. 이 모듈을 xhrClient.js라 부르겠습니다.

```
const Axios = require('axios');

const baseURL = typeof window !== 'undefined' ? '/api' :
  'http://localhost:3001';
const xhrClient = Axios.create({baseURL});
module.exports = xhrClient;
```

이 모듈에서는 기본적으로 브라우저 또는 웹 서버에서 코드를 실행 중인지 탐지하여 API 접두사를 설정하는데, 이를 위해 window 변수가 정의되어 있는지 확인합니다. 그런 다음 baseURL의 현재 값으로 구성된 Axios 클라이언트의 새 인스턴스를 내보냅니다.

이제 이 모듈을 React 컴포넌트로 간단히 가져올 수 있습니다. 이 모듈이 서버 또는 브라우저에서 실행되는지 여부에 따라 알맞은 범용 인터페이스를 사용할 수 있으며, 두 환경의 고유한 코드의 차이는 숨겨집니다.

> 널리 보급된 다른 보편적인 HTTP 클라이언트로는 superagent(https://npmjs.com/package/superagent) 및 isomorphic-fetch(https://npmjs.com/package/isomorphic-fetch)가 있습니다.

비동기 React 컴포넌트

이제 우리의 컴포넌트가 이 새로운 일련의 API를 사용해야 하므로 비동기적으로 초기화해야 합니다. 그렇게 하기 위해 async-props(https://npmjs.com/package/async-props)라는 React Router의 확장을 사용할 것입니다.

이 모듈을 다음과 같은 명령으로 설치합니다.

```
npm install async-props
```

이제 비동기적으로 컴포넌트를 다시 작성할 준비가 되었습니다. components/authorsIndex.js 부터 시작해 보겠습니다.

```
const React = require('react');
const Link = require('react-router').Link;
const xhrClient = require('../xhrClient');
```

```
class AuthorsIndex extends React.Component {
  static loadProps(context, cb) {
    xhrClient.get('authors')
      .then(response => {
        const authors = response.data;
        cb(null, {authors});
      })
      .catch(error => cb(error))
    ;
  }

  render() {
    return (
      <div>
        <h1>List of authors</h1>
        <ul>{
          this.props.authors.map(author =>
            <li key={author.id}>
              <Link to={`/author/${author.id}`}>{author.name}</Link>
            </li>
          )
        }</ul>
      </div>
    )
  }
}
module.exports = AuthorsIndex;
```

코드에서 알 수 있듯이, 이 새로운 버전의 모듈에서는 원시 JSON 데이터가 들어있는 이전 모듈 대신 새로운 xhrClient가 필요합니다. 그런 다음 컴포넌트 클래스에 loadProps라는 새 메소드를 추가합니다. 이 메소드는 라우터에서 전달된 컨텍스트(Context) 파라미터들을 가진 객체(context)와 콜백 함수(cb)를 인자로 받습니다. 이 메소드 내에서 컴포넌트를 초기화하는데 필요한 데이터를 조회하기 위한 모든 비동기 작업을 수행할 수 있습니다. 모든 것이 로드되면(또는 오류가 발생하면) 콜백 함수를 호출하여 데이터를 다음으로 전파하고 라우터에 컴포넌트가 준비되었음을 알립니다. 여기서는 authors API에서 데이터를 가져오는데 xhrClient를 사용합니다.

동일한 방식으로 components/authorPage.js 컴포넌트도 업데이트 합니다.

```
const React = require('react');
const Link = require('react-router').Link;
const xhrClient = require('../xhrClient');

class AuthorPage extends React.Component {
  static loadProps(context, cb) {
    xhrClient.get(`authors/${context.params.id}`)
      .then(response => {
        const author = response.data;
        cb(null, {author});
      })
      .catch(error => cb(error))
    ;
  }

  render() {
    return (
      <div>
        <h2>{this.props.author.name}'s major works</h2>
        <ul className="books">{
          this.props.author.books.map( (book, key) =>
            <li key={key} className="book">{book}</li>
          )
        }</ul>
        <Link to="/">Go back to index</Link>
      </div>
    );
  }
}
module.exports = AuthorPage;
```

위 코드는 이전 컴포넌트에서 설명했던 동일한 논리를 따릅니다. 주요 차이점은 이번에는 authors/:id API를 호출하고 라우터에서 전달된 context.parameters.id 변수에서 ID 파라미터를 가져온다는 것입니다.

이러한 비동기 컴포넌트를 올바르게 로드하려면 클라이언트와 서버 모두에 대한 경로 정의를 업데이트해야 합니다. 지금은 클라이언트를 중점적으로 살펴보고 있으므로 route.js의 새로운 버전이 어떤 모양인지를 살펴보겠습니다.

```
const React = require('react');
const AsyncProps = require('async-props').default;
const ReactRouter = require('react-router');
const Router = ReactRouter.Router;
const browserHistory = ReactRouter.browserHistory;
const routesConfig = require('./routesConfig');

class Routes extends React.Component {
  render() {
    return <Router
      history={browserHistory}
      routes={routesConfig}
      render={(props) => <AsyncProps {...props}/>}
    />;
  }
}
module.exports = Routes;
```

이전 버전과의 두 가지 차이점은 우리가 async-props 모듈을 사용한다는 것과 이를 사용하여 라우터(Router) 컴포넌트의 render 함수를 재정의한다는 점입니다. 이 접근 방식은 실제로 라우터의 렌더링 로직 내에서 비동기 모듈의 로직을 가로채 비동기 처리에 대한 지원을 가능하게 합니다.

웹 서버

마지막으로 이 예제에서 끝내야 할 작업은 프록시 서버를 사용하여 클라이언트의 API 호출을 실제 API 서버로 리다이렉션하고 async-props 모듈을 사용하여 라우터를 렌더링하도록 웹 서버를 업데이트하는 것입니다.

server.js의 이름을 webServer.js로 바꾸어 API 서버 파일과 명확하게 구분했습니다. 다음은 새 파일의 내용입니다.

```
const http = require('http');
const Express = require('express');
const httpProxy = require('http-proxy');
const React = require('react');
const AsyncProps = require('async-props').default;
const loadPropsOnServer = AsyncProps.loadPropsOnServer;
const ReactDom = require('react-dom/server');
```

```
const Router = require('react-router');
const routesConfig = require('./src/routesConfig');

const app = new Express();
const server = new http.Server(app);

const proxy = httpProxy.createProxyServer({
  target: 'http://localhost:3001'
});

app.set('view engine', 'ejs');
app.use('/dist', Express.static('dist'));
app.use('/api', (req, res) => {
  proxy.web(req, res, {target: targetUrl});
});

app.get('*', (req, res) => {
  Router.match({routes: routesConfig, location: req.url}, (error,
    redirectLocation, renderProps) => {
    if (error) {
      res.status(500).send(error.message)
    } else if (redirectLocation) {
      res.redirect(302, redirectLocation.pathname +
    redirectLocation.search)
  } else if (renderProps) {
    loadPropsOnServer(renderProps, {}, (err, asyncProps, scriptTag) => {
      const markup = ReactDom.renderToString(<AsyncProps {...renderProps}
           {...asyncProps} />);
        res.render('index', {markup, scriptTag});
      });
    } else {
      res.status(404).send('Not found')
    }
  });
});

server.listen(3000, (err) => {
  if (err) {
    return console.error(err);
  }
  console.info('WebServer running on http://localhost:3000');
});
```

이전 버전에 대한 변경 사항들을 차근차근 살펴보겠습니다.

- ▶ 우선, http-proxy와 asyncprops라는 새로운 모듈을 임포트해야 합니다.
- ▶ 프록시 인스턴스를 초기화하고 /api에 일치하는 요청에 매핑하기 위한 미들웨어를 통해 웹 서버에 추가합니다.
- ▶ 서버측 렌더링 로직을 약간 변경합니다. 이번에는 모든 비동기 데이터가 로드되었는지 확인해야 하기 때문에 renderToString 함수를 직접 호출할 수 없습니다. async-props 모듈은 이 목적을 위해 loadPropsOnServer 함수를 제공합니다. 이 함수는 현재 일치하는 컴포넌트의 데이터를 비동기적으로 로드하는데 필요한 모든 로직을 실행합니다. 로딩이 끝나면 콜백 함수가 호출되는데, 이 함수 내에서만 renderToString 메소드를 호출하는 것이 안전합니다. 또한 이번에는 RouterContext 대신 AsyncProps 컴포넌트를 렌더링하는데 JSX-spread 구문으로 동기 및 비동기 어트리뷰트들을 전달합니다. 매우 중요한 또 다른 사항은 콜백에서 scriptTag라는 인자도 받는다는 것입니다. 이 변수에는 HTML 코드에 삽입해야 하는 일부 JavaScript 코드가 포함됩니다. 이 코드에는 서버 측 렌더링 프로세스 중 로드된 비동기 데이터의 표현도 포함하고 있으므로, 브라우저가 이 데이터에 직접 액세스할 수 있어서 중복되게 API를 요청할 필요가 없습니다. 이 스크립트를 결과 HTML 코드에 삽입하기 위해 컴포넌트의 렌더링 프로세스에서 얻은 마크업과 함께 뷰로 전달합니다.

view/index.ejs 템플릿 또한 방금 언급한 scriptTag 변수를 표시할 수 있도록 약간 수정되었습니다.

```
<!DOCTYPE html>
<html>
  <head>
    <meta charset="utf-8"/>
    <title>React Example - Authors archive</title>
  </head>
  <body>
    <div id="main"><%- markup %></div>
    <script src="/dist/bundle.js"></script>
    <%- scriptTag %>
  </body>
</html>
```

코드에서 볼 수 있듯이 페이지의 본문을 닫기 전에 scriptTag를 추가하고 있습니다.

이제 이 예제를 실행할 준비가 거의 끝났습니다. Webpack으로 번들을 다시 생성하고 웹 서버를 다시 시작하기만 하면 됩니다.

```
babel-cli server.js
```

마지막으로 브라우저를 열고 http://localhost:3000을 주소창에 입력하면 됩니다. 다시 한번 모든 것이 똑같아 보일 것입니다. 그러나 뒤에서 일어나는 일은 이제 완전히 다릅니다. 브라우저에서 관리자 또는 디버거를 열고 API를 요청한 시점을 찾아보십시오. 또한 콘솔에서 API 서버를 시작한 지점을 확인하여 로그를 읽어 데이터를 요청한 저자와 시기를 알 수 있습니다.

8.6 요약

이 장에서는 범용(Universal) JavaScript의 혁신적이고 빠르게 변화하는 세계를 살펴보았습니다. 범용 JavaScript는 웹 개발 분야에서 많은 새로운 기회를 열어줬지만 여전히 신선하고 성장 중인 분야입니다.

이 장에서는 이 주제의 모든 기본적인 사항들을 소개하고 컴포넌트 지향 사용자 인터페이스, 범용 렌더링, 범용 라우팅 및 범용 데이터 조회와 같은 주제에 대해 설명했습니다. 이 과정에서 우리는 이런 모든 개념을 함께 결합하는 방법을 보여주는 아주 간단한 어플리케이션을 만들어 보았습니다. 또한 Webpack 및 React와 같은 새로운 종류의 강력한 도구 및 라이브러리를 우리의 지식 범위에 추가하였습니다.

비록 우리가 많은 주제를 언급했지만, 실제로는 이 넓은 주제에 대해 겉만 살펴본 것에 불과합니다. 더 많은 것을 습득하고 싶다면 여러분 스스로 이 세상을 계속 탐험해서 필요한 모든 지식을 얻어야 합니다. 이러한 부족함을 감안할 때 도구와 라이브러리는 앞으로도 몇 년 내에 많이 바뀔 것입니다. 그러나 모든 기본 개념은 그대로 유지될 것이므로 탐험과 실천을 계속해 나아가야 합니다. 이 주제에 대한 전문가가 되기 위해서는 획득한 지식을 사용하여 실제 비즈니스 중심의 사용 사례가 포함된 실제 앱을 한번은 작성해 보아야 합니다.

여기서 얻은 지식이 모바일 앱 개발과 같은 웹 개발의 경계를 넘는 프로젝트에 유용할 것이라는 점은 굳이 강조할 필요가 없을 것입니다. 이 주제에 관심이 있다면 React Navtive가 좋은 시작이 될 수 있습니다.

다음 장에서는 비동기식 디자인 패턴에 대한 지식을 한층 더 강화하고 비동기식으로 초기화된 모듈 및 비동기 배치 및 캐싱과 같은 특정 시나리오를 다루겠습니다. 좀더 발전되고 흥미로운 주제로 갈 준비가 되셨나요?

CHAPTER 09

고급 비동기 레시피

- ▶ 비동기적으로 초기화되는 require 수행 모듈
- ▶ 비동기 배치 및 캐싱
- ▶ 비동기 요청 캐싱
- ▶ CPU 바운딩 작업 실행

지금까지 살펴본 거의 모든 디자인 패턴은 일반적인 것으로 간주되어 어플리케이션의 여러 영역에서 적용될 수 있습니다. 그러나 보다 특정적이면서 전형적인 문제들을 푸는데 중점을 둔 일련의 패턴들이 있으며, 우리는 이러한 패턴들을 레시피라고 부릅니다. 실생활에서의 요리와 마찬가지로 우리가 따라야 하는 잘 정의된 일련의 단계들을 통해 예상되는 결과를 얻을 수 있습니다. 물론 이것이 나름의 어떤 창의력을 사용해서 손님들의 입맛에 맞게 요리법을 변경하면 안 된다는 것은 아니지만, 그 절차들의 큰 틀은 일반적으로 중요합니다. 이 장에서는 일상적인 Node.js 개발에서 직면하는 몇 가지 특정한 문제를 해결하기 위한 몇 가지 일반적인 방법을 제공할 것입니다. 이러한 레시피에는 다음과 같은 것들이 포함됩니다.

- ▶ 비동기적으로 초기화되는 require 수행 모듈
- ▶ 최소한의 개발 노력으로 사용량이 많은 어플리케이션의 성능 향상을 위한, 비동기 작업의 일괄 처리 및 캐싱
- ▶ 동시 발생 요청 처리를 위해 Node.js의 성능 손실과 이벤트 루프의 차단을 감수한 동기화된 CPU 바운딩 작업의 실행

9.1 비동기적으로 초기화되는 require 수행 모듈

'2장. Node.js 필수 패턴'에서 Node.js 모듈 시스템의 기본 속성을 설명할 때, require()가 동기적으로 작동하고 module.exports를 비동기적으로 설정할 수 없다는 사실을 언급했었습니다.

이는 코어 모듈과 많은 npm 패키지에 동기 API가 존재하는 주요 이유 중 하나이며, 비동기 API를 대체하기보다는 초기화 작업에 주로 사용할 수 있는 편리한 대안으로 제공되는 것입니다.

그러나 이 방법이 항상 가능한 것은 아닙니다. 특히 핸드셰이크(handshake) 프로토콜을 수행하거나 구성 매개 변수를 검색하는 등 초기화 단계에서 네트워크를 사용하는 구성 요소에 대해서는 동기 API가 항상 사용되지 않을 수 있습니다. 이는 많은 데이터베이스 드라이버들과 메시지 큐와 같은 미들웨어 시스템의 클라이언트에 대한 경우에도 그렇습니다.

9.1.1 전통적인 솔루션

원격 데이터베이스에 연결하는 db라는 모듈 예를 들어보겠습니다. db 모듈은 연결 및 서버와의 핸드셰이크가 완료된 후에만 요청을 수락할 수 있습니다. 이 경우에는 보통 두 가지 옵션이 있습니다.

▶ 모듈을 사용하기 전에 초기화되었는지 확인합니다. 그렇지 않으면 초기화를 기다려야 합니다. 이 프로세스는 동기식 모듈에서 작업을 호출할 때마다 수행해야 합니다.

```
const db = require('aDb'); //비동기 모듈

module.exports = function findAll(type, callback) {
  if(db.connected) { //초기화 체크
    runFind();
  } else {
    db.once('connected', runFind);
  }
  function runFind() {
    db.findAll(type, callback);
  });
};
```

▶ 비동기 require 모듈 대신 **DI(Dependency Injection)**를 사용합니다. 이렇게 하면 비동기적으로 종속성이 완전히 초기화될 때까지 일부 모듈의 초기화를 지연시킬 수 있습니다. 이 기술은 모듈 초기화 관리의 복잡성을 다른 컴포넌트, 일반적으로 상위 모듈로 이관합니다. 다음 예제에서 이 컴포넌트는 app.js입니다.

```
//app.js 모듈
const db = require('aDb'); //비동기 모듈
const findAllFactory = require('./findAll');
db.on('connected', function() {
  const findAll = findAllFactory(db);
});

//findAll.js 모듈
module.exports = db => {
  //db가 초기화되었음을 보장
  return function findAll(type, callback) {
    db.findAll(type, callback);
  }
}
```

첫 번째 옵션은 관련된 추가적인 코드의 양을 고려하면 매우 바람직하지 않다는 것을 바로 알 수 있습니다.

또한 DI를 사용하는 두 번째 방법은 '7장. 모듈 연결'에서 보았듯이 경우에 따라서는 바람직하지 않습니다. 대규모 프로젝트의 경우 특히 수동으로 그리고 비동기적으로 초기화되는 모듈을 사용하면 빠르게 복잡해질 수 있습니다. 비동기적으로 초기화되는 모듈을 지원하도록 설계된 DI 컨테이너를 사용하면 이러한 문제가 완화됩니다.

곧 살펴볼 내용 중에 모듈을 의존성의 초기화 상태에서 간단히 분리할 수 있는 대안이 있습니다.

9.1.2 미리 초기화된 큐

모듈을 관련된 의존성의 초기화 상태에서 분리하는 간단한 패턴은 큐와 커맨드 패턴입니다. 이 개념은 아직 초기화 되지 않은 상태에서 모듈이 받은 모든 작업을 저장한 후에 모든 초기화 단계가 완료되자마자 실행하는 것입니다.

비동기적으로 초기화하는 모듈 구현하기

이 간단하면서도 효과적인 기술을 보여주기 위해 작은 테스트 어플리케이션을 작성해 보겠습니다. 상상할 필요 없이 바로 시험해 보겠습니다. asyncModule.js라는 비동기적으로 초기화 되는 모듈을 만들어 보겠습니다.

```
const asyncModule = module.exports;

asyncModule.initialized = false;

asyncModule.initialize = callback => {
  setTimeout(function() {
    asyncModule.initialized = true;
    callback();
  }, 10000);
};

asyncModule.tellMeSomething = callback => {
  process.nextTick(() => {
    if(!asyncModule.initialized) {
      return callback(
        new Error('I don't have anything to say right now')
      );
    }
    callback(null, 'Current time is: ' + new Date());
  });
};
```

앞의 코드에서 asyncModule은 비동기식으로 초기화된 모듈이 어떻게 작동하는지 보여줍니다. 10초 후에 initialized 변수를 true로 설정하여 콜백을 호출하는 initialize() 함수를 노출합니다(실제 어플리케이션에서 10초는 많은 시간이지만, 경쟁 조건(race condition)을 설명하기 위한 설정입니다). 다른 메소드로 telMeSomething()은 현재 시간을 반환하는 메소드지만, 모듈이 아직 초기화되지 않은 경우에는 오류를 발생시킵니다.

다음 단계는 방금 만든 서비스를 가지고 다른 모듈을 만드는 것입니다. routes.js 파일에 구현된 간단한 HTTP 요청의 핸들러를 생각해 보겠습니다.

```
const asyncModule = require('./asyncModule');

module.exports.say = (req, res) => {
  asyncModule.tellMeSomething((err, something) => {
    if(err) {
      res.writeHead(500);
      return res.end('Error:' + err.message);
    }
    res.writeHead(200);
    res.end('I say: ' + something);
  });
};
```

핸들러는 ayncModule의 tellMeSomething() 메소드를 호출한 후 결과를 HTTP 응답에 씁니다. 보시는 바와 같이, asyncModule의 초기화 상태를 검사하지 않기 때문에 예상하는 것처럼 문제를 발생시킬 수 있습니다.

이제 코어 http 모듈(app.js 파일) 외에는 아무것도 사용하지 않은 매우 기본적인 HTTP 서버를 작성해 보겠습니다.

```
const http = require('http');
const routes = require('./routes');
const asyncModule = require('./asyncModule');

asyncModule.initialize(() => {
  console.log('Async module initialized');
});

http.createServer((req, res) => {
  if (req.method === 'GET' && req.url === '/say') {
    return routes.say(req, res);
  }
```

```
    res.writeHead(404);
    res.end('Not found');
}).listen(8000, () => console.log('Started'));
```

이 작은 모듈은 우리의 어플리케이션 진입점이며, asyncModule의 초기화를 시작시키고 미리 생성한 요청(request) 핸들러(route.say())를 사용한 HTTP 서버를 생성합니다.

평소와 같이 app.js 모듈을 실행하여 서버를 실행할 수 있습니다. 서버가 시작된 후 우리는 http://localhost:8000/say라는 URL을 브라우저의 주소창에 입력하여 asyncModule로부터 반환되는 것을 볼 수 있습니다.

예상대로, 서버가 시작된 직후 요청을 보내면 다음과 같은 오류가 발생합니다.

```
Error:I don't have anything to say right now
```

이것은 asyncModule이 아직 초기화되지 않은 상태에서 사용하려고 시도했음을 의미합니다. 비동기적으로 초기화된 모듈의 세부적인 구현에 따라 준비된 오류가 발생하거나, 중요한 정보가 손실되거나 전체 어플리케이션이 손상될 수 있습니다.

기본적으로 우리가 방금 설명한 상황은 무조건 피해야 합니다. 대부분의 경우, 몇몇 실패한 요청이 상관없는 것이거나 초기화가 빨라 실무에서는 거의 발생하지 않을 수 있습니다. 그러나 부하가 많은 어플리케이션과 자동 확장을 위해 설계된 서버에서는 다른 이야기일 수 있습니다.

미리 초기화된 큐를 사용한 모듈 래핑

우리 서버에 견고성을 더하기 위해 이제 섹션의 시작 부분에서 설명했던 패턴을 적용하여 리팩토링할 것입니다. 우리는 asyncModule에서 초기화되는 동안 호출된 모든 작업 요청을 큐에 넣고 큐에서 처리할 준비가 되면 곧바로 꺼낼 것입니다. 가만 보니 상태(State) 패턴을 적용할 수 있는 훌륭한 어플리케이션으로 보이는군요! 두 개의 상태가 필요합니다. 하나는 모듈이 아직 초기화되지 않은 상태에서 모든 작업을 대기하는 상태이고, 다른 하나는 초기화가 완료되었을 때 각 메소드를 원래의 비동기 모듈에 위임하는 상태입니다.

비동기 모듈의 코드 수정은 그리 쉽지 않습니다. 따라서 큐 레이어를 추가하려면 원래의 asyncModule 모듈 주위에 프록시를 만들어야 합니다.

코드 작업을 시작하겠습니다. asyncModuleWrapper.js라는 새 파일을 만들어 천천히 작성해보겠습니다. 먼저 해야 할 일은 작업을 활성 상태(active state)에 위임하는 객체를 만드는 것입니다.

```
const asyncModule = require('./asyncModule');

const asyncModuleWrapper = module.exports;

asyncModuleWrapper.initialized = false;
asyncModuleWrapper.initialize = () => {
  activeState.initialize.apply(activeState, arguments);
};

asyncModuleWrapper.tellMeSomething = () => {
  activeState.tellMeSomething.apply(activeState, arguments);
};
```

앞의 코드에서 asyncModuleWrapper는 각 메소드를 현재 활성 상태에 위임합니다. notInitializedState 부터 시작하여 두 상태가 어떤 모양인지 보겠습니다.

```
const pending = [];
const notInitializedState = {

  initialize: function(callback) {
    asyncModule.initialize(() => {
      asyncModuleWrapper.initalized = true;
      activeState = initializedState; //[1]

      pending.forEach(req => { //[2]
        asyncModule[req.method].apply(null, req.args);
      });
      pending = [];
      callback(); //[3]
    });
  },

  tellMeSomething: callback => {
    return pending.push({
      method: 'tellMeSomething',
      args: arguments
    });
  }
};
```

initialize() 메소드가 콜백 프록시와 함께 호출되면 원래의 asyncModule 모듈에 대한 초기화를 시작시킵니다. 이렇게 하면 래퍼가 원래 모듈이 초기화된 시점을 알 수 있으므로 결과적으로 다음 작업을 수행할 수 있습니다.

1. activeState 변수를 다음 상태 객체인 initializedState로 갱신합니다.
2. pending 큐에 이전에 저장된 모든 명령을 실행합니다.
3. 원래의 콜백을 호출합니다.

이 시점에서는 아직 모듈이 초기화되지 않았기 때문에, 이 상태의 tellMeSomething() 메소드는 간단히게 새로운 커맨드 객체(Command Object)를 생성하고 보류 중인 큐에 추가합니다.

이 시점에서 큐는 이미 초기화되어 있어야 합니다. asyncModule 모듈이 아직 초기화되지 않은 경우, 래퍼는 단순히 모든 수신 요청을 대기열에 넣습니다. 그런 다음, 초기화가 완료되었다는 알림을 받으면 대기중인 모든 작업을 실행한 후 내부 상태를 initializedState로 전환합니다. 그러면 이 래퍼의 마지막 부분이 어떤지 보겠습니다.

```
let initializedState = asyncModule;
```

의심할 여지 없이 initializedState 객체는 원래의 asyncModule에 대한 참조일 뿐입니다. 실제 초기화가 완료되면 모든 요청을 원래 모듈로 직접 라우트 할 수 있습니다. 그 이상일 필요는 없습니다.

마지막으로 최초의 활성 상태(initial active state)를 설정해야 하는데, 다음과 같이 notInitializedState로 정의합니다.

```
let activeState = notInitializedState;
```

이제 테스트 서버를 재시작할 수 있지만, 먼저 원래의 asyncModule 모듈에 대한 참조를 새로운 asyncModuleWrapper 객체로 바꾸는 것을 잊어서는 안됩니다. 이 작업은 app.js 및 routes.js 모듈에서 수행해야 합니다.

이렇게 한 후 서버에 다시 요청을 보내면 asyncModule 모듈이 아직 초기화되지 않아도 요청이 실패하지 않는다는 것을 알 수 있습니다. 대신 초기화가 완료될 때까지 중단된 다음 실제로 실행됩니다. 우리는 이것이 훨씬 더 견고하게 동작하는 것임을 분명히 알 수 있습니다.

> **패턴**
> 모듈이 비동기적으로 초기화된다면 모듈이 완전히 초기화될 때까지 모든 작업들을 대기열에 둡니다.

이제 우리는 서버가 시작된 직후에 요청 받아들이기를 시작할 수 있고, 서버 모듈의 초기화 상태 때문에 들어온 요청 처리를 실패하는 경우는 없게 되었습니다. 우리는 DI를 사용하거나, 장황하고 오류가 발생하기 쉬운 비동기식 모듈의 상태를 확인하는 점검 코드를 사용하지 않고도 이러한 결과를 얻을 수 있었습니다.

9.1.3 실전에서는 어떻게 사용되는가

방금 제시한 패턴은 많은 데이터베이스 드라이버와 ORM 라이브러리에서 사용됩니다. 가장 주목할만한 것은 Mongoose(http://mongoosejs.com)로 MongoDB를 위한 ORM입니다. Mongoose를 사용하면 쿼리를 보낼 수 있도록 데이터베이스 연결이 열릴 때까지 기다릴 필요가 없습니다. 각 작업을 큐에 넣은 다음 데이터베이스와 연결이 완전히 설정된 후에 나중에 실행되기 때문입니다. 이것은 분명히 API의 유용성을 향상시킵니다.

> Mongoose 코드를 살펴보면 미리 초기화된 큐를 추가하기 위해 기본 드라이버의 모든 메소드들이 어떻게 프록시되는지 확인할 수 있습니다. 패턴 구현을 담당하는 코드 부분은 다음 링크에서 찾을 수 있습니다.
> - https://github.com/LearnBoost/mongoose/blob/21f16c62e2f3230fe616745a40f22b4385a11b11/lib/drivers/node-mongodb-native/collection.js#L103-138.

9.2 비동기 배치(일괄 처리) 및 캐싱

부하가 큰 어플리케이션에서 캐싱은 중요한 역할을 하며 웹 페이지, 이미지 및 스타일시트와 같은 정적 리소스에서부터 데이터베이스 쿼리 결과와 같은 순수한 데이터에 이르기까지 웹의 거의 모든 곳에서 사용됩니다. 이 섹션에서는 비동기 작업에 캐싱을 적용하는 방법과 높은 요청 처리량이 어떻게 가능한지 알아보겠습니다.

9.2.1 캐싱 또는 일괄 처리가 없는 서버 구현

이 새로운 과제를 시작하기 전에 구현할 다양한 기술의 영향을 측정하기 위한 참고 자료로 사용할 작은 데모 서버를 구현해 보겠습니다.

전자상거래 회사의 판매를 관리하는 웹 서버를 생각해봅시다. 특히 특정 유형의 상품에 대한 모든 거래의 합계를 서버에 질의(query)하려고 합니다. 이를 위해 우리는 단순성과 유연성을 고려해 LevelUP을 다시 사용하려 합니다. 우리가 사용할 데이터 모델은 다음과 같은 형식으로 구성된 sales sublevel(데이터베이스의 한 부분)에 저장된 간단한 거래 목록입니다.

```
transactionId { amount, item }
```

키는 transactionId로 표시되며, 값은 판매액(금액)과 항목의 유형을 포함하는 JSON 개체입니다.

처리할 데이터는 매우 기본적인 것이므로 totalSales.js라는 파일에 API를 바로 구현하겠습니다. 이 파일은 다음과 같을 것입니다.

```
const level = require('level');
const sublevel = require('level-sublevel');
const db = sublevel(level('example-db', {valueEncoding: 'json'}));
const salesDb = db.sublevel('sales');

module.exports = function totalSales(item, callback) {
  console.log('totalSales() invoked');
  let sum = 0;
  salesDb.createValueStream() //[1]
    .on('data', data => {
      if(!item || data.item === item) { //[2]
        sum += data.amount;
      }
    })
    .on('end', () => {
      callback(null, sum); //[3]
  });
};
```

모듈의 핵심은 totalSales 함수로 유일하게 익스포트된 API 입니다.

이것이 어떻게 동작하는지는 다음과 같습니다.

1. 판매 트랜잭션을 가진 salesDb sublevel로부터 스트림을 생성합니다. 이 스트림은 데이터베이스에서 모든 항목을 가져옵니다.
2. 데이터 이벤트는 데이터베이스 스트림에서 반환된 각 판매 거래를 수신합니다. 현재 항목의 금액을 합계 값에 더하겠지만, 항목 유형이 입력에 제공된 것과 같은 경우에만 추가합니다(항목 유형이 전혀 제공되지 않는 경우에는 항목 유형에 관계 없이 모든 거래의 합계를 계산합니다).
3. 마지막으로, 종료 이벤트가 수신되면 결과로 최종 합계를 전달하여 callback() 메소드를 호출합니다.

우리가 만든 간단한 질의(query)는 확실히 성능 면에서 최고는 아닙니다. 실제 어플리케이션에서는 항목 유형별로 거래를 질의(query)하기 위한 인덱스를 사용하거나 실시간으로 합계를 계산하는 점진적인 map/reduce를 사용하는 것이 이상적입니다. 그러나 이 예제에서는 분석하려는 패턴의 장점을 강조하기 위해 실제 쿼리 속도가 느려도 상관하지 않겠습니다.

총 판매 어플리케이션을 마무리하는데는 HTTP 서버의 totalSales API 만을 노출하는 것으로 충분합니다. 다음 단계는 app.js 파일을 만드는 것입니다.

```
const http = require('http');
const url = require('url');
const totalSales = require('./totalSales');

http.createServer((req, res) => {
   const query = url.parse(req.url, true).query;
   totalSales(query.item, (err, sum) => {
      res.writeHead(200);
      res.end(`Total sales for item ${query.item} is ${sum}`);
      });
}).listen(8000, () => console.log('Started'));
```

우리가 만든 서버는 매우 단순합니다. 이것은 오직 totalSales API를 위해서만 존재합니다.

처음으로 서버를 시작하기 전에 몇 가지 샘플 데이터를 데이터베이스에 입력해야 합니다. 이 절과 관련된 샘플 코드에 있는 populate_db.js 스크립트를 사용하여 이를 수행할 수 있습니다. 이 스크립트는 데이터베이스에 100K 크기의 임의의 매출 거래를 생성합니다.

좋습니다! 이제 모든 것이 준비되었습니다. 이제까지 그랬듯이 다음 명령으로 서버를 시작합니다.

```
node app
```

서버에 요청을 보내기 위해, 다음 URL을 브라우저의 주소 창에 입력합니다.

```
http ://localhost:8000?item=book
```

그러나 이 서버의 성능을 더 잘 이해하려면 두 개 이상의 요청이 필요합니다. 따라서 우리는 200ms 간격으로 요청을 보내는 loadTest.js라는 작은 스크립트를 사용할 것입니다.

```
node loadTest
```

우리는 20개의 요청이 완료되는데 시간이 걸린다는 것을 알게 될 것입니다. 테스트의 총 실행 시간에 주목하십시오. 이제 최적화를 적용하여 시간을 얼마나 절약할 수 있는지를 측정해야 하기 때문입니다.

9.2.2 비동기 요청 일괄 처리

비동기 작업을 처리할 때, 가장 기본적인 수준의 캐싱은 동일한 API에 대한 일련의 호출들을 모아 일괄 처리(batch)함으로써 수행할 수 있습니다. 이 개념은 매우 간단합니다.

보류 중인 다른 작업이 있는 상태에서 비동기 함수를 호출하는 경우, 새로운 요청을 만드는 대신 이미 실행 중인 작업에 콜백을 연결할 수 있습니다. 다음 그림을 살펴보십시오.

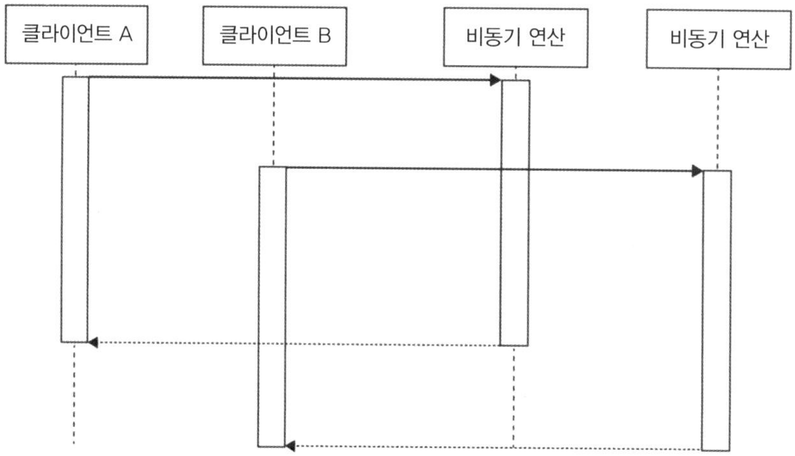

앞의 이미지는 동일한 입력을 사용하여 동일한 비동기 작업을 호출하는 두 개의 클라이언트(두 개의 서로 다른 객체 또는 두 개의 서로 다른 웹 요청일 수 있음)를 보여 줍니다.

물론 이 상황을 해결하는 자연스러운 방법은 두 클라이언트가 앞의 이미지에서 볼 수 있듯이 서로 다른 순간에 완료될 두 개의 별도 작업자(worker)를 시작하는 것입니다.

이제 다음 그림을 보면서 시나리오를 생각해 볼 수 있습니다.

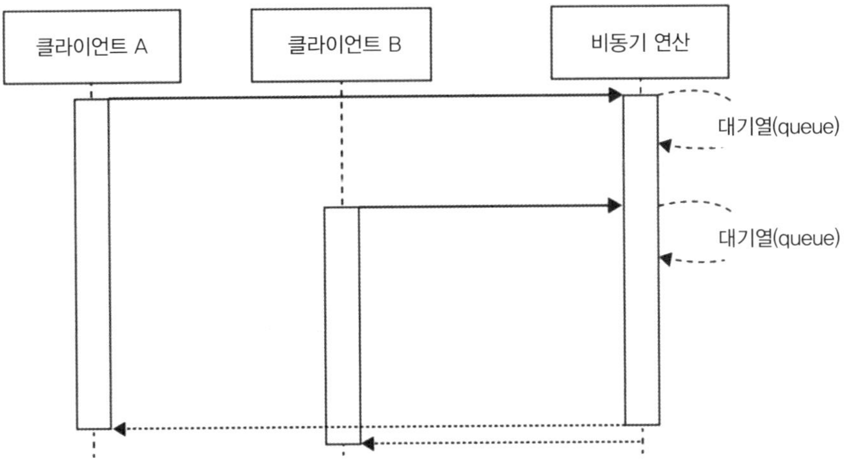

이 두 번째 이미지는 같은 입력으로 동일한 API를 호출하는 두 요청을 일괄 처리하거나 다른 실행 중인 작업자에 추가하는 방법을 보여줍니다.

이렇게 하여 작업이 완료되면 두 클라이언트 모두에게 알릴 수 있습니다. 이는 대개 적절한 메모리 관리와 무효화 전략이 필요한 복잡한 캐싱 메커니즘을 처리하지 않고도 어플리케이션의 부하를 최적화할 수 있는 간단하지만 매우 강력한 방법을 보여줍니다.

총 판매 조회 웹 서버에서 일괄 처리 요청

이제 totalSales API 위에 일괄 처리 레이어를 추가해 보겠습니다. 우리가 사용할 패턴은 매우 간단합니다. API가 호출될 때 대기중인 동일한 요청이 이미 있으면 대기열에 콜백을 추가합니다. 비동기 작업이 완료되면 해당 대기열의 모든 콜백이 한번에 호출됩니다.

이제 코드에서 이 패턴이 어떻게 변환되는지 살펴봅시다. taskQueue.js라는 이름의 새로운 모듈을 만들어 보겠습니다. 여기서 원래의 totalSales API 위에 일괄처리 레이어를 구현합니다.

```
const totalSales = require('./totalSales');

const queues = {};
module.exports = function totalSalesBatch(item, callback) {
  if(queues[item]) { //[1]
    console.log('Batching operation');
```

```
        return queues[item].push(callback);
    }

    queues[item] = [callback]; //[2]
    totalSales(item, (err, res) => {
        const queue = queues[item]; //[3]
        queues[item] = null;
        queue.forEach(cb => cb(err, res));
    });
};
```

totalSalesBatch() 함수는 totalSales() API의 프록시이며, 다음과 같이 동작합니다.

1. 입력으로 제공되는 항목 유형에 대한 대기열이 이미 있으면, 해당 항목에 대한 요청이 이미 실행 중임을 의미합니다. 이 경우 단순히 기존 큐에 콜백을 추가하고 즉시 호출에서 복귀해야 합니다. 그 외의 것은 필요하지 않습니다.
2. 항목에 대한 것이 정의된 큐에 없으면 새 요청을 작성해야 함을 의미합니다. 이를 위해 우리는 특정 항목에 대한 새로운 대기열을 만들고 현재 콜백 함수로 초기화합니다. 그런 다음 원래의 totalSales() API를 호출합니다.
3. 원래의 totalSales() 요청이 완료되면 해당 특정 항목에 대한 큐에 추가된 모든 콜백을 반복하여 작업 결과를 가지고 하나씩 호출합니다.

totalSalesBatch() 함수의 동작은 원래의 totlaSales() API의 동작과 동일합니다. 동일한 입력을 사용하는 API에 대한 여러 번의 호출이 일괄 처리되므로 시간과 리소스가 절약됩니다.

totalSales() API의 일괄 처리하지 않는 버전에 비해 성능이 어떻게 개선되는지 궁금하십니까? 이제 HTTP 서버에서 사용한 totalSales 모듈을 방금 생성한 모듈(app.js 파일)로 바꿉니다.

```
//const totalSales = require('./totalSales');
const totalSales = require('./totalSalesBatch');

http.createServer(function(req, res) {
// ...
```

서버를 다시 시작하여 부하 테스트를 실행하면 먼저 요청이 일괄적으로 반환됩니다. 이것은 방금 구현한 패턴의 효과이며, 작동 방식에 대한 실용적인 데모입니다.

그 외에도 테스트를 실행하려는데 걸리는 총 시간이 상당히 단축됩니다. 보통 totalSales() API에 대해 수행된 원래의 테스트보다 최소 4배 더 빠릅니다.

이는 매우 놀라운 결과로 완벽하게 캐시를 관리하는 복잡성, 더 중요하게는 무효화(invalidation) 전략에 대한 걱정 없이 단순한 일괄처리 계층만을 적용하여 성능을 크게 향상시켰습니다.

> 요청을 일괄로 처리하는 패턴은 로드가 많은 어플리케이션과 느린 API에서 최상의 잠재력을 발휘합니다. 이러한 상황에서 정확하게 많은 수의 요청을 일괄 처리할 수 있기 때문입니다.

9.2.3 비동기 요청(request) 캐싱

요청의 일괄 처리(request-batching) 패턴의 문제점 중 하나는 API가 빠를수록 일괄 처리 요청의 수가 줄어든다는 것입니다. API가 충분히 빠르면 최적화를 시도할 필요가 없다고 주장할 수도 있습니다. 하지만 그래도 여전히 어플리케이션의 리소스 로드에 있어 합산을 한다면 상당한 영향을 미칠 수 있는 요인이 있음을 보여줍니다. 또한 때로는 API 호출의 결과가 자주 변경되지 않는다고 가정할 수도 있습니다. 이 경우 간단한 요청의 일괄 처리는 최상의 성능을 제공하지 못합니다. 이러한 모든 상황에서 어플리케이션의 로드를 줄이고 응답 속도를 높이고자 한다면, 캐싱 패턴이 가장 좋습니다.

개념은 간단합니다. 요청이 완료되자마자 결과를 캐시에 저장합니다. 캐시의 결과를 바로 변수, 데이터베이스 항목 또는 특수 캐싱 서버에 저장합니다. 따라서 다음 번에 API를 호출할 때, 다른 요청을 생성하는 대신 캐시에서 즉시 결과를 검색할 수 있습니다.

캐싱에 대한 개념은 숙련된 개발자에게는 새로운 것이 아니지만, 비동기 프로그래밍에서 이 패턴이 특별한 이유는 최적화를 위해 요청 일괄 처리(request batching)와 결합되어야 한다는 것입니다. 그 이유는 캐시가 아직 설정되지 않은 상태에서 여러 요청이 동시에 실행될 수 있고, 이러한 요청이 모두 완료될 때 캐시가 여러 번 설정될 수 있기 때문입니다.

이러한 가정을 기반으로 하면 비동기 요청 캐싱 패턴의 최종 구조는 다음 그림과 같습니다.

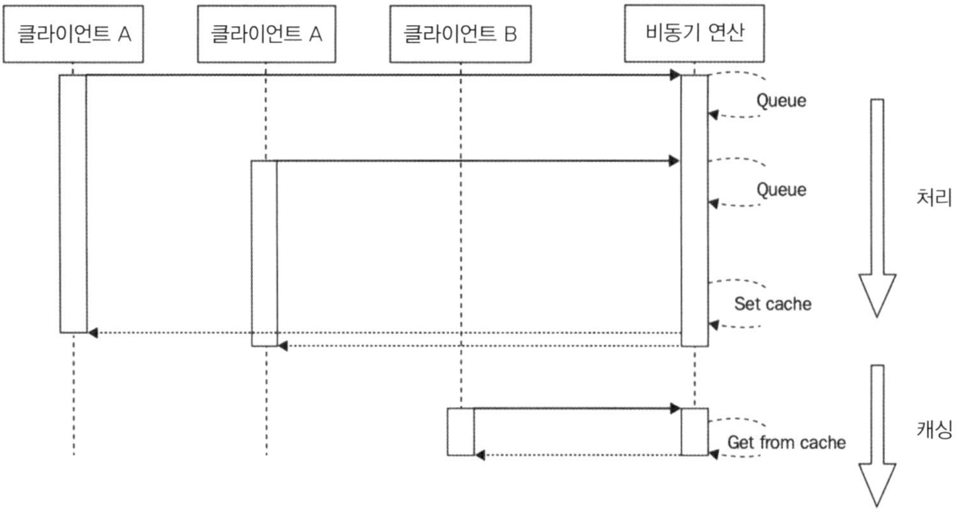

이 그림은 최적의 비동기 캐싱 알고리즘을 위한 두 개의 단계를 보여줍니다.

- ▶ 첫 번째 단계는 일괄처리 패턴과 완전히 동일합니다. 캐시가 설정되지 않은 동안 수신된 요청은 함께 일괄 처리됩니다. 요청이 완료되면 캐시가 한 번 설정됩니다.
- ▶ 캐시가 마침내 설정되면 이후의 모든 요청이 캐시에서 직접 제공됩니다.

고려해야 할 또 다른 중요 사항은 Zalgo 안티 패턴이 되지 않도록 하는 것입니다('2장. Node.js 필수 패턴'에서 실제로 보았던 것입니다). 비동기식 API를 사용하고 있으므로 비록 캐시와 관련된 처리들이 동기적이라 할지라도 캐시된 값은 항상 비동기적으로 반환해야 합니다.

총 판매 조회 웹 서버에서 요청 캐싱

비동기 캐싱 패턴의 장점을 시연하고 측정하기 위해, 이제 배운 내용을 totalSales() API에 적용해 보겠습니다. 요청 일괄 처리(request batching) 예제에서와 같이 캐싱 레이어를 추가하는 목적으로 원래 API의 프록시를 만들어야 합니다.

다음 코드를 포함하는 totalSalesCache.js라는 새 모듈을 만듭니다.

```
const totalSales = require('./totalSales');

const queues = {};
const cache = {};

module.exports = function totalSalesBatch(item, callback) {
  const cached = cache[item];
```

```
    if (cached) {
      console.log('Cache hit');
      return process.nextTick(callback.bind(null, null, cached));
    }

    if (queues[item]) {
      console.log('Batching operation');
      return queues[item].push(callback);
    }

    queues[item] = [callback];
    totalSales(item, (err, res) => {
      if (!err) {
        cache[item] = res;
        setTimeout(() => {
          delete cache[item];
        }, 30 * 1000); //30초 후 무효화
      }

      const queue = queues[item];
      queues[item] = null;
      queue.forEach(cb => cb(err, res));
    });
  };
```

여러분은 앞의 코드가 우리가 비동기 일괄 처리에 사용했던 것과 거의 유사하다는 것을 알 수 있을 것입니다. 실제로 차이점은 다음과 같습니다.

- API가 호출될 때 가장 먼저 해야 할 일은 캐시에 설정되어 있는지를 확인하는 것입니다. 캐시에 존재할 경우 캐시된 값을 callback()을 사용하여 즉시 반환하는데, process.nextTick()을 사용해 지연시킵니다.
- 실행은 일괄 처리 모드에서 계속되지만 이번에는 원래 API가 성공적으로 완료되면 결과를 캐시에 저장합니다. 또한 30초 후에 캐시가 무효화 되도록 제한 시간을 설정합니다. 간단하지만 효과적인 기술입니다!

방금 작성한 totaSales 래퍼를 사용할 준비가 되었습니다. 이를 위해 app.js 모듈을 다음과 같이 업데이트 합니다.

```
//const totalSales = require('./totalSales');
//const totalSales = require('./totalSalesBatch');
const totalSales = require('./totalSalesCache');

http.createServer(function(req, res) {
  // ...
```

이제 이전 예제에서와 같이 서버를 다시 시작하고 loadTest.js 스크립을 사용하여 프로파일링을 할 수 있습니다. 디폴트 테스트 매개변수를 사용해 보면, 간단한 일괄처리와 비교할 때 실행시간이 10% 단축되는 것을 알 수 있습니다. 물론 이것은 예를 들어, 수신된 요청의 수와 요청들 간의 간격과 같은 많은 요소에 크게 의존합니다. 일괄 처리보다 캐싱을 사용하면 장점이 더 많은데, 요청이 많고 처리에 많은 시간이 필요한 경우에 훨씬 더 장점이 부각됩니다.

> **메모이제이션(Memoization[1])**은 함수 호출 결과를 캐싱하는 방법입니다. npm에서는 적은 노력으로 비동기 메모이제이션(memoization)을 구현하는 많은 패키지를 찾을 수 있습니다. 가장 완벽한 패키지 중 하나가 memoizee(https://npmjs.org/package/memoizee)입니다.

캐싱 메커니즘 구현에 대한 참고 사항

실제 어플리케이션 분야에서 더 발전된 무효화(invalidation) 기술과 저장 메커니즘을 사용하고자 할 수 있습니다. 이는 다음과 같은 이유로 필요할 수 있습니다.

- 캐시된 값이 많으면 쉽게 많은 메모리를 소비할 수 있습니다. 이 경우 **LRU(Least Recently Used)** 알고리즘을 사용하여 메모리 사용률을 일정하게 유지할 수 있습니다.
- 어플리케이션이 여러 프로세스에 분산되어 있는 경우, 캐시에 간단한 변수를 사용하게 되면 각 서버 인스턴스에서 다른 결과가 반환될 수 있습니다. 우리가 구현하는 특정 어플리케이션에 바람직하지 않은 경우, 해결 방안은 캐시에 공유 저장소를 사용하는 것입니다. 가장 널리 사용되는 솔루션이 Redis(http://redis.io)와 Memcached(http://memcached.org)입니다.
- 시간 제한 만료와 달리 수동 캐시 무효화를 사용하면 캐시 수명을 늘리고 동시에 최신 데이터를 제공할 수 있지만, 관리가 훨씬 더 복잡해집니다.

1 메모이제이션: 컴퓨터 프로그램이 동일한 계산을 반복해야 할 때, 이전에 계산한 값을 메모리에 저장함으로써 동일한 계산의 반복 수행을 제거하여 프로그램 실행 속도를 빠르게 하는 기술

9.2.4 프라미스를 사용한 일괄처리와 캐싱

'4장. ES2015 이후 비동기식 프로그램의 제어 흐름 패턴'에서는 프라미스가 비동기 코드를 크게 단순화하는 방법을 보았지만 일괄처리 및 캐싱을 처리에 사용하면 더욱 흥미로운 어플리케이션을 제공할 수 있습니다. 우리가 프라미스에 대해 설명한 것을 살펴보면, 이런 상황에서 우리에게 유익하게 이용할 수 있는 두 가지 특성이 있습니다.

- 다수의 리스너를 동일한 프라미스에 붙일 수 있습니다.
- then() 리스너는 한번만 호출할 수 있으며, 프라미스가 이미 해결된 후에도 연결되어 작동합니다. 게다가 then()은 항상 비동기적으로 호출됩니다.

요컨대 첫 번째 속성은 요청을 일괄 처리하는데 정확히 필요한 것이며, 두 번째 속성은 이미 해결된 값에 대한 캐시를 의미하여 일관된 비동기 방식으로 캐시된 값을 반환하는 자연스러운 메커니즘을 제공합니다. 다시 말해, 이것은 프라미스를 사용하면 일괄 처리와 캐싱이 매우 단순하고 간결하다는 것을 의미합니다.

이를 증명하기 위해 프라미스를 사용하여 totalSalse() API의 래퍼를 만들어, 일괄 처리 및 캐싱 레이어를 추가하는데 필요한 것이 무엇인지 살펴 볼 수 있습니다. 이것이 어떤 형태인지 보도록 하겠습니다. totlaSalsePromises.js라는 이름의 새로운 모듈을 만듭니다.

```
const pify = require('pify'); // [1]
const totalSales = pify(require('./totalSales'));

const cache = {};
module.exports = function totalSalesPromises(item) {
  if (cache[item]) { //[2]
    return cache[item];
  }

  cache[item] = totalSales(item) //[3]
    .then(res => { //[4]
      setTimeout(() => {delete cache[item]}, 30 * 1000); //30s expiry
      return res;
    })
    .catch(err => { //[5]
      delete cache[item];
      throw err;
    });
  return cache[item]; //[6]
};
```

첫 번째로 우리에게 떠오르는 것은 앞의 코드에서 구현한 솔루션의 단순함과 세련됨입니다. 프라미스는 실제로 매우 유용한 도구지만 이 특별한 어플리케이션을 사용하면 더 크고 즉각적인 이점을 얻을 수 있습니다. 다음은 앞의 코드에 대한 설명입니다.

1. 먼저 우리는 원래 totalSalse()에 프라미스를 적용하기 위해 pify(https://w1.www.npmjs.com/package/pify)라는 작은 모듈을 사용했습니다. 이렇게 하면 totalSales()는 콜백 대신 ES2015 프라미스를 반환합니다.
2. totalSalesPromises() 래퍼가 호출될 때 주어진 항목 유형에 대해 캐시된 프라미스가 이미 존재하는지 체크합니다. 이미 그런 프라미스가 존재한다면, 그것을 다시 호출자에게 반환합니다.
3. 주어진 항목 유형에 대한 캐시에 프라미스가 없으면 원래 totalSales() API를 호출하여 프라미스를 만듭니다.
4. 프라미스가 해결되면 캐시를 지우는 시간을 설정하고(30초 후) 프라미스를 listen하고 있는 모든 then() 리스너에 작업 결과를 전파하기 위해 res를 반환합니다.
5. 프라미스가 오류로 거부(reject)되면 즉시 캐시를 재설정하고 오류를 던져 프라미스 체인에 전파하므로 동일한 프라미스에 연결된 다른 모든 리스너들도 오류를 수신할 수 있습니다.
6. 끝으로 방금 만든 캐시된 프라미스를 반환합니다.

이는 매우 간단하고 직관적인데, 더 중요한 것은 일괄 처리와 캐싱을 모두 성취할 수 있다는 것입니다.

totalSalesPromise() 함수를 사용하기 위해서는 app.js 모듈을 약간 수정해야 합니다. API가 콜백 대신 프라미스를 사용하고 있기 때문입니다. appPromises.js 모듈의 수정된 버전을 작성해 보겠습니다.

```
const http = require('http');
const url = require('url');
const totalSales = require('./totalSalesPromises');
http.createServer(function(req, res) {
  const query = url.parse(req.url, true).query;
  totalSales(query.item).then(function(sum) {
    res.writeHead(200);
    res.end(`Total sales for item ${query.item} is ${sum}`);
  });
}).listen(8000, () => console.log('Started'));
```

이것은 원래의 app 모듈과 거의 동일하지만 프라미스 기반의 일괄 처리/캐싱 래퍼를 사용한다는 점에서 차이가 있습니다. 따라서 우리의 호출 방식도 약간 다릅니다.

됐습니다! 이제 다음 명령을 실행하여 새로운 버전의 서버를 사용해 볼 수 있습니다.

```
node appPromises
```

loadTest 스크립트를 사용하여 새로운 구현이 예상대로 동작하는지 확인할 수 있습니다. 실행 시간은 totalSalesCache() API를 사용하여 서버를 테스트했을 때와 동일합니다.

9.3 CPU 바운딩(CPU-bound) 작업 실행

totalSales() API는 자원 면에서 비싸지만, 서버가 동시 요청을 수용할 수 있는 능력에는 영향을 미치지 않습니다. '1장. Node.js 플랫폼에 오신 것을 환영합니다'에서 배웠던 이벤트 루프에 대한 내용이 이 동작에 대한 설명을 제공합니다. 비동기 작업을 호출하면 스택이 이벤트 루프로 되돌아 가서 다른 요청을 처리할 수 있게 됩니다.

그러나 이벤트 루프를 제어하지 못하는 긴 동기식 작업을 실행하면 어떻게 될까요? 이러한 종류의 작업은 I/O 작업이 많지 않고 CPU의 사용량이 많다는 특징 때문에 CPU 바인딩(CPU-bound)이라고도 합니다.

바로 예제를 통해 Node.js에서 이러한 유형의 작업이 어떻게 동작하는지 확인해 보겠습니다.

9.3.1 부분 집합의 합 문제 해결

이제 실험을 위한 기초 자료로 사용할 수 있는 계산의 비용이 많이 드는 문제를 선택해 보겠습니다. 좋은 후보로는 어떤 정수들의 집합이 합계가 0인 비어있지 않은 부분 집합을 가지고 있는지의 여부를 결정하는 것으로, 부분 집합에 대한 합계 문제입니다. 예를 들어 집합 [1, 2, -4, 5, -3]을 입력으로 하면, 문제를 만족하는 부분 집합으로는 [1, 2, -3]과 [2, -4, 5, -3]이 있습니다.

가장 단순한 알고리즘은 모든 조합 가능한 부분 집합들을 검사하는 것인데, 이는 계산 비용이 O(2n)이거나 입력의 크기에 따라 기하급수적으로 커집니다. 다시 말해 20개의 정수로 구성된 집합을 검사할 때 최대 1,048,576개의 조합이 필요하며, 이는 우리의 가정을 시험하는데 나쁘지 않은 예입니다. 물론 해결책은 그보다 훨씬 빨리 발견될 수도 있습니다. 따라서 더 어렵게 만들려면 같은 부분 집합 문제의 변형을 고려할 수 있습니다. 즉, 주어진 정수 집합에 대해 sum이 주어진 임의의 정수와 같은 가능한 모든 조합을 계산하는 것입니다.

이제 그러한 알고리즘을 만들어 보겠습니다. subsetSum.js라는 새로운 모듈을 만듭니다. SubsetSum이라는 클래스를 만들어 봅시다.

```
const EventEmitter = require('events').EventEmitter;

class SubsetSum extends EventEmitter {
  constructor(sum, set) {
    super();
    this.sum = sum;
    this.set = set;
    this.totalSubsets = 0;
  }
//...
```

SubsetSum 클래스는 EventEmitter 클래스에서 확장합니다. 이렇게 하면 입력으로 받은 합계와 일치하는 새 부분 집합을 찾을 때마다 이벤트를 생성할 수 있습니다.

다음으로, 가능한 모든 부분 집합 조합을 생성하는 방법에 대해 알아보겠습니다.

```
_combine(set, subset) {
  for(let i = 0; i < set.length; i++) {
    let newSubset = subset.concat(set[i]);
    this._combine(set.slice(i + 1), newSubset);
    this._processSubset(newSubset);
  }
}
```

알고리즘에 대해 너무 상세하게 설명하지는 않겠지만, 주목해야 할 두 가지 사항이 있습니다.

- _combine() 메소드는 완전한 동기식입니다. 이벤트 루프에 제어권을 되돌려 주지 않고 모든 조합 가능한 부분 집합들을 재귀적으로 생성합니다. 생각해 보면, I/O를 필요로 하지 않는 알고리즘의 경우로는 가장 알맞은 경우입니다.
- 새로운 조합이 생성될 때마다 _processSubset() 메소드에 추가적인 처리를 위해 전달됩니다.

_processSubset() 메소드는 지정된 부분 집합 내 요소들의 합계가 찾고자 하는 숫자와 같은지 확인합니다.

```
_processSubset(subset) {
  console.log('Subset', ++this.totalSubsets, subset);
  const res = subset.reduce((prev, item) => (prev + item), 0);
  if(res == this.sum) {
    this.emit('match', subset);
  }
}
```

_processSubset() 메소드는 해당 요소의 합을 계산하기 위해 부분 집합에 reduce 연산을 적용합니다. 그 후 결과 합계가 우리가 발견하고자 하는 것과(this.sum) 같을 때 'match' 유형의 이벤트를 내보냅니다.

끝으로 start() 메소드는 앞의 모든 부분들을 하나로 엮습니다.

```
start() {
  this._combine(this.set, []);
  this.emit('end');
}
```

앞의 메소드는 _combine()을 호출하여 모든 조합을 생성하는 작업을 시작시키고, 끝으로 모든 조합이 검사되었으며 모든 예상되는 일치 결과가 emit되었음을 알리는 'end' 이벤트를 내보냅니다. 이는 _combine()이 동기적이기 때문에 가능한 것입니다. 따라서 함수가 반환되자마자 'end' 이벤트가 발생하므로 모든 조합이 계산되었음을 의미합니다.

다음으로 우리는 네트워크 위에 방금 만든 알고리즘을 공개해야 합니다. 항상 이러한 작업을 위해서 간단한 HTTP 서버를 사용할 수 있습니다. 특히 지정된 배열의 정수 그리고 일치해야 하는 합계를 가지고 호출할 수 있도록 SubsetSum 알고리즘을 호출하는 URL을 /subsetSum?data=<Array>&sum=<Integer> 형식으로 만듭니다.

이제 다음과 같이 간단한 서버를 app.js라는 모듈에 구현해 보겠습니다.

```
const http = require('http');
const SubsetSum = require('./subsetSum');

http.createServer((req, res) => {
  const url = require('url').parse(req.url, true);
  if(url.pathname === '/subsetSum') {
```

```
        const data = JSON.parse(url.query.data);
        res.writeHead(200);
        const subsetSum = new SubsetSum(url.query.sum, data);
        subsetSum.on('match', match => {
          res.write('Match: ' + JSON.stringify(match) + '\n');
        });
        subsetSum.on('end', () => res.end());
        subsetSum.start();
      } else {
        res.writeHead(200);
        res.end('I\m alive!\n');
      }
    }).listen(8000, () => console.log('Started'));
```

SubsetSum 객체가 이벤트를 사용하여 결과를 반환한다는 사실 덕분에 실시간으로 알고리즘에 의해 생성되는 부분 집합을 즉시 스트리밍할 수 있습니다. 또 다른 세부 항목은 우리 서버가 /subsetSum이 아닌 다른 URL을 누를 때마다 I'm Alive라는 텍스트로 응답하는 것입니다. 잠시 후에 보게 되겠지만 서버의 반응을 확인하기 위해 이 기능을 사용할 것입니다.

이제 부분 집합 합계 알고리즘을 사용할 준비가 되었습니다. 서버가 어떻게 동작하는지 궁금하다면 바로 실행해 보겠습니다.

```
node app
```

서버가 시작되자마자 첫 번째 요청을 보낼 것입니다. 17개의 임의의 숫자로 구성된 집합으로 요청을 해보겠습니다. 그러면 131,071개의 조합이 생성되어 잠시 동안 서버가 바쁜 상태가 될 것입니다.

```
curl -G http://localhost:8000/subsetSum --data-urlencode "data=[116,119,101,101,-
116,109,101,-105,-102,117,-115,-97,119,-116,-104,-105,115]" --data-urlencode "sum=0"
```

결과가 서버에서 실시간으로 스트리밍되는 것을 볼 수 있지만, 첫 번째 요청이 실행되는 동안 다른 터미널에서 다음 명령을 시도하면 큰 문제가 발생할 것입니다.

```
curl -G http : // localhost : 8000
```

첫 요청의 부분 집합 합계 알고리즘이 끝날 때까지 이 요청이 멈추게 되는 것을 보게 될 것입니다. 이것은 우리가 기대했던 것입니다. Node.js 이벤트 루프는 단일 스레드에서 실행되며, 이 스레드가 긴 동기 계산에 의해 차단되어 간단한 "I'm alive" 응답을 위한 단 하나의 사이클도 실행할 수 없습니다.

우리는 이 동작이 여러 요청을 처리하는 모든 종류의 어플리케이션에서도 동일할 것이라는 점을 빨리 이해해야 합니다. 그러나 Node.js에 실망할 필요는 없습니다. 여러 가지 방법으로 이러한 유형의 문제에 대처할 수 있습니다. 가장 중요한 두 가지 요소를 분석해 보겠습니다.

9.3.2 setImmediate를 사용한 인터리빙(Interleaving)

일반적으로 CPU 바운드 알고리즘은 일련의 단계에 따라 작성됩니다. 재귀호출, 루프 또는 그 변형이나 조합일 수 있습니다. 그래서, 이 문제에 대한 간단한 해결책은 각각의 단계가 완료된 후(또는 그 중 일정 수 이후에) 이벤트 루프에 제어권을 돌려 주는 것입니다. 이렇게 하면 장기 실행 알고리즘이 CPU에 제어권을 줄 때마다 이벤트 루프에 의해 보류중인 모든 I/O가 지속적으로 처리될 수 있습니다. 이를 달성할 수 있는 간단한 방법은 알고리즘의 단계 사이사이에 보류중인 I/O 요청들을 처리하도록 예약하는 것입니다. 이것이 바로 setImmediate() 함수('2장. Node.js 필수 패턴'에서 이미 이 API를 소개했습니다)를 적용하기에 적합한 사례입니다.

> **패턴**
> setImmediate()를 사용하여 장기 실행 동기화 작업의 실행을 인터리브(Interleave)합니다.

부분 집합 합계 단계의 인터리빙(Interleaving)

이제 이 패턴이 부분 집합 합계 알고리즘에 어떻게 적용되는지 살펴보겠습니다. 우리가 할 일은 subsetSum.js 모듈을 약간 수정하는 것입니다. 편의상 원래의 subsetSum 클래스의 코드를 시작점으로 하여 subsetSumDefer.js라는 새로운 모듈을 생성하겠습니다.

첫 번째 변경은 _combineInterleved()라는 메소드를 추가하는 것입니다. 이 메소드는 우리가 지금 구현 중인 패턴의 핵심입니다.

```
_combineInterleaved(set, subset) {
  this.runningCombine++;
  setImmediate(() => {
    this._combine(set, subset);
    if(--this.runningCombine === 0) {
```

```
      this.emit('end');
    }
  });
}
```

보시다시피, setImmediate()를 사용하여 원본(동기) _combine() 메소드 호출을 연기하면 됩니다. 그러나 이제 알고리즘이 더 이상 동기화되지 않기 때문에 함수가 언제 모든 조합의 생성을 완료했는지 알기가 더 어려워질 것입니다. 이 문제를 해결하기 위해 '3장. 콜백을 사용한 비동기 제어 흐름 패턴'에서 보았던 비동기 병렬 실행과 유사한 패턴을 사용하여 _combine() 메소드의 실행 중인 인스턴스를 모두 추적해야 합니다. combine() 메소드의 모든 인스턴스가 실행을 완료하면 프로세스가 완료되었다는 것을 리스너에게 알리는 end 이벤트를 내보낼 수 있습니다.

부분 집합 합계 알고리즘의 리팩토링을 완료하려면 아직 몇 가지 조정이 필요합니다. 먼저 _combine() 메소드의 재귀적 단계를 지연된 단계로 교체해야 합니다.

```
_combine(set, subset) {
  for(let i = 0; i < set.length; i++) {
    let newSubset = subset.concat(set[i]);
    this._combineInterleaved(set.slice(i + 1), newSubset);
    this._processSubset(newSubset);
  }
}
```

위의 변경을 통해 우리는 알고리즘의 각 단계가 동기적으로 실행되는 대신 setImmediate()를 사용하여 이벤트 루프에서 대기열에 추가되고, 따라서 보류중인 I/O 요청의 실행 후에 실행되도록 합니다.

다른 변경은 start() 메소드에 있습니다.

```
start() {
  this.runningCombine = 0;
  this._combineInterleaved(this.set, []);
}
```

위 코드는 _combine() 메소드의 실행 인스턴스의 수를 0으로 초기화합니다. 또한 _combine()에 대한 호출을 combineInterleaved()로 대체하고 'end' 이벤트의 발생을 제거했습니다. 이제는 _combineInterleaved()에서 비동기적으로 처리되기 때문입니다.

이 마지막 변경으로 우리의 부분 집합 합계 알고리즘은 이제 이벤트 루프에서 실행되고 보류 중인 다른 요청을 처리할 수 있는 간격으로 CPU 바인딩된 코드를 실행할 수 있어야 합니다.

마지막으로 남은 부분은 app.js 모듈을 수정하여 새 버전의 SubsetSum API를 사용할 수 있도록 하는 것입니다. 이것은 정말 간단한 변경입니다.

```
const http = require('http');
//const SubsetSum = require('./subsetSum');
const SubsetSum = require('./subsetSumDefer');

http.createServer(function(req, res) {
  // ...
```

이제 새로운 버전의 부분 집합 합계 서버를 사용해 볼 준비가 되었습니다. 다음 명령을 사용하여 app 모듈을 시작해보겠습니다.

```
node app
```

그런 다음, 주어진 합계와 일치하는 모든 부분 집합을 다시 계산하도록 요청을 보냅니다.

```
curl -G http://localhost:8000/subsetSum --data-urlencode "data=[116,119,101,101,-
116,109,101,-105,-102,117,-115,-97,119,-116,-104,-105,115]" --data-urlencode "sum=0"
```

다음 명령을 사용하여 요청이 실행되는 동안 서버가 응답하는지 여부를 확인합니다.

```
curl -G http : // localhost : 8000
```

좋습니다! SubsetSum 작업이 실행 중일 때도 두 번째 요청이 즉시 반환되어 패턴이 제대로 작동하는지 확인할 수 있습니다.

인터리빙 패턴에 대한 고려 사항

우리가 보았듯이 어플리케이션의 응답성을 유지하면서 CPU 바운드 작업을 실행하는 것은 그렇게 복잡하지 않습니다. 대기중인 입출력 다음에 알고리즘의 다음 단계를 예약하기 위해서는 setImmedidate()를 사용해야 합니다. 그러나 이것이 효율성 측면에서 최고의 패턴은 아닙니다. 실제로 작업을 지연하면 알고리즘이 실행해야 하는 모든 단계를 곱한 작은 오버헤드가 발생하며, 이것이 중요한 영향을 미칠 수 있습니다. 이는 일반적으로 CPU 바운드 작업을 실행하고자 할 때 마지막으로 처리해야 할 작업입니다. 특히 사용자에게 결과를 직접 반환해야 하는 경우에는 적절한 시간 내에 처리를 해야 합니다. 문제를 완화할 수 있는 가능한 해결책은 setImmedidate()를 매 단계마다 사용하는 대신, 특정 단계 후에만 사용하는 것입니다. 하지만 여전히 문제의 근원은 해결되지 않습니다.

이것이 우리가 방금 본 패턴이 어떤 희생을 치르더라도 피해야 한다는 것을 의미하지는 않습니다. 실제로 더 큰 그림을 보면 동기화된 작업이 문제를 일으킬 만큼 크고 복잡하지 않아도 됩니다. 사용량이 많은 서버에서는 이벤트 루프를 200밀리 초 동안 차단하는 작업조차도 원치 않는 지연을 만들어 낼 수 있습니다. 작업이 산발적으로 또는 백그라운드에서 실행되고 너무 오랫동안 실행하지 않아도 되는 상황에서는 setImmediate()를 사용하여 실행을 인터리브하는 것이 이벤트 루프를 차단하는 것을 피하는 가장 간단하고 효과적인 방법입니다.

> process.nextTick()은 장기 실행 작업을 인터리브하는데 사용할 수 없습니다. '1장. Node.js 플랫폼에 오신 것을 환영합니다'에서 보았듯이 nextTick()은 대기 중인 입출력보다 먼저 작업을 예약하기 때문에 반복 호출 시 입출력의 기아 상태가 발생할 수 있습니다. 이전 샘플에서 setImmedidate()을 process.nextTick()으로 대체하여 직접 확인할 수 있습니다. 이 동작은 Node.js 0.10에서 도입되었는데, 실제 Node.js 0.8에서도 process.nextTick()은 여전히 인터리빙 메커니즘으로 사용될 수도 있습니다. 이에 대한 변경 사항의 역사와 동기에 대해서는 GitHub 이슈 https://github.com/joyent/node/issues/3335에서 자세히 알아 볼 수 있습니다.

9.3.3 멀티 프로세스 사용

알고리즘의 단계를 연기하는 것만이 CPU 바운드 작업을 실행하는 유일한 방법은 아닙니다. 이벤트 루프를 막지 못하도록 하는 또 다른 패턴은 **자식 프로세스**를 사용하는 것입니다. Node.js에서는 웹 서버와 같은 I/O 집약적인 어플리케이션을 실행할 때 최상의 성능을 제공하는 비동기식 아키텍처 덕분에 리소스 사용률을 최적화할 수 있습니다.

따라서 어플리케이션의 응답성을 유지하는 가장 좋은 방법은 값비싼 CPU 관련 작업을 기본 어플리케이션의 컨텍스트에서 실행하지 않고 대신 별도의 프로세스를 사용하는 것입니다.

여기에는 세 가지의 주요 장점이 있습니다.

- ▶ 동기화 작업의 실행 단계를 인터리빙할 필요 없이 최대 속도로 실행될 수 있습니다.
- ▶ Node.js의 프로세스로 작업하는 것은 간단합니다. 알고리즘을 수정하여 setImmediate()를 사용하는 것보다 쉬우며, 메인 어플리케이션 자체를 확장할 필요 없이 다중 프로세서를 쉽게 사용할 수 있습니다.
- ▶ 우리에게 정말로 최고의 성능이 필요하다면, ANSI C와 같은 저 수준 언어로 작성된 외부 프로세스를 실행할 수도 있습니다(항상 작업에 가장 좋은 도구를 사용하십시오!).

Node.js는 외부 프로세스와 상호작용 할 수 있는 일련의 API 도구들을 제공합니다. 우리는 child_process 모듈에서 필요한 것을 찾을 수 있습니다. 게다가 외부 프로세스가 Node.js 프로그램일 때 메인 어플리케이션에 연결하는 것은 매우 쉽습니다. 로컬 어플리케이션의 외부에서 뭔가 실행하고 있는 것처럼 느껴지지 않습니다. 이 마술은 child_process.fork() 함수를 이용하여 만듭니다. child_process.fork() 함수는 새로운 child Node.js 프로세스를 생성하고, 자동으로 통신 채널을 생성하여 EventEmitter와 매우 유사한 인터페이스를 사용하여 정보를 교환할 수 있도록 합니다. 우리의 부분 집합 합계 서버를 다시 리팩토링함으로써 이것이 어떻게 작동하는지 보겠습니다.

부분 집합 합계 작업을 다른 프로세스에 위임

SubsetSum 작업의 리팩토링 목표는 서버의 이벤트 루프가 네트워크에서 오는 요청을 처리하도록 자유롭게 남겨둔 채, 동기 처리를 담당하는 별도의 자식 프로세스를 만드는 것입니다. 다음은 이를 위해 우리가 따라야 할 절차입니다.

- ▶ processPool.js라는 새로운 모듈을 만들어 실행 중인 프로세스 풀을 생성합니다. 새로운 프로세스를 시작하기 위해서는 많은 비용과 시간이 필요합니다. 따라서 프로세스를 지속적으로 실행하고 요청을 처리할 준비가 미리 되어 있다면 시간과 CPU를 절약할 수 있습니다. 또한 Pool은 어플리케이션이 **서비스 거부(DoS)** 공격에 노출되지 않도록 동시에 실행되는 프로세스 수를 제한하는데 도움이 됩니다.
- ▶ 다음으로 자식 프로세스에서 실행 중인 SubsetSum 작업을 추상화하는 subsetSumFork.js라는 모듈을 작성합니다. 그 역할은 자식 프로세스와 통신하고 현재 어플리케이션에서 한 것처럼 작업 결과를 표시합니다.
- ▶ 마지막으로 하위 집합 합계 알고리즘을 실행하고 그 결과를 부모 프로세스로 전달하는 목적으로 새로운 Node.js 프로그램인 **작업자**(Worker, 자식 프로세스)가 필요합니다.

> DoS 공격은 의도적인 사용자가 인터넷에 연결된 호스트의 서비스를 일시적으로 또는 무기한 중단하는 것과 같이 시스템 또는 네트워크 리소스를 사용할 수 없도록 하려는 시도입니다.

프로세스 풀 구현

먼저 processPool.js 모듈을 하나씩 작성해 보겠습니다.

```
const fork = require('child_process').fork;

class ProcessPool {
  constructor(file, poolMax) {
    this.file = file;
    this.poolMax = poolMax;
    this.pool = [];
    this.active = [];
    this.waiting = [];
}
//...
```

모듈의 첫 번째 부분에서는 새로운 프로세스를 만드는데 사용할 child_process.fork() 함수를 가져옵니다. 그런 다음 실행할 Node.js 프로그램을 나타내는 file과 풀의 최대 실행 인스턴스 수(poolMax)를 매개변수로 받는 ProcessPool 생성자를 정의합니다. 그리고 나서 다음 세 개의 인스턴스 변수를 정의합니다.

- pool은 사용할 준비가 된 실행중인 프로세스 집합입니다.
- active는 현재 사용중인 프로세스 목록을 표시합니다.
- waiting은 사용 가능한 프로세스가 부족하여 즉시 수행할 수 없는 모든 요청에 대한 콜백 큐입니다.

ProcessPool 클래스의 다음 부분은 acquire() 메소드이며, 이 메소드는 사용할 준비가 된 프로세스를 반환합니다.

```
acquire(callback) {
  let worker;
  if(this.pool.length > 0) { //[1]
    worker = this.pool.pop();
    this.active.push(worker);
    return process.nextTick(callback.bind(null, null, worker));
}

if(this.active.length >= this.poolMax) { //[2]
  return this.waiting.push(callback);
```

```
    }

    worker = fork(this.file); //[3]
    this.active.push(worker);
    process.nextTick(callback.bind(null, null, worker));
  }
```

위 코드의 논리는 매우 간단하며 다음과 같이 설명됩니다.

1. 풀(Pool)에서 사용될 준비가 된 프로세스가 있으면 활성 목록으로 이동한 다음, 콜백을 호출하여 반환합니다(콜백에 의한 비동기 방식으로... Zalgo가 왜 발생하는지 기억하시기 바랍니다).
2. 풀(Pool)에 사용 가능한 프로세스가 없고 실행중인 프로세스의 최대 수에 도달했으면 사용할 수 있을 때까지 기다려야 합니다. 현재 콜백을 대기 목록들이 들어 있는 큐(queue)에 넣음으로써 이 작업을 수행합니다.
3. 실행 중인 프로세스의 최대 수에 아직 도달하지 않은 경우, child_process.fork()를 사용하여 새로운 프로세스를 만들고 활성 목록에 추가한 후 콜백을 사용하여 호출자에게 반환합니다.

ProcessPool 클래스의 마지막 메소드는 release() 입니다. 이 목적은 프로세스를 다시 풀에 넣는 것입니다.

```
  release(worker) {
    if(this.waiting.length > 0) { //[1]
      const waitingCallback = this.waiting.shift();
      waitingCallback(null, worker);
    }
    this.active = this.active.filter(w => worker !== w); //[2]
    this.pool.push(worker);
  }
```

코드도 매우 간단한데, 그 설명은 다음과 같습니다.

- waiting 목록에 요청이 있는 경우에는 해당 작업자(worker)를 waiting 대기열(queue)의 맨 앞에 있는 콜백에 재할당하여 제거합니다.
- 그렇지 않으면 작업 목록에서 작업자를 제거하고 다시 풀에 넣습니다.

여기서 알 수 있듯이 프로세스는 중단되지 않고 다시 할당되므로 각 요청에서 프로세스를 다시 시작하지 않아도 되기 때문에 시간을 절약할 수 있습니다. 그러나 이것이 항상 최선의 선택은 아닐 수도 있는데, 어플리케이션 요구 사항에 크게 의존한다는 것을 이해하는 것이 중요합니다. 장기간 메모리 사용을 줄이고 프로세스 풀의 견고성을 확보하기 위해 가능한 조치는 다음과 같습니다.

- 일정 시간 동안 사용하지 않으면 유휴 프로세스를 종료하여 메모리를 비웁니다.
- 반응이 없는 프로세스를 죽이거나 에러가 난 프로세스는 다시 시작시킵니다.

하지만 이 예에서는 프로세스 풀의 구현을 단순하게 유지할 것입니다. 추가하고 싶은 세부 사항들이 정말 끝이 없기 때문입니다.

자식 프로세스와 통신하기

이제 ProcessPool 클래스가 준비되었으므로 Worker와 통신하여 생성된 결과를 알려주는 역할을 수행할 SubsetSumFork 래퍼를 구현할 것입니다. 앞서 말했듯이 child_process.fork()로 프로세스를 시작하면 간단한 메시지 기반 통신 채널이 생기므로 subsetSumFork.js 모듈을 구현하여 이것이 작동하는 방식을 보겠습니다.

```
const EventEmitter = require('events').EventEmitter;
const ProcessPool = require('./processPool');
const workers = new ProcessPool(__dirname + '/subsetSumWorker.js', 2);

class SubsetSumFork extends EventEmitter {
  constructor(sum, set) {
    super();
    this.sum = sum;
    this.set = set;
  }

  start() {
    workers.acquire((err, worker) => { //[1]
      worker.send({sum: this.sum, set: this.set});

      const onMessage = msg => {
        if (msg.event === 'end') { //[3]
          worker.removeListener('message', onMessage);
          workers.release(worker);
        }

        this.emit(msg.event, msg.data); //[4]
      };

      worker.on('message', onMessage); //[2]
    });
```

```
    }
}
module.exports = SubsetSumFork;
```

첫 번째로 주목해야 할 점은 우리가 자식 작업자로 subsetSumWorker.js라는 파일을 사용하여 프로세스 풀 객체를 초기화했다는 것입니다. 풀의 최대 용량도 2로 설정했습니다.

또 다른 점은 우리가 원래 SubsetSum 클래스와 동일한 공용 API를 유지하려고 하고 있다는 것입니다. 실제로 SubsetSumFork는 sum과 set을 인자로 받는 생성자를 가진 EventEmitter이며, start() 메소드는 이번에는 별도의 프로세스에서 실행되어 알고리즘의 실행을 시작시킵니다. 다음은 start() 메소드가 호출되면 발생하는 일입니다.

1. 우리는 pool에서 새로운 자식 프로세스를 얻습니다. 이 일이 발생하면 즉시 작업자 핸들을 사용하여 자식 프로세스들이 실행할 작업(job)과 함께 메시지를 보냅니다. send() API는 Node.js에 의해 child_process.fork()로 시작하는 모든 프로세스에 자동으로 제공됩니다. 본질적으로 이것이 우리가 말한 통신 채널입니다.
2. 그런 다음 on() 메소드를 사용하여 새로운 리스너(listener)를 연결하여 작업자(worker) 프로세스에서 반환된 메시지를 수신하기 시작합니다(이 메소드는 child_process.fork()로 시작하는 모든 프로세스에서 제공하는 통신 채널의 일부입니다).
3. 리스너에서 먼저 end 이벤트를 수신했는지 여부를 확인합니다. 즉, SubsetSum 작업이 완료되면 onMessage 리스너를 제거하고 작업자를 해제하여 pool에 다시 넣습니다.
4. 작업자는 {event, data} 형식으로 메시지를 생성하여 자식 프로세스에서 생성된 모든 이벤트를 매끄럽게 지속적으로 발생시킬 수 있도록 합니다.

이것이 SubsetSumFork 래퍼에 대한 것입니다. 이제 작업자 어플리케이션을 만들어보겠습니다.

> 자식 프로세스 인스턴스에서 사용할 수 있는 send() 메소드를 사용하면 메인 어플리케이션의 소켓 핸들을 자식 프로세스에 전달할 수 있습니다(http://nodejs.org/api/child_process.html#child_process_child_send_message_sendhandlc 문서 참조). 이것은 실제로 클러스터 모듈에서 여러 프로세스에 HTTP 서버로 부하를 분배하는데 사용하는 기술입니다(Node.js 0.10 현재). 다음 장에서 좀더 자세히 보게 될 것입니다.

부모 프로세스와 통신

이제 작업자 어플리케이션인 subsetSumWorker.js 모듈을 작성해 보겠습니다. 이 모듈의 전체 내용은 별도의 프로세스에서 실행됩니다.

```
const SubsetSum = require('./subsetSum');

process.on('message', msg => { //[1]
  const subsetSum = new SubsetSum(msg.sum, msg.set);
  subsetSum.on('match', data => { //[2]
    process.send({event: 'match', data: data});
  });

  subsetSum.on('end', data => {
    process.send({event: 'end', data: data});
  });

  subsetSum.start();
});
```

여기서 원래의(동기적인) SubsetSum을 그대로 재사용한다는 것을 바로 알 수 있을 것입니다. 이제는 별도의 프로세스로 진행되어 이벤트 루프를 더 이상 막지 않아도 되므로, 모든 HTTP 요청이 중단 없이 메인 어플리케이션의 이벤트 루프에 의해 계속 처리됩니다.

작업자가 자식 프로세스로 시작되면 다음과 같은 일이 일어납니다.

1. 부모 프로세스의 메시지 수신을 즉시 시작합니다. 이는 process.on() 함수(프로세스가 child_process.fork()를 사용하여 시작될 때 제공되는 통신 API의 일부)를 사용하여 쉽게 수행할 수 있습니다. 부모 프로세스로부터 기대하는 유일한 메시지는 새로운 SusetSum 작업에 입력으로 제공할 정보입니다. 그러한 메시지가 수신되자마자 우리는 SubsetSum 클래스의 새로운 인스턴스를 만들고 match 및 end 이벤트에 대한 리스너를 등록합니다. 마지막으로 subsetSum.start()로 연산을 시작합니다.
2. 실행중인 알고리즘에서 이벤트를 수신할 때마다 {event, data} 형식의 객체에 래핑하여 부모 프로세스에 전달합니다. 이 메시지는 이전 섹션에서 보았듯이 subsetSumFork.js 모듈에서 처리됩니다.

코드에서 알 수 있듯이 내부 구조를 수정하지 않고 이미 구축한 알고리즘을 래핑했습니다. 이는 분명히 방금 본 패턴을 사용하여 어플리케이션의 모든 부분을 외부 프로세스에 쉽게 넣을 수 있음을 명확히 보여줍니다.

> TIP
> 자식 프로세스가 Node.js 프로그램이 아닌 경우 방금 설명한 간단한 통신 채널을 사용할 수 없습니다. 이러한 상황에서 부모 프로세스에 노출된 표준 입력 및 표준 출력 스트림 위에 자체 프로토콜을 구현하여 자식 프로세스와 인터페이스를 설정할 수 있습니다. child_process API의 모든 기능에 대한 자세한 내용은 http://nodejs.org/api/childprocess.html의 공식 Node.js 문서를 참조하십시오.

멀티 프로세스 패턴에 대한 고려 사항

항상 그렇듯이, 이 새로운 버전의 부분 집합 합계 알고리즘을 사용하려면 간단하게 HTTP 서버(app.js)에서 사용하는 모듈을 대체해야 합니다.

```
const http = require('http');
//const SubsetSum = require('./subsetSum');
//const SubsetSum = require('./subsetSumDefer');
const SubsetSum = require('./subsetSumFork');
//...
```

이제 서버를 다시 시작하여 샘플 요청을 보내겠습니다.

```
curl -G http://localhost:8000/subsetSum --data-urlencode
"data=[116,119,101,101,-116,109,101,-105,-102,117,-115,-97,119,-116,-104,-1
05,115]" --data-urlencode "sum=0"
```

이전에 보았던 인터리빙 패턴과 마찬가지로 이 새로운 버전의 subsetSum 모듈을 사용하면 CPU 바운드 작업을 실행하는 동안 이벤트 루프가 차단되지 않습니다. 이것은 또 다른 동시 요청을 다음과 같이 전송하여 확인할 수 있습니다.

```
curl -G http://localhost:8000
```

위의 명령을 치면 아래와 같이 즉시 문자열이 반환되어야 합니다.

```
I'm alive!
```

더욱 흥미로운 것은 부분 집합 합계(subsetSum) 작업 두개를 동시에 시작시키면 두 개의 서로 다른 프로세서를 최대한 활용하여 실행하도록 할 수 있다는 것입니다(물론 시스템에 두 개 이상의 프로세서가 있는 경우). 대신 세 개의 subsetSum 작업을 동시에 실행하려고 하면 마지막으로 시도된 작업이 중단됩니다. 이것은 메인 프로세스의 이벤트 루프가 차단되었기 때문이 아니라 subsetSum 작업에 대해 동시처리를 2개의 프로세스로 제한했기 때문입니다. 즉, 세 번째 요청은 pool의 두 프로세스 중 적어도 하나가 사용 가능해지는 즉시 처리될 것입니다.

지금까지 살펴 보았듯이, 멀티 프로세스 패턴은 인터리빙 패턴보다 강력하고 유연합니다. 그러나 단일 시스템에서 제공하는 자원의 양은 여전히 제한적이므로 확장성에 한계가 있습니다. 이 경우 대답은 여러 컴퓨터에 걸쳐 부하를 분산시키는 것이지만, 이는 다른 이야기로 다음 장에서 살펴볼 분산 아키텍처 패턴의 범주에 속합니다.

CPU 관련 작업을 실행할 때 스레드가 프로세스의 가능한 대안일 수 있다는 것을 염두에 둘 필요가 있습니다. 현재 스레드를 사용하여 작업하는 API를 일반 사용자 모듈에 노출시키는 몇몇 npm 패키지가 존재합니다. 가장 인기있는 것 중 하나가 webworker-threads(https://npmjs.org/package/webworker-threads)입니다. 하지만 스레드가 더 경량이라 하더라도 프리징(freezing)과 크래싱(crashing) 같은 문제가 발생할 경우, 안전한 프로세스가 더 큰 유연성과 격리 수준을 제공합니다.

9.4 요약

이 장에서 우리의 지식 도구 사전에 새로운 강력한 무기를 추가하였습니다. 우리가 살펴보았듯이 이 도구는 특정한 문제에 더 초점을 맞추고 있으며, 보다 진보된 솔루션을 깊이 파고들기 시작하였습니다. 종종 이전 장에서 분석한 패턴 중 일부를 재사용하였습니다. 비동기적으로 초기화되는 모듈에 대한 효과적인 추상화를 제공하는 상태(State), 명령(Command) 그리고 프록시(Proxy), API에 일괄 처리 및 캐싱을 추가하는 비동기 제어 흐름 패턴, CPU 바운드 작업의 실행을 돕는 지연 실행과 이벤트가 그것입니다.

이 장에서는 우리의 필요에 따라 재사용과 커스터마이징을 위한 일련의 절차(레시피)들을 제공했을 뿐만 아니라, 몇 가지 원칙과 패턴을 마스터하는 방법으로 몇 가지 예제도 제공했습니다.

다음 두 장은 우리 학습의 절정을 보여줄 것입니다. 다양한 전술을 연구한 후에, 전략으로 이동하여 우리의 어플리케이션들을 확장하고 배포하기 위한 패턴을 탐색할 것입니다.

CHAPTER 10

확장성과 구조적 패턴

- 어플리케이션 확장에 대한 소개
- 복제 및 로드 밸런싱
- 복잡한 어플리케이션 분해

초창기의 Node.js는 주로 논 플로킹 웹 서버였습니다. 사실 원래 이름은 web.js였습니다. 창시자인 Ryan Dahl는 곧 이 플랫폼의 잠재력을 깨닫고 JavaScript와 non-blocking 패러다임 궁합 위에, 모든 유형의 서버측 어플리케이션을 만들 수 있는 도구로 확장하기 시작했습니다. Node.js의 특성은 노드들로 구성된 네트워크를 통해 그들의 작업을 조정하는 분산된 시스템의 구현에 적합했습니다. Node.js는 배포를 위해 태어났습니다. 다른 웹 플랫폼과 달리 확장성이라는 단어는 어플리케이션의 초기에 Node.js 개발자들에게 중요한 개념이 되었습니다. 주된 원인은 주로 싱글(Single) 스레드 특성으로 시스템의 모든 자원을 활용할 수 없다는 이유였지만, 거기엔 더 심오한 이유가 있었습니다. 이 장에서 볼 수 있듯이 어플리케이션을 확장하면 용량이 증가할 뿐만 아니라, 더 많은 요청을 더 빠르게 처리할 수 있습니다. 고가용성 및 오류에 대한 내구성을 달성하는 중요한 절차이기도 합니다. 놀랍게도 이것은 어플리케이션의 복잡성을 보다 관리하기 쉬운 부분으로 나누는 한 가지 방법이 될 수 있습니다. 확장성은 여러 개의(정확히 6개) 면을 가진 입방체 모양의 개념입니다(스케일 큐브(Scale Cube)).

이 장에서 배울 것들은 다음과 같은 것들입니다.

- 스케일 큐브(Scale Cube)란 무엇인가?
- 동일한 어플리케이션의 여러 인스턴스를 실행하여 확장하는 방법
- 어플리케이션을 확장할 때 로드 밸런서(load balancer)를 활용하는 방법
- 서비스 레지스트리(service registry)란 무엇이며 어떻게 사용할 수 있는가?
- 모놀리식(monolithic) 어플리케이션에서 마이크로 서비스 아키텍처를 설계하는 방법
- 몇 가지 간단한 아키텍처 패턴을 사용하여 많은 수의 서비스를 통합하는 방법

10.1 어플리케이션 확장에 대한 소개

실제 패턴과 예제로 들어가기 전에, 어플리케이션을 확대하는 이유와 그것을 어떻게 달성할 수 있는지에 대해 몇 마디 언급하겠습니다.

10.1.1 Node.js 어플리케이션 확장

일반적인 Node.js 어플리케이션의 대부분의 작업이 단일 스레드의 컨텍스트에서 실행된다는 것은 이미 알고 있을 것입니다. '1장. Node.js 플랫폼에 오신 것을 환영합니다'에서 논 블로킹(Nonblocking) I/O 패러다임 덕분에 어플리케이션이 동시에 요청을 처리하는데 필요한 리소스 사용을 최적화할 수 있기 때문에, 이것이 실제로 제약사항이 아니라 오히려 장점임을 알게

되었습니다. 논 블로킹 I/O에 의해 완벽하게 활용되는 단일 스레드는 초당 수백 개의 짧은 요청을 처리(일반적으로 어플리케이션에 따라 다름)하는 어플리케이션에 매우 유용합니다. 상용 하드웨어를 사용한다고 가정하면 단일 스레드가 지원할 수 있는 용량은 서버의 성능에 관계없이 제한적입니다. 따라서 부하가 많은 어플리케이션에 Node.js를 사용하려는 경우 유일한 방법은 멀티 프로세스와 멀티 머신에 확장하는 것입니다.

그러나 작업량만이 Node.js 어플리케이션을 확장해야 하는 유일한 이유는 아닙니다. 실제로 동일한 기술을 통해, 우리는 **장애에 대한 가용성과 내성** 같은 다른 바람직한 특성들을 얻을 수 있습니다. 확장성은 어플리케이션이 크기와 복잡성에도 적용할 수 있는 개념이기도 합니다. 확장 가능한 아키텍처를 구축하는 것은 소프트웨어 설계 시 또 다른 중요한 요소입니다. JavaScript는 주의해서 사용되어야 하는 도구로, 유형 검사가 부족한 점 등 많은 문제가 어플리케이션의 확장에 장애가 될 수 있지만 규칙과 정확한 디자인을 장점으로 활용할 수 있습니다. JavaScript를 사용하면 어플리케이션을 관리 가능한 부분으로 분할하여 단순하게 유지하면서 확장 및 배포가 더 쉽습니다.

10.1.2 확장성의 세 가지 차원

확장성에 대해 이야기할 때 이해해야 할 첫 번째 기본 원칙은 멀티 프로세스와 멀티 시스템으로 어플리케이션의 부하를 분할하는 **부하 분산(load distribution)**입니다. 이를 달성할 수 있는 방법은 많이 있는데, Martin L. Abbott와 Michael T. Fisher가 저술한 'The Art of Scalability'이라는 저서에서는 스케일 큐브(Scale Cube)라고 하는 독창적인 모델을 제시합니다. 이 모델은 다음 세 가지 측면에서 확장성을 설명합니다.

- x 축: 복제
- y 축: 서비스/기능별 분해
- z 축: 데이터 파티션 분할

이 세 가지 차원은 다음 그림과 같이 큐브로 나타낼 수 있습니다.

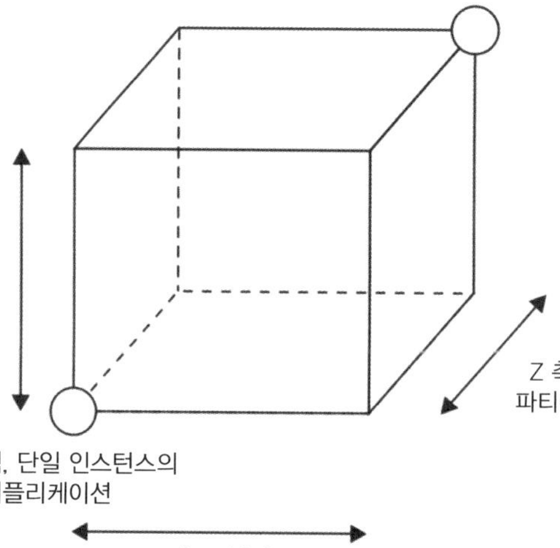

큐브의 왼쪽 아래 모서리는 모든 기능과 서비스를 단일 코드 베이스(단일 어플리케이션)로 한, 단일 인스턴스에서 실행되는 어플리케이션을 나타냅니다. 이는 작은 작업량을 처리하거나 개발 초기 단계에서 어플리케이션에 공통적인 상황입니다.

획일적이고 확장할 수 없는 어플리케이션의 가장 직관적인 발전은 x 축을 따라 바로 이동하는 것입니다. x 축은 대부분 간단하고(개발 비용 측면에서) 저렴하며 매우 효과적입니다. 이 기술 이면의 원리는 동일한 어플리케이션을 n번 복제하고 각 인스턴스가 작업량의 1/n씩을 처리하도록 하는 기본적인 것입니다.

y 축을 따라 확장하면 해당 기능, 서비스 또는 유스케이스에 따라 어플리케이션이 분해됩니다. 이 경우 분해(decomposing)는 각기 다른 코드 베이스가 있는 다른 독립 실행형 어플리케이션을 생성하는 것을 의미하며, 때로는 전용 데이터베이스 또는 별도의 UI를 사용하여 생성하기도 합니다. 예를 들어 일반적인 상황으로는 관리를 담당하는 어플리케이션 부분과 일반 어플리케이션 부분을 분리하는 것입니다. 또 다른 예는 사용자 인증을 담당하는 서비스를 추출하여 전용 인증 서버를 만드는 것입니다. 어플리케이션을 기능별로 분리하는 기준은 주로 이 장의 뒷부분에서 볼 수 있듯이, 비즈니스 요구 사항, 유스케이스(use case), 데이터 및 기타 여러 요소에 따라 다릅니다. 흥미롭게도 이것은 어플리케이션의 아키텍처뿐만 아니라 개발 관점에서 관리되는 방식에도 큰 영향을 미치는 확장성(scale)에 대한 또 하나의 관점입니다. 앞으로 살펴보겠지만, 마이크로 서비스는 오늘날 일반적인 y 축으로 확장(scaling)하는 것과 관련된 용어입니다.

마지막 확장성의 차원은 어플리케이션의 각 인스턴스를 전체 데이터의 일부의 처리만을 담당하도록 분할하는 z 축입니다. 이것은 주로 데이터베이스에서 사용되는 기술이며 **수평 분할** 또는 **샤딩(sharding)**이라 불립니다. 이 설정에서는 동일한 어플리케이션의 인스턴스가 여러 개 있으며, 각 인스턴스는 서로 다른 기준을 사용하여 결정되는 데이터 파티션에서 작동합니다. 예를 들어, 어플리케이션 사용자를 해당 국가(목록 분할)에 따라 또는 성(姓)의 시작 문자(범위 분할)에 기초하여 분할하거나, 해시 함수에 의해 각 사용자가 속해 있는 파티션을 결정할 수 있습니다(해시 파티셔닝). 그런 다음 각 파티션을 어플리케이션의 특정 인스턴스에 할당할 수 있습니다. 데이터 파티션을 사용하려면 어플리케이션의 어느 인스턴스가 주어진 데이터를 담당하는지 결정하기 위해 각 작업 앞에 조회 단계가 있어야 합니다. 우리가 말했듯이, 데이터 파티셔닝(partitioning)은 대개 거대한 단일 데이터셋(제한된 디스크 공간, 메모리 및 네트워크 용량)을 처리하는 것과 관련한 문제를 극복하기 때문에 데이터베이스 단에서 적용되고 처리됩니다. 어플리케이션 수준에서 이것을 적용하는 것은 복잡하고 분산된 아키텍처 또는 매우 특별한 사용 사례(Use case)에 대해서만 고려해 볼 가치가 있습니다. 예를 들어, 데이터 지속성을 위해 사용자 정의 솔루션에 의존하는 어플리케이션을 구축하는 경우, 데이터베이스를 사용한 파티셔닝을 지원하지 않는 경우 또는 Google 같은 규모로 어플리케이션을 구축하는 경우 등입니다. 복잡성을 감안할 때 z 축을 따라 어플리케이션을 확장하는 것은 스케일 큐브의 x 및 y 축을 완전히 활용한 후에만 고려해야 합니다.

다음 섹션에서는 Node.js 어플리케이션을 확장하는 두 가지의 가장 보편적이고 효과적인 기술, 즉 기능/서비스 별로 복제 및 분해하는 방법에 중점을 두겠습니다.

10.2 복제 및 로드 밸런싱

전통적으로 멀티스레드 웹 서버는 일반적으로 시스템에 할당된 자원을 더 이상 업그레이드할 수 없거나, 단순히 다른 시스템을 도입하는 것보다 업그레이드에 더 많은 비용이 소요될 경우 확장됩니다. 멀티스레드를 사용함으로써 기존 웹 서버는 사용 가능한 모든 프로세서와 메모리를 사용하여 서버의 모든 처리 성능을 활용할 수 있습니다. 하지만 단일 Node.js 프로세스는 그렇게 하기가 어렵습니다. 단일스레드로 실행되고, 기본적으로 64비트 시스템에서는 1.7GB의 메모리 제한(이를 위해서는 --max_old-space_size라는 특별한 명령 옵션으로 늘려야 합니다)이 있습니다. 즉, Node.js 어플리케이션은 일반적으로 단일 시스템의 컨텍스트에서 조차 기존 웹 서버와 비교하여 모든 자원을 활용할 수 있도록 하기 위해 훨씬 빠르게 확장의 필요성이 대두됩니다.

> Node.js에서 **수직 확장**(단일 시스템에 더 많은 자원을 추가) 및 **수평 확장**(인프라에 더 많은 시스템을 추가)은 거의 동일한 개념입니다. 둘 다 실제로 사용 가능한 모든 처리 성능을 활용하는 유사한 기술을 활용합니다.

이것을 단점으로 생각하면 착각입니다. 이와 반대로 확장을 강요당하면 어플리케이션의 다른 특성, 특히 가용성 및 내결함성에 유리한 효과가 있습니다. 사실, 복제로 Node.js 어플리케이션을 확장하는 것은 비교적 간단해서 중복된 장애 방지 설정을 위해 더 많은 리소스를 확보할 필요가 없는 경우에도 구현되는 경우가 많습니다.

이렇게 하면 개발자가 어플리케이션의 초기 단계에서 확장성을 고려하게 되어 어플리케이션이 여러 프로세스 또는 시스템에서 공유될 수 없는 리소스에 의존하지 않게 됩니다. 실제로 어플리케이션을 확장하기 위한 절대적인 전제 조건은 각 인스턴스가 공유할 수 없는 자원(일반적으로 메모리 또는 디스크와 같은 하드웨어)에 공통 정보를 저장할 필요가 없어야 한다는 것입니다. 예를 들어, 웹 서버에서는 세션 데이터를 메모리나 디스크에 저장하는 것이 확장에 효과적이지 않은 방법입니다. 대신 공유 데이터베이스를 사용하면 각 인스턴스가 어디에 배치되든 동일한 세션 정보에 액세스할 수 있게 됩니다.

이제 Node.js 어플리케이션을 확장하기 위한 가장 기본적인 메커니즘인 클러스터 모듈을 소개하겠습니다.

10.2.1 클러스터 모듈

Node.js에서 단일 시스템에서 실행되는 여러 개의 인스턴스 간에 어플리케이션의 부하를 분배하는 가장 간단한 패턴은 코어 라이브러리의 일부인 클러스터(cluster) 모듈을 사용하는 것입니다. 클러스터 모듈은 다음 그림과 같이 동일한 어플리케이션의 새 인스턴스를 간단하게 포킹(forking)하고 들어오는 연결을 자동으로 여러 인스턴스에 분산시킵니다.

마스터 프로세스는 확장하고자 하는 각 어플리케이션의 인스턴스를 나타내는 여러 프로세스(작업자들)를 생성합니다. 들어오는 각 연결은 복제된 작업자들에게 나뉘어져 부하를 분산시킵니다.

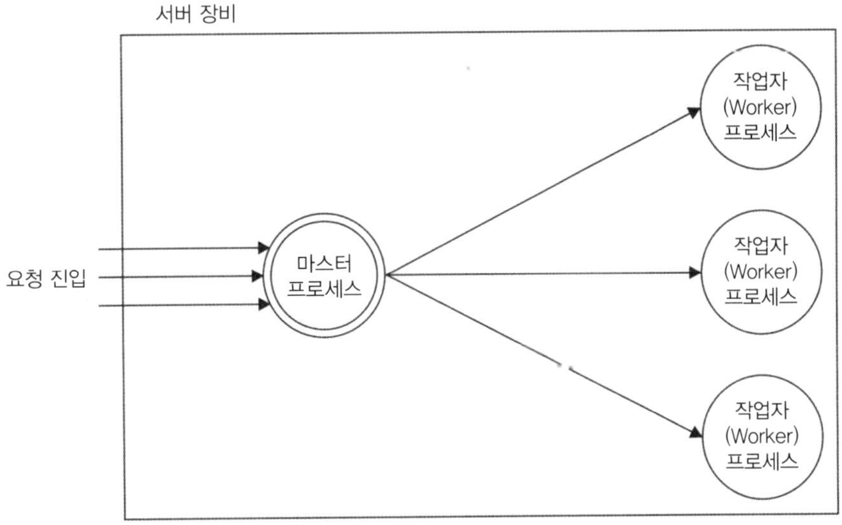

클러스터 모듈의 동작에 대한 참고 사항

node.js 0.8 및 0.10 미만에서는 클러스터 모듈이 작업자 간에 동일한 서버 소켓을 공유하고 사용 가능한 작업자(worker) 간에 들어오는 연결의 로드 밸런싱(load balancing) 작업을 운영체제에 맡깁니다. 그러나 이 방법에는 문제가 있습니다. 사실, 운영체제가 작업자에게 부하를 분산시키기 위해 사용하는 알고리즘은 네트워크 요청을 로드 밸런싱하는 것이 아니라 프로세스의 실행을 예약하는 것입니다. 결과적으로, 분포가 모든 인스턴스에 걸쳐 항상 균일하지 않습니다. 대개 일부 작업자(worker)가 대부분의 부하를 받습니다. 이러한 유형의 동작은 서로 다른 프로세스 사이의 컨텍스트 전환(context switches)을 최소화하는데 초점을 맞추기 때문에 운영체제 스케줄러에게는 적합할 수 있습니다. 간단히 말해, 클러스터 모듈은 Node.js 0.10 이하 버전에서 최대한의 잠재력을 발휘하지 못한다는 말입니다.

그러나 버전 0.11.2부터 상황이 바뀌어 명시적 라운드 로빈(round robin) 로드 밸런스 알고리즘이 마스터 프로세스 내부에 포함되어 요청이 모든 작업자(worker)들에게 균등하게 배분됩니다. 새로운 로드 밸런스 알고리즘은 기본적으로 Windows를 제외한 모든 플랫폼에서 사용 가능하며, cluster.SCHED_RR(round robin) 또는 cluster.SCHED_NONE(운영체제에서 처리) 상수를 사용하여 변수 cluster.schedulingPolicy에 설정하여 전역적으로 수정할 수 있습니다.

> 라운드 로빈 알고리즘은 사용 가능한 서버 전체에 고르게 순환 방식으로 부하를 분산시킵니다. 첫 번째 요청은 첫 번째 서버로 전달되고, 두 번째 요청은 목록의 다음 서버로 전달됩니다. 목록의 끝에 도달하면 반복이 처음부터 다시 시작됩니다. 이것은 가장 간단하고 많이 사용되는 로드 밸런싱 알고리즘 중 하나입니다. 보다 정교한 알고리즘을 사용하면 우선순위를 할당하여 가장 부하가 적은 서버 또는 가장 응답이 빠른 서버를 선택할 수 있습니다. 다음 두 Node.js에 대한 이슈에서 클러스터 모듈의 발전에 대한 자세한 내용을 확인할 수 있습니다.
>
> - https://github.com/nodejs/node-v0.x-archive/issues/3241
> - https://github.com/nodejs/node-v0.x-archive/issues/4435

간단한 HTTP 서버 만들기

이제 예제를 시작해 보겠습니다. 클러스터 모듈을 사용하여 복제되고 로드 밸런싱되는 작은 HTTP 서버를 구축해 보겠습니다. 우선, 우리는 확장을 위한 어플리케이션이 필요합니다. 이 예시를 위해서는 많은 것이 필요하지 않고, 단지 매우 기본적인 HTTP 서버만을 필요로 합니다.

다음 코드와 함께 app.js라는 파일을 생성하겠습니다.

```
const http = require('http');
const pid = process.pid;

http.createServer((req, res) => {
  for (let i = 1e7; i> 0; i--) {}
  console.log(`Handling request from ${pid}`);
  res.end(`Hello from ${pid}\n`);
}).listen(8080, () => {
  console.log(`Started ${pid}`);
});
```

방금 작성한 HTTP 서버는 PID가 포함된 메시지를 다시 전송하여 모든 요청에 응답합니다. 이것은 어떤 어플리케이션 인스턴스가 요청을 처리하는지 확인하는데 유용할 것입니다. 또한 실제 CPU 작업을 시뮬레이션하기 위해 빈 루프를 천만번 수행합니다. 이 서버 부하는 우리가 이 예를 위해 실행할 테스트의 규모에 비하면 거의 아무것도 아닐 것입니다.

> TIP
>
> 확장하려는 app 모듈은 무엇이든 될 수 있으며, 웹 프레임워크(예: Express)를 사용해서 구현할 수도 있습니다.

이제는 평소처럼 어플리케이션을 실행하고 브라우저나 curl을 사용하여 http://localhost:8080에 요청을 보내서 예상대로 작동하는지 확인할 수 있습니다. 서버가 하나의 프로세스만 사용하여 처리할 수 있는 초당 요청을 측정할 수도 있습니다. 이를 위해 siege(http://www.joedog.org/siege-home) 또는 Apache ab(http://httpd.apache.org/docs/2.4/programs/ab.html)와 같은 네트워크 벤치마킹 도구를 사용할 수 있습니다.

```
siege -c200 -t10S http://localhost:8080
```

ab를 사용하는 명령 행도 매우 유사합니다.

```
ab -c200 -t10 http://localhost:8080/
```

위의 명령은 서버에 200개의 동시 연결을 10초 동안 로드(load)합니다. 참고로 4개의 프로세서가 있는 시스템에 대한 결과는 초당 90개의 트랜잭션으로 구성되며, 평균 CPU 활용률은 20%에 불과합니다.

> 이번 챕터에서 수행할 부하 테스트는 의도적으로 단순하고 최소화되었으며, 참조 및 학습 목적으로만 제공된다는 점에 유의하십시오. 그 결과는 우리가 분석하고 있는 다양한 기술의 성능에 대한 100% 정확한 평가를 제공하지 못합니다.

클러스터 모듈을 사용한 확장

이제 cluster 모듈을 사용하여 어플리케이션을 확장해 보겠습니다. clusteredApp.js라는 새로운 모듈을 만듭니다.

```
const cluster = require('cluster');
const os = require('os');

if(cluster.isMaster) {
  const cpus = os.cpus().length;
  console.log(`Clustering to ${cpus} CPUs`);
  for (let i = 0; i<cpus; i++) { //[1]
    cluster.fork();
  }
} else {
```

```
    require('./app'); //[2]
}
```

우리가 볼 수 있듯이 cluster 모듈을 사용하는데는 거의 아무런 노력이 들지 않습니다. 무슨 일이 일어나는지 분석해보겠습니다.

- 명령 창(command line)에서 clusterdApp을 실행하면 실제로 마스터 프로세스가 실행됩니다. cluster.isMaster 변수는 true로 설정되어 있으며 cluster.fork()를 사용하여 현재 프로세스를 포킹(forking)해야 합니다. 앞의 예제에서 우리는 사용 가능한 처리 성능을 모두 활용하기 위해 시스템의 CPU 수만큼 작업자(worker)를 시작합니다.
- 마스터 프로세스에서 cluster.fork()를 실행하면 현재 메인 모듈(clusteredApp)이 다시 실행되지만 이번에는 작업자 모드(cluster.isWorker는 true로 설정되고 cluster.isMaster는 false로 설정됩니다)로 실행됩니다. 어플리케이션이 작업자(worker)로 실행되면 실제 작업을 시작할 수 있습니다. 이 예에서는 실제로 새로운 HTTP 서버를 시작하는 app 모듈을 로드합니다.

> 각 작업자는 고유한 이벤트 루프, 메모리 공간과 로드된 모듈이 있는, 서로 다른 Node.js 프로세스라는 점을 기억해야 합니다.

cluster 모듈의 사용법은 순환 패턴을 기반으로 하므로 여러 어플리케이션 인스턴스를 매우 쉽게 실행할 수 있습니다.

```
if(cluster.isMaster) {
  //fork()
} else {
  //실행
}
```

> TIP
>
> 내부적으로 cluster 모듈은 child_process.fork() API('9장. 고급 비동기 래시피'에서 이 API를 이미 만났습니다)를 사용하므로 마스터(master)와 작업자(worker) 사이의 통신 채널을 사용할 수 있습니다. 작업자(worker)들의 인스턴스는 cluster.workers 변수를 통해 액세스할 수 있으므로 모든 작업자(worker)에 메시지를 전파하는 것은 다음 코드와 같이 간단합니다.
>
> ```
> Object.keys(cluster.workers).forEach(id => {
> cluster.workers[id].send('Hello from the master');
> });
> ```

이제 클러스터 모드에서 HTTP 서버를 실행해 보겠습니다. 항상 clusteredApp 모듈을 실행하면 됩니다.

```
node clusteredApp
```

우리 머신에 프로세서가 둘 이상인 경우, 마스터(master) 프로세스에 의해 차례로 시작하는 수많은 작업자가 있어야 합니다. 예를 들어, 4개의 프로세서가 있는 시스템의 터미널에서는 다음과 같이 보일 것입니다.

```
Started 14107
Started 14099
Started 14102
Started 14101
```

http://localhost: 8080이라는 URL을 사용하여 서버에 다시 접근하면, 각 요청에 대해 다른 PID를 가진 메시지를 반환한다는 것을 알 수 있을 것입니다. 즉, 이러한 요청이 다른 작업자에 의해 처리되어 부하가 분산되었음을 확인할 수 있습니다.

이제 서버를 다시 테스트해 보겠습니다.

```
siege -c200 -t10S http://localhost:8080
```

이렇게 하면 멀티 프로세스에서 어플리케이션을 확장하여 얻는 성능 향상을 발견할 수 있습니다. 참고로 4개의 프로세서가 있는 Linux 시스템에서 Node.js 6를 사용하면 평균 CPU 로드가 90%로 성능 향상이 약 3배(270 trans/sec 대 90 trans/sec)가 됩니다.

클러스터 모듈을 통한 복원성 및 가용성

앞서 언급했듯이, 어플리케이션을 확장하는 것은 특히 오작동이나 갑작스러운 정지가 발생하는 상황에서도 일정한 수준의 서비스를 유지하는 능력과 같은 다른 이점을 가져올 수 있습니다. 이 속성을 **복원성**이라고도 하며 시스템 가용성에 기여합니다.

동일한 어플리케이션의 여러 인스턴스를 시작함으로써 중복 시스템을 생성합니다. 즉, 어떤 이유로든 하나의 인스턴스가 중단되더라도 요청을 처리할 수 있는 다른 인스턴스가 여전히 준비되어 있음을 의미합니다. 이 패턴은 cluster 모듈을 사용하여 구현하기가 매우 간단합니다.

어떻게 작동하는지 봅시다!

이전 섹션의 코드를 출발점으로 삼겠습니다. 특히 app.js 모듈을 일정 시간 후에 갑자기 정지(crash)하도록 수정하겠습니다.

```
// ...
//app.js의 마지막 부분
setTimeout(() => {
   throw new Error('Ooops');
}, Math.ceil(Math.random() * 3) * 1000);
```

이 변경사항을 적용하면 서버가 1~3초 사이에 임의의 시간 간격을 두고 오류와 함께 종료됩니다. 실제 상황이라면 어플리케이션의 상태를 모니터링하다 자동으로 재시작시키는 외부 도구를 사용하지 않는 한, 어플리케이션의 작동이 멈추고 요청처리가 중단될 것입니다. 그러나 인스턴스가 하나만 있는 경우 어플리케이션 시작 시간으로 인한 재시작 동안 서비스 지연이 있을 수 있습니다. 이는 다시 시작하는 동안 어플리케이션을 사용할 수 없음을 의미합니다. 대신 멀티 인스턴스를 생성하면 작업자 중 하나가 오류가 발생하더라도 들어오는 요청을 처리하는 백업 시스템이 항상 유지됩니다.

클러스터 모듈을 사용하면 작업자가 오류 코드로 종료되는 것을 감지하는 즉시 새로운 작업자를 생성할 수 있습니다. 이를 고려하여 clusteredApp.js 모듈을 수정해 보겠습니다.

```
if(cluster.isMaster) {
   //...

   cluster.on('exit', (worker, code) => {
      if(code != 0 && !worker.suicide) {
         console.log('Worker crashed. Starting a new worker');
         cluster.fork();
      }
   });
} else {
   require('./app');
}
```

앞의 코드에서 마스터 프로세스가 'exit' 이벤트를 받자마자 프로세스가 의도적으로 종료되었는지 또는 오류로 종료되었는지를 점검합니다. 우리는 상태 코드와 작업자가 명시적으로 마스터에 의해 종료되었는지 여부를 나타내는 worker.exitedAfterDisconnect 플래그를 검사하여 이 작업을 수행합니다. 오류로 인해 프로세스가 종료되었음을 확인하면 새로운 작업자가 시작됩니다. 갑자기 종료된 작업자가 다시 시작되는 동안 다른 작업자가 요청을 계속 처리할 수 있으므로 어플리케이션의 가용성에는 영향을 미치지 않습니다.

이 가정을 테스트하기 위해 다시 한번 siege를 사용하여 서버에 스트레스를 가할 수 있습니다. 스트레스 테스트가 완료되면 siege에 의해 생성된 다양한 측정 항목들 중 어플리케이션의 가용성을 측정하는 지표가 있음을 알 수 있습니다. 예상되는 결과는 다음과 유사할 것입니다.

```
Transactions: 3027 hits
Availability: 99.31 %
[...]
Failed transactions: 21
```

이 결과는 매우 다양할 수 있음을 명심하십시오. 실행 중인 인스턴스의 수와 테스트 중에 갑자기 중지한 횟수에 달려 있지만, 솔루션이 작동하는 방식을 나타내는 좋은 지표가 됩니다. 앞의 수치에 따르면 우리의 어플리케이션이 계속 다운되고 있음에도 불구하고 3,027번의 요청 중 실패한 요청은 21개뿐이었습니다. 생성한 예제 시나리오에서는 대부분의 실패한 요청은 이미 설정된 연결이 서버의 다운(down) 중에 중단되어 발생한 것입니다. 실제로 이런 일이 발생하면 siege는 다음과 같은 오류를 출력할 것입니다.

```
[error] socket: read error Connection reset by peer sock.c:479: Connection reset by
peer
```

불행히도 이러한 유형의 장애를 방지하기 위해 우리가 할 수 있는 일은 거의 없으며, 특히 어플리케이션이 에러로 종료되는 경우에는 더욱 그렇습니다. 그럼에도 불구하고 우리의 솔루션이 작동한다는 것은 입증되었으며, 어플리케이션이 그렇게 자주 갑자기 에러로 중단되는 상황에서도 가용성은 그리 나쁘지 않습니다!

다운타임이 없는(Zero-downtime) 재시작(restart)

Node.js 어플리케이션은 코드를 업데이트하면 다시 시작해야 할 수도 있습니다. 따라서 이 시나리오에서도 여러 인스턴스를 사용하면 어플리케이션의 가용성을 유지하는데 도움이 될 수 있습니다. 의도적으로 어플리케이션을 다시 시작하여 어플리케이션을 업데이트해야 할 경우, 어플리케이션이 다시 시작되고 요청을 처리할 수 없는 짧은 간격이 발생합니다.

개인 블로그를 업데이트하는 경우에는 앞서의 방법을 사용할 수 있겠지만 SLA(Service Level Agreement) 또는 지속적인 전달(delivery) 프로세스의 일부로 매우 자주 업데이트되는 전문적인 어플리케이션의 경우에는 허용할 수 없습니다. 해결책은 어플리케이션의 코드가 가용성에 영향을 미치지 않고 업데이트되도록 다운타임이 없는(zero-downtime) 재시작(restart)을 구현하는 것입니다. cluster 모듈을 사용하면 이것은 매우 쉬운 일입니다. 패턴은 한 번에 하나씩 작업자를 다시 시작하는 것으로 구성됩니다. 이렇게 하면 나머지 작업자들은 어플리케이션을 계속 동작할 수 있으며 사용 가능한 서비스를 유지할 수 있습니다. 그런 다음, 새로운 기능을 클러스터된 서버에 추가해 보겠습니다.

```
if (cluster.isMaster) {
  //...

  process.on('SIGUSR2', () => { //[1]
    const workers = Object.keys(cluster.workers);

    function restartWorker(i) { //[2]
      if (i >= workers.length) return;
      const worker = cluster.workers[workers[i]];
      console.log(`Stopping worker: ${worker.process.pid}`);
      worker.disconnect(); //[3]

      worker.on('exit', () => {
        if (!worker.suicide) return;
        const newWorker = cluster.fork(); //[4]
        newWorker.on('listening', () => {
          restartWorker(i + 1); //[5]
        });
      });
    }
    restartWorker(0);
  });
} else {
  require('./app');
}
```

다음은 앞의 코드 블록이 어떻게 작동하는지의 설명입니다.

1. 작업자의 재시작은 SIGUSR2 시그널 수신 시 시작됩니다.
2. 우리는 restartWorker()라는 반복 함수를 정의합니다. 이는 cluster.workers 객체의 항목에 대해 비동기 순차 반복 패턴을 사용하여 구현합니다.

3. restartWorker() 함수의 첫 번째 작업은 worker.disconnect()를 호출하여 작업자를 정상적으로 중지하는 것입니다.
4. 종료된 프로세스가 제거되면 새로운 작업자를 생성할 수 있습니다.
5. 새로운 작업자가 준비되고 새로운 연결에 대한 listen이 준비되면, 반복의 다음 단계를 호출하여 다음 작업자를 재시작하는 작업을 계속적으로 진행합니다.

> 우리의 프로그램은 유닉스 시그널을 사용하기 때문에 Windows 시스템에서 제대로 작동하지 않을 것입니다(Windows 10에서 최신 Linux용 Windows 하위 시스템을 사용하지 않는 한). 시그널은 솔루션을 구현하는 가장 간단한 메커니즘입니다. 그러나 이것이 유일한 방법은 아닙니다. 실제로 다른 접근법은 소켓, 파이프 또는 표준 입력에서 오는 명령을 수신하는 것입니다.

이제 ClusteredApp 모듈을 실행하고 SIGUSR2 시그널을 전송하여 다운타임이 없는 재시작을 테스트할 수 있습니다. 그러나 먼저 마스터 프로세스의 PID를 구해야 합니다. 다음 명령을 사용하여 실행 중인 모든 프로세스 목록에서 해당 프로세스를 식별할 수 있습니다.

```
ps af
```

마스터 프로세스는 일련의 node 프로세스들의 상위 프로세스여야 합니다. 일단 PID를 찾으면 해당 프로세스에 시그널을 보낼 수 있습니다.

```
kill -SIGUSR2 <PID>
```

이제 clusteredApp 어플리케이션에 다음과 같은 내용이 출력되어야 합니다.

```
Restarting workers
Stopping worker: 19389
Started 19407
Stopping worker: 19390
Started 19409
```

작업자를 다시 시작하는 동안 어플리케이션 가용성에 큰 영향을 미치지 않는지 확인하기 위해 siege를 다시 사용할 수 있습니다.

TIP pm2(https://github.com/Unitech/pm2)는 로드 밸런싱, 프로세스 모니터링, 다운타임이 없는 재시작 및 기타 기능을 제공하는 클러스터 기반의 작은 유틸리티입니다.

10.2.2 상태 저장 통신(stateful communication) 다루기

어플리케이션에 의해 유지되는 상태가 다양한 인스턴스 간에 공유되지 않는 상태 저장(stateful) 통신에서는 cluster 모듈이 제대로 동작하지 않습니다. 이는 동일한 상태 저장(stateful) 세션에 속하는 다른 요청이 다른 어플리케이션 인스턴스에 의해 처리될 수 있기 때문입니다. 이는 cluster 모듈에만 국한된 문제는 아니지만, 일반적으로 모든 종류의 상태 비저장(stateless), 로드 밸런싱 알고리즘에 적용됩니다. 예를 들어 다음 그림에서 설명하는 상황을 고려해봅시다.

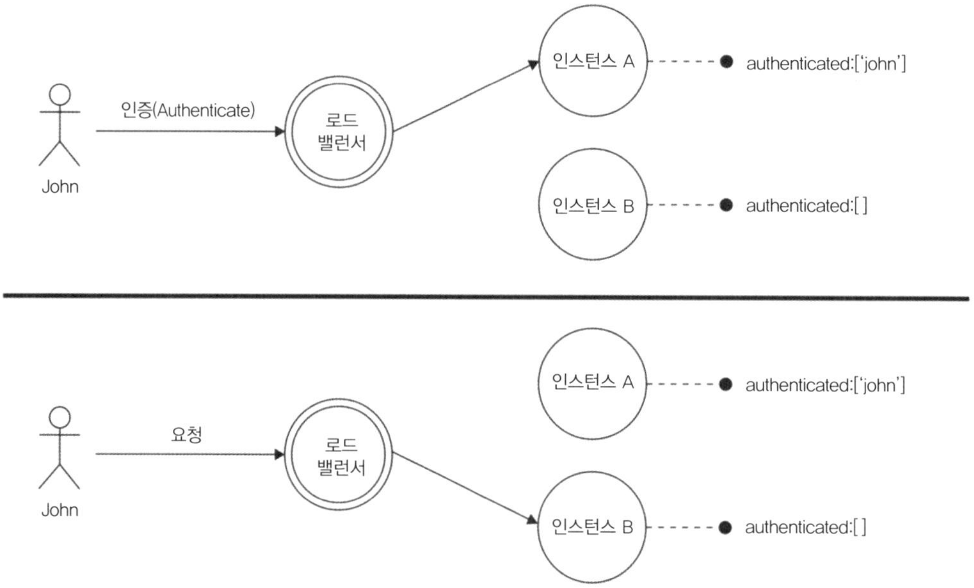

사용자 John은 처음에 우리의 어플리케이션에 자신을 인증해달라고 요청을 보내지만, 작업의 결과가 로컬(예: 메모리)에 저장됩니다. 따라서 인증 요청(**인스턴스 A**)을 받는 어플리케이션의 인스턴스에서만 John이 성공적으로 인증한 것을 인식하게 됩니다. John이 새로운 요청을 보내면 로드 밸런서는 이를 John의 인증 정보가 없는 다른 어플리케이션 인스턴스로 요청을 전달할 수 있으므로, 작업의 수행이 거부됩니다. 방금 설명한 어플리케이션을 그대로 확장할 수는 없지만, 다행히도 문제 해결을 위해 적용할 수 있는 간단한 두 가지 솔루션이 있습니다.

여러 인스턴스에서의 상태 공유

상태 저장 통신을 사용하여 어플리케이션을 확장해야 하는 첫 번째 옵션은 모든 인스턴스에서 상태를 공유하는 것입니다. 이러한 기능은 PostgreSQL(http://www.postgresql.org), MongoDB(http://www.mongodb.org) 또는 CouchDB(http://couchdb.apache.org)와 같은 공유 데이터베이스 저장소를 사용하여 쉽게 얻을 수 있습니다.

다음 그림은 이 간단하고 효과적인 솔루션에 대한 간략한 설명입니다.

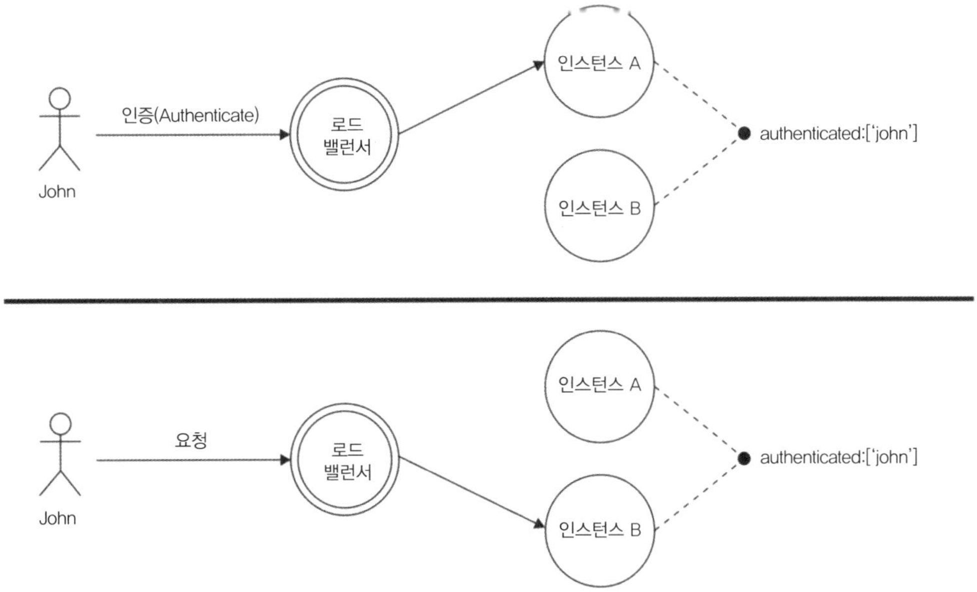

공유 저장소를 통신 상태의 저장에 사용할 때 유일한 단점은 항상 가능하지 않다는 것입니다. 예를 들어, 메모리에 통신 상태를 저장하는 기존의 라이브러리를 계속 사용해야 하는 상황에 있을 수 있습니다. 어쨌든 기존의 어플리케이션이 있는 경우 이 솔루션을 적용하려면 어플리케이션의 코드를 변경해야 합니다(아직 지원되지 않는 경우). 우리가 다음에 보게 될 것처럼 수정을 덜할 수 있는 해결책도 있습니다

고정 로드 밸런싱

상태 저장 통신을 지원하기 위해 필요한 다른 대안은 로드 밸런서가 항상 세션과 관련된 모든 요청을 동일한 어플리케이션 인스턴스로 라우팅하도록 하는 것입니다. 이 기술은 **고정 로드 밸런싱(sticky load balancing)**이라고도 합니다. 다음 그림은 이 기법과 관련된 간단한 시나리오를 보여줍니다.

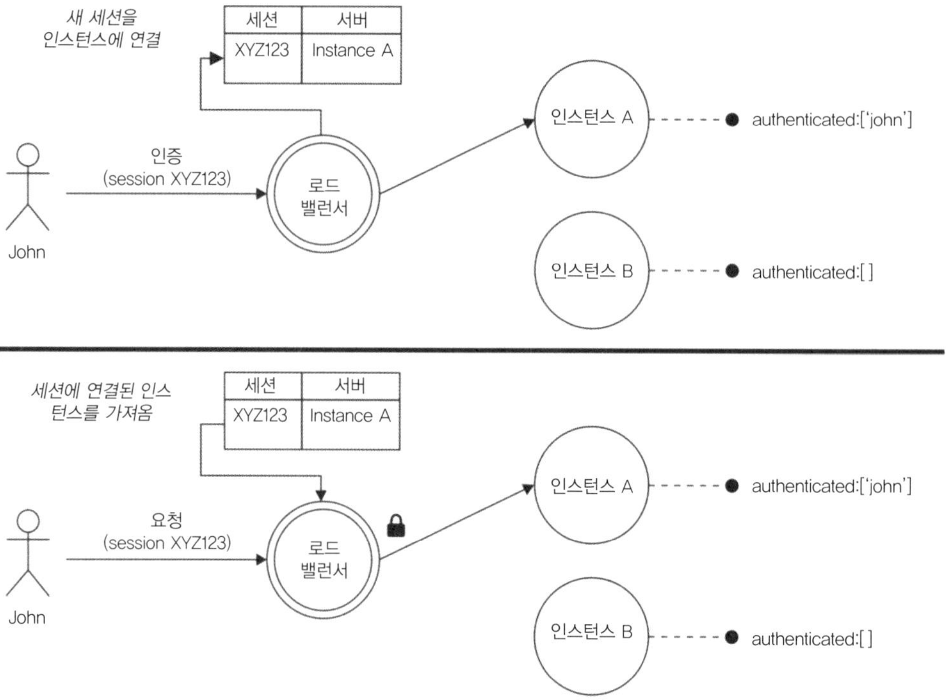

그림에서 알 수 있듯이, 로드 밸런서(load balancer)는 새로운 세션과 관련된 요청을 받으면 로드 밸런싱 알고리즘에 의해 선택된 특정 인스턴스와의 맵(map)을 만듭니다. 다음 번에 로드 밸런서가 동일한 세션에서 요청을 수신하면 이전에 세션과 연관된 어플리케이션 인스턴스를 선택하여 로드 밸런싱 알고리즘을 무시합니다. 방금 설명한 특별한 기술에는 요청과 관련된 세션 ID 검사(일반적으로 어플리케이션 또는 로드 밸런서 자체에 의해 쿠키에 포함)가 포함됩니다.

상태 저장(stateful) 연결을 하나의 서버에 연결하는 더 간단한 방법은 요청을 수행하는 클라이언트의 IP 주소를 사용하는 것입니다. 일반적으로 IP는 요청을 수신하도록 지정된 어플리케이션 인스턴스를 나타내는 ID를 생성하기 위해 해시 함수에 전달됩니다. 이 기술은 로드 밸런서가 연결을 기억하지 않아도 되는 장점이 있습니다. 그러나 IP를 자주 변경하는 장치(예: 다른 네트워크에서 로밍할 때)와는 제대로 작동하지 않습니다.

> **TIP** 고정 로드 밸런싱(Sticky load balancing)은 기본적으로 cluster 모듈에서 지원되지 않습니다. 그러나, sticky-session(https://www.npmjs.org/package/sticky-session)이라는 npm 라이브러리를 사용하여 추가할 수 있습니다.

고정 로드 밸런싱의 가장 큰 문제는 어플리케이션의 모든 인스턴스가 동일하고, 한 인스턴스가 작업이 중단되면 다른 인스턴스가 이를 대체할 경우 시스템 이중화가 가지는 대부분의 장점이 사라진다는 것입니다. 이러한 이유로 될 수 있으면 고정 로드 밸런싱을 피하고, 공유 저장소에서 세션 상태를 유지하거나 상태 저장 통신이 전혀 필요하지 않는 어플리케이션을 만드는 것(예: 요청 자체에 상태를 포함시킴)이 선호됩니다.

> **TIP** 고정 로드 밸런싱을 요구하는 라이브러리의 실제 예로 Socket.io(http://socket.io/blog/introducing-socket-io-1-0/#scalabil ity)를 참조할 수 있습니다.

10.2.3 역방향 프록시를 사용하여 확장

클러스터 모듈이 Node.js 웹 어플리케이션 확장을 위한 유일한 옵션은 아닙니다. 사실 고가용성 운용 환경에서는 더 많은 제어와 성능을 제공하는 전통적인 기법이 더 선호되는 경우가 많습니다.

클러스터를 사용하는 대신 다른 포트나 시스템에서 실행 중인 동일한 어플리케이션의 독립 실행형 인스턴스를 여러 개 시작한 다음, 역방향 프록시(reverse proxy 또는 게이트웨이)를 사용하여 해당 인스턴스에 액세스하여 트래픽을 분산시킬 수 있습니다. 이 구성에서는 마스터 프로세스가 일련의 작업자(worker)들에게 요청을 배분하지 않고, 서로 다른 프로세스로 동일한 시스템에서 실행되거나(다른 포트 사용) 네트워크 내의 분산되어 있는 다른 프로세스들에 요청을 배포합니다. 어플리케이션에 단일 액세스 지점을 제공하기 위해 역방향 프록시를 사용할 수 있습니다. 역방향 프록시는 클라이언트와 어플리케이션의 인스턴스 사이에 위치한 특수 디바이스 혹은 서비스로 모든 요청을 받아 대상 서버에 전달하고, 그 결과를 클라이언트에 반환합니다. 이 시나리오에서 역방향 프록시는 어플리케이션 인스턴스 간에 요청을 분산시키는 로드 밸런서로도 사용됩니다.

> **TIP** 역방향 프록시(reverse proxy)와 포워드 프록시(forward proxy)의 차이점에 대한 자세한 내용은 아파치 HTTP 서버 문서(http://httpd.apache.org/docs/2.4/mod/mod_proxy.html#forwardreverse)를 참조하십시오.

다음 그림은 정면에 로드 밸런서 역할을 하는 역방향 프록시가 있는 일반적인 멀티 프로세스, 멀티 머신의 구성을 보여줍니다.

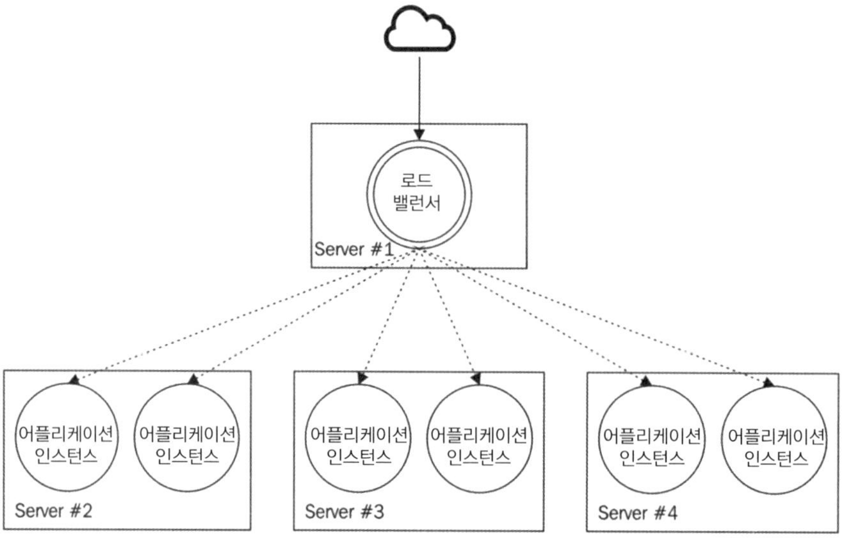

Node.js 어플리케이션에서 cluster 모듈 대신 이 방법을 선택하는 몇 가지 이유가 있습니다.

- 역방향 프록시는 여러 프로세스뿐만 아니라, 여러 시스템에 부하를 분산시킬 수 있습니다.
- 시장에서 인기있는 역방향 프록시는 대부분 고정 로드 밸런싱을 지원합니다.
- 역방향 프록시는 프로그래밍 언어 또는 플랫폼에 관계없이 들어온 요청을 사용 가능한 서버로 라우팅 할 수 있습니다.
- 보다 강력한 로드 밸런싱 알고리즘을 선택할 수 있습니다.
- 많은 역 프록시들이 URL 재작성, 캐싱, SSL 종단점(SSL Termination point)과 같은 다른 서비스들을 제공하며, 심지어 정적 파일을 서비스하는데 사용될 수 있는 완전한 웹 서버의 기능도 제공합니다.

즉, 필요한 경우 클러스터 모듈을 역방향 프록시와 쉽게 결합할 수 있습니다. 예를 들어 클러스터(cluster)를 사용하여 단일 시스템 내에서 수직적으로 확장한 다음, 역방향 프록시를 사용하여 여러 노드에 걸쳐 수평적으로 확장할 수 있습니다.

> **패턴**
> 역방향 프록시를 사용하여 서로 다른 포트 또는 시스템에서 실행 중인 여러 인스턴스에 걸쳐 어플리케이션의 로드 밸런싱을 조정할 수 있습니다.

역방향 프록시를 사용하는 로드 밸런서를 구현하는데는 여러 가지 옵션이 있습니다. 몇 가지 일반적인 해결 방법들은 다음과 같습니다.

- **Nginx**(http://nginx.org): 비 차단 I/O 모델을 기반으로 구축된 웹 서버, 역방향 프록시 및 로드 밸런서입니다.

- **HAProxy**(http://www.haproxy.org): TCP/HTTP 트래픽
- **Node.js 기반 프록시**: Node.js로 역방향 프록시와 로드 밸런서를 직접 구현할 수 있는 수 많은 방법이 있습니다. 나중에 설명하겠지만 여기에는 장단점이 있을 수 있습니다.
- **클라우드 기반 프록시**: 클라우드 컴퓨팅 시대에 서비스 형 로드 밸런서를 활용하는 것이 드문 일은 아닙니다. 이는 유지 관리가 거의 필요 없으며, 확장성이 매우 뛰어나고, 주문형 확장을 위한 동적 구성을 지원할 수 있습니다.

이 장의 다음 몇 섹션에서는 Ngnix를 사용하여 설정하는 구성 예제를 분석한 다음, Node.js 만을 사용하여 로드 밸런서를 직접 만드는 방법을 설명할 것입니다.

Nginx로 로드 밸런싱하기(Load balancing)

전용 역방향 프록시가 어떻게 작동하는지에 대한 아이디어를 얻기 위해 이제 Nginx(http://nginx.org)를 기반으로 확장 가능한 아키텍처를 구축할 것입니다. 먼저 설치를 해봅시다. http://nginx.org/en/docs/install.html의 지침에 따라 이를 수행할 수 있습니다.

> **TIP**
> 최신 Ubuntu 시스템에서 다음 명령으로 Nginx를 빠르게 설치할 수 있습니다.
> • sudo apt–get install nginx
> Mac OSX에서는 brew(http://brew.sh)을 사용할 수 있습니다.
> • brew install nginx

서버의 여러 인스턴스를 시작하는데 클러스터(cluster)를 사용하지 않으므로, 커맨드 라인을 통해 수신 대기 포트를 인자를 받아들여 지정할 수 있도록 어플리케이션의 코드를 약간 수정해야 합니다. 이렇게 하면 서로 다른 포트에서 여러 인스턴스를 시작할 수 있습니다. 그런 다음 예제 어플리케이션(app.js)의 기본 모듈을 다시 살펴보겠습니다.

```
const http = require('http');
const pid = process.pid;

http.createServer((req, res) => {
  for (let i = 1e7; i> 0; i--) {}
  console.log(`Handling request from ${pid}`);
  res.end(`Hello from ${pid}\n`);
}).listen(process.env.PORT || process.argv[2] || 8080, () => {
  console.log(`Started ${pid}`);
});
```

클러스터를 사용하지 않을 경우 부족한 또 다른 중요한 기능은 충돌이 발생할 경우 자동으로 다시 시작하는 것입니다. 다행히도 이것은 어플리케이션을 모니터링하고 필요한 경우 재시작하는 외부 프로세스인 전용 수퍼바이저를 사용하여 쉽게 해결할 수 있습니다. 선택 가능한 항목은 다음과 같습니다.

- Node.js 기반의 수퍼바이저인 forever(https://npmjs.org/package/forever) 또는 pm2(https://npmjs.org/package/pm2)
- OS 기반의 모니터 upstart(http://upstart.ubuntu.com), systemd(http://freedesktop.org/wiki/Software/systemd) 또는 runit(http://smarden.org/runit/)
- monit(http://mmonit.com/monit) 또는 supervisor(http://supervisord.org)와 같은 고급 모니터링 솔루션

이 예제에서는 우리가 사용하기 가장 간단하고 바로 쓸 수 있는 forever를 사용할 것입니다. 다음 명령을 통해 전역으로 설치할 수 있습니다.

```
npm install forever -g
```

다음은 어플리케이션의 4개 인스턴스를 모두 다른 포트에서 시작하고 forever로 감시하는 것입니다.

```
forever start app.js 8081
forever start app.js 8082
forever start app.js 8083
forever start app.js 8084
```

다음 명령을 사용하여 시작된 프로세스 목록을 확인할 수 있습니다.

```
forever list
```

이제 Ngnix 서버를 로드 밸런서로 설정할 차례입니다. 먼저 시스템에 따라 다를 수 있지만, /usr/local/nginx, /etc/nginx 혹은 /usr/local/etc/ngnix 중 한 군데서 nginix.conf 파일의 위치를 식별해야 합니다.

다음으로 nginx.conf 파일을 열고 로드 밸런서로 동작하도록 하는데 필요한 최소한의 구성을 설정해 보겠습니다.

```
http {
  # ...
  upstream nodejs_design_patterns_app {
    server 127.0.0.1:8081;
    server 127.0.0.1:8082;
    server 127.0.0.1:8083;
    server 127.0.0.1:8084;
  }
  # ...
  server {
    listen 80;
    location / {
      proxy_pass http://nodejs_design_patterns_app;
    }
  }
  # ...
}
```

구성에 대한 설명은 거의 필요하지 않습니다. 코드의 upstream nodejs_design_patterns_app 영역에서 네트워크 요청을 처리하는데 사용되는 백엔드 서버 목록을 정의한 다음 server 영역에서 proxy_pass를 지정합니다. 이 지정문은 기본적으로 Nginx에게 정의한 서버 그룹(nodes_design_patterns_app)에 요청을 전달하도록 합니다. 이제 Nginx 설정을 다음 명령으로 다시 불러오기만 하면 됩니다.

```
nginx -s reload
```

이제 우리 시스템이 동작할 수 있게 되었는데, 어플리케이션의 4개의 인스턴스에 걸쳐 요청을 받아들이고 트래픽의 밸런스를 맞출 준비가 되었습니다. 브라우저에서 http://localhost 주소를 입력하면 트래픽이 Nginx 서버에 의해 밸런스를 유지하게 되는지 알 수 있습니다.

10.2.4 서비스 레지스트리(service registry) 사용

최신 클라우드 기반 인프라의 한 가지 중요한 이점은 현재 또는 예측된 트래픽을 기반으로 어플리케이션의 용량을 동적으로 조정할 수 있다는 것입니다. 이를 **동적 스케일링(dynamic scaling)**이라고 합니다. 제대로 구현된다면 이러한 방식은 어플리케이션의 가용성과 응답성을 유지하면서 IT 인프라의 비용을 엄청나게 줄일 수 있습니다.

개념은 간단합니다. 어플리케이션의 트래픽이 최고조에 달해 성능의 저하가 발생하면 증가된 부하에 대처하기 위해 새 서버가 자동으로 생성됩니다. 예를 들어 야간에는 트래픽이 적다는 것을 인지하고, 아침에 다시 시작하는 등 특정 시간 동안 일부 서버를 종료할 수도 있습니다. 이 메커니즘을 사용하면 로드 밸런서가 항상 서버가 작동하는 시간을 알기 위해, 현재 네트워크 토폴로지에 대해 최신 상태를 유지해야 합니다.

이 문제를 해결하기 위한 일반적인 패턴은 실행 중인 서버와 해당 서버가 제공하는 서비스를 추적하는 서비스 레지스트리라는 중앙 저장소를 사용하는 것입니다. 다음 그림은 서비스 레지스트리를 사용하여 동적으로 구성된 로드 밸런서가 전면에 있는 다중 서비스 아키텍처를 보여 줍니다.

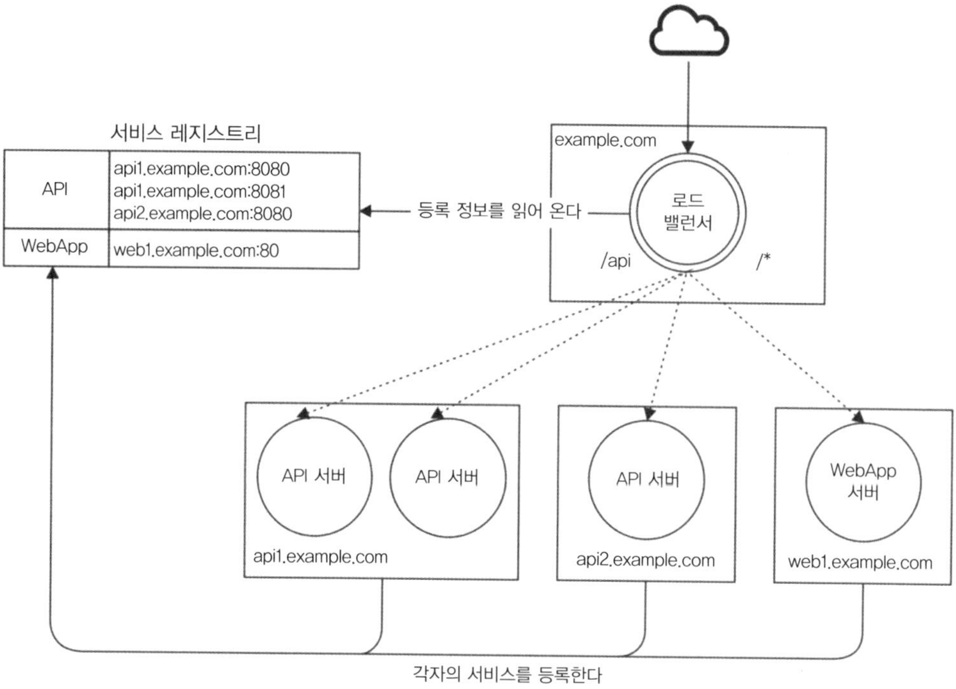

앞의 아키텍처에서는 API와 WebApp, 이렇게 두 가지 서비스가 있다고 가정합니다. 로드 밸런서는 엔드포인트인 /api에 도착하는 요청들을 API 서비스를 구현한 모든 서버에 분배하고, 나머지 요청들은 WebApp 서비스를 구현한 서버에 분산시킵니다. 로드 밸런서는 레지스트리를 사용하여 서버 목록을 얻게 됩니다.

이것이 완벽하게 자동으로 작동하기 위해서, 각 어플리케이션 인스턴스는 각자 온라인이 되는 순간에 자신을 서비스 레지스트리에 등록하고 중단될 때는 등록을 취소해야 합니다.

이렇게 하면 로드 밸런서는 항상 네트워크에서 사용할 수 있는 서버 및 서비스에 대한 최신 정보를 가질 수 있습니다.

> **패턴 (서비스 레지스트리)**
> 시스템에서 사용할 수 있는 서버와 서비스에 대한 최신 정보를 저장하기 위해, 중앙의 리포지토리를 사용합니다.

이 패턴은 로드 밸런싱 뿐만 아니라, 더 일반적으로는 서버에서 제공하는 서비스 유형을 분리하는 방법으로도 사용할 수 있습니다. 우리는 이것을 네트워크에 적용되는 서비스 로케이터(service locator) 디자인 패턴으로 볼 수 있습니다.

http-proxy와 Consul을 사용한 동적 로드 밸런싱 구현

동적 네트워크 인프라를 지원하기 위해 Nginx 또는 HAProxy와 같은 역방향 프록시를 사용할 수 있습니다. 자동화된 서비스를 사용하여 구성을 업데이트한 다음, 로드 밸런서가 변경 내용을 불러들이기만 하면 됩니다. Ngnix에서는 다음과 같은 명령으로 수행할 수 있습니다.

```
nginx -s reload
```

클라우드 기반의 솔루션을 사용해도 동일한 결과를 얻을 수는 있지만, 우리가 원하는 플랫폼을 사용하기 위한 대안이 존재합니다.

Node.js는 모든 종류의 어플리케이션을 만드는데 훌륭한 도구라는 것을 알 수 있습니다. 그렇다면, Node.js만을 사용하여 로드 밸런서를 구축하는 것은 어떨까요? 이를 통해 훨씬 더 많은 자유와 성능을 얻을 수 있으며, 이제 살펴볼 서비스 레지스트리를 포함하여 사용자 정의 로드 밸런싱 장치에 어떠한 유형의 패턴이나 알고리즘도 바로 구현할 수 있습니다. 이 예에서 우리는 서비스 레지스트리로 Consul(https://www.consul.io)을 사용할 것입니다.

이 예제의 경우 이전 섹션에서 살펴본 그림의 멀티 서비스 아키텍처를 따를 것입니다. 이를 위해 핵심적으로 3개의 npm 패키지를 사용하겠습니다.

- http-proxy(https://npmjs.org/package/http-proxy): Node.js에 프록시와 로드 밸런서를 간단하게 생성할 수 있는 라이브러리입니다.
- portfinder(https://npmjs.com/package/portfinder): 시스템의 빈 포트를 발견할 수 있는 라이브러리입니다
- consul(https://npmjs.org/package/consul): 서비스 등록을 허용하는 라이브러리입니다.

서비스를 구현해봅시다. 지금까지 클러스터와 Nginx를 테스트하기 위해 사용한 것과 같은 간단한 HTTP 서버지만, 이번에는 각 서버가 시작하는 순간 서비스 레지스트리에 등록합니다.

코드를 살펴보겠습니다(app.js 파일).

```
const http = require('http');
const pid = process.pid;
const consul = require('consul')();
const portfinder = require('portfinder');
const serviceType = process.argv[2];

portfinder.getPort((err, port) => { //[1]
  const serviceId = serviceType+port;
  consul.agent.service.register({ //[2]
    id: serviceId,
    name: serviceType,
    address: 'localhost',
    port: port,
    tags: [serviceType]
  }, () => {

    const unregisterService = (err) => { //[3]
      consul.agent.service.deregister(serviceId, () => {
        process.exit(err ? 1 : 0);
      });
    };

    process.on('exit', unregisterService); //[4]
    process.on('SIGINT', unregisterService);
    process.on('uncaughtException', unregisterService);

    http.createServer((req, res) => { //[5]
      for (let i = 1e7; i> 0; i--) {}
      console.log(`Handling request from ${pid}`);
      res.end(`${serviceType} response from ${pid}\n`);
    }).listen(port, () => {
      console.log(`Started ${serviceType} (${pid}) on port ${port}`);
    });
  });
});
```

앞의 코드에서 우리가 눈여겨볼 필요가 있는 부분이 있습니다.

- 먼저 portfinder.getPort를 사용하여 시스템의 빈 포트를 찾습니다(기본적으로 portfinder는 포트 8000부터 검색을 시작합니다).
- 다음으로 Consul 라이브러리를 사용하여 레지스트리에 새 서비스를 등록합니다. 서비스 정의에는 id(서비스의 고유 식별자), name(서비스를 식별하는 일반 명), address와 port(서비스에 접근하는 방법을 식별), tag(서비스를 필터링하고 그룹화하는데 사용할 수 있는 태그 배열(선택 사항)) 같은 일련의 속성이 필요합니다. 이렇게 하면 cluster에서 사용할 수 있는 동일한 유형의 모든 서비스를 식별할 수 있습니다.
- 여기서 우리는 Consul에 방금 등록한 서비스를 제거할 수 있는 unregisterService라는 함수를 정의합니다.
- 우리는 unregisterService를 정리를 위한 함수로 사용하여 프로그램이(의도적이건 우연이건) 닫힐 때 서비스가 Consul에서 등록 해지되도록 합니다.
- 마지막으로 portfinder가 발견한 포트에서 서비스를 위한 HTTP 서버를 시작합니다.

이제 로드 밸런서를 구현할 차례입니다. loadBalancer.js라는 새로운 모듈을 만들도록 하겠습니다. 먼저 URL 경로를 서비스에 매핑하는 라우팅 테이블을 정의해야 합니다.

```
const routing = [
  {
    path: '/api',
    service: 'api-service',
    index: 0
  },
  {
    path: '/',
    service: 'webapp-service',
    index: 0
  }
];
```

라우팅 배열의 각 항목에는 매핑된 경로로 들어오는 요청을 처리하는데 사용되는 서비스가 포함되어 있습니다. index 속성은 지정된 서비스의 요청을 라운드 로빈하는데 사용됩니다.

loadbalancer.js의 두 번째 부분을 구현하여 이것이 어떻게 작동하는지 살펴봅시다.

```
const http = require('http');
const httpProxy = require('http-proxy');
const consul = require('consul')(); //[1]
```

```
const proxy = httpProxy.createProxyServer({});
http.createServer((req, res) => {
  let route;
  routing.some(entry => { //[2]
    route = entry;
    //route path로 시작하는지 체크
    return req.url.indexOf(route.path) === 0;
  });

consul.agent.service.list((err, services) => { //[3]
    const servers = [];
    Object.keys(services).filter(id => { //
      if (services[id].Tags.indexOf(route.service) > -1) {
        servers.push(`http://${services[id].Address}:${services[id].Port}`)
      }
    });

    if (!servers.length) {
      res.writeHead(502);
      return res.end('Bad gateway');
    }

    route.index = (route.index + 1) % servers.length; //[4]
    proxy.web(req, res, {target: servers[route.index]});
  });
}).listen(8080, () => console.log('Load balancer started on port 8080'));
```

다음은 Node.js 기반의 로드 밸런서를 구현하는 방법입니다.

1. 첫 번째, 우리는 레지스트리에 접근하기 위해 consul을 불러옵니다(require). 다음으로 http-proxy 객체를 인스턴스화하고 일반 웹 서버를 시작합니다.
2. 서버의 요청 핸들러(request handler)에서 가장 먼저 수행해야 할 작업은 URL을 라우팅 테이블과 비교하는 것입니다. 결과는 서비스 이름을 포함하는 기술자(descriptor)가 됩니다.
3. Consul로부터 필요한 서비스가 구현된 서비스들의 목록을 얻습니다. 만약 이 목록이 비어있으면 클라이언트에 에러를 반환합니다. tag 속성을 사용하여 사용 가능한 모든 서비스에서 현재 서비스 유형을 구현한 서버의 주소를 찾습니다.
4. 끝으로 요청을 목적지로 라우팅합니다. 라운드 로빈 방식에 따라 route.index를 목록의 다음 서버를 가리키도록 업데이트합니다. 그런 다음 인덱스를 사용하여 목록에서 서버를 선택하여 요청(req) 및 응답(res) 개체와 함께 proxy.web()으로 전달합니다. 그러면 선택한 서버로 요청이 전달됩니다.

이제 Node.js와 서비스 레지스트리만 사용하여 로드 밸런서를 구현하는 것이 얼마나 간단하고, 이를 통해 유연성을 확보할 수 있다는 것이 분명해졌습니다. 이제 실행을 위한 준비를 해보겠습니다. 먼저 https://www.consul.io/intro/getting-started/install.html의 공식 문서에 따라 consul 서버를 설치해야 합니다.

그런 다음, 아래와 같은 간단한 명령을 사용하여 개발 장비에서 consul 서비스 레지스트리를 시작할 수 있습니다.

```
consul agent -dev
```

이제 로드 밸런서를 시작해야 합니다.

```
node loadBalancer
```

서버를 아직 시작하지 않은 채로 로드 밸런서가 제공하는 일부 서비스에 액세스하려고 하면 HTTP 502 오류가 반환됩니다. 직접 다음과 같이 수행해 봅시다.

```
curl localhost:8080/api
```

앞의 명령은 다음과 같은 결과를 반환할 것입니다.

```
Bad Gateway
```

서비스 인스턴스(예: 어플리케이션 서비스 2개, 웹 서비스 1개)를 만들면, 상황이 달라집니다.

```
forever start app.js api-service
forever start app.js api-service
forever start app.js webapp-service
```

이제 로드 밸런서가 새 서버를 자동으로 확인하고 해당 서버들에 요청을 배분하기 시작해야 합니다. 다음 명령을 사용하여 다시 시도해 보겠습니다.

```
curl localhost:8080/api
```

앞의 명령은 다음을 반환해야 합니다.

```
api-service response from 6972
```

다시 실행하면 다른 서버로부터 메시지가 수신되어 요청이 서로 다른 서버 간에 균등하게 분산되고 있음을 확인할 수 있습니다.

```
api-service response from 6979
```

이 패턴의 장점은 즉각적이라는 것입니다. 이제 필요에 따라 또는 일정에 따라 인프라를 동적으로 바로 확장할 수 있으며, 로드 밸런서(load balancer)는 별도의 추가 작업 없이 새로운 구성에 따라 자동으로 조정됩니다.

10.2.5 피어-투-피어 로드 밸런싱(peer-to-peer load balancing)

역방향 프록시의 사용은 복잡한 내부 네트워크 아키텍처를 인터넷과 같은 공용 네트워크 영역에 공개하고자 할 때 거의 필수적입니다. 복잡성을 숨기고 외부 어플리케이션이 쉽게 사용하고 참조할 수 있는 유일한 접근점을 제공합니다. 그러나 내부용으로만 서비스를 확장해야 하는 경우 더 많은 유연성과 제어 기능을 제공할 수 있습니다.

이러한 기능을 구현하기 위해 서비스 B에 의존하는 서비스 A가 있다고 생각해 봅시다. 서비스 B는 여러 컴퓨터에 걸쳐 확장되며 내부 네트워크에서만 사용할 수 있습니다. 지금까지 배웠던 것은 서비스 A가 서비스 B를 구현하는 모든 서버에 트래픽을 배분하는 역방향 프록시를 사용하여 서비스 B에 연결한다는 것이었습니다.

하지만 대안이 존재합니다. 묘사해 보자면, 역방향 프록시를 제거하고 요청을 클라이언트(Service A)에서 직접 배분하는 것입니다. 이제 Service A는 Service B의 다양한 인스턴스 간의 연결에 대한 로드 밸런싱을 직접 담당합니다. 이는 Service A가 Service B가 동작중인 서버에 대한 세부적인 정보를 알고 있고, 내부 네트워크에서 일반적으로 알려진 정보인 경우에만 가능합니다. 이 접근 방식은 근본적으로 **피어-투-피어 로드 밸런싱**(peer-to-peer load balancing)을 구현합니다.

다음 그림은 방금 설명한 두 가지 대안을 비교하고 있습니다.

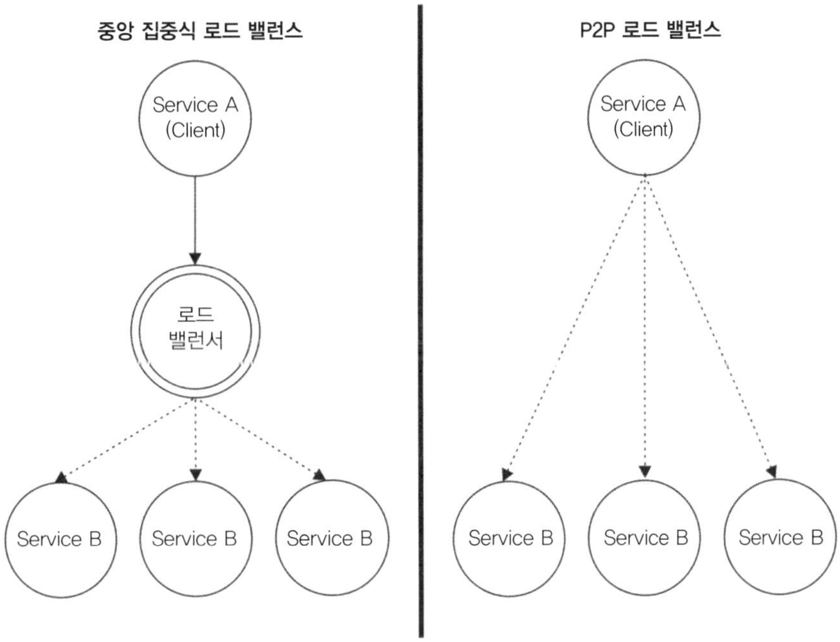

병목 현상이나 단일 접속점이 실패할 경우에 대한 걱정 없이 진정한 분산 통신을 가능하게 하는 매우 간단하고 효과적인 패턴입니다. 게다가 이는 또한 다음을 수행합니다.

- ▶ 네트워크 노드를 제거하여 인프라의 복잡성을 줄인다.
- ▶ 더 적은 노드를 통해 메시지가 전달되기 때문에 더 빠른 통신이 가능합니다.
- ▶ 로드 밸런서가 처리할 수 있는 성능으로 인해 성능이 제한되지 않기 때문에 확장성이 좋습니다.

반대로 역방향 프록시를 제거하면 실제로 기본 인프라의 복잡성이 노출됩니다. 또한 각 클라이언트는 로드 밸런싱 알고리즘을 구현하고 매일 변경될 수도 있는 인프라에 대한 정보를 최신 상태로 유지할 수 있어야 합니다.

TIP 피어-투-피어 로드 밸런싱은 ØMQ(http://zeromq.org) 라이브러리에서 광범위하게 사용되는 패턴입니다.

여러 서버에 대해 요청을 분산할 수 있는 HTTP 클라이언트 구현

우리는 앞서 Node.js 만을 사용한 로드 밸런서를 구현하여 들어오는 요청을 사용 가능한 서버들에 분산하는 방법을 배웠습니다. 클라이언트 측에서 동일한 메커니즘을 구현하는 것은 크게 다르지 않습니다. 실제로 해야 할 일은 클라이언트 API를 래핑하고 로드 밸런싱 메커니즘으로 API를 확장하는 것뿐입니다. 다음 모듈(balancedRequest.js)을 살펴봅시다.

```
const http = require('http');
const servers = [
  {host: 'localhost', port: '8081'},
  {host: 'localhost', port: '8082'}
];
let i = 0;

module.exports = (options, callback) => {
  i = (i + 1) % servers.length;
  options.hostname = servers[i].host;
  options.port = servers[i].port;

  return http.request(options, callback);
};
```

앞의 코드는 설명이 필요없을 정도로 간단합니다. 라운드 로빈(round robin) 알고리즘을 사용하여 사용 가능한 서버 목록에서 선택한 서버에 맞도록 요청의 호스트 이름 및 포트를 재정의하도록 원래 http.request API를 래핑하였습니다.

그러면 새로이 래핑된 API를 다음과 같이 원활하게 사용할 수 있습니다(cleint.js).

```
const request = require('./balancedRequest');
for(let i = 10; i>= 0; i--) {
  request({method: 'GET', path: '/'}, res => {
    let str = '';
    res.on('data', chunk => {
      str += chunk;
    }).on('end', () => {
      console.log(str);
    });
  }).end();
}
```

코드를 실행하기 위해서는 제공된 샘플 서버의 인스턴스 두 개를 시작해야 합니다.

▶ node app 8081

▶ node app 8082

방금 구축한 어플리케이션을 다음과 같이 실행합니다.

```
node client
```

각 요청이 다른 서버로 전송되는 방식을 확인하여 이제 전용 역방향 프록시 없이도 로드 밸런싱을 수행할 수 있음을 확인할 수 있습니다.

> **TIP** 앞서 만든 래퍼의 향상된 기능은 서비스 레지스트리를 클라이언트에 직접 통합하여 서버 목록을 동적으로 가져오는 것입니다. 이 기술의 예제는 책의 예제 코드에서 찾을 수 있습니다.

10.3 복잡한 어플리케이션 분해

지금까지 우리는 주로 스케일 큐브의 x 축에 대한 분석에 초점을 맞추었습니다. 어플리케이션의 부하를 분산하고 가용성을 개선하는 가장 쉽고 즉각적인 방법을 알아 보았습니다. 다음 섹션에서는 스케일 큐브의 y 축에 초점을 맞출 것입니다. 여기서 어플리케이션은 기능 및 서비스별로 **분해**하여 확장됩니다. 앞으로 학습하게 될 이 기술에서 가장 중요한 것은 어플리케이션의 용량뿐만 아니라 복잡성까지 확장할 수 있다는 것입니다.

10.3.1 단일(Monolitic) 아키텍처

단일(Monolitic)이라는 말은 어플리케이션의 모든 서비스가 상호 연결되어 거의 구별할 수 없는 모듈화되지 않은 시스템을 떠올리게 합니다. 그러나 항상 그렇지는 않습니다. 종종, 단일(Monolitic) 시스템은 높은 모듈형 구조와 그것들의 내부 컴포넌트들 사이의 좋은 분할을 가지기도 합니다.

완벽한 예로 **단일 커널**(Monolitic Kernels)이라고 하는 범주에 속하는 LinixOS 커널을 들 수 있습니다. Linux에는 시스템이 실행되는 동안에도 동적으로 로드하거나 내려놓을 수 있는 수천 개의 서비스와 모듈이 있습니다. 그러나 이들은 커널 모드에서 실행되므로 이 모드 중 하나에 장애가 발생하면 전체 OS가 중단될 수 있습니다(커널 패닉이 발생하는 이유입니다). 이 접근 방식은 운영체제의 핵심 서비스만 커널 모드로 실행되고, 나머지는 사용자 모드(대개 각각의 고유한 프로세스)로 실행되는 마이크로 커널 아키텍처와 상반됩니다. 이 접근 방식의 주요 장점은 이러한 서비스의 문제가 전체 시스템의 안정성에 영향을 미치지 않고, 별도로 격리되어 문제가 발생하게 된다는 것입니다.

> 커널 디자인에 대한 Torvalds-Tanenbaum 토론은 아마도 컴퓨터 과학 역사상 가장 유명한 불꽃튀는 전쟁 중 하나일 것입니다. 논쟁의 핵심 중 하나는 바로 단일(monolithic) 대 마이크로 커널 디자인이었습니다. 토론의 웹 버전(원래 Usenet에 표시됨)은 https://groups.google.com/d/msg/comp.os.minix/wlhw16QWltI /P8isWhZ8PJ8J에서 찾을 수 있습니다.

놀라운 것은 30년 이상된 이 설계 원리가 현재의 완전히 다른 환경에서도 여전히 적용된다는 것입니다. 현대 단일(Monolithic) 어플리케이션은 단일 커널과 유사합니다. 컴포넌트 중 하나라도 오류가 발생하면 전체 시스템이 영향을 받습니다. 이는 Node.js 용어로 바꾸면, 모든 서비스가 동일한 코드 베이스의 일부이며 단일 프로세스(복제되지 않을 경우)에서 실행됨을 의미합니다. 단일(Monolithic) 아키텍처의 예를 다음 그림을 통해 살펴보겠습니다.

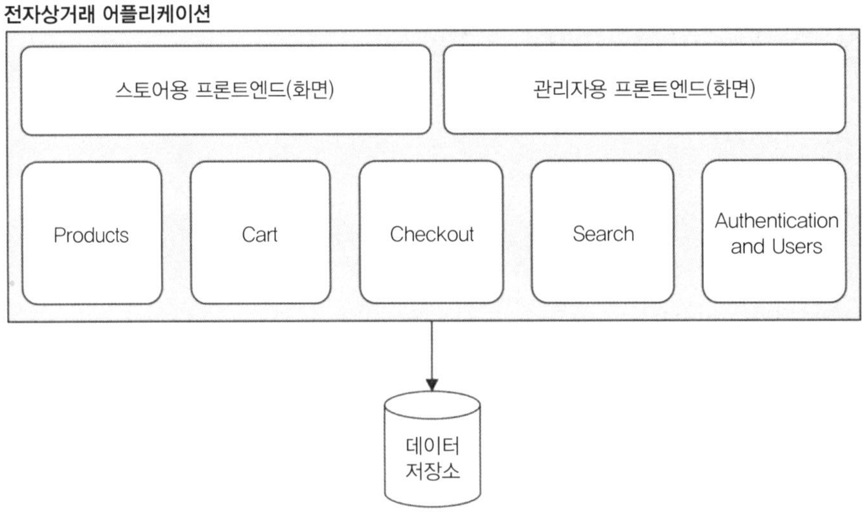

위 그림은 일반적인 전자상거래 어플리케이션의 아키텍처를 보여줍니다. 구조는 모듈 방식입니다. 우리는 두 개의 서로 다른 프론트엔드를 가지고 있습니다. 하나는 메인 스토어 용이고, 다른 하나는 관리 인터페이스 용입니다. 내부적으로 우리는 어플리케이션에 의해 구현된 서비스는 분명히 분리되어 있으며, 각 서비스는 그것의 특정 부분의 비즈니스 로직(Products, Cart, Checkout, Search 그리고 Authentication 그리고 Users)을 담당합니다. 그러나 앞선 아키텍처는 모놀리식(Monolithic)입니다. 실제로 모든 모듈은 동일한 코드 베이스의 일부이며, 단일 어플리케이션의 일부로 실행됩니다. 예기치 않은 예외와 같이 한 컴포넌트의 오류로 인해 온라인 전자상거래 어플리케이션 전체가 손상될 수 있습니다.

이러한 아키텍처 유형의 또 다른 문제점은 모듈 간의 상호 연결입니다. 예를 들어, 제품을 구매할 경우를 생각해봅시다. CheckOut 모듈은 Product 객체의 상태를 갱신해야 하는데, 두 모듈이 동일한 어플리케이션에 있으면 개발자가 Product 객체의 참조를 쉽게 얻어 상태를 직접 갱신할 수 있습니다. 단일 어플리케이션에서는 내부 모듈 간의 낮은 결합을 유지하는 것이 매우 어려운데, 이는 모듈 사이의 경계가 항상 명확하거나 적절히 적용되지 않기 때문입니다.

높은 결합력(A high Coupling)은 종종 어플리케이션의 성장을 가로막는 주요 장애물 중 하나이며, 복잡성 측면에서 확장성을 저해합니다. 사실, 복잡한 의존성 그래프는 시스템의 모든 부분이 책임이라는 것을 의미합니다. 이것은 제품의 전체 수명 동안 유지되어야 하며, 모든 컴포넌트가 젠가(Jenga) 타워의 나무 블록과 같기 때문에 변경 사항을 주의 깊게 평가해야 합니다. 그 중 하나를 움직이거나 제거하면 타워 전체가 붕괴될 수 있기 때문입니다. 이로 인해 프로젝트의 복잡성이 증가함에 따라 결국 규칙 및 개발 프로세스가 수립되는 경우가 많습니다.

10.3.2 마이크로 서비스 아키텍처

이제 큰 어플리케이션을 작성하기 위해 Node.js에서 가장 중요한 패턴을 이야기하겠습니다. 그것은 바로 "큰 어플리케이션을 작성하지 마십시오"입니다. 이는 사소한 문제인 것처럼 보이지만 소프트웨어 시스템의 복잡성과 용량을 확장하는 매우 효과적인 전략입니다. 그렇다면 대규모 어플리케이션을 작성하는 대신 사용할 수 있는 방법은 무엇일까요? 답은 서비스 및 기능별로 분해 및 분할되는 스케일 큐브의 y 축에 있습니다. 개념은 어플리케이션을 필수 컴포넌트로 분해하여 별도의 독립 어플리케이션으로 만드는 것입니다. 사실 모놀리식(Monolithic) 아키텍처의 반대입니다. 이것은 유닉스 철학과 책의 시작 부분에서 논의했던 Node.js의 원칙, 특히 "각 프로그램은 한가지 일만을 잘 수행하도록"이라는 원칙에 완벽하게 부합합니다.

오늘날 **마이크로 서비스 아키텍처**는 이러한 유형의 접근 방식의 주요 패턴이며, 일련의 자체 서비스가 대형의 단일 어플리케이션을 대체합니다. 접두사인 마이크로는 서비스가 가능한 작아야 하지만, 항상 합리적인 한도 내에 있어야 함을 의미합니다. 단 하나의 웹 서비스만을 노출하는 수백 개의 서로 다른 어플리케이션으로 아키텍처를 구축하는 것이 반드시 좋은 선택이라고 생각하여 잘못 판단하면 안됩니다. 실 세계에서는 서비스가 얼마나 작아야 하는지, 얼마나 커야 하는지에 대한 엄격한 규칙이 없습니다. 마이크로 서비스 아키텍처의 설계에서 중요한 것은 크기가 아닙니다. 대신, 주로 **느슨한 결합**(loose coupling), **높은 응집력**(cohesion), 그리고 **통합 복잡성**(integration complexity)과 같은 다른 요소들의 조합이 중요합니다.

마이크로 서비스 아키텍처의 예

이제 마이크로 서비스 아키텍처를 사용하여 모놀리식(Monolithic) 전자상거래 어플리케이션이 어떤 모습인지 살펴보겠습니다.

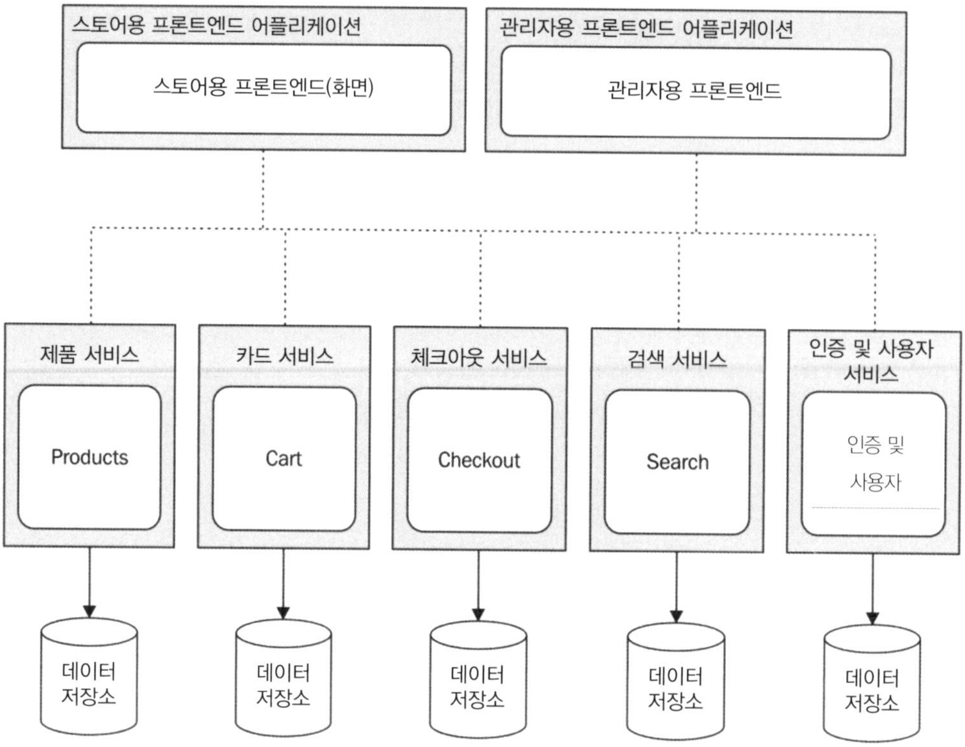

그림에서 알 수 있듯이, 전자상거래 어플리케이션의 각 기본 컴포넌트는 이제 자체적인 데이터베이스를 가지고 자신의 환경에서 동작하는 자립적이고 독립체입니다. 실제로 이들은 모두 독립적인 어플리케이션으로 일련의 관련 서비스들(높은 응집성)을 노출하고 있습니다.

서비스의 **데이터 소유권**은 마이크로 서비스 아키텍처의 중요한 특성입니다. 따라서 데이터베이스를 분할하여 적절한 격리 및 독립성의 수준을 유지해야 합니다. 고유한 공유 데이터베이스를 사용할 경우 서비스가 함께 동작하기가 훨씬 쉬워집니다. 그러나, 이는 또한 서로 다른 서비스들 간의 결합(데이터 기반)을 가져와 다른 어플리케이션들의 장점 중 일부를 제거하게 됩니다.

모든 노드를 연결하는 점선은 전체 시스템이 제대로 동작할 수 있도록 통신과 정보를 주고 받아야 완전한 기능을 수행할 수 있음을 나타냅니다. 서비스가 동일한 데이터베이스를 공유하지 않기 때문에 전체 시스템의 일관성을 유지하기 위해 더 많은 통신이 필요합니다. 예를 들어, Checkout 어플리케이션은 가격 및 배송 제한과 같은 제품 관련 정보를 알아야 합니다. 동시에 Product 서비스에 저장된 데이터, 예를 들자면 계산이 완료된 후 Product의 상태와 같은 정보를 업데이트해야 합니다. 앞의 그림에서 우리는 노드들이 추상적으로 의사 소통하는 방식을 유지하려고 노력했습니다. 물론 가장 많이 사용되는 전략은 웹 서비스를 사용하는 것인데, 나중에 보게 되겠지만 이것이 유일한 선택은 아닙니다.

패턴 (마이크로 서비스 아키텍처)
복잡하지 않은 여러 개의 소규모 서비스를 만들어 복잡한 어플리케이션을 분할하십시오.

마이크로 서비스의 장단점

이 섹션에서는 마이크로 서비스 아키텍처 구현의 장단점에 대해 설명합니다. 앞으로 보게 될 것처럼, 이 접근 방식은 어플리케이션을 개발하는 방식에 급진적인 변화를 가져오고 확장성과 복잡성에 대한 우리의 시각을 획기적으로 바꾸어 줄 뿐만 아니라 새로운 일반적인 문제도 야기할 것입니다.

다음 링크에서 Martin Fowler가 작성한 마이크로 서비스에 대한 훌륭한 글을 볼 수 있습니다.
- http://martinfowler.com/articles/microservices.html

모든 서비스는 소모품입니다.

각 서비스를 자체 어플리케이션의 컨텍스트에서 운영하는 것의 주요 기술적인 장점은 충돌, 버그 및 변경, 중단이 전체 시스템으로 전파되지 않는다는 것입니다. 목표는 작고, 변경하기 쉽고 처음부터 다시 빌드할 수 있는 진정한 독립적인 서비스를 구축하는 것입니다. 예를 들어 전자상거래 어플리케이션의 Checkout 서비스가 심각한 버그로 인해 갑자기 충돌하는 경우 나머지 시스템은 정상적으로 계속 동작하는 것입니다. 일부 기능이 영향을 받을 수는 있습니다(예: 제품 구입). 하지만 나머지 시스템은 계속 동작할 것입니다.

또한, 만약 우리가 컴포넌트를 구현하는데 사용한 데이터베이스나 프로그래밍 언어가 좋은 설계적 결정이 아니라는 것을 갑자기 깨닫게 되었다고 생각해봅시다. 모놀리식 어플리케이션에서는 전체 시스템에 영향을 미치지 않고 변경할 수 있는 작업은 거의 없을 것입니다. 대신 마이크로 서비스 아키텍처에서 우리는 다른 데이터베이스나 플랫폼을 사용하여 전체 서비스를 처음부터 쉽게 다시 구현할 수 있고, 시스템의 다른 부분들은 이를 걱정할 필요가 없습니다.

플랫폼 및 언어 전반에서의 재사용성

대규모 단일 어플리케이션을 여러 개의 소규모 서비스에 분할하면 훨씬 더 쉽게 재사용할 수 있는 독립적인 유닛을 만들 수 있습니다. Elasticsearch(http://www.elasticsearch.org)는 재사용 가능한 검색 서비스의 좋은 예입니다. 또한 '7장. 모듈 연결'에서 구축한 인증 서버도 프로그래밍 언어에 관계없이 어플리케이션에서 쉽게 재사용할 수 있는 서비스의 또 다른 예입니다.

주된 장점은 단일 어플리케이션에 비해 정보 은닉 수준이 훨씬 높다는 것입니다. 이는 일반적인 웹 서비스 또는 메시지 브로커와 같은 원격 인터페이스를 통해 이루어지므로 구현의 세부 정보를 숨기고 클라이언트를 서비스 구현 또는 배포 방식의 변경으로부터 보호하기가 훨씬 용이합니다. 예를 들어 웹 서비스를 호출하는 것만으로도 인프라 스트럭처가 확장되는 방식, 인프라가 사용하는 프로그래밍 언어, 데이터 저장에 사용하는 데이터베이스 등으로부터 보호됩니다.

어플리케이션을 확장하는 방법

스케일 큐브로 돌아가 보면, 마이크로 서비스는 y 축을 따라 어플리케이션을 확장하는 것과 같습니다. 따라서 이미 여러 시스템에 부하를 분산시킬 수단이 준비되어 있습니다. 또한, 마이크로 서비스를 큐브의 다른 두 차원과 결합하여 어플리케이션을 더욱 확장할 수 있다는 것을 잊어서는 안됩니다. 예를 들어, 더 많은 트래픽을 처리하기 위해 각 서비스를 복제할 수 있으며 흥미로운 점은 서비스를 독립적으로 확장하여 리소스 관리를 개선할 수 있다는 것입니다.

마이크로 서비스의 과제

이 시점에서 마이크로 서비스는 우리의 모든 문제에 대한 해결책이 될 것으로 보이지만, 그것은 사실과 거리가 멉니다. 실제로 관리해야 할 노드가 많아지면 통합, 배포 및 코드 공유 측면에서 복잡성이 높아집니다. 이는 전통적인 구조들의 일부 문제들을 해결하지만 또한 많은 문제들을 제기합니다.

서비스를 어떻게 상호작용하도록 만들 것인가? 그렇게 많은 어플리케이션을 어떻게 구현, 확장 및 모니터링 할 수 있을까? 서비스 간에 어떻게 코드를 공유하고 재사용할 수 있을까? 다행히도 클라우드 서비스와 현대적인 DevOps 방법론은 이러한 질문에 대한 해답을 제공할 수 있으며, 또한 Node.js도 많은 도움이 될 수 있습니다. 모듈 시스템은 다른 프로젝트 간에 코드를 공유하기에 완벽한 동반자입니다. Node.js는 마이크로 서비스 아키텍처를 사용하여 구현된 것과 같은 분산 시스템의 노드(node)로 만들어졌습니다.

> 마이크로 서비스는 어떤 프레임워크(또는 심지어 Node.js의 코어 모듈)를 사용해서도 구축할 수 있지만, 이러한 목적에 특화된 몇 가지 솔루션들이 있습니다. 그 중에서도 가장 주목할 만한 것은 **Seneca**(https://npmjs.org/package/seneca), **AWS Lambda**(https://aws.amazon.com/lambda), **IBM OpenWhisk**(https://developer.ibm.com/openwhisk) 그리고 **Microsoft Azure Functions**(https://azure.microsoft.com/en-us/services/functions) 입니다. 마이크로 서비스 배치를 관리하는데 유용한 도구는 **Apache Mesos**(http://mesos.apache.org) 입니다.

10.3.3 마이크로 서비스 아키텍처의 통합 패턴

마이크로 서비스의 가장 어려운 과제 중 하나는 모든 노드를 연결하여 공동 작업을 수행하는 것입니다. 예를 들어, 전자상거래 어플리케이션의 장바구니 서비스는 추가할 제품(Products)이 없으면 의미가 없으며, 구매할 제품 목록(cart)이 없으면 체크아웃(Checkout) 서비스는 필요가 없습니다. 이미 언급했듯이, 다양한 서비스 간의 상호작용이 필요한 다른 요인들도 있습니다. 예를 들어 검색 서비스는 사용 가능한 제품을 알아야 하며, 정보를 최신 상태로 유지해야 합니다. 구매가 완료되면 제품(Product)의 상태에 대한 정보를 업데이트해야 하며, 체크아웃(Checkout) 서비스에 대해서도 마찬가지 입니다.

통합 전략을 설계할 때는 시스템에서 서비스 간에 가지게 될 커플링(coupling)을 고려하는 것도 중요합니다. 분산형 구조를 설계할 때는 모듈이나 서브 시스템을 설계할 때 지역적으로 사용하는 것과 동일한 관행과 원칙을 수반하므로 재사용 가능성과 확장성같은 특성도 고려해야 합니다.

API 프록시

첫 번째 패턴은 클라이언트와 원격 API 집합 간의 통신을 프록시하는 서버인 **API 프록시**(일반적으로 API 게이트웨이라고도 함)를 사용하는 것입니다. 마이크로 서비스 아키텍처에서 이 아키텍처의 주요 목적은 여러 API 엔드포인트에 대한 단일 접근점을 제공하는 것이지만 로드 밸런싱, 캐싱, 인증 및 트래픽 제한을 제공할 수 있으며, 모든 기능은 견고한 API 솔루션을 구현하는데 매우 유용합니다. 이러한 패턴은 우리에게 새로운 것이 아닙니다. 우리는 이미 http-proxy와 consul을 사용하여 사용자 지정 로드 밸런싱 장치를 구축할 때 이러한 패턴이 작동하는 것을 보았습니다. 이 예에서 로드 밸런싱 장치는 두 개의 서비스만 노출한 다음, 서비스 레지스트리를 통해 URL 경로를 서비스에 매핑함으로써 서버 목록에 매핑할 수 있었습니다. API 프록시 또한 같은 방식으로 동작하며, 본질적으로 역방향 프록시이며, API 요청을 처리하도록 특별히 구성된 로드 밸런싱 장치이기도 합니다. 다음 그림은 전자상거래 어플리케이션에 이러한 솔루션을 적용하는 방법을 보여줍니다.

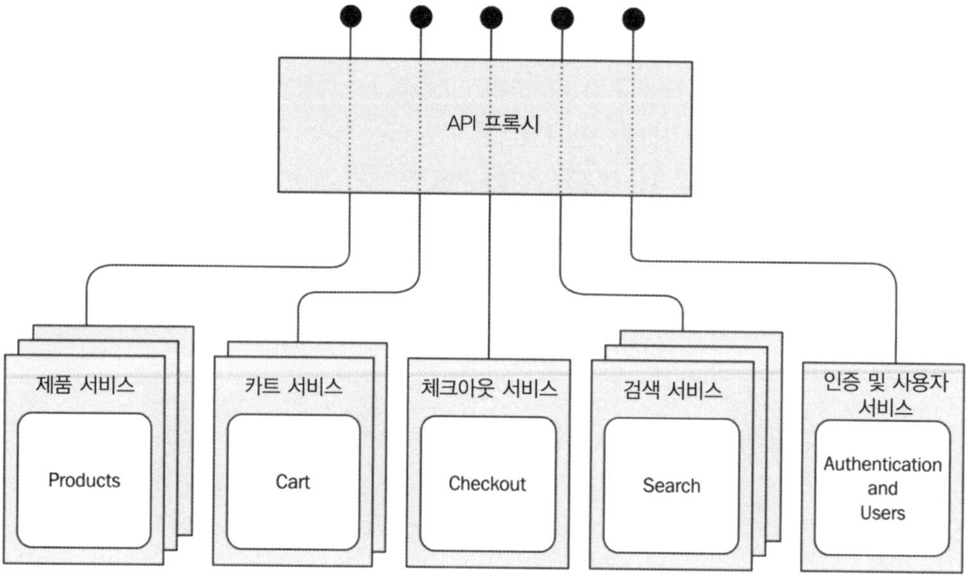

그림에서 API 프록시가 어떻게 기반 인프라의 복잡성을 숨길 수 있는지를 확실히 알 수 있습니다. 이는 특히 각 서비스가 여러 시스템으로 확장되는 경우, 노드 수가 많을 수 있으므로 마이크로 서비스 인프라에서 매우 유용합니다. 따라서 API 프록시를 통해 이루어지는 통합은 구조적으로만 이루어지며 의미론적인 메커니즘은 없습니다. 복잡한 마이크로 서비스 인프라에 대한 친숙한 단일(monolithic) 뷰를 제공합니다. 이것은 앞으로 우리가 배우게 될 다음 패턴인 의미론적인 통합과 반대됩니다.

API 오케스트레이션(orchestration)

앞으로 설명할 패턴은 서비스 집합을 통합하고 구성하는 가장 자연스럽고 명확한 방법이며, 이를 **API 오케스트레이션**(orchestration)라고 합니다. 넷플릭스(Netflix) API 담당 엔지니어링 부사장인 DanielJacobson은 자신의 블로그의 한 게시글(http://thenextweb.com/dd/2013/12/17/future-api-design-orchestration-layer)에서 다음과 같이 API 오케스트레이션을 정의합니다.

> *"OL(APIOrchestrationLayer)는 일반적으로 모델링된 데이터 요소 혹은 기능을 사용하는 추상화 계층으로, 해당 개발자나 어플리케이션을 위해 보다 구체적인 방법을 마련합니다."*

일반적으로 모델링된 요소나 기능은 마이크로 서비스 아키텍처의 서비스 설명(description)에 완벽하게 부합합니다. 이 개념은 어플리케이션과 관련된 새로운 서비스를 구현하기 위해 필요한 요소들에 대한 추상화를 만드는 것입니다.

전자상거래 어플리케이션을 사용하여 예를 들어 보겠습니다. 다음 그림을 참조하십시오.

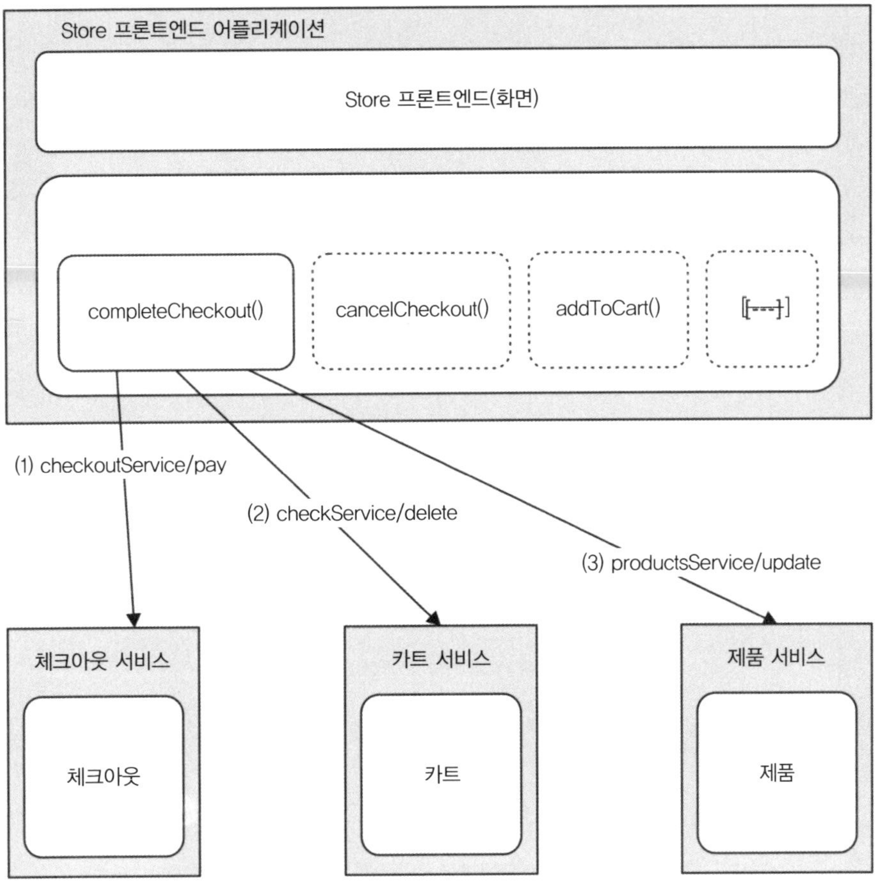

그림에서는 프론트엔드 어플리케이션 Store가 오케스트레이션 계층을 사용하여 기존 서비스를 구성하고 조정하여 보다 복잡하고 구체적인 기능을 만드는 방법을 보여주고 있습니다. 설명된 시나리오는 고객이 구매를 마치기 위해 Pay 버튼을 클릭하는 순간 호출되는 가상의 completeCheckout() 서비스의 예로 들고 있습니다. 그림은 completeCheckout()이 서로 다른 단계로 이루어진 복합적인 연산이라는 것을 보여 줍니다.

1. 먼저 (1)CheckoutService/Pay를 호출하여 트랜잭션을 완료합니다.
2. 그런 다음 지불이 성공적으로 처리되면, cart 서비스에 물품이 구매되었고 카트에서 제거해도 된다고 알려야 합니다. 우리는 (2)cartService/delete를 호출하여 이를 수행합니다.
3. 또한 결제가 완료되면 방금 구입한 제품의 상태를 업데이트해야 합니다. 이는 productService/update를 통해 수행됩니다.

보시다시피, 3개의 서로 다른 서비스에서 3개의 작업을 수행하고 전체 시스템을 일관된 상태로 유지하기 위해 서비스를 조정하여 새로운 API를 만들었습니다.

API 오케스트레이션 계층(Orchestration Layer)에서 수행하는 또 다른 일반적인 작업은 **데이터 집계**(data aggregation)입니다. 즉, 다른 서비스의 데이터를 하나의 응답으로 결합하는 것입니다. 장바구니에 담긴 모든 제품을 나열하고 싶다고 상상해 봅시다. 이 경우 오케스트레이션은 **카트**(Cart) 서비스에서 제품 ID 목록을 검색한 후 **제품**(Product) 서비스에서 제품에 대한 전체 정보를 검색해야 합니다. 서비스를 결합하고 조종할 수 있는 방법은 무한하지만, 기억해야 할 중요한 패턴은 여러 서비스와 특정 어플리케이션 간의 추상화 역할을 하는 오케스트레이션 계층의 역할입니다.

오케스트레이션 계층은 기능 분리를 위한 훌륭한 대안입니다. 실제로 전용의 독립 서비스로 구현하는 것이 매우 일반적이며, 이 경우에는 이 독립 서비스에 API Orchestrator라는 이름이 사용됩니다. 이러한 관행은 마이크로 서비스 철학과 완벽하게 일치합니다.

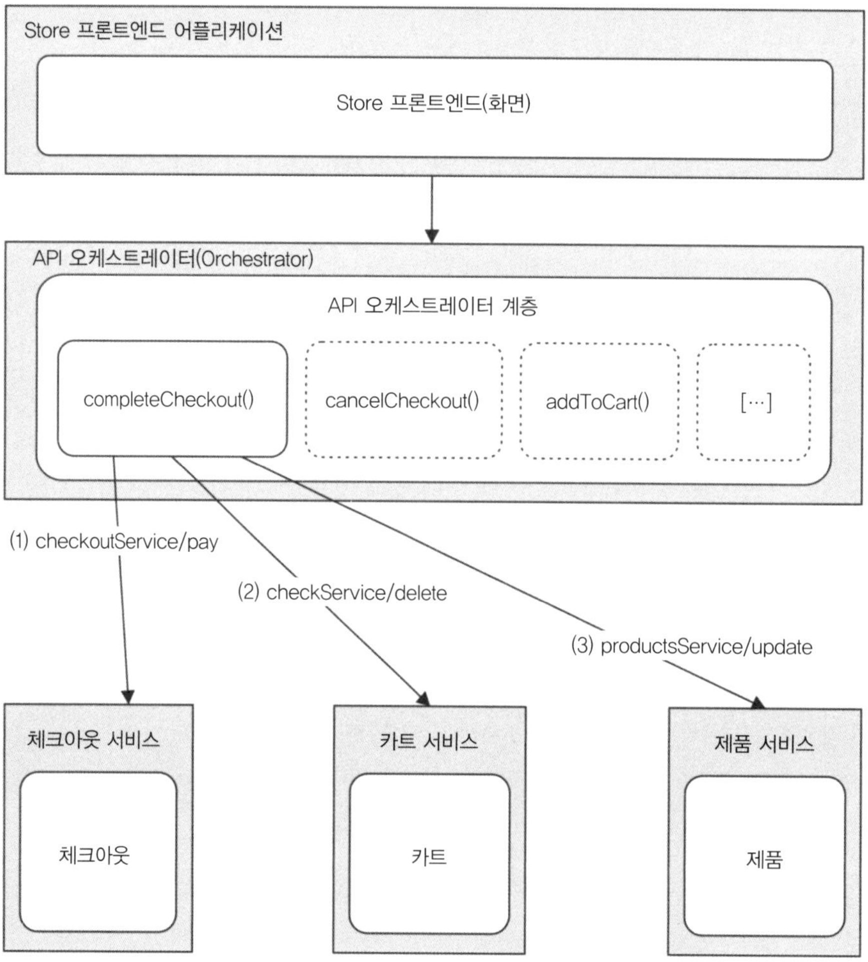

그림은 우리 아키텍처의 추가적인 개선 사항을 보여줍니다.

그림과 같이 독립형 오케스트레이터를 만들면 클라이언트 어플리케이션(이 경우 **스토어 프론트엔드**)과 마이크로 서비스 인프라의 복잡성을 분리할 수 있습니다. 이는 API 프록시를 상기시킵니다. 그러나 중요한 차이점이 있습니다. 오케스트레이터는 다양한 서비스의 의미론적 통합을 수행합니다. 이는 단순한 프록시가 아니며, 기본 서비스에서 공개된 API와 다른 API를 공개합니다.

메시지 브로커와의 통합

오케스트레이터 패턴은 우리에게 다양한 서비스들을 명확한 방법으로 통합할 수 있는 메커니즘을 제공합니다. 이것은 장점과 단점을 모두 가지고 있습니다. 설계, 디버그 및 확장이 쉽지만 안타깝게도 기본 아키텍처와 각 서비스의 동작 방식에 대해 완벽하게 알고 있어야 합니다. 우리가 구조적인 노드들이 아닌 객체들에 대해 말하는 것이라면 오케스트레이터는 **전지전능한 객체(God Object)**라 불리는 안티 패턴이 될 것입니다. 이 객체는 과도하게 많은 객체를 정의하게 될 것입니다. 이는 일반적으로 높은 결합성과 낮은 응집력 그리고 더 중요한 것은 높은 복잡성을 초래하게 됩니다.

이제 전체 시스템의 정보를 동기화하는 작업을 서비스 전반에 걸쳐 분산하는 패턴을 보여드리겠습니다. 그러나 우리가 하려는 이 마지막 작업은 서비스 간의 직접적인 관계를 생성하는 것입니다. 이것은 노드 간의 상호 연결 수의 증가로 인해 높은 커플링을 초래하고 시스템의 복잡성을 더욱 증가시킵니다. 따라서 목표는 각 서비스를 격리 상태로 유지하는 것입니다. 각 서비스는 시스템의 나머지 서비스 없이도 또는 새로운 서비스 및 노드와 결합하여 작동할 수 있어야 합니다.

해결책은 메시지의 수신자와 발신자를 분리할 수 있는 시스템인 메시지 브로커(message broker)를 사용하여 중앙 집중식 게시(publish)/구독(subscribe) 패턴을 구현하는 것입니다. 실제로는 분산 시스템에 대한 관찰자 패턴을 사용합니다(이 패턴에 대한 더 자세한 설명은 이 책의 후반에 할 것입니다). 다음 그림은 이것이 전자상거래 어플리케이션에 어떻게 적용되는지를 보여줍니다.

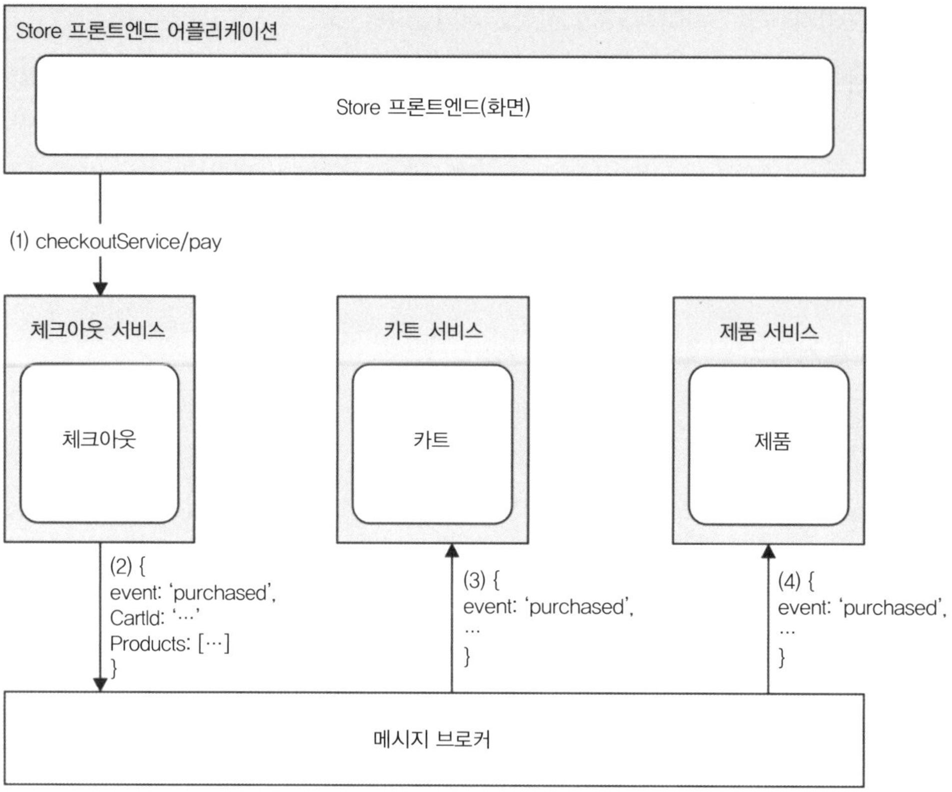

여기서 알 수 있듯이 프론트엔드 어플리케이션인 체크아웃 서비스의 클라이언트는 다른 서비스와의 명시적 통합을 수행할 필요가 없습니다. 단지 (1)checkoutService/pay를 호출하여 결제를 완료하고 고객으로부터 돈을 인출하는 것입니다.

1. **Store 프론트엔드**는 **체크아웃** 서비스에서 (1)CheckoutService/pay 연산을 호출합니다.
2. 작업이 완료되면 **체크아웃** 서비스는 작업의 세부 사항, 즉 cartID 및 방금 구입한 products(제품 목록)을 첨부하여 이벤트를 생성합니다. 이 이벤트는 메시지 브로커에 게시됩니다. 이 시점에서 Checkout 서비스는 누가 메시지를 받을 것인지 알 수 없습니다.
3. **카트** 서비스는 브로커에 구독자로 등록되어 있으므로 **체크아웃** 서비스에서 방금 게시한 purchased 이벤트를 받게 됩니다. **카트** 서비스는 메시지에 포함된 ID로 식별된 장바구니를 자신의 데이터베이스에서 제거함으로써 반응합니다
4. **제품** 서비스는 메시지 브로커에도 가입되어 있으므로 동일한 구매 이벤트를 받습니다. 그런 다음 이 정보를 기반으로 데이터베이스를 업데이트하여 메시지에 포함된 제품의 정보를 갱신합니다.

전체 프로세스는 오케스트레이터와 같은 외부 개체에서 명시적으로 개입하지 않아도 발생합니다. 정보를 전파하고 정보를 동기화하는 책임은 서비스 자체에 분산됩니다. 전체 시스템 동작을 관할하고 알고 있어야 하는 전지전능한 서비스는 존재하지 않습니다. 각 서비스는 자체적으

로 통합을 담당합니다.

메시지 브로커는 서비스를 분리하고 서비스 상호작용의 복잡성을 줄이기 위한 기본 요소입니다. 또한 영구 메시지 큐 및 보장된 메시지 순서와 같은 다른 흥미로운 기능을 제공할 수도 있습니다. 다음 장에서 이에 대해 더 자세한 이야기를 할 것입니다.

10.4 요약

이 장에서는 처리량과 복잡성을 모두 고려한 Node.js 아키텍처를 설계하는 방법에 대해 배웠습니다. 어플리케이션의 확장을 통해 더 많은 트래픽을 처리하거나 응답 시간을 단축하는 방법뿐만 아니라 장애에 대한 가용성과 내구성을 향상시키고자 할 때 적용하는 방법들도 알아보았습니다.

확장이 가지는 특성들을 동일한 선상에 놓고 분류하는 방식을 알아보고, 어플리케이션의 운용 초기 확장이 꼭 나쁜 관행이 아니라는 것을 살펴봤습니다. 특히 Node.js에서는 적은 리소스로 쉽게 확장할 수 있다는 것을 이해했습니다.

스케일 큐브는 세 가지 차원에서 어플리케이션을 확장할 수 있다는 것을 가르쳐 줍니다. x 축과 y 축으로 나누어 가장 중요한 두 가지 필수 아키텍처 패턴, 즉 로드 밸런싱과 마이크로 서비스에 대해 살펴 보았습니다. 이제 동일한 Node.js 어플리케이션의 여러 인스턴스를 시작하는 방법, 트래픽을 다른 노드로 분산시키는 방법, 오류 허용 및 제로 다운 타임 재시작과 같이 같은 목적으로 이러한 설정들을 이용하는 방법을 알아야 합니다.

또한 동적 및 자동으로 확장되어야 하는 인프라스트럭쳐의 문제를 처리하는 방법을 살펴보았습니다. 우리는 서비스 레지스트리(service registry)가 이러한 상황에 실제로 유용할 수 있음을 보았습니다.

그러나 복제와 로드 밸런싱으로는 스케일 큐브의 한 차원만을 알 수 있기 때문에, 분석을 스케일 큐브의 다른 차원으로 옮겨 마이크로 서비스 아키텍처를 구축하여 구성 서비스별로 어플리케이션을 분할한다는 것을 더 자세히 알아 보았습니다.

마이크로 서비스는 프로젝트의 개발 및 관리 방식을 완전히 혁신하며, 어플리케이션의 부하를 자연스럽게 분산하고 복잡성을 분산시킬 수 있는 방법을 제공합니다. 그러나 이는 또한 커다란 모놀리식 어플리케이션을 구축하는 방법에서 일련의 서비스를 통합하는 방법으로 복잡성을 이동시키는 것이라는 것을 알게되었습니다. 이 마지막 측면 때문에 우리는 독립적인 서비스들의 집합을 통합하기 위한 몇 가지 구조적 해결책을 보여 주었습니다.

다음 장에서는 복잡한 분산 아키텍처를 구현할 때 유용한 고급 통합 기술 외에도 이 장에서 설명한 메시징 패턴을 더 자세히 알아 볼 기회를 갖게 될 것입니다.

CHAPTER 11

메시징과 통합 패턴

- 메시징 시스템의 기본 사항
- 게시/구독 패턴
- 파이프라인 및 작업 배포 패턴
- 요청(request)/응답(reply) 패턴

확장성이 분할에 관한 것이라면, 시스템 통합은 다시 결합에 관한 것입니다. 이전 장에서 우리는 연결된 모든 클라이언트/어플리케이션에 대한 간단한 반복을 통해 어플리케이션을 여러 시스템에 분산시키는 방법을 배웠습니다. 제대로 동작하려면 모든 부분이 어떤 방식으로든 통신해야 하고, 따라서 이것들은 통합되어야 합니다.

분산 어플리케이션을 통합하는데는 두 가지 주요 기술이 있습니다. 하나는 공유 저장 장치를 중앙 조정자로 사용하고 모든 정보를 보관하는 것이며, 다른 하나는 메시지를 사용하여 시스템 노드 전체에 데이터, 이벤트 및 명령을 전파하는 것입니다. 이 마지막 옵션은 분산 시스템을 확장할 때 실제로 차이를 만드는 부분이며, 아주 매력적이지만 때로는 복잡하게 만드는 원인이 되기도 합니다.

메시지는 소프트웨어 시스템의 모든 계층에서 사용됩니다. 우리는 인터넷 상에서 의사 소통을 위해 메시지를 교환하고, 파이프를 사용하여 서로 다른 프로세스로 정보를 전송하기 위해 메시지를 사용할 수 있으며, 어플리케이션 내에서 직접적인 함수 호출(명령 패턴)의 대안으로 메시지를 사용할 수 있으며, 또한 장치 드라이버는 하드웨어와 통신하기 위해 메시지를 사용합니다. 컴포넌트와 시스템 간에 정보를 교환하는 방법으로 사용되는 분리되고 구조화된 데이터는 모두 메시지로 볼 수 있습니다. 그러나 분산형 아키텍처를 다루는 경우 **메시징 시스템**(messaging system)이라는 용어는 네트워크를 통한 정보 교환을 용이하게 하기 위한 솔루션, 패턴 및 일련의 아키텍처를 말하는데 사용됩니다.

앞으로 살펴보겠지만, 이러한 유형의 시스템을 특징짓는 몇 가지 특징이 있습니다. 브로커(broker)나 피어-투-피어(peer-to-peer) 구조를 선택하거나, 요청/응답(request/response)이나 단방향 통신을 사용하거나, 메시지를 보다 안정적으로 전달하기 위해 큐를 사용할 수도 있습니다. 이 주제의 범위는 정말 넓습니다. GregorHohpe와 BobbyWoolf의 '기업 통합 패턴(Enterprise Integration Patterns)'이라는 책은 이 주제의 다양성에 대한 아이디어를 제공합니다. 이 책은 메시징 및 통합 패턴의 바이블로 간주되며 65가지의 서로 다른 통합 패턴을 설명하는 700페이지 이상의 분량을 가지고 있습니다. 이 장에서는 잘 알려진 패턴 중 가장 중요한 패턴을 Node.js와 그 생태계의 관점에서 살펴봅니다.

요약하자면, 이 장에서는 다음 주제들을 살펴보겠습니다.

- 메시징 시스템의 기본 사항
- 게시(publish)/구독(subscribe) 패턴
- 파이프라인 및 작업 분배 패턴
- 요청(request)/응답(reply) 패턴

11.1 메시징 시스템의 기본 사항

메시지 및 메시징 시스템에 대해 이야기할 때 고려해야 할 4가지 기본요소는 다음과 같습니다.

- ▶ 단방향 또는 요청/응답 교환할 수 있는 통신의 방향
- ▶ 내용을 결정하는 메시지의 목적
- ▶ 즉시 또는 나중에(비동기식으로) 전송 및 수신할 수 있는 메시지 타이밍
- ▶ 직접 또는 브로커를 통해 발생할 수 있는 메시지의 전달

다음 섹션에서 우리는 이후의 설명을 위한 기반을 제공하기 위해 이러한 측면들을 살펴볼 것입니다.

11.1.1 단방향 및 요청/응답 턴

메시징 시스템에서 가장 기본적인 측면은 그 의미를 결정하는 통신의 방향입니다.

가장 간단한 통신 패턴은 메시지가 소스에서 대상으로 단방향으로 푸시(push)되는 경우입니다. 이것은 간단한 상황으로 많은 설명이 필요하지 않습니다.

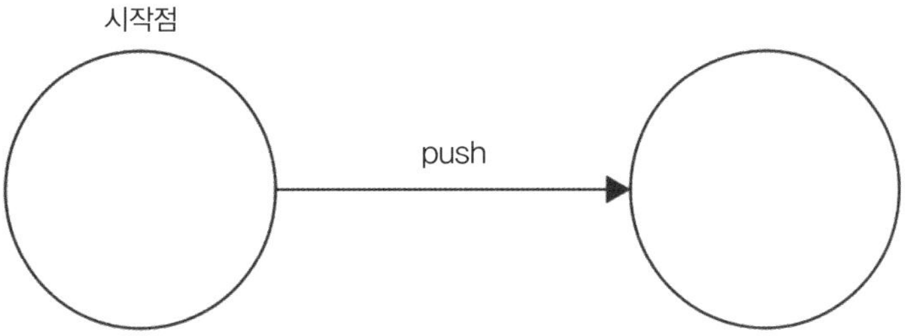

단방향 통신의 일반적인 예로는 WebSocket을 사용하여 연결된 브라우저에 메시지를 보내는 이메일, 웹 서버 또는 일련의 작업자들에게 작업을 배포하는 시스템이 있습니다.

그러나 단방향 통신에 비해 요청/응답(양방향) 패턴이 훨씬 인기 있습니다. 일반적인 예는 웹 서비스 호출입니다. 다음 그림은 이 간단하고 잘 알려진 시나리오를 보여줍니다.

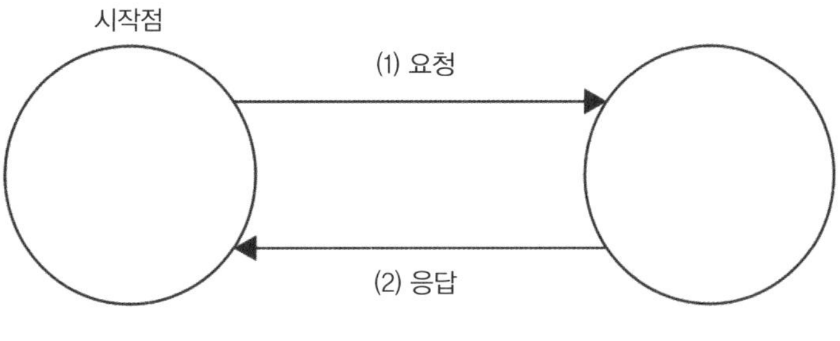

요청/응답 패턴은 구현하기 쉬운 패턴으로 보일 수 있습니다. 그러나 통신이 비동기이거나 여러 개의 노드가 포함되어 있으면 복잡해집니다. 다음 그림의 예를 살펴 보십시오.

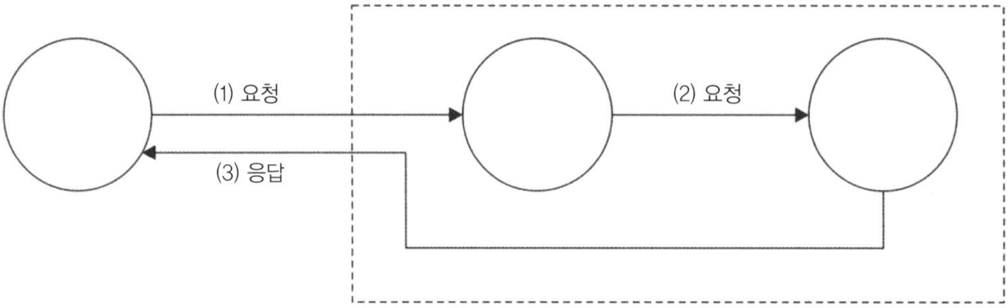

그림에 표시된 설정을 사용하여 일부 요청/응답 패턴의 복잡성을 알 수 있습니다. 구성된 모든 두 노드 사이의 통신 방향을 관찰해 보면 단방향이라고 말할 수 있습니다. 그러나 전체의 관점에서 볼 때 시작점에서 요청을 보내고 다른 노드로부터 응답을 받습니다. 이러한 상황에서 실제로 요청/응답 패턴과 기본적인 단방향 순환의 진정한 차이점은 시작점에 보관되어 있는 요청과 응답의 관계입니다. 일반적으로 응답은 요청과 동일한 컨텍스트에서 처리됩니다.

11.1.2 메시지 유형

메시지는 본질적으로 다른 소프트웨어 컴포넌트를 연결하는 수단이며, 이를 수행하는데는 여러 가지 이유가 있습니다. 다른 시스템이나 컴포넌트가 보유한 정보를 얻거나, 원격으로 작업을 실행하거나 또는 일부 동료에게 일이 발생했다는 사실을 알려주고자 하기 때문일 수 있습니다. 메시지 내용은 통신의 이유에 따라 달라집니다. 일반적으로 메시지의 목적에 따라 다음 세 가지 유형의 메시지를 식별할 수 있습니다.

- 명령 메시지
- 이벤트 메시지
- 도큐먼트 메시지

명령 메시지(Command Message)

명령 메시지는 이미 우리에게 익숙한 내용입니다. '6장. 디자인 패턴'에서 설명한 것처럼 직렬화된 명령 객체입니다. 이 메시지 유형의 목적은 수신 측에서 어떤 동작이나 작업을 수행하도록 하는 것입니다. 이것을 가능하게 하기 위해서 메시지에는 작업을 실행하는데 필요한 연산 명칭, 실행에 주어지는 인자 값들과 같은 기본적인 정보를 가지고 있어야 합니다. 명령 메시지(Command Message)는 **원격 프로시저 호출(RPC) 시스템**, 분산된 연산 수행, 간단하게는 데이터를 요청하는데 사용할 수 있습니다. RESTful HTTP 호출은 이 명령의 간단한 예입니다. 각 HTTP 메소드들은 특정한 의미를 가집니다. GET과 POS는 리소스를 조회하고, PUT은 새로운 리소스를 만들며, DELETE는 리소스를 제거하는데 사용합니다.

이벤트 메시지(Event Message)

이벤트 메시지는 다른 컴포넌트에 무엇인가가 발생했음을 알리는데 사용됩니다. 일반적으로 이벤트의 유형을 포함하며 때로는 컨텍스트, 주제 또는 관련된 수행자와 같은 세부적인 정보도 포함합니다. 브라우저에서 롱 폴링(long polling)이나 WebSocket을 통하여 데이터가 변경되거나 일반적인 시스템의 상태가 변화되었을 때 서버로부터 알림을 받기 위해 이벤트 메시지를 사용합니다. 이벤트의 사용은 시스템의 모든 노드를 동일한 페이지에서 유지할 수 있도록 하기 때문에 분산 어플리케이션에서 매우 중요한 통합 메커니즘입니다.

도큐먼트 메시지(Document Message)

도큐먼트 메시지는 기본적으로 컴포넌트와 시스템 간의 데이터 전송을 의미합니다. 도큐먼트가 명령(데이터도 포함될 수 있음)과 구별되는 주요 특징은 수신자에게 데이터를 어떻게 처리할지 알려주는 정보가 메시지에 포함되어 있지 않다는 것입니다. 다른 한편으로 이벤트 메시지와 주요한 차이는 주로 발생한 특정한 사건과 연관성이 없다는 것입니다. 일반적으로 명령 메시지에 대한 응답에는 요청된 데이터 또는 작업의 결과만 포함되므로 도큐먼트 메시지인 경우가 많습니다.

11.1.3 비동기 메시징 및 큐

Node.js 개발자는 비동기 작업 실행의 장점을 미리 알고 있어야 합니다. 메시징 및 커뮤니케이션 분야에서도 마찬가지입니다.

우리는 동기식 통신을 전화 통화와 비교할 수 있습니다. 두 피어는 동시에 동일한 채널에 연결되어야 하며, 실시간으로 메시지를 교환해야 합니다. 일반적으로 다른 사람에게 전화를 걸려면 다른 전화가 필요하거나 새 전화를 시작하기 위해 통화 중인 통신을 닫아야 합니다.

비동기 통신은 SMS와 비슷합니다. 즉, 전송할 때 받는 사람을 네트워크에 연결할 필요가 없으며, 즉시 또는 일정 지연 후 응답을 받거나 전혀 응답을 받지 못할 경우도 있습니다. 여러 수신자에게 여러 개의 SMS를 차례로 보내고 응답하는 순서와 상관없이 응답을 받을 수 있습니다. 간단하게 말해서, 우리는 더 적은 리소스를 사용하고 더 나은 병렬 처리를 수행할 수 있습니다.

비동기 통신의 또 다른 중요한 이점은 메시지를 저장한 이후, 가능한 빨리 또는 일정 지연 후에 전달할 수 있다는 것입니다. 이것은 수신자가 새로운 메시지를 처리하기에 너무 바쁘거나 메시지 전달을 보장하고자 할 때 유용할 수 있습니다. 메시징 시스템에서는 다음 그림과 같이 보낸 사람과 받는 사람 간의 통신을 중재하고 메시지가 대상에 전달되기 전에 메시지를 저장하는 컴포넌트인 **메시지 큐**를 사용하여 이러한 작업을 수행할 수 있습니다.

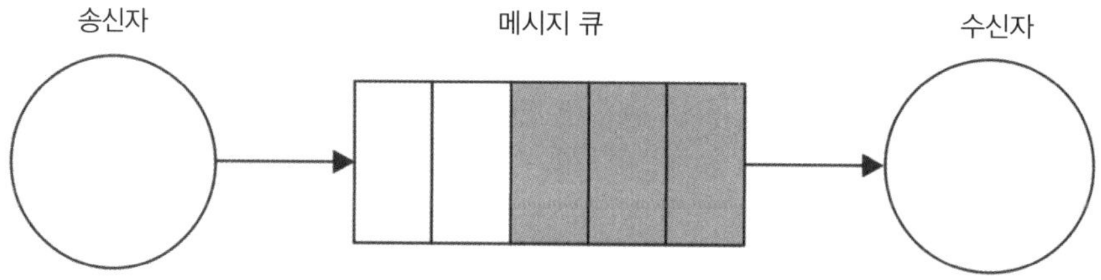

어떠한 이유에서든 수신자가 충돌하거나 네트워크 연결이 끊어지거나 속도가 느려지는 경우, 메시지는 대기열에 쌓이고 수신자가 온라인 상태가 되어 정상화되는 즉시 발송됩니다. 대기열(queue)은 발신자에 위치하거나, 발신자와 수신자 간에 분리되어 위치하거나, 통신의 미들웨어 역할을 하는 외부의 전용 시스템에 존재할 수도 있습니다.

11.1.4 피어 투 피어(Peer-to-peer) 또는 브로커(Broker) 기반 메시징

메시지는 수신자에게 직접 P2P 방식으로 또는 메시지 브로커라는 중앙 중계 시스템을 통해 수신자에게 직접 전달될 수 있습니다. 브로커의 주된 역할은 메시지 수신자를 발신자로부터 분리하는 것입니다. 다음 그림은 이 두 접근 방식 간의 구조적인 차이를 보여주고 있습니다.

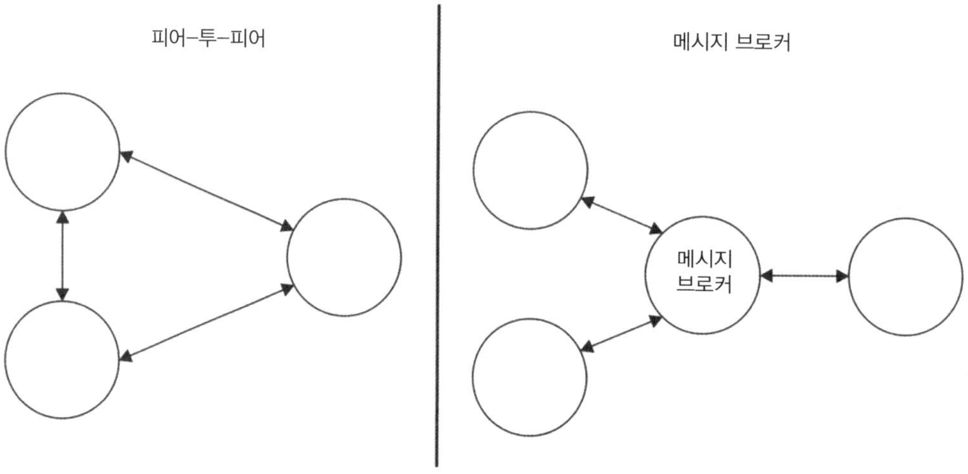

피어-투-피어(peer-to-peer) 아키텍처에서 모든 노드는 메시지를 수신자에 직접적으

로 전달합니다. 이는 노드가 수신자의 주소와 포트를 알아야 하고 프로토콜과 메시지 형식을 이해하고 있어야 함을 의미합니다. 브로커는 이러한 복잡성을 방정식에서 제거합니다. 각 노드는 완전히 독립적일 수 있고, 세부 정보를 직접 알지 못하더라도 정의되지 않은 수많은 피어(peer)들과 통신할 수 있습니다. 브로커는 다른 통신 프로토콜 간의 브리지 역할을 할 수도 있습니다. 예를 들어 인기있는 **RabbitMQ** 브로커(http://www.rabbitmq.com)는 **AMQP**(Advanced Message Queuing Protocol), **MQTT**(Message Queue Telemetry Transport) 및 **STOMP**(Simple/Streaming Text Orientated Messaging Protocol)를 지원하여 여러 어플리케이션에서 서로 다른 프로토콜로 통신이 가능하도록 합니다.

> MQTT(http://mqtt.org)는 센서들 간의 통신(Internet of Things)을 위해 특별히 설계된 경량 메시징 프로토콜입니다. AMQP(http://www.amqp.org)는 독점적인 메시징 미들웨어에 대한 대체 오픈소스로 설계된 보다 복잡한 프로토콜입니다. STOMP(http://stomp.github.io)는 디자인의 HTTP 스쿨에서 온 경량 텍스트 기반 프로토콜입니다. 세 가지 모두 어플리케이션 계층 프로토콜이며, TCP/IP를 기반으로 합니다.

디커플링 및 상호 운용성 외에도 브로커는 많은 브로커가 즉시 지원할 수 있는 광범위한 메시징 패턴을 굳이 언급하지 않고도 영구적인 큐(persistent queues), 라우팅(routing), 메시지 변환 및 모니터링과 같은 고급 기능을 제공할 수 있습니다. 물론, 피어-투-피어 아키텍처를 사용하여 이러한 모든 기능을 구현하는 것을 막을 수는 없지만, 불행히도 훨씬 더 많은 노력이 필요합니다. 그럼에도 불구하고 브로커를 피해야 하는 몇 가지 이유가 있을 수 있습니다.

- 단일 장애 지점의 제거
- 브로커는 확장해야 하는 반면, 피어-투-피어 아키텍처에서는 단일 노드만 확장하면 됩니다.
- 브로커 없이 메시지를 교환하면 전송 대기 시간을 크게 줄일 수 있습니다.

피어-투-피어 메시징 시스템을 구현하려는 경우 특정 기술, 프로토콜 또는 아키텍처에 종속되지 않으므로 유연성과 성능이 훨씬 뛰어납니다. 메시징 시스템 구축을 위한 저수준 라이브러리인 ØMQ(http://zeromq.org)의 인기는 맞춤형 피어-투-피어 또는 하이브리드 아키텍처를 구축함으로써 가질 수 있는 유연성을 반증하는 것이기도 합니다.

11.2 게시/구독 패턴

게시/구독(종종 pub/sub로 약칭됨)은 아마도 가장 잘 알려진 단방향 메시징 패턴일 것입니다. 이것은 결국 분산된 관찰자 패턴에 지나지 않기 때문에, 우리는 이미 이것에 대해 살펴본 경험이 있습니다. 관찰자(Observer)의 경우와 마찬가지로, 일련의 구독자가 특정 카테고리의 메시지를 수신하기 위해 구독을 등록합니다. 반면 게시자는 모든 관련 구독자에게 배포되는 메시지를 생성합니다. 다음 그림은 pub/sub 패턴의 두 가지 주요 변형, 즉 먼저, 피어-투-피어, 다음으로, 통신 중재를 위해 브로커를 사용하는 유형을 보여 줍니다

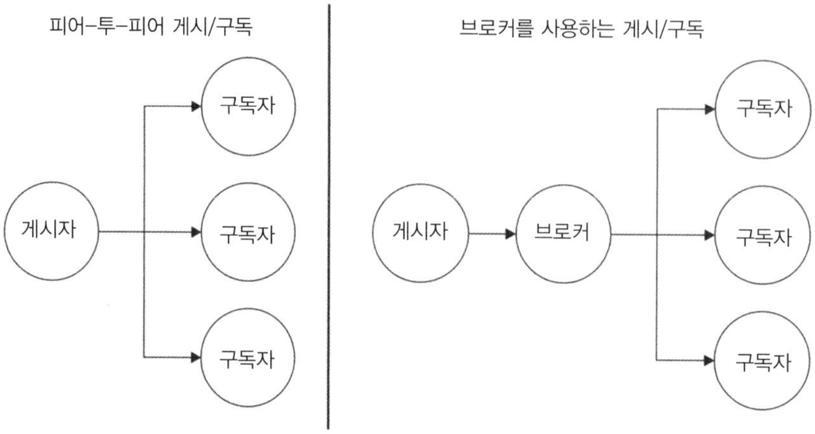

pub/sub를 특별하게 만드는 이유는 게시자가 메시지의 수신자가 누구인지 미리 알 필요가 없기 때문입니다. 이미 언급했듯이, 특정 메시지를 받기 위해서는 구독자가 자신의 관심사를 등록해야 하므로 게시자는 알 수 없는 수의 수신자와 함께 작업할 수 있습니다. 즉, 게시/구독(pub/sub) 패턴의 양쪽이 느슨하게 결합되어 있으므로 진화하는 분산 시스템의 노드를 통합하는데 이상적입니다.

브로커가 존재하면 구독자가 메시지의 게시자인 노드를 알지 못해 브로커와만 상호작용하기 때문에 시스템 노드 간의 분리가 더욱 개선됩니다. 나중에 살펴보겠지만 브로커는 메시지 큐 시스템을 제공하여 노드 간의 연결 문제가 있는 경우에도 안정적인 전달을 보장합니다.

이제, 이 패턴을 보여주기 위한 예제를 작성해 보겠습니다.

11.2.1 간단한 실시간 채팅 어플리케이션 만들기

pub/sub 패턴이 분산 아키텍처를 통합하는데 어떻게 도움이 되는지를 보여주기 위해 순수하게 WebSockets를 사용하여 매우 기본적인 실시간 채팅 어플리케이션을 만들 계획입니다. 그런 다음, 여러 인스턴스를 실행하여 메시징 시스템을 사용하여 통신에 참여시킴으로써 그 규모를 조정해 보겠습니다.

서버 측 구현

이제 한 번에 한 걸음씩 나가 보겠습니다. 먼저 채팅 어플리케이션을 작성해 보겠습니다. 이를 위해 Node.js를 위한 순수한 WebSocket 구현체인 ws 패키지(https://npmjs.org/package/ws)를 사용합니다. Node.js에서 실시간 어플리케이션을 구현하는 것은 매우 간단하며, 우리의 코드가 이 가정을 확인해 줄 것입니다. 채팅의 서버 측을 구현해 봅시다. 해당 내용은 다음과 같습니다(app.js 파일).

```
const WebSocketServer = require('ws').Server;

//정적 파일을 서비스하는 서버
const server = require('http').createServer( //[1]
  require('ecstatic')({root: `${__dirname}/www`})
);

const wss = new WebSocketServer({server: server}); //[2]
wss.on('connection', ws => {
  console.log('Client connected');
  ws.on('message', msg => { //[3]
    console.log(`Message: ${msg}`);
    broadcast(msg);
  });
});

function broadcast(msg) { //[4]
  wss.clients.forEach(client => {
    client.send(msg);
  });
}
server.listen(process.argv[2] || 8080);
```

이게 전부입니다! 채팅 어플리케이션 서버를 구현하는데 필요한 모든 것입니다. 다음은 이것의 동작을 설명합니다.

1. 먼저 HTTP 서버를 만들고 정적 파일을 제공하기 위해 ecstatic(https://npmjs.org/package/ecstatic)이라는 미들웨어를 추가합니다. 이것은 어플리케이션(JavaScript 및 CSS)의 클라이언트에서 필요로 하는 리소스들을 제공하는데 필요합니다.
2. WebSocket 서버의 새 인스턴스를 만들고 이를 기존의 HTTP 서버에 연결합니다. 그런 다음, 연결 이벤트에 대한 이벤트 리스너를 첨부하여 들어오는 WebSocket 연결에 대기(listening)합니다.

3. 새로운 클라이언트가 서버에 연결될 때마다 수신 메시지로 전달되는 메시지를 듣기 시작합니다. 새 메시지가 도착하면 연결된 모든 사용자에게 전파(broadcast)합니다.
4. broadcast() 함수는 연결된 모든 클라이언트에 대해 send() 함수를 호출하는 단순한 반복을 수행합니다.

이것이 Node.js의 장점입니다! 물론 우리가 만든 서버는 매우 단순화되어 있고 기본적인 것이지만, 앞으로 우리가 사용하게 될 서버가 완성된 것입니다.

클라이언트 측 구현

다음은 채팅의 클라이언트 부분을 구현하는 것입니다. 이것 또한 아주 작고 간단한 코드입니다. 기본 JavaScript 코드가 있는 작은 HTML 페이지입니다. 다음과 같이 www/index.html 파일에 이 페이지를 만듭니다.

```
<html>
  <head>
    <script>
      var ws = new WebSocket('ws://' + window.document. location.host);
      ws.onmessage = function(message) {
        var msgDiv = document.createElement('div');
        msgDiv.innerHTML = message.data;
        document.getElementById('messages').appendChild(msgDiv);
      };

      function sendMessage() {
        var message = document.getElementById('msgBox').value;
        ws.send(message);
      }
      </script>
  </head>
  <body>
    Messages:
    <div id='messages'></div>
    <input type='text' placeholder='Send a message' id='msgBox'>
    <input type='button' onclick='sendMessage()' value='Send'>
  </body>
</html>
```

우리가 만든 HTML 페이지에는 실제로 많은 설명이 필요하지 않습니다. 네이티브 WebSocket 객체를 사용하여 Node.js 서버에 대한 연결을 초기화한 다음, 서버에서 메시지 수신을 시작하여 도착한 새로운 메시지를 div 엘리먼트에 표시합니다. 메시지를 보내는 대신 간단한 텍스트 상자와 버튼을 사용합니다.

> 채팅 서버를 중지하거나 다시 시작할 때, WebSocket 연결이 닫히고 자동으로 다시 연결되지 않습니다(Socket.io와 같은 고급 라이브러리를 사용). 즉, 서버를 재시작한 후 브라우저를 새로 고쳐 연결을 다시 설정하거나 여기에서는 다루지 않을 재연결 메커니즘은 따로 구현해야 합니다.

채팅 어플리케이션 실행 및 확장

바로 어플리케이션을 실행해보겠습니다. 다음과 같은 명령을 사용하여 서버를 시작합니다.

```
node app 8080
```

> 이 데모를 실행하려면 최신 웹 소켓을 지원하는 최신 브라우저가 필요합니다. http://caniuse.com/#feat=websockets에 호환되는 브라우저의 목록이 있습니다.

브라우저에서 http://localhot:8080을 주소 창에 치면 다음과 비슷한 인터페이스가 나타납니다.

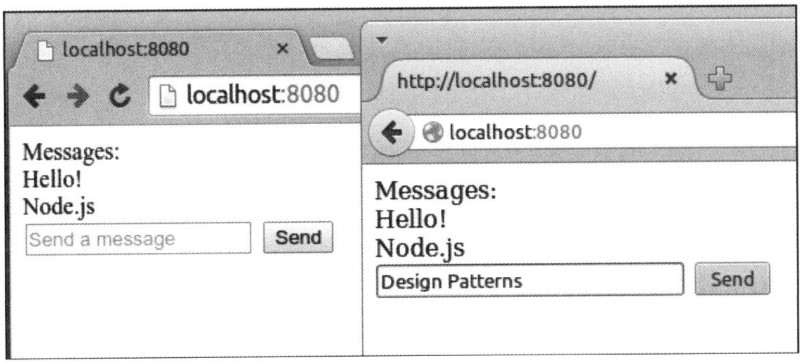

이제 우리가 보려고 하는 것은 여러 인스턴스를 시작하여 어플리케이션을 확장하려 할 때 일어나는 일입니다. 이를 시도해보겠습니다. 다른 포트에서 다른 서버를 시작합니다.

```
node app 8081
```

채팅 어플리케이션을 확장할 때 우리가 원하는 결과는 서로 다른 두 서버에 연결된 두 클라이언트가 대화 메시지를 교환할 수 있어야 한다는 것입니다. 불행하게도 이것은 우리의 현재 구현에서는 가능하지 않습니다.

한 인스턴스에서 채팅 메시지를 보낼 때, 메시지를 로컬로 브로드캐스트(broadcast)하여 특정 서버에 연결된 클라이언트들에게만 메시지를 전파합니다. 실제로 두 서버는 서로 통신하지 않습니다. 우리는 이제 이 두 서버를 통합해야 합니다.

> 실제 어플리케이션에서는 로드 밸런서(load balancer)를 사용하여 인스턴스 전체에 부하를 분산하지만, 이 데모에서는 로드 밸런서를 사용하지 않습니다. 이를 통해 우리는 결정론적인 방법(deterministic way)을 사용하여, 각 서버에 액세스하여 다른 인스턴스와 상호 작용하는 방식을 실험해 볼 수 있습니다.

11.2.2 메시지 브로커로 Redis 사용하기

많은 사람들이 데이터 구조(data structure) 서버로 정의한 매우 빠르고 유연한 키/값 저장소인 Redis를 도입하여 가장 중요한 게시/구독의 구현에 대한 분석을 시작해 보겠습니다. Redis는 메시지 브로커라기보다는 데이터베이스입니다. 그러나 많은 기능 중에서 중앙 집중식 게시/구독 패턴을 구현하도록 특별하게 설계된 명령 쌍이 존재합니다.

물론 이 구현은 보다 진보된 메시지 지향 미들웨어들과 비교할 때 매우 간단하고 기본적이지만, 이것이 인기의 주된 이유 중 하나입니다. 실제로 Redis는 이미 캐싱 서버나 세션 저장소와 같은 기존 인프라에서 사용할 수 있습니다. 속도와 유연성은 분산 시스템에서 데이터를 공유하기 위한 매우 보편적인 선택 기준입니다. 따라서 프로젝트에서 구독/게시를 위한 브로커가 필요할 경우, 가장 간단하고 즉각적인 선택은 Redis 자체를 재사용하여 전용 메시지 브로커를 설치하고 유지 관리할 필요가 없도록 하는 것입니다. 단순성과 강력함을 보여주기 위해 예제를 작성해 보겠습니다.

> 이 예제에서는 기본 포트에서 수신 대기중인 Redis 설치가 필요합니다. 자세한 내용은 http://redis.io/topics/quickstart에서 확인할 수 있습니다.

우리의 계획은 Redis를 메시지 브로커로 사용하여 채팅 서버를 통합하는 것입니다. 각 인스턴스는 클라이언트에서 수신한 메시지를 브로커에 게시하는 동시에 다른 서버 인스턴스에서 오는 모든 메시지를 구독합니다. 보시다시피, 아키텍처의 각 서버는 구독자이면서 게시자입니다. 다음 그림은 우리가 얻고자 하는 아키텍처를 보여줍니다.

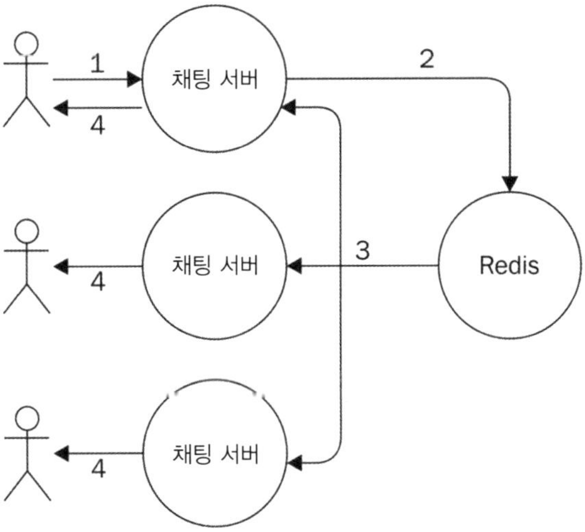

그림을 보면 다음과 같이 메시지의 흐름을 요약할 수 있습니다.

1. 메시지는 웹 페이지의 텍스트 상자에 입력되어 연결된 채팅 서버의 인스턴스로 전송됩니다.
2. 그런 다음 메시지가 브로커에 게시됩니다.
3. 브로커는 모든 가입자에게 메시지를 발송합니다. 우리의 아키텍처에서는 채팅 서버의 모든 인스턴스가 대상입니다.
4. 각 인스턴스에서 메시지는 연결된 모든 클라이언트에 전파됩니다.

> Redis는 문자열(예: chat.nodejs)로 식별되는 채널을 게시하고 구독할 수 있도록 합니다. 또한 유닉스 스타일의 경로명 스타일(glob style) 패턴을 사용하여 여러 채널과 일치하는 구독을 정의할 수 있는데, 예를 들어 chat.* 와 같이 정의할 수 있습니다.

실제로 이것이 어떻게 작동하는지 보겠습니다. 게시/구독 로직을 추가하여 서버 코드를 수정해 봅시다.

```
const WebSocketServer = require('ws').Server;
const redis = require("redis"); //[1]
const redisSub = redis.createClient();
const redisPub = redis.createClient();

//정적 파일을 서비스하는 서버
const server = require('http').createServer(
  require('ecstatic')({root: `${__dirname}/www`})
);
```

```
const wss = new WebSocketServer({server: server});
wss.on('connection', ws => {
  console.log('Client connected');
  ws.on('message', msg => {
    console.log(`Message: ${msg}`);
    redisPub.publish('chat_messages', msg); //[2]
  });
});

redisSub.subscribe('chat_messages'); //[3]
redisSub.on('message', (channel, msg) => {
  wss.clients.forEach((client) => {
    client.send(msg);
  });
});

server.listen(process.argv[2] || 8080);
```

원래의 채팅 서버에 대한 변경 사항은 앞의 코드에서 강조 표시되어 있습니다. 다음은 이것이 어떻게 동작하는지에 대한 설명입니다.

1. Node.js 어플리케이션을 Redis 서버에 연결하기 위해 사용 가능한 모든 Redis 명령을 지원하는 완전한 클라이언트인 Redis 패키지(https://npmjs.org/package/redis)를 사용합니다. 다음으로 두 개의 다른 연결을 인스턴스화 합니다. 하나는 채널을 구독하고, 다른 하나는 메시지를 게시하는데 사용합니다. Redist에서는 연결이 구독자 모드로 설정되면 구독과 관련된 명령만 사용할 수 있기 때문에 이 작업이 필요합니다. 즉, 메시지 게시를 위해 두 번째 연결이 필요합니다.
2. 연결된 클라이언트에서 새 메시지를 받으면 chat_messages 채널에 메시지를 게시합니다. 서버가 동일한 채널에 가입되어 있어, (잠시 후에) Redis를 통해 다시 돌아올 것이기 때문에 메시지를 클라이언트에게 직접 브로드캐스트 하지 않습니다. 이 예에서는 간단하고 효과적인 메커니즘을 보여 줍니다.
3. 앞서 설명했듯이 서버는 chat_messages 채널에도 가입해야 하므로, 현재 서버 또는 다른 대화 서버에서 해당 채널로 게시된 모든 메시지를 수신하도록 리스너를 등록합니다. 메시지가 수신되면 현재 WebSocket 서버에 연결된 모든 클라이언트에 메시지를 브로드캐스트 합니다.

이러한 몇 가지 변경 사항으로 인해 우리가 시작할 채팅서버를 모두 통합할 수 있습니다. 어플리케이션의 여러 인스턴스를 시작하여 이를 증명할 수 있습니다.

```
node app 8080
node app 8081
node app 8082
```

그런 다음 여러 개의 브라우저 탭을 각 인스턴스에 연결하고 한 서버에 보내는 메시지가 다른 서버에 연결된 다른 모든 클라이언트에서 성공적으로 수신되었는지 확인할 수 있습니다.

축하합니다! 게시/구독 패턴을 사용하여 분산 실시간 어플리케이션을 통합하는데 성공했습니다.

11.2.3 ØMQ를 사용한 피어 투 피어 게시/구독

브로커가 있으면 메시징 시스템의 아키텍처를 상당히 단순화 할 수 있습니다. 그러나 대기 시간이 중요한 경우나 복잡한 분산 시스템을 확장하는 경우거나, 혹은 단일 실패 지점이 존재하지 말아야 하는 경우와 같이 최적의 솔루션이 아닌 상황이 존재합니다.

ØMQ 소개

우리 프로젝트가 P2P(peer-to-peer) 메시지 교환이 필요한 범주에 속한다면 평가할 수 있는 최상의 솔루션은 역시 **ØMQ**(http://zeromq.org, zmq, ZeroMQ 또는 0MQ라고도 함)입니다. 우리는 이 책의 앞부분에서 이미 이 라이브러리를 언급했습니다. ØMQ는 다양한 메시징 패턴을 구축할 수 있는 기본적인 도구를 제공하는 네트워킹 라이브러리입니다. 이 API는 저수준이면서 매우 빠른 최소한의 API를 가지고 있지만 원자 메시지, 로드 밸런싱, 큐 등과 같은 메시징 시스템의 모든 기본 구성 요소들을 제공합니다.

이것은 많은 유형의 전송을 지원합니다. 전통적인 TCP(tcp://)는 물론이거니와, 프로세스 내 채널(in-process channels, inproc://), 프로세스 간 통신(inter-process communication, ipc://), PGM 프로토콜을 사용한 멀티캐스팅(pgm:// 또는 epgm://)을 지원합니다.

ØMQ의 기능들 중에서도 우리가 필요로 하는 것과 정확히 일치하는 게시/구독 패턴을 구현할 수 있는 도구들을 찾을 수 있습니다. 이제 우리는 채팅 어플리케이션 아키텍처에서 브로커(Redis)를 제거하고 다양한 노드가 ØMQ의 게시/구독 소켓을 활용하여 피어-투-피어 방식으로 통신하도록 하겠습니다.

> ØMQ 소켓은 가장 일반적인 메시징 패턴을 구현하는데 도움이 되는 추가적인 추상화를 제공하는 스테로이드(만능) 네트워크 소켓으로 간주될 수 있습니다. 예를 들어 게시/구독, 요청/응답 또는 단방향 통신을 구현하도록 설계된 소켓을 찾을 수 있습니다.

채팅 서버를 위한 피어-투-피어 아키텍처 설계

아키텍처에서 브로커를 제거할 때, 채팅 어플리케이션의 각 인스턴스는 게시하는 메시지를 수신하기 위해 다른 사용 가능한 인스턴스에 직접 연결해야 합니다.

ØMQ에는 PUB와 SUB라는 두 가지 유형의 소켓이 있습니다. 일반적인 패턴은 PUB 소켓을 다른 SUB 소켓에 대한 요청 수신을 대기하는 포트에 바인딩하는 것입니다.

구독(subscription)은 SUB 소켓으로 배달되는 메시지를 지정하는 필터를 가질 수 있습니다. 필터는 간단한 **바이너리 버퍼**이므로(문자열일 수도 있음) 메시지의 시작 부분(이진 버퍼이기도 함)과 일치하게 됩니다. 메시지가 PUB 소켓을 통해 전송되면 메시지는 연결된 모든 SUB 소켓으로 브로드캐스트 되지만, 구독 필터가 적용된 후에만 브로드캐스트 됩니다. 필터는 TCP와 같이 연결 프로토콜을 사용하는 경우에만 게시자 측에 적용됩니다.

다음 그림은 분산 채팅 서버 아키텍처에 적용된 패턴을 보여줍니다(간단히 하기 위해 두 개의 인스턴스만을 표현).

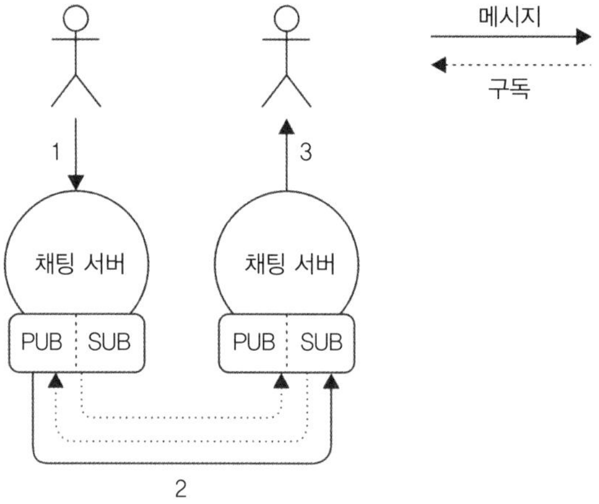

그림은 채팅 어플리케이션의 인스턴스가 두 개인 경우의 흐름을 보여주지만, 동일한 개념을 N개의 인스턴스에 적용할 수 있습니다. 아키텍처는 필요한 모든 연결을 설정할 수 있도록 각 노드가 시스템의 다른 노드를 인식해야 한다는 것을 보여 줍니다. 또한 구독(subscription)이 SUB 소켓에서 PUB 소켓으로 이동하는 동안 메시지가 반대 방향으로 이동하는 것을 보여주고 있습니다.

> 이 섹션의 예제를 실행하려면 시스템에 기본 ØMQ 바이너리를 설치해야 합니다. http://zeromq.org/intro:get-the-software에서 자세한 정보를 찾을 수 있습니다. 참고로 이 예제는 ØMQ 4.0 버전에서 테스트되었습니다.

ØMQ PUB/SUB 소켓 사용하기

채팅 서버를 수정하여 실제로 어떻게 작동하는지 보겠습니다(변경된 부분만 보여줍니다).

```
// ...
const args = require('minimist')(process.argv.slice(2)); //[1]
const zmq = require('zmq');
const pubSocket = zmq.socket('pub'); //[2]
pubSocket.bind(`tcp://127.0.0.1:${args['pub']}`);

const subSocket = zmq.socket('sub'); //[3]
const subPorts = [].concat(args['sub']);
subPorts.forEach(p => {
  console.log(`Subscribing to ${p}`);
  subSocket.connect(`tcp://127.0.0.1:${p}`);
});
subSocket.subscribe('chat');

//...
ws.on('message', msg => { //[4]
  console.log(`Message: ${msg}`);
  broadcast(msg);
  pubSocket.send(`chat ${msg}`);
});
//...

subSocket.on('message', msg => { //[5]
  console.log(`From other server: ${msg}`);
  broadcast(msg.toString().split(' ')[1]);
});
//...
server.listen(args['http'] || 8080);
```

앞의 코드는 어플리케이션의 논리가 약간 더 복잡해진 것을 분명히 보여주지만, 분산 및 피어-투-피어 게시/구독 패턴을 구현하고 있다는 점을 고려하면 여전히 간단합니다. 모든 조각들이 어떻게 만들어지는지 봅시다.

1. 기본적으로 ØMQ 기본 라이브러리에 대한 Node.js 바인딩인 zmq 패키지(https://npmjs.org/package/zmq)가 필요합니다. 또한 커맨드라인의 인자들을 파싱하는 minimist(https://npmjs.org/package/minimist)를 require합니다. 이름을 가진 인자들을 쉽게 받아들이기 위한 것입니다.
2. 우리는 즉시 PUB 소켓을 만들고 커맨드 라인의 --pub 인수에 제공된 포트에 바인드합니다.
3. 우리는 SUB 소켓을 만들고 그것을 우리 어플리케이션의 다른 인스턴스의 PUB 소켓에 연결합니다. 대상 PUB 소켓의 포트는 커맨드 라인 --sub 인자에 제공됩니다(두 개 이상 있을 수 있음).

그런 다음, 채팅을 필터로 제공함으로써 실제 구독을 생성합니다. 즉, chat으로 시작되는 메시지만 수신하게 됩니다.

4. WebSocket에서 새 메시지를 받으면 연결된 모든 클라이언트에 브로드캐스트 하지만 PUB 소켓을 통해서도 게시됩니다. 공백이 뒤따르는 접두어로 chat을 사용하므로 chat을 필터로 사용하여 모든 구독자에 메시지가 게시됩니다.
5. 우리는 SUB 소켓에 도착하는 메시지를 듣기 시작합니다. 메시지의 간단한 구문 분석을 통해 chat 접두어를 제거한 후 현재 WebSocket 서버에 연결된 모든 클라이언트로 브로드캐스트 합니다.

방금 우리는, 피어 투 피어 게시/구독 패턴을 사용하여 통합된 간단한 분산 시스템을 구축했습니다! 시작해 봅시다. PUB와 SUB 소켓을 바르게 연결하여 세 개의 어플리케이션 인스턴스를 시작합니다.

```
node app --http 8080 --pub 5000 --sub 5001 --sub 5002
node app --http 8081 --pub 5001 --sub 5000 --sub 5002
node app --http 8082 --pub 5002 --sub 5000 --sub 5001
```

첫 번째 명령은 포트 8080에서 수신 중인 HTTP 서버로 인스턴스를 시작하고 포트 5000번을 PUB 소켓으로 바인딩합니다. 또 SUB 소켓을 다른 두 인스턴스의 PUB 소켓인 5001, 5002에 연결합니다. 다른 두 명령도 비슷한 방식으로 동작합니다.

우리가 살펴볼 수 있는 첫 번째 현상은 SUB 소켓을 연결할 PUB 소켓에 문제가 있어도 ØMQ는 문제를 발생시키지 않는다는 것입니다. 예를 들어, 첫 번째 명령을 수행할 때 포트 5001 및 5002에서 아무도 수신 대기를 하고 있지 않지만, ØMQ는 에러를 발생시키지 않습니다. 이것은 ØMQ가 일정 시간 간격으로 이들 포트에 대한 연결을 자동으로 시도하는 재연결 메커니즘을 가지고 있기 때문입니다. 이 기능은 노드가 다운되거나 다시 시작될 때 특히 유용합니다. PUB 소켓에서도 동일한 논리가 적용됩니다. 구독이 없으면 모든 메시지가 삭제되지만 동작은 계속합니다.

이 시점에서 브라우저를 사용하여 시작된 서버의 인스턴스로 이동하여 메시지가 모든 채팅 서버에 제대로 브로드캐스트 되었는지 확인할 수 있습니다.

TIP 앞의 예에서는 인스턴스의 수와 주소를 미리 알 수 있는 정적 아키텍처를 가정했습니다. 이전 장에서 설명한 것처럼 서비스 레지스트리를 도입하여 인스턴스를 동적으로 연결할 수 있습니다. 또한 ØMQ는 여기서 보여 드린 것과 동일한 기본 원리를 사용하여 브로커를 구현하는데 사용될 수 있다는 것도 생각해 볼만한 중요한 사항입니다.

11.2.4 영구 구독자(Durable subscribers)

메시징 시스템에서 중요한 추상화는 **메시지 큐**(MQ)입니다. 메시지 큐의 경우, 대기열(queue) 시스템은 수신자들이 메시지를 수신할 수 있을 때까지 메시지들을 저장하므로 메시지 발신자와 메시지 수신자가 반드시 동시에 활성화되고 연결될 필요는 없습니다. 이 동작은 구독자가 메시지 시스템에 연결된 동안에만 메시지를 수신할 수 있는 설정후 잊어버리기(set and forget) 패러다임과 반대되는 것입니다.

항상 안정적으로 모든 메시지를 수신할 수 있는 구독자, 심지어 수신하지 않을 때도 메시지가 전송되는 구독자를 **영구 구독자**(durable subscriber)라고 합니다.

TIP

MQTT 프로토콜은 송신자와 수신자간에 교환되는 메시지의 **서비스 품질(QoS)**의 레벨을 정의합니다. 이 레벨은 다른 메시징 시스템(MQTT 뿐만 아니라)의 신뢰성을 설명할 때도 매우 유용합니다. 서비스 품질에는 다음과 같은 것들이 있습니다.

- **QoS0, 최대 한 번**: 설정 후 잊어버리기(set and forget)라고도 하며, 메시지가 지속되지 않으며 전달이 확인되지 않습니다. 즉, 수신자가 충돌하거나 연결이 끊어진 경우 메시지가 손실될 수 있습니다.
- **QoS1, 최소 한 번**: 이것은 메시지가 적어도 한번은 수신되도록 보장되지만, 예를 들어 수신자가 발신자에게 알리기 전에 충돌하는 경우 중복이 발생할 수 있습니다.
- **QoS2, 정확히 한 번**: 가장 안정적인 QoS입니다. 메시지가 한번만 수신된다는 것을 보장합니다. 이는 메시지 전달 확인을 위해 속도가 느리면서 좀더 데이터 집약적인 메커니즘입니다.

TIP

MQTT 스펙에 대한 자세한 내용은 http://public.dhe.ibm.com/software/dw/webservices/ws-mqtt/mqtt-v3r1.html#qos-flows를 참조하십시오.

앞서 말했듯이 영구 구독자를 허용하려면 시스템이 구독자의 연결이 끊어진 동안 메시지를 대기열에 축적해야 합니다. 대기열은 메시지를 메모리에 저장하거나 디스크에 유지함으로써 브로커가 다시 시작되거나 충돌한 경우에도 메시지를 복구할 수 있습니다.

다음 그림은 메시지 큐를 통해 지원되는 영구 구독자(durable subscriber)의 그래픽적 표현을 보여 줍니다.

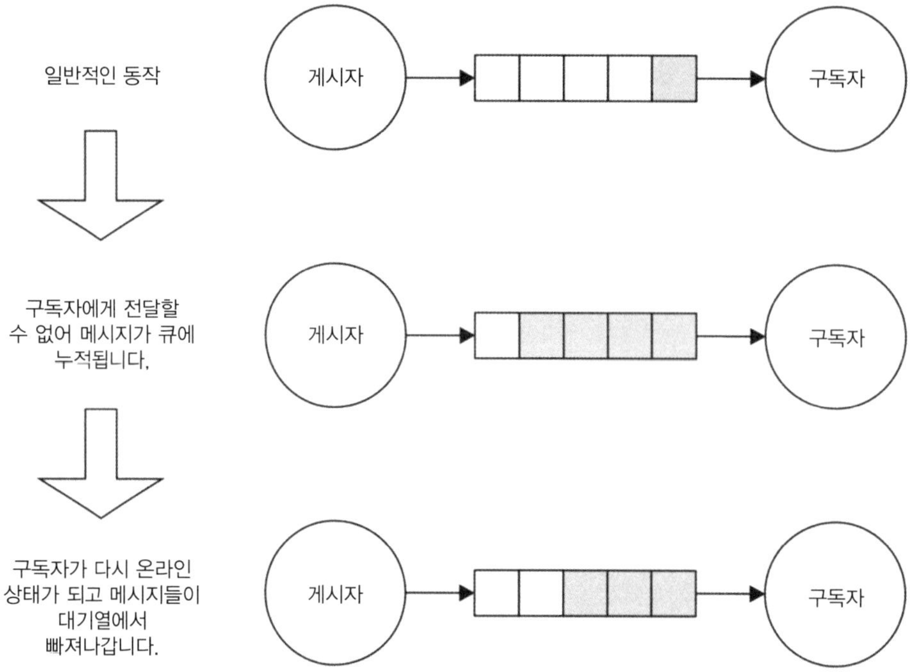

영구 구독자는 아마도 메시지 대기열에 의해 사용되는 가장 중요한 패턴일 것입니다. 하지만 이 장의 뒷부분에서 볼 수 있듯이 유일한 것은 아닙니다.

> **TIP** Redis의 게시/구독 명령은 "설정 후 잊어버리기(set and forget)"라는 메커니즘(QoS0)을 구현합니다. 그렇다 하더라도 여전히 Redis의 다른 명령 조합들을 사용하여(게시/구독 구현에 직접 의존하지 않고) 영구 구독자(durable subscriber)를 구현할 수 있습니다. 이 기술에 대한 설명은 다음 블로그의 글들에서 찾을 수 있습니다.
>
> • http://davidmarquis.wordpress.com/2013/01/03/reliable-delivery-message-queues-with-redis
> http://www.ericjperry.com/redis-message-queue

ØMQ는 영구 구독자를 지원할 수 있는 몇 가지 패턴을 정의하고 있지만, 이 메커니즘을 구현하는 것은 대부분 구현자에게 달려 있습니다.

AMQP 소개

메시지 대기열은 일반적으로 메시지를 분실하면 안되는 상황에서 사용되는데, 여기에는 은행 또는 금융 시스템과 같은 중요한 업무용 어플리케이션이 포함됩니다. 이는 대개 일반적인 엔터프라이즈급 메시지 큐가 매우 복잡한 소프트웨어라는 것을 의미하며, 오작동이 발생하더라도 메시지 전달을 보장하기 위해 안전이 입증된 프로토콜과 영구적인 스토리지를 사용합니다. 이러한 이유로 엔터프라이즈 메시징 미들웨어는 오랫동안 오라클 및 IBM과 같은 거대 기업의 특권이었으며, 일반적으로 각자 독점적인 프로토콜을 구현함으로써 강력한 고객 종속성을 초래해 왔습니다. 다행히도 AMQP, STOMP 및 MQTT와 같은 개방형 프로토콜의 성장 덕분에 메시징 시스템이 주류에 진입한지 이제 몇 년이 지났습니다. 메시지 큐잉(message-queuing) 시스템이 어떻게 동작하는지 이해하기 위해 이제 AMQP에 대해 간략하게 설명할 것입니다. 이것은 이 프로토콜을 기반으로 하는 일반적인 API를 사용하는 방법을 이해하기 위한 기초를 제공할 것입니다.

AMQP는 많은 메시지 대기열 시스템에서 지원하는 개방형 표준 프로토콜입니다. 일반적인 통신 프로토콜을 정의하는 것 외에도 라우팅, 필터링, 대기열 처리, 안정성 및 보안을 묘사하는 모델들을 제공합니다. AMQP에는 세 가지 필수 컴포넌트가 있습니다.

- **대기열(Queue)**: 클라이언트가 사용하는 메시지를 저장하는 데이터 구조. 대기열의 메시지들은 본질적으로 우리의 어플리케이션에 있는 하나 이상의 사용자에게 푸시(push)됩니다. 여러 사용자가 동일한 대기열에 연결되어 있는 경우, 메시지는 이들에게 로드 밸런스 됩니다. 대기열은 다음 중 하나일 수 있습니다.
  - **영구적(Durable) 큐**: 브로커가 다시 시작되면 대기열이 자동으로 다시 만들어집니다. 영구적 대기열(큐)이라는 말은 모든 컨텐츠가 보존된다는 의미가 아닙니다. 실제로 영구적(persistent)으로 표시된 메시지만 Disk에 저장되고 재시작 시 복원됩니다.
  - **독점적(Exclusive) 큐**: 이는 큐가 하나의 특정 구독자 연결에만 바인딩됨을 의미합니다. 연결이 닫히면 대기열이 소멸됩니다.
  - **자동 삭제(Auto-delete) 큐**: 마지막 구독자의 연결이 끊어지면 대기열이 삭제됩니다.
- **교환기(Exchange)**: 여기에 메시지가 게시됩니다. 교환기를 실행하는 알고리즘에 따라 메시지를 하나 이상의 대기열로 라우팅합니다.
  - **직접 교환기(Direct Exchange)**: 전체 라우팅 키(예: chat.msg)를 일치시켜 메시지를 라우팅합니다.
  - **토픽 교환기(Topic exchange)**: 라우팅 키와 일치하는 glob-like(유닉스 경로 명 같은) 패턴을 사용하여 메시지를 배분합니다(예: chat.#은 chat으로 시작하는 모든 라우팅 키와 일치합니다).
  - **팬아웃 교환기(Fanout Exchange)**: 제공된 모든 라우팅 키를 무시하고 연결된 모든 대기열에 메시지를 브로드캐스트 합니다.
- **바인딩(Binding)**: 교환기와 대기열 간의 연결입니다. 이는 또한 교환기에서 도착한 메시지를 필터링하는데 사용되는 라우팅 키 또는 패턴을 정의합니다.

이러한 컴포넌트들은 브로커에서 관리하며, 브로커는 브로커를 만들고 조작하기 위한 API를 제공합니다. 브로커에 연결할 때 클라이언트는 브로커와 통신 상태를 유지 관리하는 채널을 생성하여 연결을 추상화합니다.

AMQP에서 독점적(Exclusive) 또는 자동삭제(Auto-delete) 큐가 아닌 모든 유형의 대기열을 작성하여 영구 구독자(durable subscriber) 패턴을 얻을 수 있습니다.

다음 그림은 이러한 모든 컴포넌트들을 함께 보여줍니다.

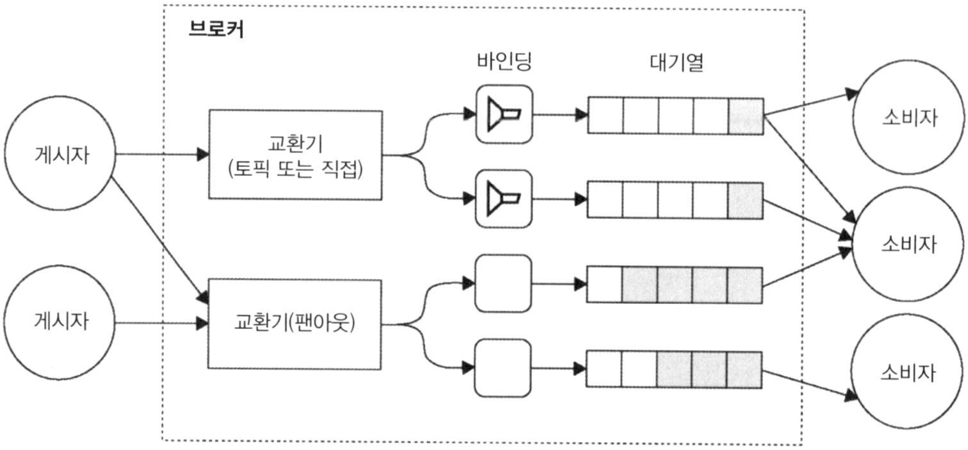

AMQP 모델은 지금까지 사용해온 메시징 시스템(Redis 및 ØMQ)보다 훨씬 복잡합니다. 그러나 기본적인 게시/구독 메커니즘만 사용해서 얻기 힘든 기능과 신뢰성을 제공합니다.

TIP AMQP 모델에 대한 자세한 소개는 RabbitMQ 웹 사이트(https://www.rabbitmq.com/tutorials/amqp-concepts.html)에서 찾을 수 있습니다.

AMQP 및 RabbitMQ의 영구 가입자

이제 영구 가입자 및 AMQP에 대해 배운 것을 연습하기 위해 작은 예제를 작성해 보겠습니다. 메시지를 잃지 않는 것이 중요한 전형적인 시나리오는 마이크로 서비스 아키텍처의 여러 서비스를 동기화 상태로 유지하려는 경우입니다. 브로커를 사용하여 모든 서비스를 동일한 페이지에 보관하려면 정보를 잃지 않는 것이 중요합니다. 그렇지 않으면 일관성 없는 상태가 될 수 있습니다.

채팅 어플리케이션의 히스토리 서비스 설계하기

이제 마이크로 서비스 접근 방식을 사용하여 작은 채팅 어플리케이션을 확장해 보겠습니다. 데이터베이스에 채팅 메시지를 저장하는 히스토리 서비스를 추가하여 클라이언트가 연결될 때 서비스를 쿼리하고 전체 채팅 기록을 검색할 수 있도록 할 것입니다. RabbitMQ 브로커 (https://www.rabbitmq.com)와 AMQP를 사용하여 채팅 서비스와 히스토리 서비스를 통합할 예정입니다.

다음 그림은 우리가 계획한 아키텍처를 보여줍니다.

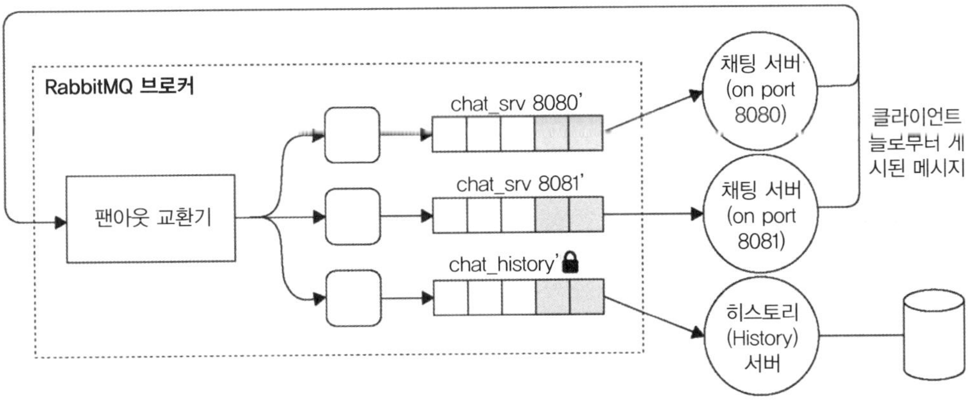

이전 아키텍처에서 설명한 단일 팬아웃 교환기를 사용합니다. 특정 라우팅이 필요하지 않으므로 시나리오가 그다지 복잡한 것은 아닙니다. 다음으로, 채팅 서버의 각 인스턴스에 대해 하나의 대기열을 생성합니다. 이 대기열은 독점적(exclusive) 큐입니다. 채팅 서버가 오프라인일 때는 부재 중 메시지를 수신하는 것에 관심이 없습니다. 이는 히스토리 서비스의 역할이며, 저장된 메시지에 대해 더 복잡한 쿼리를 구현할 수도 있습니다. 실제로 이는 채팅 서버가 영구 가입자가 아니며, 연결이 닫히자마자 대기열이 삭제된다는 것을 의미합니다.

반대로 히스토리 서비스는 어떤 메시지도 잃어서는 안됩니다. 그렇지 않으면 히스토리 서비스의 목적이 무의미하기 때문입니다. 히스토리 서비스가 연결 해제된 동안 발행된 모든 메시지는 대기열에 보관되어 온라인으로 돌아올 때 전달되도록 내구성을 유지해야 합니다.

우리는 친숙한 levelUP을 히스토리 서비스를 위한 저장소 엔진으로 사용할 것이며, AMQP 프로토콜을 사용하여 RabbitMQ에 접속하기 위해 amqplib 패키지(https://npmjs.org/package/amqplib)를 사용할 것입니다.

> 다음 예제에서는 기본 포트에서 수신 대기로 동작중인 RabbitMQ 서버가 있어야 합니다. 자세한 내용은 공식 설치 안내서 (http://www.rabbitmq.com/download.html)를 참조하십시오.

AMQP를 사용하여 신뢰성 있는 히스토리 서비스 구현

이제 히스토리 서비스를 구현해보겠습니다. 우리는 독립 실행형 어플리케이션(일반적인 마이크로 서비스)을 만들 것이며, 이 어플리케이션은 historySvc.js에 구현할 것입니다. 모듈은 채팅 기록을 클라이언트에 노출시키는 HTTP 서버와 채팅 메시지 캡처 및 로컬 데이터베이스에 저장하는 AMQP 소비자, 이렇게 두 부분으로 구성됩니다.

다음 코드를 보겠습니다.

```
const level = require('level');
const timestamp = require('monotonic-timestamp');
const JSONStream = require('JSONStream');
const amqp = require('amqplib');
const db = level('./msgHistory');

require('http').createServer((req, res) => {
  res.writeHead(200);
  db.createValueStream()
    .pipe(JSONStream.stringify())
    .pipe(res);
}).listen(8090);

let channel, queue;
amqp
  .connect('amqp://localhost') //[1]
  .then(conn => conn.createChannel())
  .then(ch => {
    channel = ch;
    return channel.assertExchange('chat', 'fanout'); //[2]
  })
  .then(() => channel.assertQueue('chat_history')) //[3]
  .then((q) => {
    queue = q.queue;
    return channel.bindQueue(queue, 'chat'); //[4]
  })
  .then(() => {
  return channel.consume(queue, msg => { //[5]
    const content = msg.content.toString();
    console.log(`Saving message: ${content}`);
    db.put(timestamp(), content, err => {
      if (!err) channel.ack(msg);
```

```
      });
    });
  })
  .catch(err => console.log(err));
```

AMQP는 모델의 모든 컴포넌트들을 생성하고 연결하는데 약간의 설정이 필요하다는 것을 바로 알 수 있습니다. amqplib이 Promises를 기본적으로 지원한다는 것을 관찰하는 것도 흥미롭습니다. 따라서 우리는 이들을 많이 활용하여 어플리케이션의 비동기 단계를 간소화했습니다. 이렇게 동작하는지 자세히 보겠습니다.

1. 먼저 AMQP 브로커와의 연결을 수립합니다. 우리의 경우에는 RabbitMQ를 사용합니다. 그런 다음, 우리는 커뮤니케이션 상태를 유지할 세션과 비슷한 채널을 만듭니다.
2. 다음으로 chat이라는 이름의 교환기(exchange)를 설정합니다. 이미 언급했듯이 이것은 팬아웃 교환기(fanout exchange)입니다. assertExchange() 명령은 브로커에 교환기가 있는지 확인하는 것입니다. 존재하지 않으면 브로커가 만듭니다.
3. chat_history라는 대기열을 만듭니다. 기본적으로 큐는 내구성을 가집니다. 독점적이지 않고 자동삭제 큐가 아니므로 영구 구독자를 지원하기 위해 추가적인 옵션을 전달할 필요가 없습니다.
4. 다음으로 이전에 생성한 교환기에 대기열을 바인딩합니다. 여기서 교환기는 팬아웃 유형의 교환기로 필터링을 수행하지 않습니다. 따라서 라우팅 키 혹은 패턴과 같이 특정한 다른 옵션이 필요하지 않습니다.
5. 마지막으로, 방금 작성한 대기열에서 오는 메시지를 수신합니다. 우리는 수신한 모든 메시지를 키로 단순한 타임스탬프(https://npmjs.org/package/monotonic-timestamp)를 사용하여 LevelDB 데이터베이스에 저장함으로써 메시지를 날짜 별로 정렬합니다. channel.ack(msg)를 사용하여 모든 메시지를 승인하고 메시지가 데이터베이스에 성공적으로 저장된 후에만 볼 수 있습니다. 브로커에서 ACK(수신확인)를 받지 못하면 메시지가 다시 처리될 수 있도록 대기열에 보관합니다. 이는 우리 서비스의 신뢰성을 완전히 새로운 차원으로 끌어 올린 AMQP의 또 다른 놀라운 기능입니다. 명시적인 확인 응답을 보내지 않으려면 {noAck:true} 옵션을 channel.consume() API에 전달하면 됩니다.

AMQP와 채팅 어플리케이션 통합

AMQP를 사용하여 채팅 서버를 통합하려면 히스토리 서비스에서 구현한 것과 매우 유사한 설정을 사용해야 하므로 여기서 전체적으로 반복하지는 않겠습니다. 그러나 큐가 작성되는 방법과 새로운 메시지가 교환기에 공개되는 방법을 보는 것은 여전히 도움이 될 것입니다. 새로운 app.js 파일의 관련 부분은 다음과 같습니다.

```
// ...
  .then(() => {
    return channel.assertQueue(`chat_srv_${httpPort}`, {exclusive: true});
  })
//...
  ws.on('message', msg => {
    console.log(`Message: ${msg}`);
    channel.publish('chat', '', new Buffer(msg));
  });
// ...
```

앞서 언급했듯이, 채팅 서버는 영구 구독자일 필요는 없으며 설정 및 패러다임으로도 충분합니다. 따라서 대기열을 생성할 때 {exclusive:true} 옵션을 전달하면, 대기열의 범위가 현재 연결로 지정되므로 채팅 서버가 종료되는 즉시 삭제됩니다.

새 메시지를 게시하는 것도 매우 쉽습니다. 단순히 대상 교환기(chat)와 라우팅 키를 지정하면 됩니다. 우리는 팬아웃 교환기를 사용하기 때문에 이 경우에는 비어('')있습니다.

이제 개선된 아키텍처를 실행해 보겠습니다. 이를 위해 두 개의 채팅 서버와 히스토리 서비스를 시작합니다.

```
node app 8080
node app 8081
node historySvc
```

이제 시스템, 특히 히스토리 서비스가 가동 중지 시에 어떻게 작동하는지를 관찰하는 것이 매우 중요합니다. 히스토리 서버를 중지하고 채팅 어플리케이션의 웹 UI를 사용하여 메시지를 계속 전송하면 히스토리 서버가 다시 시작될 때 부재중 메시지를 즉시 받게 됩니다. 이것은 영구 구독자 패턴이 어떻게 작동하는지 보여주는 완벽한 예입니다.

> **TIP** 마이크로 서비스 접근 방식이 우리 시스템을 컴포넌트 중 하나인 히스토리 서비스 없이도 가용성을 보장한다는 것을 보게 된 것은 매우 좋은 경험입니다. 기능은 일시적으로 감소하지만(채팅 기록을 사용할 수 없음) 사람들은 채팅 메시지를 실시간으로 교환할 수 있습니다. 정말 굉장하지 않습니까!

11.3 파이프라인 및 작업 배포 패턴

'9장, 고급 비동기 레시피'에서는 값 비싼 작업을 여러 로컬 프로세스에 위임하는 방법을 배웠지만, 이것이 효과적인 접근법일지라도 단일 시스템의 경계를 넘어서는 확장은 불가능합니다. 이 섹션에서는 네트워크의 모든 위치에 있는 원격 작업자들을 사용하여 분산형 아키텍처와 유사한 패턴을 사용하는 것이 어떻게 가능한지를 알아보겠습니다.

그 아이디어는 여러 컴퓨터에 작업을 분산시킬 수 있는 메시징 패턴을 갖는 것입니다. 분산할 작업은 개별적인 작업 덩어리거나 분할과 정복 기술을 사용하여 분할된 더 큰 작업의 일부일 수 있습니다.

다음 그림에 표시된 논리적 아키텍처를 보고 친숙한 패턴을 알아차릴 수 있어야 합니다.

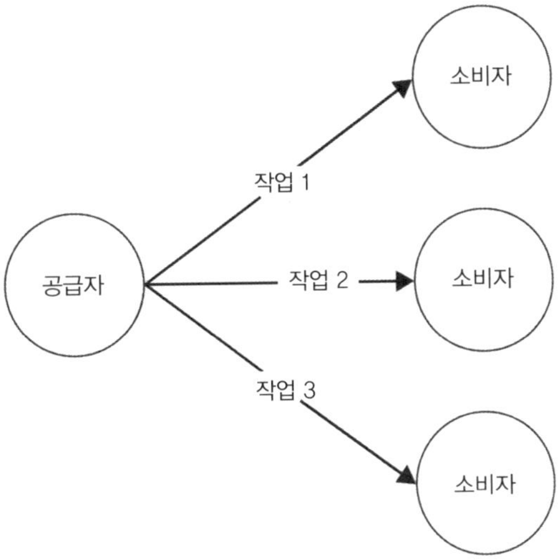

앞의 그림에서 알 수 있듯이, 여러 작업자가 동일한 작업을 받는 것을 절대 원치 않기 때문에 이러한 유형의 어플리케이션에서 게시/구독 패턴은 적합하지 않습니다. 대신 필요한 것은 각 메시지를 다른 소비자(이 경우, 작업자라고도 함)에게 보내는 로드 밸런서와 유사한 메시지 배포 패턴입니다. 메시징 시스템 용어로, 이 패턴은 **경쟁 소비자**(competing consumers), 팬아웃 배포(fanout distribution) 또는 **환풍기**(ventilator) 패턴으로 알려져 있습니다.

앞 장에서 살펴본 HTTP 로드 밸런서와의 한 가지 중요한 차이점은 여기서는 소비자의 역할이 보다 활발하다는 것입니다. 실제, 나중에 보게 될 것처럼 대부분의 경우 소비자와 연결되는 것은 생산자가 아니라 소비자 자신이 새로운 작업을 얻기 위해 작업 생산자나 작업 대기열에 연결됩니다. 이는 생산자를 수정하거나 서비스 레지스트리를 채택하지 않고도 작업자의 수를 원활하게 늘릴 수 있다는 점에서 확장 가능한 시스템으로 큰 장점입니다.

또한 일반적인 메시징 시스템에서 반드시 생산자와 작업자간에 요청/응답 통신을 할 필요는 없습니다. 대신 대부분의 경우 선호되는 접근 방식은 일방적인 비동기 통신을 사용하는 것인데, 이를 통해 병렬 처리와 확장성이 향상됩니다. 이러한 아키텍처에서 메시지는 잠재적으로 항상 한 방향으로만 전달되어 다음 그림에 표시된 파이프라인을 생성할 수 있습니다.

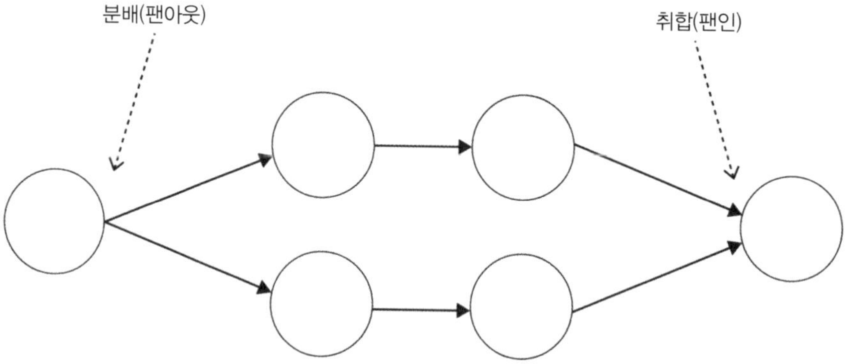

파이프라인을 사용하면 동기식 요청/응답 통신에 대한 부담 없이 매우 복잡한 프로세스가 가능한 아키텍처를 구축할 수 있으므로 대기 시간이 짧아지고 처리량이 높아지는 경우가 많습니다. 앞의 그림에서 우리는 메시지를 일련의 작업자들에 배포하고(팬아웃) 다른 처리 장치로 전달한 다음, 일반적으로 **싱크(sink)**로 표현되는 단일 노드로 취합하는(팬인: fan-in) 방법을 볼 수 있습니다.

이 섹션에서는 피어-투-피어(P2P)와 브로커 기반(broker-based)의 두 가지 중요한 차이를 분석하여 이러한 종류의 아키텍처의 구성 요소들에 초점을 맞추겠습니다.

> TIP 작업 분배 패턴과 파이프라인의 조합을 **병렬 파이프라인**이라고도 합니다.

11.3.1 ØMQ 팬아웃/팬인 패턴

우리는 이미 피어-투-피어 분산 아키텍처 구축을 위한 ØMQ의 몇 가지 기능을 발견했습니다. 앞서의 섹션에서는 PUB와 SUB 소켓을 사용하여 단일 메시지를 여러 소비자에게 전달하였습니다. 이제 PUSH 그리고 PULL이라는 소켓 쌍을 사용하여 병렬 파이프라인을 어떻게 만들 수 있는지를 보게 될 것입니다.

PUSH/PULL 소켓

직관적으로, PUSH 소켓은 메시지를 전송하기 위한 것이고 PULL 소켓은 수신용입니다. 사소한 조합처럼 보일 수 있으나, 단방향 통신 시스템을 구축하기에 이상적인 특징들을 가지고 있습니다.

- 둘 다 연결 모드 혹은 바인드 모드에서 동작할 수 있습니다. 즉, PUSH 소켓을 만들어 PULL 소켓에서 들어오는 연결을 청취하는 로컬 포트에 바인딩하거나 PULL 소켓에서 PUSH 소켓의 연결을 수신하도록 할 수 있습니다. 메시지는 항상 PUSH에서 PULL까지 동일한 방향으로 이동합니다. 유일하게 다른 부분은 연결을 초기화하는 부분입니다. 바인드 모드는 작업 생성자와 싱크 같은 영구적인 노드에 최적의 솔루션이지만, 연결 모드는 작업자와 같은 임시노드에 적합합니다. 따라서 내구성이 높은 노드에 영향을 주지 않고 일시적인 노드의 수를 임의로 변경할 수 있습니다.
- 하나의 PUSH 소켓에 여러 개의 PULL 소켓이 연결되어 있으면 메시지가 모든 PULL 소켓에 균등하게 배분됩니다. 실제로는 부하가 분산됩니다(peer-to-peer load balancing). 한편, 여러 PUSH 소켓에서 메시지를 수신하는 PULL 소켓은 공정한 대기열 시스템을 사용하여 메시지들을 처리합니다. 즉, 인바운드 메시지에 라운드 로빈을 적용하여 모든 소스에서 메시지들을 균일하게 소비합니다.
- 연결된 PULL 소켓이 없는 PUSH 소켓을 통해 전송된 메시지들은 사라지지 않습니다. 대신 노드가 온라인 상태가 되어 메시지를 가져가기 시작할 때까지 생성자의 큐에 대기합니다.

우리는 이제 ØMQ가 기존의 웹 서비스와 어떻게 다른지, 그리고 이 웹 서비스가 모든 종류의 메시징 시스템을 구축하기에 이상적인 도구임을 알 수 있을 것입니다.

ØMQ를 사용한 분산된 해시섬 크래커 만들기

이제 방금 설명한 PUSH/PULL 소켓의 속성을 실제로 볼 수 있는 샘플 어플리케이션을 만들 차례입니다.

간단하고 매력적인 이 어플리케이션은 해시섬 크래커(hashsum cracker)입니다. 이것은 주어진 알파벳 문자의 가능한 모든 변형에 주어진 해시(MD5, SHA1 등)를 일치시키기 위해 전수 공격(brute-force) 기술을 사용하는 시스템입니다. 이것은 병렬 파이프라인의 강력함을 보여주는 예제로 완벽한 과도한 병렬 작업 부하(embarrassingly parallel workload: http://en.wikipedia.org/wiki/Embarrassingly_parallel) 문제라고도 합니다.

어플리케이션을 만들기 위해 노드가 있는 일반 병렬 파이프라인을 구현하고, 여러 작업자에게 작업을 생성 및 배포하여 모든 결과를 수집하는 노드를 구현할 것입니다. 방금 설명한 시스템은 ØMQ에서 다음 아키텍처를 사용하여 구현할 수 있습니다.

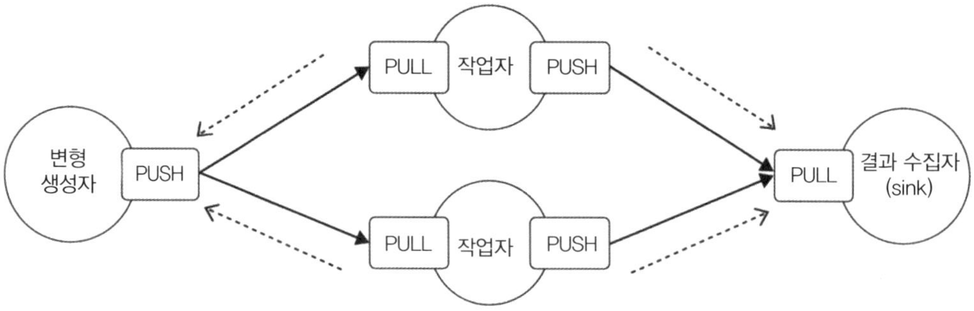

우리 아키텍처에는 주어진 알파벳의 가능한 모든 변형을 생성하고 일련의 작업자(worker)들에게 배포하는 변형 생성자(ventilator)가 있습니다. 작업자들은 주어진 변형에 대한 해시섬(hashsum)을 계산하고 이를 입력으로 제공된 해시섬에 일치하는지 비교합니다. 일치하는 항목이 존재하면 결과가 결과 수집 노드(싱크: sink)로 전송됩니다.

아키텍처의 영구 노드는 변형 생성자(ventilator) 및 결과 수집자(sink)이고, 이에 반해 임시 노드들은 작업자들(workers)입니다. 이는 각 작업자가 PULL 소켓을 공급기에 연결하고 PUSH 소켓을 결과 수집자(sink)에 연결한다는 것을 의미합니다. 이렇게 하면, 공급기 또는 결과 수집자(sink)에서 매개 변수를 변경하지 않고 원하는 수의 작업자들을 시작하고 중지할 수 있습니다.

변형 생성자(ventilator) 구현

이제 변환기를 위한 새로운 모듈을 ventilator.js라는 파일에 만들어 시스템을 구현해 보겠습니다.

```
const zmq = require('zmq');
const variationsStream = require('variations-stream');
const alphabet = 'abcdefghijklmnopqrstuvwxyz';
const batchSize = 10000;
const maxLength = process.argv[2];
const searchHash = process.argv[3];

const ventilator = zmq.socket('push'); //[1]
ventilator.bindSync("tcp://*:5000");

let batch = [];
variationsStream(alphabet, maxLength)
```

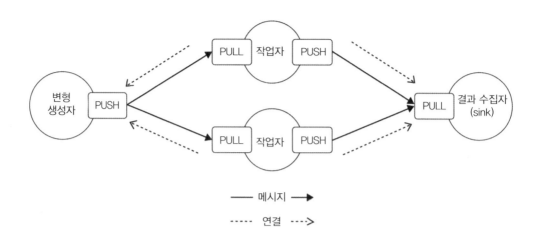

```
  .on('data', combination => {
    batch.push(combination);
    if (batch.length === batchSize) { //[2]
      const msg = {searchHash: searchHash, variations: batch};
      ventilator.send(JSON.stringify(msg));
      batch = [];
    }
  })
  .on('end', () => {
    //나머지 조합을 전달
    const msg = {searchHash: searchHash, variations: batch};
    ventilator.send(JSON.stringify(msg));
  });
```

너무 많은 변화를 방지하기 위해 영어 알파벳의 소문자만 사용하고 생성되는 단어의 크기를 제한합니다. 이 제한은 검색해야 하는 해시섬(searchHash)과 함께 커맨드라인의 인자(amxLength)로 입력됩니다. 또한 스트리밍 인터페이스를 사용하여 모든 변형을 만들기 위하여 variations-stream(https://npmjs.org/package/variations-stream)이라는 라이브러리를 사용합니다.

그러나 분석의 핵심 부분은 우리가 작업자들에게 작업을 배포하는 방법이 될 것입니다.

1. 먼저 PUSH 소켓을 만들고 이를 로컬 포트 5000번에 바인딩합니다. 이것이 소스에 표시된 [1] 부분입니다. 작업자의 PULL 소켓이 연결되어 작업을 수신합니다.
2. 생성된 변형 항목들을 각각 10,000개의 항목으로 그룹화한 다음, 일치시킬 해시와 확인할 단어 묶음이 포함된 메시지를 작성합니다. 이것은 본질적으로 작업자들이 받을 작업 대상입니다. 공급기 소켓을 통해 send()를 호출하면 메시지를 라운드 로빈 방식의 배포에 따라 다음으로 사용 가능한 작업자에게 전달합니다.

작업자 구현

이제 작업자(worker.js)를 구현할 차례입니다.

```
const zmq = require('zmq');
const crypto = require('crypto');
const fromVentilator = zmq.socket('pull');
const toSink = zmq.socket('push');

fromVentilator.connect('tcp://localhost:5016');
toSink.connect('tcp://localhost:5017');
```

```
fromVentilator.on('message', buffer => {
  const msg = JSON.parse(buffer);
  const variations = msg.variations;
  variations.forEach( word => {
    console.log(`Processing: ${word}`);
    const shasum = crypto.createHash('sha1');
    shasum.update(word);
    const digest = shasum.digest('hex');
    if (digest === msg.searchHash) {
      console.log(`Found! => ${word}`);
      toSink.send(`Found! ${digest} => ${word}`);
    }
  });
});
```

앞서 설명했듯이, 우리의 작업자는 아키텍처의 임시 노드를 나타내므로 소켓은 들어오는 연결을 수신하는 것이 아니라 원격지의 노드에 연결되어야 합니다. 우리는 작업자에게 정확히 두 개의 소켓을 제공합니다.

- 공급기에 연결되어 작업을 수신하는 PULL 소켓
- 결과를 전달하기 위해 결과 수집자(sink)에 연결되는 PUSH 소켓

이 작업 외에도 작업자가 수행하는 작업은 매우 간단합니다. 받은 각 메시지에 대해 포함된 단어 묶음을 반복한 후 각 단어에 대해 SHA1 체크섬을 계산하고 이를 메시지와 함께 전달된 searchHash와 비교합니다. 일치하는 항목이 발견되면 그 결과를 결과 수집자(sink)로 전달합니다.

결과 수집자(Sink) 구현

예를 들어, 싱크는 매우 기본적인 결과 수집기로 단순히 작업자에게서 받은 메시지를 콘솔에 출력합니다. sink.js 파일의 내용은 다음과 같습니다.

```
const zmq = require('zmq');
const sink = zmq.socket('pull');
sink.bindSync("tcp://*:5017");

sink.on('message', buffer => {
  console.log('Message from worker: ', buffer.toString());
});
```

결과 수집자가 아키텍처의 영구(durable) 노드이기 때문에 작업자들의 PUSH 소켓에 명시적으로 연결하는 대신, PULL 소켓을 바인드하는 것은 유의할 점입니다.

어플리케이션 실행

이제 어플리케이션을 시작할 준비가 되었습니다. 두 개의 작업자와 결과 수집자를 시작시킵니다.

```
node worker
node worker
node sink
```

그런 다음 변형 생성자(ventilator)를 시작하면서 생성할 단어의 최대 길이와 일치시킬 SHA1 체크섬을 지정해야 합니다. 다음은 실행 인자의 샘플입니다.

```
node ventilator 4 f8e966d1e207d02c44511a58dccff2f5429e9a3b
```

위 명령을 실행하면 변환기는 길이가 최대 4자인 임의의 단어를 생성하여 우리가 제공한 체크섬과 함께 시작된 작업자들에게 배포합니다. 계산 결과는 결과 수집자(sink) 어플리케이션의 터미널에 출력됩니다.

11.3.2 AMQP의 파이프라인과 경쟁 소비자

지금까지 섹션에서는 피어-투-피어 영역에서 병렬 파이프라인을 구현하는 방법을 살펴 보았습니다. 이제 우리는 RabbitMQ와 같은 본격적인 메시지 브로커와 함께 이 패턴을 사용하는 방법을 살펴볼 것입니다.

점대점(point-to-point) 통신 및 경쟁 소비자

피어-투-피어 구성에서 파이프라인은 이해하기 직관적인 매우 간단한 개념입니다. 메시지 브로커가 중간에 있게 되면, 시스템의 다양한 노드 간의 관계를 이해하기가 조금 더 어렵습니다. 브로커 자체는 우리의 통신을 위한 중개자 역할을 하며, 흔히 우리는 누가 메시지를 수신하는지 알지 못합니다. 예를 들어, AMQP를 사용하여 메시지를 보낼 때 우리는 메시지를 목적지로 직접 전달하지 않고, 대신 교환기에 보내어 큐로 전달합니다. 마지막으로 브로커는 교환기(Exchange), 바인딩(binding) 및 대상 대기열(queue)에 정의된 규칙에 따라 메시지를 라우팅할 위치를 결정합니다.

AMQP와 같은 시스템을 사용하여 파이프라인과 작업 배분 패턴을 구현하려면 각 메시지가 오직 한 소비자에만 수신된다는 보장이 있어야 하지만, 교환기가 잠재적으로 하나 이상의 큐에 바인딩 될 수 있는 경우는 이를 보장할 수 없습니다. 이에 대한 해결책은 교환기를 우회하여 목적지 큐에 직접 메시지를 전송하는 것입니다. 이 방법을 사용하면 하나의 대기열만 메시지를 수신할 수 있습니다. 이러한 통신 패턴을 **점대점(point-to-point)**이라고 합니다.

하나의 큐에 직접 일련의 메시지를 보낼 수 있게 되면 우리는 작업 패턴을 구현하는데 절반은 성공한 것입니다. 실제로 다음 단계는 자연스럽게 이루어집니다. 다수의 소비자가 동일한 큐에서 듣고 있을 때, 메시지가 균일하게 전달되어 팬아웃 배분이 구현됩니다. 메시지 브로커의 영역에서 이것은 경쟁 소비자(competing consumers) 패턴으로 더 잘 알려져 있습니다.

AMQP를 사용한 해시 크래커 구현

우리는 방금 브로커의 교환기(exchange)가 일련의 소비자들에게 메시지가 멀티캐스트되는 점이라는 것을 배웠습니다. 이 점을 염두에 두고 AMQP 브로커(예:RabbitMQ)를 이용한 전수 방식(brute-force)의 해시섬 크래커를 구현해 보겠습니다. 다음 그림은 우리가 얻고자 하는 시스템의 개요를 보여줍니다.

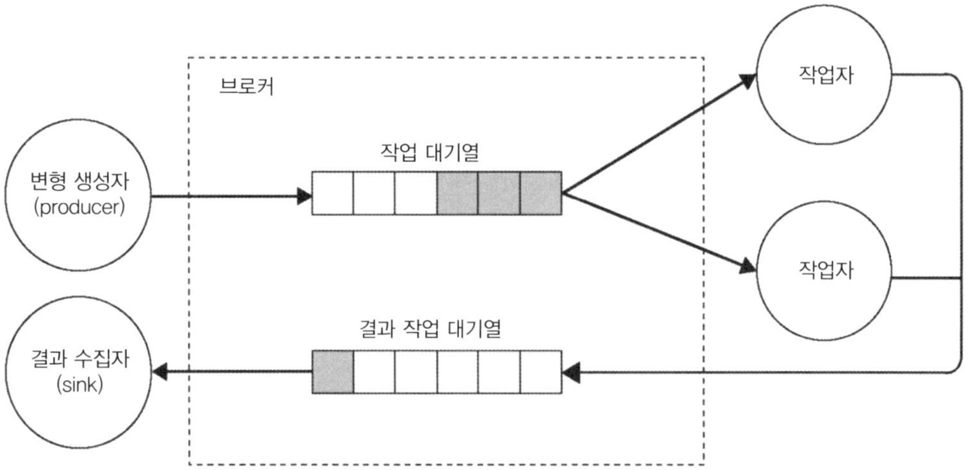

앞서 설명한 것처럼 여러 작업자에게 여러 작업들을 배포하려면 단일 대기열(queue)를 사용해야 합니다. 앞의 그림에서 이를 작업 대기열(Jobs queue)이라고 합니다. 작업 대기열의 다른 한쪽 끝에는 경쟁 소비자로서 일련의 작업자(worker)들이 있습니다. 다시 말해, 각각의 작업자는 서로 다른 메시지를 큐로부터 수신합니다. 결과적으로 여러 작업이 서로 다른 작업자에 전달되어 동시에 실행됩니다.

작업자가 생성한 결과는 결과 대기열(results queue)이라고 하는 다른 대기열에 게시된 다음, 결과 수집자(results collector)에 의해 소비됩니다. 전체 아키텍처에서 우리는 어떠한 교환기(Exchange)도 사용하지 않습니다. 점대점 통신을 구현하여 목적지 대기열로 직접 메시지를 전송합니다.

공급자(producer) 구현하기

공급자를 시작으로 방금 이야기한 시스템을 구현해 보겠습니다. 코드는 교환기(Exchange)와 관련된 부분을 제외하고는 이전 섹션에서 본 예제와 동일합니다. producer.js 파일은 다음과 같습니다.

```
const amqp = require('amqplib');
//...

let connection, channel;
amqp
  .connect('amqp://localhost')
  .then(conn => {
    connection = conn;
    return conn.createChannel();
  })
  .then(ch => {
    channel = ch;
    produce();
  })
  .catch(err => console.log(err));

function produce() {
  //...
  variationsStream(alphabet, maxLength)
    .on('data', combination => {
      //...
      const msg = {searchHash: searchHash, variations: batch};
      channel.sendToQueue('jobs_queue',
        new Buffer(JSON.stringify(msg)));
      //...
    })
  //...
}
```

여기서 볼 수 있듯이, 어떠한 교환기(Exchange)나 바인딩이 없어 AMQP 통신을 훨씬 간단하게 설정할 수 있습니다. 앞의 코드에서는 메시지를 게시하는 것만 관심이 있기 때문에 대기열(queue)도 필요하지 않습니다.

그러나 가장 중요한 부분은 channel.sendToQueue() API입니다. 이 API는 실제로 우리에게 새로운 것입니다. 이름에서 알 수 있듯이 API는 앞의 예에서 대기열(jobs_queue)에 직접 메시지를 전달하는 역할을 담당합니다. 이 경우 교환기나 라우팅을 거치지 않습니다.

작업자 구현하기

jobs_queue의 반대편에는 들어오는 작업을 기다리는 작업자(worker)들이 있습니다. worker.js라는 파일에 다음과 같이 코드를 구현해 보겠습니다.

```
const amqp = require('amqplib');
//...

let channel, queue;
amqp
  .connect('amqp://localhost')
  .then(conn => conn.createChannel())
  .then(ch => {
    channel = ch;
    return channel.assertQueue('jobs_queue');
  })
  .then(q => {
    queue = q.queue;
    consume();
  })
//...

function consume() {
  channel.consume(queue, msg => {
    //...
    variations.forEach(word => {
      //...
      if(digest === data.searchHash) {
        console.log(`Found! => ${word}`);
        channel.sendToQueue('results_queue',
          new Buffer(`Found! ${digest} => ${word}`));
      }
      //...
```

```
      });
      channel.ack(msg);
    });
  };
```

우리의 새로운 작업자는 메시지 교환과 관련된 부분을 제외하고 이전 섹션에서 구현한 ØMQ와 매우 유사합니다. 앞의 코드에서 우리는 먼저 jobs_queue가 있는지 확인한 다음, channel.consume()을 사용하여 들어오는 작업들을 기다립니다. 그런 다음 매칭이 발견될 때마다 다시 점대점 통신을 사용하여 results_queue를 통해 수집자(collector)에 결과를 보냅니다.

여러 작업자(worker)가 시작된 경우 모두 동일한 대기열에서 수신 대기하므로 메시지의 부하가 분산됩니다.

결과 수집자(result collector) 구현하기

결과 수집자도 수신된 모든 메시지를 콘솔에 인쇄하는 간단한 모듈입니다. 이것은 다음과 같이 collector.js 파일에 구현됩니다.

```
  //...
    .then(ch => {
      channel = ch;
      return channel.assertQueue('results_queue');
    })
    .then(q => {
      queue = q.queue;
      channel.consume(queue, msg => {
        console.log('Message from worker: ', msg.content.toString());
      });
    })
  //...
```

어플리케이션의 실행

이제 새로운 시스템을 시험해볼 준비가 완료되었습니다. 두 개의 작업자(worker)를 실행함으로써 시작해 보겠습니다.

```
node worker
node worker
```

수집기(collector) 모듈을 실행한 후 공급자(producer, 단어의 최대 길이와 해시섬을 제공)를 실행합니다.

```
node collector
node producer 4 f8e966d1e207d02c44511a58dccff2f5429e9a3b
```

방금 우리는 AMQP만 사용하여 메시지 파이프라인과 경쟁 소비자(competing consumers) 패턴을 구현했습니다.

11.4 요청(request)/응답(reply) 패턴

메시징 시스템을 다루는 것은 종종 단방향 비동기 통신을 사용한다는 것을 의미합니다. 게시(publish)/구독(subscribe)은 완벽한 예입니다.

단방향 통신은 병렬성과 효율성 면에서 큰 이점을 제공할 수는 있지만, 단방향 통신만으로 모든 통합 및 통신 문제를 해결할 수 없습니다. 때로는 오래된 요청/응답 패턴이 그 일을 위한 완벽한 도구가 될 수도 있습니다. 따라서 비동기 단방향 채널만을 가진 상황에서 요청/응답 방식으로 메시지를 교환하기 위한 추상화 방법을 아는 것이 중요합니다. 그것이 우리가 다음에 배울 내용입니다.

11.4.1 상관 관계 식별자

우리가 배우고자 하는 첫 번째 요청/응답 패턴은 상관 관계 식별자(correlation identifier)라는 것으로, 단방향 채널 위에 요청/응답의 추상화를 만들기 위한 기본적인 블록을 나타냅니다.

패턴은 각 요청에 식별자를 표시한 다음, 수신자가 응답할 때 이를 첨부합니다. 이렇게 하면 요청한 발신자가 두 메시지를 연관시키고 응답을 알맞은 핸들러에 반환할 수 있습니다. 언제든지 메시지가 원하는 방향으로 이동할 수 있어 단방향 비동기 채널이 가진 문제를 우아하게 해결할 수 있습니다. 다음 그림의 예를 살펴보겠습니다.

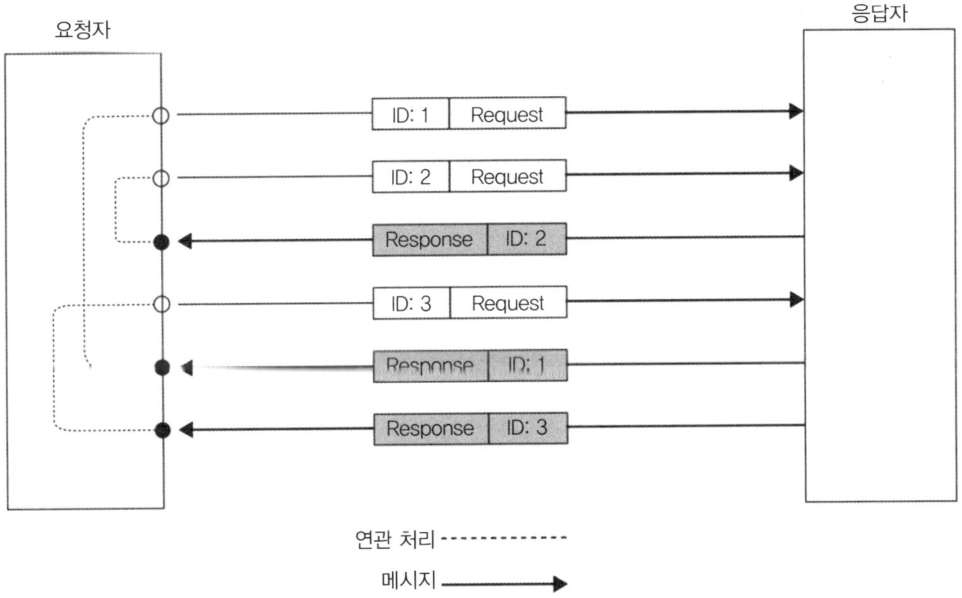

앞의 시나리오는 관계 ID를 사용하여 각 요청을 보낸 다음, 다른 순서로 수신하더라도 각 응답을 올바른 요청과 일치시키는 방법을 보여줍니다.

상관 관계 식별자를 사용한 요청/응답 추상화 구현

이제 점대점(시스템의 두 노드를 직접 연결) 및 전이 중 채널(메시지가 양방향으로 이동할 수 있음)의 가장 간단한 유형을 선택하여 예를 들어 보겠습니다.

단순 채널 범주에는 Websocket을 찾을 수 있습니다. 웹 사이트는 서버와 브라우저 사이에 점대점 연결을 설정하고 메시지는 양방향으로 이동할 수 있습니다. 또 다른 예로는 child_process.fork()를 사용하여 자식 프로세스가 생성될 때 생성되는 채널입니다. 여러분은 이미 알고 있을 것입니다. 우리는 이 API를 '9장 고급 비동기 레시피'에서 이미 보았습니다. 이 채널 역시 비동기식입니다. 부모 프로세스는 자식 프로세스와만 연결하며 메시지는 모든 방향으로 이동이 가능합니다. 이것은 아마도 이 범주의 가장 기본적인 채널일 것입니다. 따라서 우리는 다음 예제에서 이것을 사용할 것입니다.

다음 어플리케이션의 계획은 부모 프로세스와 자식 프로세스 간에 생성된 채널을 감싸기 위해 추상화를 작성하는 것입니다. 이러한 추상화는 각 요청에 관계 ID를 자동으로 표시한 후, 들어오는 응답의 ID를 응답 대기중인 요청 핸들러 목록과 일치시켜 요청/응답 통신을 제공합니다.

'9장. 고급 동기화 레시피'에서 부모 프로세스는 다음 두 가지 요소(primitives)를 사용하여 자식 프로세스와 함께 채널에 접근할 수 있었다는 것을 기억해야 할 것입니다.

- child.send(message)
- child.on('message', callback)

비슷한 방법으로 자식 프로세스는 다음을 사용하여 채널에 접근할 수 있습니다.

- process.send (message)
- process.on('message',callback)

이는 부모가 사용할 수 있는 채널의 인터페이스가 자식에서 사용할 수 있는 인터페이스와 동일한 것이라는 것을 의미합니다. 이렇게 하면 일반적인 추상화를 만들 수 있으므로 요청을 채널의 양쪽 끝에서 보낼 수 있게 됩니다.

요청(request) 추상화하기

새로운 요청을 전송하는 부분을 고려하여 추상화를 시작해 보겠습니다. request.js라는 새로운 파일을 만듭니다.

```
const uuid = require('node-uuid');

module.exports = channel => {
  const idToCallbackMap = {}; //[1]

  channel.on('message', message => { //[2]
    const handler = idToCallbackMap[message.inReplyTo];
    if(handler) {
      handler(message.data);
    }
  });

  return function sendRequest(req, callback) { //[3]
    const correlationId = uuid.v4();
    idToCallbackMap[correlationId] = callback;
    channel.send({
      type: 'request',
      data: req,
      id: correlationId
    });
  };
};
```

다음은 요청에 대한 추상화가 작동하는 방식입니다.

1. 먼저 request 함수를 중심으로 작성된 클로저입니다. 이 패턴의 마법은 요청과 응답 핸들러 간의 상호 관계를 저장하는 idToCallbackMap 변수에 있습니다.
2. 팩토리가 호출되자마자 하는 일은 들어오는 메시지를 기다리는 것입니다. 메시지의 관계 ID(inReplyTo 속성에 포함된)가 idToCallbackMap 변수에 있는 ID 중 하나와 일치하면 방금 응답을 받은 것이므로 관련된 응답 핸들러에 대한 참조를 얻어 메시지에 포함된 데이터를 가지고 호출합니다.
3. 마지막으로 새로운 요청을 보내는데 사용할 함수를 반환합니다. 이 작업은 node-uuid 패키지(https://npmjs.org/package/node-uuid)를 사용하여 관계 ID를 생성한 후 관계 ID와 요청 데이터를 관계 ID와 메시지의 유형을 지정할 수 있는 봉투에 담는 것입니다.

요청 모듈(reqeust.js)은 여기까지입니다. 다음으로 넘어가겠습니다.

응답(reply) 추상화하기

전체 패턴을 구현하는 것은 아니므로 request.js 모듈에 대응하는 부분이 어떻게 동작하는지 살펴보겠습니다. reply.js라는 또 다른 파일을 작성해 보겠습니다. reply.js에는 응답 핸들러를 감싸는 추상화가 들어있습니다.

```
module.exports = channel =>
{
  return function registerHandler(handler) {
    channel.on('message', message => {
      if (message.type !== 'request') return;
      handler(message.data, reply => {
        channel.send({
          type: 'response',
          data: reply,
          inReplyTo: message.id
        });
      });
    });
  };
};
```

응답 모듈 역시 새로운 응답 핸들러를 등록하는 함수를 반환하는 팩토리입니다. 다음은 새로운 핸들러가 등록될 때 일어나는 일입니다.

1. 들어오는 요청을 수신하기 시작하고 메시지를 받으면 메시지의 데이터와 콜백 함수를 전달하여 핸들러를 즉시 호출함으로써 핸들러로부터 응답을 수집합니다.

2. 핸들러가 작업을 완료하면 제공된 콜백을 호출하여 응답을 반환합니다. 그런 다음 요청의 관계 ID(inReplyTod 속성)을 첨부하여 봉투를 만든 후 모든 것을 채널로 다시 돌려줍니다.

이 패턴의 놀라운 점은 Node.js에서 아주 쉽게 만들 수 있다는 것입니다. 모든 것이 이미 비동기적이기 때문에 단방향 채널을 기반으로 구축된 비동기 요청/응답 통신은 다른 비동기 작업들과 크게 다르지 않습니다. 특히 구현의 세부사항들을 감추기 위한 추상화를 구축하는 것은 더욱 그렇습니다.

요청/응답 전체 사이클

이제 새로운 비동기 요청/응답 추상화를 사용해 볼 준비가 되었습니다. replier.js라는 파일에 샘플 replier를 작성해 보겠습니다.

```
const reply = require('./reply')(process);

reply((req, cb) => {
  setTimeout(() => {
    cb({sum: req.a + req.b});
  }, req.delay);
});
```

우리의 replier는 단순히 받은 두 숫자(요청에서 정의된)의 합을 계산하여 일정 시간 지연 후에 결과를 반환합니다. 이렇게 하면 응답 순서가 요청을 보낸 순서와 다를 수 있으며, 패턴이 작동하는지 확인할 수 있게 됩니다.

샘플을 완성하기 위한 마지막 단계는 requestor.js라는 파일에 요청자(requestor)를 만드는 것인데, child_process.fork()를 사용하여 응답자(replier)를 시작하는 작업도 존재합니다.

```
const replier = require('child_process')
                .fork(`${__dirname}/replier.js`;
const request = require('./request')(replier);

request({a: 1, b: 2, delay: 500}, res => {
  console.log('1 + 2 = ', res.sum);
  replier.disconnect();
});

request({a: 6, b: 1, delay: 100}, res => {
```

```
    console.log('6 + 1 = ', res.sum);
  });
```

요청자(requestor)는 응답자(replier)를 시작한 다음, 요청을 요청 추상화(request abstraction)에 전달합니다. 그런 다음 몇 가지 샘플 요청을 실행하고 수신한 응답과의 상관 관계가 올바른지를 확인합니다.

샘플을 시험해보기 위해 간단히 requestor.js 모듈을 실행해 봅시다. 출력은 다음과 같을 것입니다.

```
6 + 1 = 7
1 + 2 = 3
```

이것은 우리의 패턴이 완벽하게 작동하고 응답이 어떤 순서로 송수신되었는지에 상관없이 응답에 관한 요청과 정확하게 연결되고 있음을 보여줍니다.

11.4.2 반송 주소(return address)

상관 관계 식별자는 단방향 채널 위에 요청/응답 통신을 생성하기 위한 기본적인 패턴입니다. 그러나 우리의 메시징 아키텍처에 둘 이상의 채널이나 큐가 있거나 요청자가 둘 이상일 경우에는 이것만으로 충분하지 않습니다. 이러한 상황에서는 관계 ID 이외에도 응답자가 요청의 원래 발신자에게 응답을 보낼 수 있는 정보인 반송 주소도 알아야 할 필요가 있습니다.

AMQP에서 반송 주소 패턴 구현

AMQP에서 반송 주소는 requestor가 들어오는 응답을 수신 대기하는 대기열입니다. 응답은 하나의 요청자만 수신하기 때문에 대기열은 비공개이며, 서로 다른 소비자 간에는 공유되지 않는 것이 중요합니다. 이러한 속성으로 인해 우리는 요청자(requestor)와 해당 응답자(replier)를 연결 범위로 하는 임시적인 큐가 필요하며, 응답자(replier)가 응답을 전할 수 있도록 해당 반송 큐와 점대점 통신을 설정해야 한다는 것을 알 수 있습니다.

다음 그림은 이 시나리오의 예 입니다.

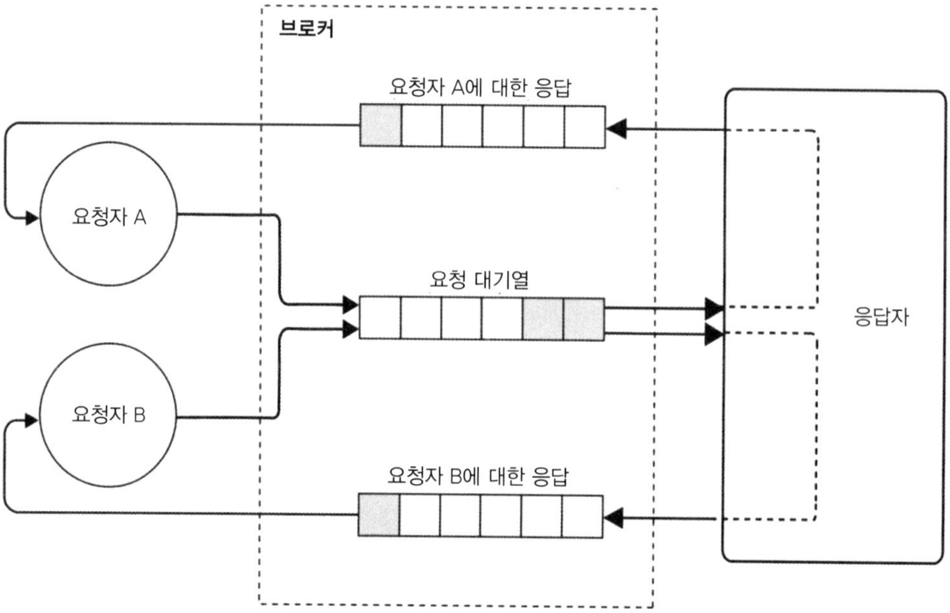

AMQP를 기반으로 한 요청/응답 패턴을 만들려면 메시지 등록 정보에 응답 대기열의 이름을 지정하면 됩니다. 이 방법으로 응답자는 응답 메시지가 전달되어야 하는 위치를 알 수 있습니다. 이론이 매우 직관적이므로, 실제 어플리케이션에서 이를 구현하는 방법을 살펴보겠습니다.

요청 추상화 구현

이제 AMQP 위에 요청/응답 추상화를 작성해 보겠습니다. 여기서 우리는 RabbitMQ를 브로커로 사용할 것이지만, AMQP 브로커와 호환된다면 무엇이든지 괜찮습니다. 요청 추상화(amqpRequest.js 모듈에서 구현)에서 시작해봅시다. 여기서 우리는 관련된 부분만 보여줄 것입니다.

첫 번째로 관심있는 부분은 응답을 저장할 큐를 생성하는 방법입니다. 코드는 다음과 같습니다.

```
channel.assertQueue('', {exclusive: true});
```

큐를 만들 때는 이름을 지정하지 않습니다. 즉, 임의의 대기열이 생성됩니다. 이외에도 만들어진 큐는 배타적인데, 이것은 활성화된 AMQP 연결에 바인딩되고 연결이 닫히면 대기열이 삭제된다는 의미입니다. 여러 대기열에 라우팅이나 분배가 필요가 없기 때문에 대기열을 교환기(exchange)에 바인드할 필요가 없습니다. 이는 메시지가 응답 대기열에 직접 전달되어야 함을 의미합니다.

다음으로 새로운 요청을 생성하는 방법을 살펴보겠습니다.

```
classAMQPRequest {
  //...
  request(queue, message, callback) {
    const id = uuid.v4();
    this.idToCallbackMap[id] = callback;
    this.channel.sendToQueue(queue,new Buffer(JSON.stringify(message)),
      {correlationId: id, replyTo: this.replyQueue}
    );
  }
}
```

request() 메소드는 요청 대기열의 이름과 보낼 메시지를 인자로 허용합니다. 이전 섹션에서 배웠듯이 관계 ID를 생성하고 이를 콜백 함수에 연결해야 합니다. 마지막으로 correlationId 및 replyTo 속성에 메타 데이터를 정의하여 메시지를 보냅니다.

Channel.publish() 대신에 channel.sendToQueue() API를 사용하여 메시지를 보내는 부분이 중요합니다. 이는 교환기(exchange)를 사용하여 게시/구독 방식의 배포를 구현하지 않고, 목적지 큐로 직접 전달되는 보다 기본적인 점대점 방식의 전달을 사용하기 때문입니다.

> TIP AMQP에서는 주요 메시지와 함께 소비자에게 전달할 일련의 속성(또는 메타 데이터)들을 정의할 수 있습니다.

amqpRequest 프로토타입의 마지막 중요한 부분은 들어오는 응답을 수신하는 부분입니다.

```
_listenForResponses() {
  return this.channel.consume(this.replyQueue, msg => {
    const correlationId = msg.properties.correlationId;
    const handler = this.idToCallbackMap[correlationId];
    if (handler) {
      handler(JSON.parse(msg.content.toString()));
    }
  }, {noAck: true});
}
```

앞 코드에서 응답을 수신하기 위해 명시적으로 작성한 대기 열에서 메시지를 수신한 다음, 각 수신 메시지에 대해 관계 ID를 읽고 응답 대기 중인 핸들러의 목록과 비교합니다. 핸들러가 있으면 응답 메시지를 인자로 하여 핸들러를 호출하면 됩니다.

응답 추상화 구현

지금까지 amqpRequest 모듈에 대한 것이었습니다. 이제 amqpReply.js라는 새로운 모듈에 응답 추상화를 구현할 차례입니다. 여기에서는 들어오는 요청을 받을 대기열을 만들어야 합니다. 우리는 이 목적을 위해 간단한 영구 대기열을 사용할 수 있습니다. 이것 역시 앞서 살펴본 AMQP를 사용한 연결이기 때문에 이 부분은 생략하겠습니다. 대신 요청을 처리한 다음, 올바른 큐로 다시 보내는 방법에 대해 알아보겠습니다.

```
class AMQPReply {
  //...

  handleRequest(handler) {
    return this.channel.consume(this.queue, msg => {
      const content = JSON.parse(msg.content.toString());
      handler(content, reply => {
        this.channel.sendToQueue(
          msg.properties.replyTo,
          new Buffer(JSON.stringify(reply)),
          {correlationId: msg.properties.correlationId}
        );
        this.channel.ack(msg);
      });
    });
  }
}
```

응답을 보낼 때, channel.sendToQueue()를 사용하여 메시지의 replyTo 속성(회신 주소)에 지정된 대기열에 메시지를 직접 게시합니다. amqpReply 객체의 또 다른 중요한 작업은 응답에 correlationId를 설정하여 수신자가 보류중인 요청 목록과 메시지를 일치시킬 수 있도록 하는 것입니다.

요청자(requestor) 및 응답자(replier) 구현

이제 전체 시스템을 시험해 볼 준비가 되었습니다. 하지만 먼저 샘플 요청자(requestor)와 응답자

(replier)를 만들어 새로운 추상체들을 사용하는 방법을 살펴보겠습니다.

모듈 replier.js에서 시작해 보겠습니다.

```
const Reply = require('./amqpReply');
const reply = Reply('requests_queue');

reply.initialize().then(() => {
  reply.handleRequest((req, cb) => {
    console.log('Request received', req);
    cb({sum: req.a + req.b});
  });
});
```

우리가 구축한 추상체들을 통해 관계 ID와 반송 주소(return address)를 처리하는 모든 메커니즘을 블랙박스화할 수 있다는 것을 볼 수 있습니다. 우리가 할 일은 요청을 받을 큐의 이름('requests_queue')을 지정하여 새로운 reply 객체를 초기화하는 것뿐입니다. 나머지 코드는 매우 간단합니다. 샘플 응답자(replier)는 입력으로 받은 두 숫자의 합을 계산하고 제공된 콜백을 사용하여 결과를 내보냅니다.

다른 한쪽은 requestor.js 파일에 샘플 요청자가 구현되어 있어야 합니다.

```
const req = require('./amqpRequest')();

req.initialize().then(() => {
  for (let i = 100; i> 0; i--) {
    sendRandomRequest();
  }
});

function sendRandomRequest() {
  const a = Math.round(Math.random() * 100);
  const b = Math.round(Math.random() * 100);
  req.request('requests_queue', {a: a, b: b},
    res => {
      console.log(`${a} + ${b} = ${res.sum}`);
    }
  );
}
```

샘플 requestor는 100개의 임의의 요청을 requests_queue라는 대기열로 보냅니다. 이 경우에도 우리는 추상체가 비동기식 요청/응답 패턴의 모든 세부사항을 블랙박스화하고 완벽하게 작업하고 있는 것을 볼 수 있습니다.

이제 시스템을 테스트해 보기 위해서는 응답자(replier) 모듈과 요청자(requestor) 모듈을 순서대로 실행하면 됩니다.

```
node replier
node requestor
```

요청자(requestor)가 요청을 게시한 후 응답자(replier)가 수신한 일련의 작업이 표시되며, 이에 따라 응답이 다시 전송됩니다.

여기서 우리는 다른 실험을 해 볼 수 있습니다. 응답자(replier)가 처음으로 시작되면 영구 큐가 생성됩니다. 따라서 이제 응답자(replier)의 실행을 중지했다가 응답자(replier)를 다시 실행해도 요청이 손실되지 않습니다. replier가 다시 시작될 때까지 모든 메시지가 대기열에 저장됩니다.

AMQP를 사용함으로써 무료로 얻을 수 있는 또 다른 좋은 기능은 응답자(replier)를 바로 확장할 수 있다는 것입니다. 이를 테스트하기 위해 요청자(requestor)의 두 개 이상의 복제 인스턴스를 시작하고 두 인스턴스 간에 요청이 로드 밸런싱되는 것을 확인할 수 있습니다. 이는 요청자(requestor)가 시작할 때마다 동일한 영구 대기열에 리스너로 연결되기 때문에, 결과적으로 브로커는 대기열의 모든 사용자(경쟁 소지바 패턴)에 걸쳐 메시지의 로드 밸런싱을 하게 됩니다. 정말 멋집니다!

> **TIP** ØMQ는 특별히 요청/응답 패턴(Req/Rep)을 구현하기 위한 한 쌍의 소켓을 가지고 있지만 동기식(한 번에 하나의 요청/응답만 수행)입니다. 더 복잡한 기술을 사용하면 보다 복잡한 요청/응답 패턴이 가능합니다. 자세한 내용은 공식 가이드(http://zguide.zeromq.org/page:all#advanced-request-reply)를 참조하십시오.

11.5 요약

비로소 이 장의 끝에 도달했습니다. 여기서는 가장 중요한 메시징 및 통합 패턴과 이러한 패턴이 분산 시스템 설계에서 수행하는 역할에 대해 배웠습니다. 게시/구독(publish/subscribe), 파이프라인(pipelines) 그리고 요청/응답(request/reply) 이렇게 세가지 패턴에 대해 알아보고 피어-투-피어(peer-to-peer) 아키텍처나 메시지 브로커를 사용하여 구현할 수 있는 방법을 살펴 보았습니다. 장단점을 살펴본 결과, AMQP와 충분한 메시지 브로커를 사용하여 개발 및 유지 보수 비용을 줄이면서 안정적이고 확장 가능한 어플리케이션을 구현할 수 있음을 확인하였습니다. 또한 ØMQ를 사용하여 아키텍처의 모든 측면을 완벽하게 제어하고 자체 요구사항을 중심으로 속성을 세밀하게 조정할 수 있는 분산 시스템을 만드는 방법을 살펴 보았습니다.

이 장은 이 책의 마지막 장입니다. 이제 우리는 프로젝트에 적용할 수 있는 패턴과 기술로 가득 찬 일련의 도구들을 가지게 되었습니다. Node.js 개발의 동작 방식의 장점과 단점에 대해 더 깊은 이해를 가지게 되었을 것으로 생각합니다. 이 책에서 우리는 많은 특별한 개발자들이 개발한 많은 패키지와 솔루션으로 작업을 해볼 수 있는 기회를 가졌습니다. Node.js 생태계의 사람들, 무언가 돌려주는 역할을 다하고자 하는 커뮤니티, 결국 이것이 Node.js의 가장 매력적인 측면입니다.

저는 이러한 측면에서 우리의 이 작은 공헌이 여러분에게 큰 도움이 되었기를 바랍니다.

Index

한글

영문

Node.js 디자인 패턴

1 판 1 쇄 발행 2018 년 10 월 20 일
1 판 2 쇄 발행 2019 년 12 월 15 일

저 자 | Mario Casciaro, Luciano Mammino
역 자 | 김성원
발행인 | 김길수
발행처 | (주)영진닷컴
주 소 | 서울특별시 금천구 가산디지털2로 123
월드메르디앙벤처센터 2차 10층 1016호
등 록 | 2007. 4. 27. 제16 – 4189호

ISBN 978-89-314-5942-5